마음에서 빠져나와 삶 속으로 들어가라

새로운 수용전념치료

Steven C. Hayes · Spencer Smith 공저 | 문현미 · 민병배 공역

학지사

Get Out of Your Mind & Into Your Life
by Steven C. Hayes, PH. D. with Spencer Smith

역자 서문

이 책은 수용전념치료(Acceptance & Commitment Therapy: ACT)를 일반인이 쉽게 활용할 수 있도록 만든 자조서적으로서, 인간이 겪는 심리적 고통의 문제에 대한 통찰과 이를 극복하기 위한 실제적인 방안들을 제시하고 있다.

ACT는 인지행동치료의 제3동향 내에서 활발하게 전개되고 있는 치료다. 제3의 흐름은 정서 연구가 활성화되면서 1990년도 이후에 인지치료의 인지매개가설을 보다 정교화할 필요성이 제기되면서 출현하기 시작하였는데, 생각이나 정서와 같은 사적 경험의 내용을 직접적으로 변화시키기보다는 수용과 알아차림을 통해 이를 자각함으로써 자동조종 양식에서 탈중심화시키는 치료적 접근이다.

ACT는 많은 증상이나 부적응적 행동이 생각, 감정과 같은 사적 경험을 피하거나 억제하려는 시도에서 생긴다는 관점에 기초하고 있다. ACT에서는 내적으로 사용하는 통제 전략들을 확인하고 버리기, 불편한 생각이나 감정의 존재를 받아들이기, 사적 경험이 일어날 때 그것과 싸우거나 논쟁하거나 문자적 사실로 받아들이지 않고 단지 알아차리기, 가치를 둔 결과를 얻게 하는 구체적인 행동에 집중하기 등을 강조한다.

역자가 ACT를 접하게 된 것은 박사학위 논문 주제로 심리치료의 변화 기제에 대한 문헌 연구를 하던 때였다. 수용과 알아차림이라는 치료기제에 관심을 가지고 관련 주제들을 따라 가면서 많은 논문을 읽다가, 이 책의 저자이자 ACT의 창시자인 Hayes와 동료들(Hayes et al., 1999)이 ACT 이론과 실제를 일괄 정리하여 책으로 펴낸 *Acceptance and Commitment Therapy: An Experiential Approach to Behavior Change*를 탐독하게 되었다. 그리고 ACT를 집단 프로그램으로 구성하여 실행하고 효과 연구를 하면서 박사학위를 취득하게 되었다.

역자는 ACT를 통하여 학문적인 연구뿐만 아니라 심리치료 현장에서 필요한 통합적인 치료 이론을 갖추는 데 도움을 얻을 수 있었다. 또한 ACT는 개인적으로 삶의 귀중한 지침을 주었으며, 성숙을 지향하는 여정에 신선한 도전을 주었다. 특히 자신과 타인의 고통에 대한 태도가 변화될 수 있었다. 나는 자신과 타인의 고통에 대하여 빨리 해결하거나 없애려고 힘을 소진하는 경우가 많았는데, 이제는 삶의 여정에서 고통은 때때로 함께 동행하는 손님과도 같음을 받아들이고 있다. 그러므로 가치를 지향하는 길에서 만나는 감정, 생각, 기억, 감각과 같은 심리적 경험을 피하거나 그것을 해결하는 데 집중하는 것이 아니라, 가치를 실현할 수 있는 행동을 어떻게 잘할 것인가에 집중하곤 한다. 그러면 심리적 경험이 더 이상 장애물로 기능하지 않는다는 것을 경험하게 된다. 하지만 이러한 수용의 태도는 훈련과 연습 없이 저절로 갖게 되는 것은 아닌 듯하다. 그러므로 이러한 연습에 도움이 되고자, ACT 실습서에 해당하는 이 책을 번역하게 되었다.

이 책은 심리적 증상이나 역기능적 행동을 치료하기 위한 기존의 치료 모델과는 다른 전제에서 출발한다. ACT에서는 심리적 고통은 그 자체로 비정상적이거나 문제가 아니며, 오히려 정상적이라고 할 만큼 인간에게 보편적으로 존재하는 현상이라고 본다. 인간은 언어라는 상징을 사용하기 때문에 자신의 마음속에 빠져서 실재하지 않는 고통까지도 느낄 수 있는 존재다. 또한 마음의 작용으로 심리적 고통에 대해 평가하고 이를 해결하려고 하는데, 내적 경험은 단순히 통제할 수 있는 대상이 아니기 때문에 그러한 투쟁 속에서 오히려 고통이 증가하게 된다. 즉, 심리적 고통에 대한 해결책이 오히려 문제를 더 일으키게 되는 것이다. 이 책에서 제안하는 새로운 방법은 존재하는 심리적 고통을 있는 그대로 경험하는 것이다. 또한 그것과 더불어 자신이 원하는 삶을 위한 행동을 하는 것이다. 다시 말해서, '지금 여기서 경험하는 심리적 경험과 함께, 그것들이 말하는 방향이 아니라 자신이 실현하고자 하는 삶을 향하여 행동하라.' 는 것이 이 책의 요지다. 이 책에 나오는 원리와 방법들은 심리적 문제에서 자유로워지는 길일 뿐만 아니라, 보다 생기 있고 충만하게 삶을 사는 방법이기도 하다.

역자가 이 책의 1~9장을 번역하였고, 민병배 선생께서 10~13장을 번역하였다. 민병배 선생께서는 나의 실수를 바로잡아 주었고, 우리나라 독자가 이해하기 쉽도록 이 책 전체를 다듬는 일을 맡아서 해 주었다. 그는 어려운 내용을 독자가 이해하기 쉽도록 적절한 말로 표현하는 능력을 갖추었다. 원문이 까다롭고 나의 번역 실력이 부족하여 원서의 좋은 내용을 제대로 전달하지 못할까 봐 걱정했는데, 선생의 도움으로 원문의 뜻을 잘 전달할 수 있게 되었다. 부족한 나를 안팎으로 도와주는 남편 민병배 선생께 감사를 전한다.

이 책을 번역하면서 저자의 의도를 제대로 번역하는 작업은 참으로 쉽지 않음을 새삼 느꼈다. 게다가 악문이라고 농담할 정도로 문장을 어렵게 쓰는 Hayes의 원문을 번역하는 일은 더욱 힘들었다. 영어 실력 부족으로 고생하고, 2년이 넘도록 이 일을 붙잡고 있으면서 지겹고 지루하기도 했다. 이러한 고통을 없애고자 빨리 끝내려고 애를 쓰면서 더 힘들었던 적도 있지만, 이 일을 지속할 수 있도록 힘을 준 것은 나의 가치였다. 고통으로부터의 자유, 삶을 향한 자유에 관한 좋은 책을 우리나라 독자가 접할 수 있도록 번역서를 내고 싶은 바람으로, 길고 지루한 번역 작업의 고통을 안고 여기까지 올 수 있었다.

삶에 필요한 지혜를 통찰하게 해 주는 책을 만나는 기쁨은 실로 크다. 이 책은 그러한 책 중의 하나라고 확신한다. 아무쪼록 이 책이 심리적 장애물로 괴로움을 겪는 많은 이들에게 지혜와 힘을 줄 수 있기를 바라는 마음이다. 또한 이 책에서 제시하는 인간 고통에 대한 ACT의 치료 원리와 기법들이 심리적인 문제를 치료하는 심리치료자들에게도 많은 도움이 될 수 있기를 바란다.

삼가 이 책을, 삶이라는 여정을 함께 가는 수많은 '나'와 '너'에게 바친다.

2009년 10월

방배동 마음사랑인지행동치료센터에서

문현미

저자 서문

이 책이 나오기까지 도움을 준 많은 사람들에게 감사를 표하고 싶다. 이 책을 쓰는 동안 아내 Jacque Pistorello는 끊임없는 지지와 영감을 주었으며, 나의 자녀들 Camille, Charlie, Esther는 내가 몇 주에 걸친 중요한 기간 동안 책에만 관심을 쏟을 때에도 나를 이해해 주었다. Jacque와 마찬가지로, Spencer Smith의 아내 Marie 또한 '집필의 폭식' 기간 동안에 우리를 도와주었다.

이 책에 나오는 많은 아이디어는 ACT Listserv. 회원들에게서 영향을 받은 것이다. 그중에서 David Chantry는 상당히 많은 다양한 아이디어를 착안하는 데 기여하였기에 마지막 장의 공동저자로 기록하였는데, 그의 공헌은 그 장에만 국한되지 않는다(예, 대처 전략 일지, 기찻길 연습, 빈 머리 연습, 가치 있는 삶 기록지 등). 그것들을 이 책에 담을 수 있도록 허락해 준 그에게 감사한다. 내 학생들(그들 중 일부는 자신의 자료를 제공하였고, 그 장의 공동저자로 기록되어 있다)은 전반에 걸쳐 아이디어와 지지의 원천이었다. Change Company의 Don Kuhl은 일반인이 직접 활용할 수 있는 책을 만들자고 내게 처음으로 제안한 사람이다. 당시의 기획이 결실에 이르지는 못했지만, 그러한 기획을 의도할 수 있게 된 데는 그의 공이 지대했음을 인정하지 않을 수 없다. Kirk Strosahl은 내게 대중서적을 내라고 수년에 걸쳐 주기적으로 주문하였는데, 그 또한 내가 기꺼이 이 작업에 착수하는 데 한몫을 담당하였다. New Harbinger 출판사, 특히 Matt McKay와 Catharine Sutker는 내가 이 책을 내 나름의 방식대로 접근할 수 있도록 많은 자유를 허락해 주었다.

ACT와 RFT는 한 개인의 작품이 아니고, 수많은 사람(학생, 동료, 내담자들)의 손길이 닿은 공동의 작품이다. 그들 한 사람 한 사람에게 일일이 감사를 표하지는 못하지만, 내 가슴 속에서는 분명 그들에게 깊은 감사를 느낀다. 그들이 누구인지 각자는 알 것이라고 생각한다. 감사드린다.

2005년 5월, 네바다 리노에서

Steven C. Hayes

● ● ●

무엇보다도 먼저, 이 대중서적을 만드는 일에 동참할 수 있도록 나를 초대해 준 Steve Hayes에게 감사를 드린다. 그와 함께 일하는 것은 기쁨이었다. 이 책의 집필 작업은 내 인생에 매우 직접적인 방식으로 영향을 주었으며, 이러한 기회를 얻게 된 것에 감사한다.

또한 우리가 이 책을 쓰기 위해 리노에 갔을 때, 나를 따뜻하게 환대해 준 그의 가족들에게도 감사를 드린다.

아내 Marie는 집필 과정 내내 인내로 나를 후원하면서 도와주었다. 집필 공간을 마련해 준 것은 물론이고, 갓 태어난 아들 Tristan과 함께 밤을 맞는 수고를 혼자서 도맡아 주었기에, 내가 일을 지속하는 데 필요한 여분의 숙면을 취할 수 있었다.

내가 이 일을 할 수 있게 도와준 New Harbinger 출판사의 모든 관계자들에게도 감사를 드린다. 특히 나에게 이 일을 소개해 준 Catharine Sutker와 이 책의 발행자 Matt McKay에게 감사를 표한다. 당신들과 함께한 시간은 내게 큰 즐거움이었고, 앞으로도 그러할 것이다.

끝으로 독자 여러분에게 감사를 드린다. 우리의 노력이 당신의 삶에 긍정적인 방식으로 영향을 미치기를 간절히 기원한다.

2005년 5월, 캘리포니아 산타로사에서

Spencer Smith

차례

Contents

들어가며

인간은 괴로움(suffering)을 경험한다. 이것은 단지 고통(pain)이 있다는 것이 아니다. 괴로움이란 그보다 훨씬 더 이상의 것이다. 인간은 자신이 지닌 심리적 고통(힘든 감정과 생각, 불쾌한 기억, 원치 않는 충동과 감각)과 싸운다. 인간은 심리적 고통에 대해 생각하고, 걱정하며, 분개하고, 예상하며, 두려워한다.

동시에 인간은 매우 힘든 개인사에도 불구하고 엄청난 용기와 깊은 동정심, 그리고 앞으로 전진하는 놀라운 능력을 보여 준다. 상처받을 수 있음을 알면서도 여전히 다른 사람을 사랑한다. 자신이 죽을 것을 알면서도 여전히 미래에 관심을 가진다. 무의미하다는 것을 알면서도 여전히 이상을 품는다. 때때로 인간은 충만히 살고, 현존하며, 투신한다.

이 책은 괴로움으로부터 나와서 삶에 참여하는 방법에 대해 기술한 것이다. 이 책은 자신과의 내적 투쟁에서 승리할 때까지 삶의 시작을 미루기보다는, 당신의 과거와 더불어(불구하고가 아니라), 당신의 기억과 함께, 당신의 두려움 및 슬픔과 더불어, 지금 삶을 사는 것과 충만히 사는 것에 관한 것이다.

ACT는 무엇이며 어떻게 당신을 도울 수 있는가

이 책은 수용전념치료(Acceptance & Commitment Therapy), 또는 ACT에 기초를 두고 있다(ACT는 약자의 스펠링 각각을 발음하지 않고 한 단어로 발음한다). 이는 인지행동치료 내에서 '제3의 동향'(Hayes, 2004)이라고 일컫는 흐름의 일부로서, 과학적인 토대를 지닌 새로운 심리치료 모델이다. ACT는 인간의 마음이 어떻게 작용하는가에 대한 기초 연구 프로그램인 관계구성틀 이론(Relational Frame Theory: RFT, Hayes, Barnes-Holmes, & Roche, 2001)에 기반을 두고 있다. 이 연구는 우리가 문제를 해결하는 데 사용하는 많은 수단들 때문에 오히려 괴로움을 낳는 덫에 걸리게 된다고 제안한다. 더 솔직하게 표현하면, 인간은 환경을 지배하는 놀라운 수단인 마음이 도리어 그 주인에게 덤벼드는 게임을 수행하고 있다.

당신은 아마도 매우 힘든 어떤 문제들은 그에 대한 해결책을 실행하면 오히려 반대로 더 심해지고 조절 불가능해진다는 것을 잘 알고 있을 것이다. 이것은 착각이 아니다. 이는 우리의 이성적 마음으로 하여금 실행하도록 설계되지 않은 것을 실행하라고 요청한 결과로 생기는 것이다.

당신이 만일 심리적 문제를 스스로 극복하는 데 도움을 얻고자 이 책을 선택했다면, 이러한 주장은 매우 이상하게 들릴 수도 있다. 사람은 대부분 우울, 불안, 물질 남용, 외상, 스트레스, 소진,

만성 통증, 흡연 등의 특정 문제를 해결하기 위한 도구로 자조서적을 구입한다. 일반 사람이 이러한 문제를 극복한다는 것은 단지 궁극적인 목표일 뿐 아니라 특정 수단을 통해 도달되는 목표를 의미한다.

예컨대, 스트레스를 이겨내기 위해서는 먼저 스트레스가 되는 감정을 없애야 하는 것처럼 보인다. 담배를 끊으려면 먼저 담배를 피우고 싶은 충동을 제거해야만 하는 것으로 보인다. 불안장애 극복을 위한 치료는 이완하는 방법이나 염려되는 생각을 논박하고 변화시키는 방법을 포함해야 할 것처럼 보인다. 이 책에서는 목적과 수단을 주의 깊게 구별한다. 그리고 최근 심리학 이론에서는 더 나은 삶을 지향하는 이러한 많은 상식적인 방법들을 오히려 위험하고 불필요한 것으로 여긴다는 것을 이 책을 통해서 배우게 될 것이다.

만일 당신이 심리적 문제로 괴로움을 겪고 있다면, 당신이 알아야만 할 것이 있다. 이는 곧 많은 연구에서 ACT가 인간의 공통적인 심리적 문제들에 도움이 됨을 시사한다는 점(Hayes, Masuda et al., 2004)과 ACT의 기저 모델은 연구에 의해 상당한 지지를 받았다는 점이다(Hayes et al., in press). 우리는 이 책 전체에 걸쳐서 이러한 자료들을 논의할 것이다.

이 책은 일견 이상하게 꼬이고 뒤집힌 듯 보일 수 있으므로, 당신이 지금 경험적인 연구에 기초한 설명을 읽고 있다는 사실은 더욱더 중요하다. 이 책은 때로 당신에게 혼란을 줄 것이다. ACT는 인간 문제에 관해 문화적으로 가장 깊이 뿌리박힌 형태의 관습적인 사고에 대하여 도전하므로, 어느 정도의 혼란은 불가피하다.

많은 연구들을 통해 ACT의 방법과 아이디어들이 전반적으로 견고하다는 것이 밝혀졌으므로, 이러한 개념과 절차가 효과적임을 다시금 확인할 수 있다(ACT와 그 요소들에 관한 연구 목록의 일부가 부록에 제시되어 있다.). 그렇다고 해서 ACT의 방법과 아이디어가 쉽게 이해될 수 있다는 뜻은 아니다. 만일 당신이 이러한 방법과 아이디어를 이미 잘 알고 있다면, 이 책은 아마도 유용하지 않을 것이다.

당신이 고려해야 할 비관습적인 개념 몇 가지를 소개하면 다음과 같다.

- 심리적 고통은 정상적이고, 중요하며, 모든 사람이 지니고 있다.
- 심리적 고통의 증폭을 인위적으로 피하기 위한 단계를 밟을 수는 있어도, 이를 의도적으로 없앨 수는 없다.
- 고통과 괴로움은 두 개의 다른 상태다.
- 자신을 괴로움과 동일시할 필요는 없다.
- 고통을 받아들이는 것은 괴로움을 겪지 않기 위한 하나의 단계다.
- 당신은 자신이 중요하게 여기는 삶을 살 수 있으며, 지금 당장 시작할 수 있다. 그러나 그렇게 하기 위해서는, 당신의 마음에서 빠져나와 삶 속으로 들어가는 법을 배워야만 한다.

궁극적으로 ACT가 요청하는 것은 관점의 근본적인 변화다. 즉, 사적 경험을 다루는 당신의 방식이 변화되는 것이다. 우리는 이를 통하여 당신의 우울, 분노, 불안, 스트레스 또는 낮은 자존감이 빨리 변화할 것이라고 약속할 수는 없다. 그러나 입증된 연구에 따르면, 이 문제들이 삶의 장애물 역할을 하는 것은 변화될 수 있으며, 때로는 매우 빨리 변화될 수 있다. ACT의 방법은 힘든 심리적 문제들에 접근하는 새로운 길을 제공한다. 이 새로운 접근은 심리적 문제의 본질과 그것이 삶에 미치는 영향을 변화시킬 수 있다.

비유적으로 표현해 보자. 심리적 장애의 기능과 형태의 관계를 구분하는 것은 전쟁터에서 전투를 치르는 사람에 비유될 수 있다. 전투는 불리하게 진행된다. 그는 더 열심히 싸운다. 패배는 참담한 선택이다. 그는 전쟁에서 승리하지 못한다면 의미 있는 삶을 사는 것이 불가능할 것이라고 생각한다. 그래서 싸움을 계속한다.

그런데 그가 모르는 점은, 언제라도 싸움을 중단하고 지금 삶을 시작할 수 있다는 사실이다. 전투는 여전히 계속될 것이고, 전쟁터는 여전히 그대로일 것이다. 전쟁이 지속되는 한, 그 지형은 예전과 다름없어 보일 것이다. 그러나 전쟁의 결과는 더 이상 크게 중요하지 않다. 전투에서 승리한 후에야 진정한 삶을 시작할 수 있다는, 일견 논리적으로 그럴듯해 보이는 순서를 포기할 수 있다.

이 비유는 심리적 문제의 외현과 그 진짜 실체 간의 차이를 보여 주기 위한 것이다. 이 비유에서, 당신이 전투에 참여하든 단지 지켜보든 간에, 그 전투는 똑같아 보일 것이다. 그 외현은 동일할 것이다. 그러나 그 영향, 즉 실체는 서로 현저히 다르다. 삶을 위해 싸우는 것과 삶을 사는 것은 같지 않다.

연구 결과들이 시사하는 것은, 본질이 변화하면 역설적으로 그 외현도 그만큼 변할 수 있다는 것이다. 전투하는 사람이 싸움을 그대로 두고 전쟁터를 떠나면, 전투는 잠잠해질 수 있다. 1960년대의 옛 표어처럼, “그들이 전쟁을 하는데 아무도 오지 않았다면 어떻게 되었을까?”

이 비유를 당신 자신의 정서생활과 비교해 보라. ACT는 문제의 외현이 아니라 본질에 초점을 둔다. 근본적으로 고통에 달리 접근하는 방식을 배울 때, 고통이 삶에 미치는 영향이 빠르게 변화될 수 있다. 이 책에 기술된 방법을 따른다면, 고통스러운 감정이나 생각의 겉모습은 바뀌지 않더라도 심리적 고통의 본질, 즉 그 영향력은 변화할 것이다.

이런 의미에서 이 책은 전통적인 자조서적이 아니다. 우리는 새로운 이론을 가지고 당신이 고통과의 싸움에서 승리하도록 도우려는 것이 아니다. 우리는 마음속에서 맹렬히 벌어지는 전투에서 떠나도록 도울 것이며, 당신이 진정으로 원하는 삶을 시작하도록 도울 것이다.

괴로움: 심리적인 늪

전투에서 승리하기보다는 전쟁터를 버린다는 이 희한한 아이디어가 이상하게 들릴지도 모르겠다. 또한 이를 실행하려면 많은 새로운 학습이 필요할 것이다. 하지만 이것은 미친 짓이 아니다. 당신은 이와 유사한 다른 상황들에 대하여 알고 있다. 이는 색다르지만 낯선 것은 아니다.

어떤 사람이 모래 늪 한가운데 서 있다고 상상해 보자. 그의 손에 닿을 수 있는 나뭇가지나 밧줄은 없다. 당신이 도와줄 수 있는 유일한 방법은 그와 말을 주고받는 것뿐이다. 그가 외친다. "살려 주세요. 나를 좀 꺼내 주세요." 사람이 무언가 두려움에 사로잡혔을 때 흔히 하는 것처럼, 그는 빠져나오려고 투쟁하기 시작할 것이다. 가시덤불이든 웅덩이든 사람이 무언가에 빠졌을 때, 대부분(99.9%)의 경우 그가 취할 수 있는 효과적인 행동은 빠져나오기 위해서 걷고, 뛰고, 점프하는 것이다.

그러나 모래 늪에서는 그렇게 할 수 없다. 무언가에서 빠져나오려면 한 발을 들어 앞으로 움직일 필요가 있지만, 모래 늪에서는 그렇게 하는 것이 아주 나쁜 방식이다. 일단 한 발을 들면, 몸의 무게가 나머지 한발에 실리게 된다. 이는 내리누르는 압력이 두 배가 된다는 것을 뜻한다. 더구나 들어 올린 발 주변의 흡입력으로 다른 발에 가해지는 압력은 더 커지게 된다. 오직 한 가지 결과만이 기다릴 뿐이다. 그는 모래 늪에 더 깊이 빠질 것이다.

당신이 모래 늪에 빠진 사람을 지켜본다면, 이런 과정이 전개되는 것을 보게 될 것이다. 당신의 어떤 외침이 그에게 도움이 될까? 모래 늪이 어떻게 작용하는지를 이해한다면, 당신은 그에게 발버둥치는 것을 멈추고 날개를 펼친 독수리 자세로 가만히 누워서 최대한 많이 표면에 접촉하라고 외칠 것이다. 그런 자세를 취하면, 그는 가라앉지 않을 것이고 구조에 협력할 수 있을 것이다.

그러나 안타깝게도 그는 모래 늪에서 빠져나오려고 안간힘을 쓰기 때문에, 신체 접촉을 최대한으로 유지하는 것과는 정반대의 행동을 하게 된다. 늪에서 빠져나오려고 투쟁하는 사람은, 보다 현명하고 안전한 행동은 늪과 함께 있는 것이라는 사실을 결코 깨닫지 못한다.

우리 자신이 빠져 있는 모래 늪이 어떤 의미에서는 종종 끝이 없다는 점을 빼놓고는, 우리 자신의 삶도 이와 매우 흡사하다. 정확히 언제쯤 외상적인 기억의 늪이 완전히 사라질까? 과거에 부모나 친구로부터 받은 비판의 고통스러운 늪은 어느 순간에 없어질까? 당신이 가장 싫어하는 자신의 심리적 측면에 대해 한 번 생각해 보자. 이 질문을 잠시 생각해 보자. 스스로에게 물어 보라. "이 문제는 지난달부터 시작되었는가? 6개월 전인가? 1년 전인가? 5년 전인가? 정확히 이 문제는 얼마나 오래 되었는가?"

대부분의 사람은 자신의 가장 깊은 걱정이 최근에 일어난 사건에 대한 것이 아님을 알고 있다. 그들의 깊은 염려는 수년 동안 잠재해 왔다. 이러한 사실은 일반적인 문제 해결 방법이 성공적이지 않음을 잘 말해 준다. 만일 그 방법들이 성공적이었다면, 왜 그렇게 오랫동안 시도하였음에도 불구하고 효과가 없었겠는가? 그렇게 장기간 심리적 투쟁을 지속해 왔다는 것은, 모래 늪에 빠진 사람이 거기서 벗어나려고 애쓰는 것이 커다란 문제인 것처럼, 그 문제 해결 방법 자체가 문제의 일부라는 것을 말해 준다.

당신은 무언가 이유가 있어서 이 책을 골랐을 것이다. 짐작건대, 자신이 어떤 심리적 늪에 빠졌음을 알고는 이로부터 자유로워지기 위해서는 도움이 필요하다고 생각했을 것이다. 당신은 다양한 '해결책' 을 시도하였으나, 아마도 성공하지 못했을 것이다. 당신은 지금도 투쟁하고 있을 것이다. 당신은 가라앉고 있을 것이다. 그리고 괴로움을 겪고 있을 것이다.

당신의 고통은 당신이 걷는 길에서 정보를 제공해 줄 동지다.

당신은 심리적 고통을 겪은 적이 없는 사람은 누릴 수 없는 기회를 얻게 될 것이다. 왜냐하면 우리는 상식적인 해결책들이 실패할 때 비로소 심리적 고통에 대해 현대 심리과학이 제공하는 반(反)직관적인 해결책에 마음을 열게 되기 때문이다. 인간의 마음이 어떻게 작동하는지를 더 알게 된다면, 당신은 아마도 지금껏 여행해 본 적이 없는 길을 떠날 채비를 하게 될 것이다. 당신은 충분히 괴로움을 겪어 오지 않았는가?

이 책은 당신이 빠져 있는 늪에서 탈출할 수 있도록 돕기 위한 것이 아니라, 늪과 같이 지낼 수 있도록 돕기 위한 것이다. 당신의 괴로움을 경감시키기 위한 것이며, 가치 있고 의미 있고 품위 있는 인생을 영위하도록 힘을 북돋아 주기 위한 것이다. 당신이 지금껏 싸워 온 심리적 문제들은 여전히 남아 있을지도 모른다(물론 남아 있지 않을 수도 있다.). 하지만 그 문제들이 어떤 형태로 남아 있든 당신이 충만한 삶을 살아가는 데 더 이상 방해되지 않는다면, 무엇이 그리 중요하겠는가?

인간의 괴로움은 보편적이다

이 책은 많은 대중적인 심리학 서적들과는 다른 일련의 전제에서 출발한다. 우리는 이 '들어가며' 부분의 첫 문장에서 그 차이가 무엇인지 암시하였다('인간은 괴로움을 경험한다.'). 우리는 정상적인 인간은 그대로 놔두면 행복하며, 단지 이상한 역사나 잘못된 생물학적 소인 때문에 평화가 깨지는 것이라고 가정하지 않는다.

대신에 괴로움이란 정상적인 것이며, 마음의 평화를 만들어 내는 법을 아는 사람은 드물다고 가정한다. 왜 그런지는 수수께끼다. 이 책은 그 수수께끼에 관한 것이다.

인간이 아닌 존재는 도저히 상상할 수 없는 많은 문제들을 인간이 안고 있다는 것은 눈여겨볼 만하다. 자살에 관한 자료를 살펴보자. 모든 인간 집단에서 자살이 발생하며, 자살과의 심각한 투쟁은 충격적일 만큼 흔한 일이다. 당신이 일생을 통해서 최소 2주 동안 중간 수준 혹은 심한 수준으로 자살 생각과 싸울 확률은 대략 50 대 50이다(Chiles & Strosahl, 2004). 지구상의 거의 모든 사람이 생의 어느 시점에서 자살을 생각한다. 전(前)언어적 아동은 자살을 시도하지 않지만, 언어를 사용하는 아동은 아주 어린 아동이라도 때때로 자살을 시도한다(Chiles & Strosahl, 2004). 그러나 인간이 아닌 어떤 동물이 의도적으로 자살을 시도한다는 것은 믿을 만한 근거가 거의 없다.

이러한 기본적인 패턴은 문제 영역마다 지속적으로 반복된다. 인간은 성공적으로 보이는 삶의 한복판에서도 대부분 투쟁을 한다. 스스로에게 다음과 같이 질문해 보라. 당신은 심각한 심리적 혹은 사회적 문제, 관계상의 문제, 직업상의 문제, 불안, 우울, 분노, 자기통제 문제, 성 문제, 죽음의 공포 등과 싸우는 기간을 경험해 보지 못한 사람을 얼마나 많이 알고 있는가? 그러한 사람들의 명단은 실로 매우 적을 것이며, 아마도 없을 수도 있다.

인간의 문제들에 대한 과학적 자료를 살펴보면, 이러한 인상은 더욱 설득력을 지니게 된다. 몇 가지 사실만 임의적으로 언급해 보자. 어느 한 시점에서 모든 성인을 조사해 보면, 약 30%가 주요 정신의학적 장애를 겪는다. 약 50%는 생의 어느 시점에서 그러한 장애를 겪을 것이다. 그리고 약 80%는 한 가지 이상의 심각한 심리적 문제를 겪을 것이다(Kessler et al., 1994). 미국인은 심리적 고통을 경감시키려는 노력에 막대한 양의 돈을 쓴다.

예컨대, 항우울제의 효과는 위약 효과보다 단지 20% 더 나은 정도로서 임상적인 의미가 매우 작음에도 불구하고, 항우울제 산업의 규모는 100억 달러에 이른다(Kirsch et al., 2002). 실제로 항우울제 소비량은 매우 많아서 강물과 시냇물이 이에 오염되고 있고 우리가 먹는 물고기들도 오염되고 있다(Streater, 2003). 그러나 슬프게도 이러한 통계들은 문제의 심각성을 과소평가한 것에 불과하다. 개인이 정신건강 서비스에 자유로이 접근할 수 있다면, 도움을 청하는 사람의 약 절반가량만이 심각한 정신건강 장애로 진단받는다(Strosahl, 1994). 나머지 절반은 일이나 결혼생활, 자녀양육에서의 문제, 철학자들이 '실존적 두려움' 이라고 부르는 삶의 목적과 의미의 결여, 혹은 우리 곁에 늘 존재하는 심한 불안과 염려로 괴로움을 겪는다.

가령 결혼은 대부분의 사람이 자발적으로 맺는 가장 중요한 성인관계지만, 모든 결혼의 약 50%는 이혼으로 끝나며, 재혼 또한 이보다 더 낫지 않다(Kreider & Fields, 2001). 결혼생활의 정절, 학대, 행복에 대한 우울한 통계들을 보면, 많은 첫 결혼이 건강하지 못한 관계에 기초하고 있음을 알 수 있다(Previti & Amato, 2004).

이런 장황한 이야기는 얼마든지 더 늘어놓을 수 있다. 인간이 직면하는 모든 행동문제들을 나열하자면 한이 없다는 사실만으로도, 사실상 중요한 심리적 투쟁을 경험하지 않는 것이 '비정상'

이라고 말할 수 있다.

어떻게 이럴 수 있는가? 황폐화된 사회에서 물자 없이 사는 사람들에 대해 논의해 보면, 이를 이해할 수 있을 것이다. 만일 수단의 한 어린이가 저항군의 폭력을 피해 몸을 숨겨야 한다면, 우리는 그 아이의 불행을 쉽게 인정할 것이다. 인도네시아의 한 애처로운 어머니가 쓰나미 피해로 모든 것을 잃었다면 그녀의 괴로움은 끔찍할 것이며, 우리는 그녀가 처한 그 끔찍한 상황에서는 괴로운 것이 당연하다고 인정할 것이다. 전쟁이나 끔찍한 자연재해로 고통을 겪는 사람의 삶과 우리의 삶을 비교해 보면 알 수 있듯이, 이 책을 읽는 독자 중 대다수는 그렇게 끔찍한 상황에 처해 있지 않다. 그러나 많은 문제 영역에서, 지능이 높고 성공적인 삶을 사는 사람이 지구 반대편에 사는 불운한 사람보다 반드시 더 행복한 것은 아니다. 눈부시게 성공적인 경제력을 갖춘 나라의 사람이 궁핍한 나라의 사람보다 사회적 또는 대인관계적 문제들(예, 자살)이 더 적은 것은 아니다(Chiles & Strosahl, 2004). 어떻게 이럴 수 있을까?

다음의 질문을 당신 자신의 삶에 적용해 보라. 당신이 인생의 다른 많은 영역에서 아무리 유능하다 해도, 당신이 바꾸려고 애쓰며 투쟁해 온 것들이 여전히 지속되고 있지 않은가? 당신은 그 문제들을 해결하려고 애써 왔지만, 아직까지도 진정한 해결책을 찾는 데 실패하지 않았는가? 참으로 당신은 이미 많은 해결책들을 시도했을 것이다. 그리고 지금도 당신에게 도움이 될 또 다른 책을 찾고 있을 것이다. 어떻게 이렇게 할 수 있는가?

이 책을 읽으면서, 다음의 질문들을 마음속에 계속 간직하길 바란다. 인간의 괴로움은 왜 이렇게 보편적일까? 당신의 괴로움은 변화시키기가 왜 이렇게도 어려울까? 당신은 이를 위해 무엇을 할 수 있을까? 이 책은 이러한 질문들을 상세히 탐구할 것이다. 우리는 최소한 그 해답의 일부를 제공할 수 있을 것으로 기대한다.

우리는 거만하거나 비판적인 자세로 이 질문들을 제기하는 것이 아니다. 이 책은 더욱 열심히 노력하기만 하면 인생이 나아질 것이라는 교묘한 메시지를 통해서 당신이 처한 곤경에 대해 당신을 비난하지 않는다. 이 책은 자비와 동일시의 자세에서 우러나온 것이다. 우리 자신의 투쟁과 환자들의 투쟁에서 나온 것이다. 앞서 제시한 질문은, 때때로 깊은 절망 가운데서, 우리가 스스로에게 해 왔던 질문이나. 하지만 과학이 예기치 않은 해답을 제공해 주기 시작했으며, 우리는 그것이 당신에게 직접적인 도움을 줄 수 있을 것이라고 믿는다.

마음챙김, 수용 그리고 가치

ACT는 당신을 개인적인 계시로 인도하는 지혜의 말씀이나 특유한 어록이 아니다. ACT의 원리 중 어떤 것은 인류의 역사만큼이나 오래된 것이지만, 거기에는 하나의 새로운 주요 치료 요소가 있다. ACT는 인간의 인지에 관한 새로운 모델에 기초한다. 이 모델은 이 책에 제시된 구체적인 기법들의 기저를 흐르는데, 이 기법들은 문제에 대한 당신의 접근 방식과 당신의 삶의 진행 방향을 변화시키기 위해 고안된 것이다. 이 기법들은 마음챙김, 수용 그리고 가치 중심의 삶이라는 세 개의 커다란 범주로 묶을 수 있다.

▲ 마음챙김

마음챙김이란 당신의 경험을 관찰하는 한 가지 방법으로, 수세기 동안 동양에서 다양한 형태의 명상을 통해 수행되어 온 것이다. 서양 심리학의 최근 연구는 마음챙김 훈련이 뚜렷한 심리적 유익을 가져다준다는 것을 입증하였다(Hayes, Follette, & Linehan, 2004). 사실상 마음챙김은 현재 서양의 다양한 심리학적 접근에서 치료를 향상시키는 수단으로 채택되고 있다(Teasdale et al., 2002).

우리 치료법의 상당 부분은 마음챙김과 관련된다. ACT에서는 예로부터 전해 내려오는 이러한 일련의 수행에 더하여, 마음챙김의 핵심 요소들에 대한 모델과 이 요소들을 변화시키기 위한 일련의 새로운 방법들을 추가하였다. 수주, 수개월, 수년간의 명상이 그 자체로 유익할 수 있지만, 마음챙김을 증진시킬 수 있는 유일한 연습은 아니다. 오늘날과 같이 바쁜 세상에서는, 느리게 흘러간 옛 천년에 진화한 방식을 증대시키기 위한 새로운 방식이 요구된다.

이 책을 통해 당신은 자신의 생각을 새로운 방식으로 보는 법을 배울 것이다. 생각은 세상을 바라보는 렌즈와 같다. 우리는 모두 자신만의 특수한 렌즈를 끼고는 그 렌즈가 경험의 해석을 좌지우지하도록 허용하는 경향이 있는데, 심지어는 자신이 누구라고 생각하는지에 대해서까지도 렌즈의 지배를 허용하기도 한다. 만일 지금 당신이 심리적 고통이라는 렌즈에 밀착되어 있다면, 자신에게 "나는 우울해."라고 말할지도 모른다. 이 책에서 우리는 그러한 생각을 붙잡고 늘어지는 것의 위험성을 볼 수 있도록 도울 것이다. 또한 그러한 위험에 빠지지 않도록 돕기 위한 구체적인 방법들을 제공할 것이다.

언어의 착각으로부터 자유로워지면서, 당신은 매일 나타나는 많은 언어의 렌즈들을 더욱 자각하게 될 것이며, 또한 그것들 중 어느 하나에 의해 규정되지 않게 될 것이다. 당신은 보다 더 전체론적인 자기 인식 모델을 선호하게 됨으로써, 특정한 인지적 렌즈에 밀착된 것에서 벗어나는 법을 배우게 될 것이다. 구체적인 기법들을 적용하면서, 고통이라는 관점에서 세상을 보기보다는 고통을 바라보는 법을 배울 것이다. 그렇게 할 때, 고통의 심리적 내용을 조절하려고 애쓰는 것 말고도 지금 순간에 할 수 있는 다른 많은 것들이 있음을 알게 될 것이다.

수 용

ACT에서는 고통과 괴로움을 분명하게 구분한다. 인간의 언어가 지닌 속성 때문에, 문제에 부딪혔을 때 그 해결 방법을 모색하려는 것은 인간의 보편적인 성향이 되었다. 우리는 모래 늪에서 빠져나오려고 애쓴다. 외부 세계에 대해서는 이러한 시도가 99.9% 매우 효과적이다. 약탈, 추위, 페스트, 홍수 등과 같이 달갑지 않은 사건을 제거하고자 모색할 수 있다는 것은 인류를 지구상에서 만물의 영장으로 확립시키는 데 필수적이었다.

그러나 우리의 내면 경험에 대해서 이러한 '해결 모드'를 적용하려는 시도는 우리 마음이 작용하는 방식의 유감스러운 결과다. 내면의 고통스러운 내용에 부닥칠 때, 우리는 늘 하던 방식대로 행하고 싶어 한다. 즉, 이를 조정하고 분류하여 제거하고 싶어 한다. 그러나 진실은 (당신이 이미 경험했다시피) 우리 내면적 삶은 외부 사건과 전혀 같지 않다는 것이다. 무엇보다도 인간은 역사 가운데 살며, 시간은 두 방향이 아니라 오로지 한 방향으로만 흐른다. 심리적 고통은 역사를 지니며, 최소한 이러한 측면에서 보면 고통을 제거하는 것은 문제의 핵심이 아니다. 오히려 고통을 어떻게 다루느냐의 문제이며, 고통과 함께 어떻게 앞으로 나아가느냐가 보다 더 중요한 문제다.

수용전념치료에서 말하는 '수용'은 일반적으로 고통은 이를 제거하려고 애쓸 때 오히려 더 증폭되고, 그 속으로 더 휘말리게 되며, 더 외상적인 것으로 변환된다는 개념에 기초한다. 고통과 싸우는 동안, 당신의 삶은 옆으로 밀려나게 된다. 우리가 이 책에서 가르치고자 하는 대안은, 지금으로서는 잘못 이해될 여지가 있으므로 드러내어 말하기에 약간 위험스럽지만, 고통을 수용하는 것이다. 여기서 말하는 수용은 허무주의적인 자기패배를 의미하는 것이 아니다. 또한 그저 고통을 참고 견디라는 의미도 아니다. 이와는 매우 다른 것이다. 이처럼 무겁고 슬프고 어두운 형태의 '수용'은 우리가 의미하는 수용, 즉 이 순간을 능동적이고 생생하게 끌어안는 것과는 거의 정반대다.

우리 대부분은 능동적인 형태의 수용을 거의 또는 전혀 훈련해 본 적이 없기 때문에, 당신의 마음이 이 용어의 의미에 대해 무엇이라고 말하든지 간에 당신의 마음에 감사를 표하되, 지금 당장 그 말에 따라 무언가를 하려고 애쓰지는 말기 바란다. 수용의 의미를 기술하기란 쉽지 않으며, 자신의 경험을 기꺼이 소유하며 사는 법을 배우는 것은 이제부터 곧 이 책에서 초점을 두게 될 것이다. 그때까지 잠시 동안 열린 마음과 인내심을 유지해 주기 바란다. 아울러 수용의 의미는 이런 것일 거라고 마음이 속삭이는 추측에 대해서도 회의적인 태도를 견지해 주기 바란다.

전념과 가치 중심의 삶

당신은 지금 자신이 영위하고 싶은 삶을 살아가고 있는가? 당신의 삶은 당신에게 가장 의미 있는 것에 초점이 맞춰져 있는가? 당신의 삶은 활기와 참여가 특색을 이루는가? 아니면 문제에 대한 중압감에 눌려 있는가?

심리적 문제들과의 투쟁에 사로잡혀 있을 때, 우리는 진정으로 삶을 다시 살기 시작할 수 있으려면 고통이 줄어들 필요가 있다고 믿으면서, 고통이 줄어들 때까지 삶을 유보한다. 그러나 실은 당신이 원하는 삶은 지금 이 순간부터 시작할 수 있는 것이라면 어찌할 것인가? 이를 믿으라는 것은 아니다. 다만 이 책과 더불어 기꺼이 작업할 수 있을 만큼 충분히 개방적으로, 그러한 가능성에 마음을 열어 두기 바란다.

당신이 영위하고 싶은 삶에 접촉하는 것, 그리고 당신의 꿈을 현재의 삶으로 가져오는 법을 배우는 것은 쉽지 않다. 왜냐하면 모든 인간의 마음이 그러하듯이, 당신의 마음 또한 계속해서 덫을 작동시키며 장애물을 놓을 것이기 때문이다. 1~10장에서는 이러한 덫으로부터 자유로워지는 법과 장애물들을 해체하는 법을 배울 것이다. 11~13장에서는 삶에서 진정으로 이루기 원하는 것에 대해 논의할 것이며, 쓸모없이 마음을 관리하는 것으로부터 삶에 참여하는 쪽으로 전환하는 과정을 어떻게 완성할 것인가에 대해 살펴볼 것이다.

이 시점에서 우리는 당신이 우리의 주장에 동의하거나, 우리의 방법들을 이해한다고 말하기를 요청하지 않는다. 우리는 다만 당신의 괴로움과 타인의 괴로움이라는 수수께끼에 초점을 둔 이 여행에 참여하기만을 바랄 뿐이다. 이 여행은 우리가 하는 게임에서 이길 수 있는 새로운 전략을 찾기 위한 것이 아니고, 이 게임 자체를 근본적으로 변화시키기 위한 것이다. ACT는 만병통치약이 아니지만, 그 과학적인 결과들은 긍정적이고 광범위하다(부록 참조). 우리는 당신이 이 새로운 지식의 장점을 취하게 될 것이라고 믿는다.

당신이 이 여행을 따라가면서 얼마든지 회의와 냉소적 태도를 지녀도 좋다. 설사 냉소적이거나 회의적이어도, 당신이 배운 방법들을 기꺼이 적용하려고만 한다면 그 방법들은 손해가 되지 않을 것이다. 또한 이 여행에 대해서 얼마든지 믿음이나 희망을 지녀도 좋다. 비록 이러한 믿음이나 희망이 앞으로 기술될 방법들의 관점에서 고려될 때 더 큰 도움이 되겠지만 말이다. 당신은 완전한 한 인간이다. 이 발견의 여정을 떠나면서, 당신이 모든 경험, 생각, 감정, 신체 감각, 행동 경향성을 다 지니고 와도 우리는 환영한다.

당신이 잃을 게 무엇이겠는가? 당신이 마음에서 빠져나와 삶 속으로 들어갈 수만 있다면 좋은 일이 아니겠는가?

chapter **01**

인간의 괴로움

당신은 아마 다음과 같은 이유로 이 책을 펼쳤을 것이다. 당신은 상처를 입었으며, 이에 대해 무엇을 해야 할지 확신하지 못하고 있다. 어쩌면 만성적인 우울이나 불안장애로 괴로움을 겪어 왔을지도 모른다. 혹은 고통을 마비시키려는 소용 없는 시도로 약물이나 알코올 남용과 씨름하느라 삶을 허비해 왔을 것이다. 경우에 따라서는 인간관계가 삐걱거리거나, 삶 자체가 과연 중요한가를 두고 고민하고 있을지도 모른다. 내면의 혼란에 대처하려고 심리치료를 받아 왔거나 끝마쳤을 수도 있다. 혹은 당신은 단지 곤경에 빠졌다고 느끼는(활력이 없고, 삶에 참여하지 못하며, 방관적이고, 무감각하며, 압도된) 수백만 명의 사람들 중 하나일 수도 있다.

만일 당신이 오랫동안 투쟁해 왔다면, 당신은 아마도 다양한 형태의 "왜?"라는 질문으로 자신을 괴롭혀 왔을 것이다. "나는 왜 이것을 극복할 수 없는가?" "나는 왜 더 기분 좋게 느끼지 못할까?" "인생은 왜 이리도 힘든가?" "치료를 받았는데도 왜 이럴까?" "왜 나는 정상적인 인간이 될 수 없는가?" "나는 왜 행복할 수 없는가?” 준비된 답이 없는 질문들을 스스로에게 하면서, 당신은 희생양이 된 것처럼 느낄 것이다. 정서적 고통과 이에 맞선 투쟁으로 궁지에 몰리면서, 자신을 둘러싼 삶의 반경이 끝없이 축소되는 듯한 느낌을 받을 것이다.

만일 당신이 머릿속에서 어떤 전투를 치러 왔다면, 그 전투에서 승리하려고 기를 쓰는 대신에 거기서 빠져 나오는 방법을 배우면 어떨까? 그런다고 해서 전투가 멈출 것이라는 의미는 아니다. 전쟁은 계속될 수 있다. 그보다는 오히려, 마치 심리적인 생존이 전쟁의 결과에 달려 있는 것처럼 여기면서 전쟁터 안에서 살려고 애쓰던 것을 더 이상 하지 않음을 의미한다. 이것이 가능하다면 어떻게 될까?

이 책을 통해 당신은 심리적 고통이 무엇이며 그것이 어떻게 작동하는가에 대한 당신의 관점뿐 아니라, 당신의 의식 및 정체성의 본질을 검토하게 될 것이다. 어떤 주제도 결코 ‘기초적’ 이지만은 않다. 여기서 발견하게 될 개념과 방법들에 의해 당신은 약간의 동요를 겪을 수도 있다. 처음에 어떤 것들은 소화하기 어려울 수 있으며, 지금까지 문제에 대한 ‘해결책’이라고 배웠던 것에 정면으로 위배될 수도 있다.

당신에게 다음과 같은 세 가지를 요청한다. 첫 번째 요청은 이 책에서 제시하는 것에 지속적이고 능동적으로 참여해 달라는 것이다. 때로는 덜컹덜컹 흔들릴 것이다. 우리는 다만 당신이 여기에 제시된 방법들을 충실히 시도해 보기를 바란다. 분명히 당신을 위한 무언가가 기다리고 있을 것이다. 그러나 당신이 배운 개념과 방법을 실제 삶에 적용해 보지도 않고 그 영향력을 평가하려 한다면, 과연 효과가 있는지 알지 못할 수도 있다.

두 번째로 요청하는 것은 자신에 대한 엄격한 정직성이다. 우리가 제시한 것을 믿으라고 요청하지 않는다. 다만 당신의 경험을 못 본 체 보아 넘기지 말고 똑바로 바라보기만을 바랄 뿐이다. 당신 자신에게 진실한 것을 탐색하는 기회로 이 책을 활용하라. 다른 사람이 기대하는 것, 주변 세상이 요구하는 것, 당신이 오랫동안 진실이라고 믿어온 것, 심지어는 당신의 마음이 당신에게 속삭이는 것을 잠시 옆으로 밀어 놓으라. 만일 그것들이 당신의 직접적인 경험이 제시하는 것과 다르다면 말이다.

당신이 이 방법들을 시도해 보는 동안 우리가 당신 옆에 함께할 수 없으므로, 여기에서 설명한 방법이 결국 당신에게 도움이 되는지를 알기 위해서는 당신 자신의 경험에 의지할 필요가 있다. 여기서 논의된 기본 개념을 경험적으로 뒷받침하는 자료들이 점차로 축적되고 있다. 또한 일부 방법들은 치료실이 아닌 실험실에서 글이나 말로 제시되어 검증되었는데, 이 책에서 그 방법들을 접하게 될 것이다. 이제는 그 개념과 방법들을 대중에게 소개할 때가 되었다고 믿을 만큼 충분한 과학적 증거들이 축적되었다. 그러나 실제적인 기준이 있다면, 그것은 당신의 경험이다.

세 번째 요청은 당신의 의도에 관한 것이다. 우리는 당신이 이 책을 통해 삶에서 어떤 차이를 만들어 내려는 의도를 지니기를 바란다. 반드시 그렇게 될 것이라고 믿을 필요는 없다. 오히려 다음의 질문에 예라고 답함으로써 그렇게 될 가능성에 열려 있기를 바란다. 이 방법들을 배우고 실천하는 동안, 이 방법들을 사용함으로써 삶이 더 나은 방향으로 변화할 수 있음을 실제적으로 경험하게 된다면, 당신은 그 방향으로 기꺼이 나아갈 것인가? 만일 당신의 대답이 '예'라면, 이제 시작할 준비가 된 것이다. 만일 그렇지 않다면(정직하라는 말을 기억하라), 변화에 대한 당신의 저항이 얼마나 깊은 수준인지를 알 필요가 있으며, 그러한 저항이 당신에게 최선의 이득이 되는지를 고려해 보는 것이 좋을 것이다.

시작하기에 앞서서, 어느 정도의 소비자 교육이 우선할 수 있을 것이라고 생각한다. ACT는 과학에 기초한 치료법을 전달하고자 하는 임상심리학의 한 학파다. 만일 당신이 중요한 영역에서 어려움을 겪고 있지만, 행동치료자, 인지행동치료자, 또는 과학적 연구에 근거한 방법을 사용하는 다른 전문가와 함께하는 잘 계획된 치료과정을 경험해 본 적이 없다면, 그러한 과정을 찾아야 한다. 그런 경우에 이 접근법을 잘 이해하는 치료자와의 치료과정에서 이 책이 보조 수단으로 활용될 수 있을 것이다. 이 방법들이 심리치료 맥락에서 사용될 때 유용하다는 사실은 많은 과학적 증거들에 의해 뒷받침되었다.

인간의 괴로움은 보편적이다

우리가 일상생활에서 만나는 많은 사람들은 종종 모든 것을 가진 듯 보인다. 그들은 행복해 보인다. 모두 자신의 삶에 만족해 보인다. 당신은 특히나 기분이 저조한 어느 날 혼자 거리를 걷다가, 주위를 돌아보며 다음과 같은 생각에 시달린 경험이 있을 것이다. "왜 나만 행복하지 않은 거지? 저들은 만성적인 공황(또는 우울, 물질 남용)이 뭔지조차 모르잖아? 저들은 먹구름이 머리 위를 짓누르는 기분이 어떤 건지나 알까? 저들은 내가 겪는 괴로움을 겪어본 적이 없어. 왜 나는 저들과 같을 수 없는 거지?"

여기에 한 가지 비밀이 있다. 즉, 당신도 괴롭고, 저들 또한 괴롭다. 우리는 모두 고통을 겪는다. 충분히 오래도록 산다면, 모든 인간은 사랑하는 사람을 잃는 상실감을 경험한다. 모든 개인은 육체적 고통을 느낀다. 우리 모두는 슬픔, 수치감, 불안, 두려움과 상실감을 느낀다. 우리 모두에게는 당황스럽거나 수치스럽거나 모욕적인 기억이 있다. 우리 모두는 남에게 알리고 싶지 않은 고통스러운 비밀을 간직하고 있다. 우리는 만사가 괜찮다는 듯이, 혹은 인생이 아름답다는 듯이 환한 미소와 행복한 얼굴로 가장하는 경향이 있다. 그러나 진실은 그렇지 않으며, 그럴 수도 없다. 인간이 된다는 것은 곧 지구 위의 어떤 다른 피조물이 느끼는 것보다 훨씬 더 팽배한 방식으로 고통을 느끼는 것이다.

만일 당신이 강아지를 발로 차면, 강아지는 깨갱거리며 도망칠 것이다. 만일 당신이 규칙적으로 강아지를 차면, 강아지는 급기야 당신이 다가오는 사소한 조짐만 있어도 '조건화'라고 불리는 과정에 의해서 공포와 회피 행동을 보일 것이다. 그러나 당신이 보이지 않고 다가오지 않으면, 강아지는 불안을 느끼거나 회피 행동을 보이지 않을 것이다. 하지만 사람의 경우는 이와 사뭇 다르다. 유아는 16개월만 되면, 혹은 그 이전에도 어떤 사물에 이름이 있다면 그 이름은 곧 그 사물을 지칭한다는 것을 안다(Lipkens, Hayes, & Hayes, 1993). 언어적인 인간은 한 방향으로 학습한 관계를 가지고 두 개의 방향을 유추한다. 지난 25년 동안 많은 연구자들이 다른 동물에게도 이와 같은 행동이 있는지를 입증해 보려 노력해 왔지만, 그 결과는 극히 제한적이었다(Hayes, Barnes-Holmes, & Roche, 2001). 인간이 지니는 이러한 특징 때문에 인간의 삶은 동물과 비교할 때 큰 차이가 있다.

언어적 능력은 인간에게 특별한 지위를 부여하였다. 어떤 이름을 부르기만 해도 그 이름을 지닌 대상이 떠오르게 된다. 자, 실험을 해 보자. '우산.' 이 단어를 읽을 때, 당신에게 어떤 생각이 떠올랐는가? 물론 이런 생각은 전혀 해롭지 않다. 그러나 만일 이름을 부른 대상이 무서운 것이라면 어떻게 될까? 그 이름을 상기시키는 어떤 것도 두려움을 일으킬 것이다. 이는 마치 실제로 발로 차는 것이 아니라 찰 것이라는 생각이 개에게 공포를 불러일으키는 것과 같다.

이것이 바로 당신이 처한 상황이다. 이것이 언어를 가진 모든 인간이 처한 바로 그 상황이다.

한 가지 예를 들어 보자. 지금 잠시 당신이 지금까지 겪었던 가장 부끄러운 일을 생각해 보자. 잠시 동안 실제로 이 일을 생각해 보자.

무엇을 느꼈는가? 그 문장을 읽자마자, 당신은 어떤 두려움이나 저항감을 느꼈을 것이다. 어쩌면 우리의 요청을 무시하고 재빨리 다음 문장을 읽으려고 노력했을지도 모른다. 그러나 만일 당신이 잠시 멈추어서 우리의 요청대로 실제 따라하려고 노력했다면, 당신은 아마도 과거의 한 장면과 그때 당신이 했던 행동을 기억하고는 수치심을 느끼기 시작했을 것이다. 그러나 여기서 벌어진 일이라고는 기껏해야 당신이 종이 위에 쓰여진 잉크 무늬를 바라보았다는 것이 전부다. 그 외에 다른 일은 없었다. 언어적 인간이 한 방향으로 학습한 관계를 가지고 두 방향을 유추할 수 있다는 것은, 그가 어떤 것을 다른 무엇에 대한 상징으로 취급할 수 있는 능력을 지닌다는 것을 의미한다. '상징(symbol)'의 어원은 '똑같은 것으로 반사하다(to throw back as the same)'의 의미를 지닌다. 당신은 이 종이 위의 잉크에 대해 상징적으로 반응하기 때문에, 단어들을 읽기만 해도 어떤 반응이 유발된 것이다.

이러한 종류의 관계가 발생하지 못하도록 당신이 어디로 갈 수 있겠는가? 개는 어떻게 고통을 피할지 안다. 즉, 당신과 당신의 발자국 소리를 피하면 된다. 그러나 사람의 경우에 언제 어디서나 고통과 연관된 것이면 무엇이든지 마음속에 고통을 불러일으킬 수 있다면, 도대체 어떻게 고통을 피할 수 있단 말인가?

상황은 실제로 이보다 더 나쁘다. 우리는 개처럼 고통의 상황을 피한다고 해서 고통으로부터 다 벗어날 수 없을 뿐만 아니라, 즐거운 상황 또한 고통을 불러일으키기도 한다. 당신이 매우 소중한 사람과 최근에 사별하였는데, 당신이 지금까지 보아 온 가장 아름다운 일몰 광경을 보고 있다고 가정해 보자. 당신은 무슨 생각을 하게 될까?

인간의 경우에 언어적 관계를 유발하는 임의적인 단서만 있어도 힘든 감정이 떠오를 수 있기 때문에, 심리적 고통에 대한 상황적인 단서를 피한다고 해서 힘든 감정을 제거하는 데 성공할 수는 없는 것 같다. 일몰의 예가 그 과정을 잘 보여 준다. 일몰 광경이 한 개인의 언어적 역사를 유발할 수 있다. 일몰은 '아름답고', 당신은 아름다운 일이 있으면 다른 사람과 나누고 싶어 한다. 하지만 당신은 지금 이 일몰을 나눌 수 있는 사랑하는 사람이 없다. 당신은 아름다운 일몰을 보는 바로 그 순간에 슬픔을 느끼게 된다.

'수치'라는 단어가 적힌 지면상의 잉크 자국이든 최근에 사별한 사람을 생각나게 하는 일몰이든, 거의 모든 것들이 언어적 관계를 유발하는 단서가 될 수 있다는 데 문제가 있다. 인간은 필사적으로 매우 논리적인 행동을 취하려고 노력한다. 즉, 고통 자체를 피하려고 애쓰기 시작한다.

이 책의 다른 부분에서 어느 정도 자세히 논하겠지만, 불행히도 고통을 회피하는 어떤 방법들은 그 자체로 병리적이다. 예컨대, 해리나 불법 약물의 복용은 일시적으로 고통을 줄여 주지만, 고통은 전보다 더 심한 수준으로 되돌아오며 후유증도 심각하다. 부인이나 학습된 무감각 또한 고통을 감소시키지만, 곧 훨씬 더 큰 고통이 뒤따를 것이다.

심리적 고통이 항상 존재한다는 것은 우리 모두가 직면해야 할 도전적인 부담이다. 이는 이제까지 어느 누구도 언급하지 않았던 거실의 코끼리와도 같다.

이는 당신이 인생의 괴로움을 운명적으로 다 겪어야 한다는 것을 의미하지는 않는다. 고통과 괴로움은 매우 다른 것이다. 비록 당신이 인간이기 때문에 기억과 언어적 기술을 가지고 고통의 가능성을 즉시 차단하려고 하겠지만, 우리는 고통에 대한 관계를 변화시키는 길, 그래서 좋은 삶, 아마도 멋진 삶을 사는 길이 있다고 믿는다.

우리가 이 책에서 탐색할 접근 방법은 '괴로움(suffering)'이라는 단어에 암시되어 있다. 괴로움의 일차적 어원은 '나르다 또는 실어 나르다(bear or carry)'를 뜻하는 라틴어 *ferre*(배를 뜻하는 영어의 'ferry'와 어원이 같다)다. 접두사 'suf'는 'sub'의 변형이며, '아래에서 위로 사라지는(from below, up away)'이라는 의미를 지닌다. 달리 말하면, 괴로움이란 단지 실어 나를 무언가가 있다는 것만을 내포하지 않고, 멀리 도망간다는 뜻까지 내포한다. '괴로움'이라는 단어에는 '너무 무거워서' '너무 부당해서' 또는 '당신의 능력을 넘어서는 듯 보여서' 당신이 기꺼이 짊어지지 않으려는 짐이 있다는 의미가 함축되어 있다. 이처럼 괴로움은 고통 이상의 것을 의미하며, 사실상 고통의 문제를 설명하는 다른 방식을 제시하고 있다.

E/X/E/R/C/I/S/E

연습: 괴로움 목록

요즈음 당신에게 심리적으로 힘든 모든 문제들을 목록으로 기록하기 바란다. 다음에 제시한 빈칸의 왼쪽에 기입하라. 당신의 반응과는 관계없이 오로지 외부적이거나 상황적인 사건에 대해서는 기록하지 말라. 당신이 어떻게 반응하는지에 초점을 맞추라. 어떤 심리적인 문제들은 특정 상황과 명백히 관련되지만, 다른 문제들은 그렇지 않을 수도 있다. 예를 들어, '직장 상사'는 당신이 겪는 힘든 문제의 좋은 예가 아닐 것이다. 그러나 '상사에게 화가 남'이나 '상사 때문에 기분이 저조함' 등은 좋은 예가 될 수 있다. 당신을 괴롭히는 생각, 감정, 기억, 충동, 신체 감각, 습관, 행동 경향성 등 무엇이든지 적어도 좋다. 이것들만 적어도 되고, 외부 사건과 함께 적어도 된다. 지나치게 오래 생각하지 말라. 그저 당신을 괴롭히거나 고통스럽게 만드는 것을 적으면 된다. 정직하게 그리고 철저하게, 다음 빈칸에 '괴로움 목록'을 만들라.

목록을 다 완성하였으면, 다시 되돌아가서 이 문제들이 당신에게 얼마나 오랫동안 지속되었는지를 오른쪽 빈칸에 기입하라.

내가 경험하는 고통스럽고 힘든 문제들	언제부터 시작되었나

이제 이 목록을 다시 정리해 보자. 우선, 목록으로 되돌아가서 삶에 미치는 영향력에 따라 각 항목들의 순위를 매겨라. 그리고 같은 목록을 순위에 따라 다음의 빈칸에 다시 기록하라. 가장 큰 고통과 어려움을 주는 항목부터 시작하여 순서대로 기록하면 된다. 이 목록은 앞으로 이 책의 다른 부

분에서 자주 활용될 것이다.

마지막으로 이 목록의 오른쪽 부분에 각 항목 및 이와 관련되는 다른 항목들을 화살표로 연결해 보라. 한 항목이 변할 때 다른 항목이 변한다면, 이 두 항목은 서로 연관된 것이라고 할 수 있다. 예컨대, 한 항목이 '자기비난' 이고 다른 하나는 '우울' 이라고 가정해 보자. 만일 이 두 항목이 서로 관련된다고 생각한다면(즉, 자기비난이 많아질수록 더 우울해지거나, 또는 우울해질수록 자기를 더 비난한다면), 자기비난과 우울 간에 양방향 화살표를 그리면 된다. 오른쪽 영역이 화살표로 복잡해져도 괜찮다. 이 일을 하는 데 옳고 그른 방법은 없다. 모든 항목들이 관련된다 해도 관계없다. 이를 아는 것이 더 중요하다. 어떤 항목이 단지 소수의 다른 항목과만 관련된다면, 이 또한 유용한 정보가 된다. 항목의 순위가 높을수록, 그리고 연결된 항목이 많을수록, 그 항목은 더 중요한 것이다. 이러한 과정을 통해 당신은 문제들을 재서열화할 수 있게 될 것이다. 또한 이 과정에서 몇몇 항목들을 결합하거나 더 작은 단위로 나누고 싶을 수도 있다. 그렇다면 이제 당신의 삶에 대한 영향력의 순서에 따라 가장 높은 것에서 가장 낮은 것 순으로 정렬하여, 다음에 최종 작업 목록을 만들어 보라.

____

____

____

____

____

____

____

이것이 당신의 개인적인 괴로움 목록이다. 이것이 바로 이 책에서 당신을 위해 하려고 하는 것이다.

고통에 따른 문제

심리적 고통은 당신에게 아픔을 준다. 그런데 단지 그것으로 그치지 않는다. 당신은 종종 고통 때문에 당신이 원하는 삶을 살지 못한다. 공황장애가 있는 사람의 경우, 극도의 공포 감정이 너무 불쾌하기 때문에 차라리 이를 경험하지 않는 편이 더 낫다는 것에는 의문의 여지가 없다. 그러나 공황이 삶 자체를 방해한다는 사실 때문에 불편감은 더 가중된다.

만일 당신이 공황장애가 있다면, 공황 발작을 겪을지도 모른다는 두려움 때문에 정상적이라면 참여했을 활동을 피하기 시작하였을지도 모르겠다. 슈퍼마켓에서 공황 발작이 일어날지도 모른다는 두려움 때문에 더 이상 그곳에 가려 하지 않을 수 있다. 누군가 당신의 공황을 보는 것을 원치 않기 때문에 사회적 상황을 회피할 것이다. 안전하다고 느끼는 친구와 함께 하고 싶지만, 이 때문에 당신은 그 친구의 스케줄에 얽매이게 된다. 당신의 문제에 맞춰 삶을 적응시키는 과정에서, 당신의 삶은 점점 더 협소해지고 유연성을 잃어 가게 된다.

고통이 삶의 다양한 활동들을 얼마나 방해하고 있는지 알아보려면, 고통이 사라질 때 삶이 어떻게 달라지는지를 상상해 보는 것이 도움이 될 것이다. 누군가 당신을 향해 요술 지팡이를 휘두르자 고통이 바로 사라졌다고 상상해 보라. 어느 날 아침 문득 잠에서 깨어 보니 아무런 이유도 없이 오랫동안 고생해 온 만성 우울증(또는 불안, 걱정)이 씻은 듯이 사라졌다고 상상해 보라. 먹구름이 걷혔고 고통은 끝났다. 당신은 무엇을 하겠는가? 이는 수사적인 질문이 아니다. 문자 그대로의 실제 질문이다. 당신은 무엇을 하겠는가? 당신의 삶이 어떻게 되기를 바라는가? 당신의 심리적 투쟁이 당신의 목표와 갈망을 어떻게 방해해 왔는가? 다음에 제시한 연습을 통해 이를 탐색해 보자.

E/X/E/R/C/I/S/E

연습: 고통이 사라지면, 이제 무엇을 할까

만일 ______________________이(가) 내게 그렇게 문제되지 않는다면, 나는 ___________________________________ ___________________________________(할) 것이다.

만일 내게 ______________________이(가) 없다면, 나는 ___________________________________ ___________________________________(할) 것이다.

앞의 문장의 빈칸을 채워 넣으면 되는데, 우선 어떻게 채워 넣을지를 설명하겠다. 당신의 괴로움 목록에서 한 항목을 고르라. 어느 항목이어도 상관없지만, 목록의 상위에 있고 다른 항목들과 연결된 항목에서 시작하는 것이 가장 좋다. 이는 아마도 당신의 삶을 크게 방해하는 문제일 것이다.

이제 이 고통이 갑자기 사라진다면 무엇을 할 것인지 생각해 보라. 이 연습의 요지는 문제가 사라진다면 당장 이 시간에 무엇을 하고 싶은지를 생각하라는 것이 아니다. "우울이 사라졌어. 나는 지금 당장 디즈니랜드로 갈 거야!"와 같이 들뜬 경축행사를 기록하라는 것이 아니다. 정서적 고통과의 끊임없는 싸움이 더 이상 문제가 되지 않는다면 당신의 삶의 경로가 어떻게 바뀔 것인지에 대해 보다 더 폭넓게 생각해 보는 것이 연습의 요점이다. 이에 대해 아직 제대로 파악하지 못했다고 해서 걱정하지 말라. 이 책의 뒷부분에서 이에 대해 더 자세히 다룰 것이다. 지금은 단지 당신의 직감을 따르면 된다. 당신 자신 속 어딘가에 당신에게 진짜로 중요한 것에 대한 어떤 생각이 있을 것이다. 그것에 집중하라.

다음의 세 가지 예시를 참고하라.

- 만일 분노가 내게 그렇게 문제되지 않는다면, 나는 더 친밀한 관계를 맺을 것이다.
- 만일 내게 그렇게 많은 스트레스가 없다면, 나는 내 경력을 위해 더 열심히 일할 것이며 내가 항상 꿈꿔 오던 직업을 찾으려고 노력할 것이다.
- 만일 내게 불안이 없다면, 나는 더 많은 곳을 여행하고 삶에 더 온전히 뛰어들 것이다.

자, 이제 앞 문장으로 돌아가서, 고통이 사라지면 무엇을 할 것인지 빈칸에 적어 보라. 스스로에게 정직하게, 당신이 진정으로 원하는 것이 무엇인지 생각하라. 당신에게 가치 있는 것이 무엇인지 생각하라. 당신의 삶에 의미를 주는 것이 무엇인지 생각하라.

자, 이 작업을 다시 해 보자. 그러나 이번에는 괴로움 목록의 다른 항목을 가지고 빈칸을 채워 보자. 당신이 앞에서 선택한 항목과는 달리, 삶의 다른 영역에 영향을 미칠 것 같은 항목을 선택하라.

만일 ____________________이(가) 내게 그렇게 문제되지 않는다면, 나는 ______________________________
____________________________________(할) 것이다.

만일 내게 ______________________이(가) 없다면, 나는 ____
____________________________________(할) 것이다.

고통에 따른 문제: 되돌아와서

당신은 이제 고통의 두 가지 원천이 있음을 알게 되었다. 불안이나 우울, 걱정만이 고통을 일으키는 것이 아니다. 고통 때문에 당신이 원하는 삶을 살지 못하는 것 또한 고통을 일으킨다. 고통과 그것이 삶에 미치는 영향력이 없었다면, 당신은 다양한 활동에 참여했을 것이다.

앞의 연습에서 당신이 기록한 문제들은 **실재의 고통**(pain of presence, 없어졌으면 하고 바라는, 실제로 존재하는 문제들)이라고 부를 수 있다. 대인 불안은 실재하는 고통의 한 예가 될 수 있다. 사회적 상황에서 느끼는 불안은 당신이 그것을 느끼는 그 순간에 실제로 존재하는 것이다. 당신은 그것이 사라지기를 바랄 것이다. 그러나 당신의 온갖 노력에도 불구하고 그것은 지속될 것이다. 이것이 실재의 고통이다.

당신이 겪는 문제로 인해 참여하지 못하는 활동이 있다면, 이는 실재의 고통과는 다른 종류의 고통이다. 이는 **부재의 고통**(pain of absence)이라 부를 수 있다. 예를 들어, 대인공포증 환자를 생각해 보자. 그는 아마도 다른 사람과 어울리는 것을 정말로 중요하게 여기면서도, 두려움 때문에 타인과 의미 있는 방식으로 어울리지 못한다. 그가 그렇게도 간절히 소원하는 다른 사람과의 연결은 그의 삶에 존재하지 않는다. 이것이 부재의 고통이다. 당신은 고통 위에 얹힌 고통을 느끼며, 괴로움에 덧입힌 괴로움을 겪는다. 당신은 생각이나 감정, 신체적인 질병의 직접적인 고통을 처리해야 할 뿐 아니라, 고통 때문에 당신이 원하는 삶을 살지 못함으로써 야기되는 고통 또한 다루어야 한다.

다음의 문장이 당신에게 어느 정도 진실인지 살펴보라. "일반적으로 실재의 고통을 차단하려고 애쓰면 애쓸수록, 당신은 특히 부재의 고통으로 더 고통스러워진다."

당신 자신의 경험을 솔직하고 개방적으로 살펴보라. 이 말이 논리적으로 보이지 않을지라도, 경험적으로는 진실이 아닌지 살펴보라. 삶에서 실재의 고통을 없애는 데 초점을 맞추고 있는 동안, 당신은 부재의 고통을 더 많이 느끼고 살았을 것이다. 자신의 삶이 갇힌 삶, 닫힌 삶처럼 느껴졌을 것이다. 당신이 어떤 덫에 걸린 것처럼 느껴졌을지도 모른다. 만일 당신이 이런 느낌을 경험해 왔다면, 이 책은 거기서 빠져나가는 출구를 찾는 데 도움을 줄 것이다. 당신이 덫에 걸려 있을지라도, 삶의 다른 대안이 있다.

하나의 대안: 가치 있는 삶을 살기

우리는 종종 자신의 고통에 집착한다. 우리는 자신이 무엇을 하는가가 아니라 어떻게 느끼는가에 근거하여 자신의 삶을 판단하기 시작한다. 앞의 두 연습에 나오는 네 가지 문장에 대한 반응으로 당신이 적어 넣은 답 속에는 다른 종류의 삶을 암시하는 씨앗이 포함되어 있다. 즉, 그것은 당신의 행동이 고통 혹은 고통의 회피와 연결되지 않고 당신이 진정으로 원하는 것과 연결되는 삶이다.

이 책은 당신의 문제를 해결하기 위한 전통적인 방법을 제시하는 책이 아니다. 당신의 가치에 따라 삶을 살아갈 수 있도록, 삶의 방향을 바꾸는 것에 관한 책이다. 더구나 불필요한 고통의 증폭이 멈출 것이다. 그렇게 될 때 당신이 지금껏 투쟁해 온 문제들은 사라지기 시작할 것이다. 당신의 삶은 새롭게 열리기 시작할 것이며, 보다 더 폭넓어지고 유연해지며 의미를 지니기 시작할 것이다.

이 책을 읽고 이 책에 나오는 연습들을 수행해 가면서, 당신의 가치가 삶의 안내자가 되는 삶의 가능성을 허용해 보기 바란다. 지금 이 시간에 당장 밖으로 나가서 지금까지와는 다른 삶을 살라고 요청하는 것은 아니다. 먼저 해야 할 작업들이 많다. 우리의 마음이 설정해 놓은 덫은 앞으로도 계속해서 우리의 발 앞에 놓일 것이므로, 그 어떤 작업도 결코 쉽지만은 않을 것이다.

우리는 수용전념치료(ACT)에 대한 연구를 통해서, 이 과정을 따라가려는 사람들이 지금까지 다루기 힘들었던 덫을 벗어 버리고 삶을 새롭게 개선하는 데 힘을 얻을 수 있는 일련의 과정들을 개발하였다. 우리는 가치 있고 의미 있고 활기찬 삶을 위하여 당신이 한 단계씩 점진적으로 이 과정들을 통과해 갈 수 있도록 돕고 싶다.

당신은 기꺼이 참여하고 싶은가? 그렇다면 함께 시작해 보자.

chapter **02**

언어는 왜 괴로움을 낳는가

인간의 마음이란 무엇인가? 우리는 왜 창밖을 나는 새와 다른가? 우리는 왜 괴로움을 겪는가? 인간은 오랫동안 이러한 종류의 질문들로 골머리를 앓아 왔다. 우리는 그 해답의 일부를 알고 있다고 생각한다. 또한 그 해답을 이해하면, 당신이 앞으로 이 책을 읽으며 통과하게 될 과정에 대해서도 이해할 수 있을 것이라고 생각한다.

인간 언어의 속성

'들어가며'에서 언급한 것처럼, ACT는 관계구성틀 이론(Relational Frame Theory: RFT, Hayes, Barnes-Holmes, & Roche, 2001)에 기초한다. RFT의 기본 전제는, 인간의 행동은 관계구성틀이라고 불리는 상호 관계의 망을 통해 주로 지배된다는 것이다. 이러한 관계의 틀은 인간 언어 및 인지의 핵심을 이루며, 우리는 이를 통해 직접적인 경험 없이도 무언가를 배울 수 있게 된다. 예를 들어, 고양이는 똑같은 뜨거운 난로를 두 번 만지지 않겠지만, 이를 배우기 위해서 적어도 한 번은 만져야 한다. 그러나 인간의 경우, 어린아이라 할지라도, 손을 델 수 있다는 것을 언어적으로 배우기 위해서 손으로 뜨거운 난로를 만질 필요는 전혀 없다. 외부 세상에서 이러한 능력은 어느 것과도 비교할 수 없는 중요한 도구다. 그러나 우리의 내면적 삶과 관련하여 보면, 언어적 규칙들은 우리의 삶을 근본적으로 제한할 수 있다.

20년 전부터 우리는 인간 사고의 핵심적인 특징을 찾으려고 노력하기 시작하였다. 이제 우리는 일부 핵심적인 요소들을 분리해냈다고 생각한다. 이를 너무 단언하면 위험하겠지만, 우리는 인간 마음 자체의 핵심에 무엇이 있는지를 발견했다고 생각한다. 인간은 관련지어 생각한다. 인간이 아닌 다른 동물들은 그렇게 하지 않는 게 분명하다. 이 말이 정확히 무엇을 의미하는지는 이 장을 통해 더 분명해지겠지만, 간단히 말하면, 인간은 환경 내에 있는 대상이나 생각, 감정, 행동 성향, 행위를 환경 내에 있는 다른 대상이나 생각, 감정과 사실상 모든 가능한 방식으로(예, 같다, 유사하다, 더 낫다, 반대다, 부분이다, 원인이다 등) 임의적으로 관련지을 수 있다는 것이다.

이러한 특징은 인간의 마음이 기능하는 방식의 가장 본질적인 부분이다. 이 특징은 우리의 진화적인 자산이며, 인간은 이에 따라서 동물의 왕국에서 지배적인 역할을 차지할 수 있게 되었다. 관련짓는 방식으로 생각할 수 있는 능력 덕분에, 우리는 환경을 분석하고 도구를 개발하며 불을 만들고 예술을 창조하며 컴퓨터를 만들고 어려운 임무를 수행해 낼 수 있게 되었다. 그러나 이 동일한 능력이 또한 괴로움을 만든다.

▲ 이 생각은 전혀 새로운 것이 아니다

말(language)을 표현하는 단어들은 원래 비유였으며, 그 단어들의 어원은 말의 관계적 본질을 잘 담고 있다. 가령 말을 표현하는 한 단어인 '상징(symbol)'은 '같은 것(the same)'의 의미를 지닌 'sym'과 '던지다(to throw)'의 뜻을 지닌 'bol'이 조합된 단어로서, 문자적으로 '같은 것으로 던져진 것(thrown as the same)'이라는 의미를 지닌다. 우리의 마음이 우리를 향해 단어를 던질 때, 그 단어는 그것이 '가리키는(refer)' 것과 거의 같은 듯 보인다. '가리키다(refer)'의 어원을 살펴보면 그림이 좀 더 분명해진다. 1장에서 우리가 '괴로움(suffering)'이란 단어를 탐색하면서 'fer'의 의미에 대해 논의했던 것을 기억하는가? 'fer'는 '운반하다(to carry)'를 의미하며('나룻배'를 뜻하는 'ferry'는 'fer'에서 유래함), 're'는 '다시(again)'를 의미한다. 따라서 무언가를 '가리키다(to refer)'는 무언가를 다시 운반한다는 의미를 내포한다.

이러한 상식적인 이해는 인간 사고의 본질에 관한 우리의 연구 결과와 일치한다. 우리는 생각을 할 때, 생각과 사건을 임의로 연관시킨다. 상징은 그 대상 혹은 사건을 '되살린다(carry back)'. 왜냐하면 상징은 그 사건과 '같은' 관계에 있기 때문이다. 이러한 상징들은 우리 마음이 만들어 낸 방대한 관계 망 속에 들어오고, 우리의 생애를 통해 확장된다. 다음에 나오는 것은 관계구성틀의 간단한 목록이다. 모든 틀이 다 망라되지는 않았다. 포괄적인 목록으로 지면을 가득 채울 수도 있지만, 그러한 목록이 우리가 하려는 작업에 필요한 RFT 분야를 이해하는 데 중요한 것은 아니다.

관계구성틀

- 대등 관계의 틀('동일한' '유사한' '같은' 등)
- 시간적/인과적 틀('~ 전에' '~ 후에' '만일/그렇다면 ~' '~ 때문에' '~의 원인' 등)
- 비교/평가의 틀('~보다 더 좋은' '~보다 더 큰' '~보다 더 빠른' '~보다 더 예쁜' 등)
- 대상 지시의 틀('나/너' '여기/저기' 등과 같이 화자의 관점과 관계된 틀)
- 공간적 틀('가까운/먼' 등)

우리가 인간의 '마음'을 언급하면서 의미하는 것은 바로 이러한 목록(어떤 것에든 임의로 적용할 수 있는 일련의 학습된 관계들)이다.

E/X/E/R/C/I/S/E

연습: 어떤 것을 다른 어떤 것과 관련짓기

당신이 항상 아주 쉽게 임의적인 관계를 만들어 낼 수 있다는 생각을 검증해 보자. 다음의 지시대로 실행해 보라.

구체적인 명사를 여기에 적으라(어떤 사물이든 동물이든 좋다.).

이제 또 다른 구체적인 명사를 여기에 적으라.

이제 다음 질문에 답하라. "첫 번째 명사와 두 번째 명사는 어떻게 같은가?" 좋은 답을 찾았으면, 계속해서 다음 질문에 답하라. "첫 번째 명사는 두 번째 명사보다 어떻게 더 좋은가?" 적절한 답을 찾았으면, 다음 질문에 또 답하라. "첫 번째 명사는 어떻게 두 번째 명사의 원인인가?" 이 마지막 질문에 대한 답을 찾는 것은 그렇게 간단하지 않을 수 있다. 그러나 계속 꾸준히 찾는다면 찾을 수 있을 것이다.

마지막 질문이 가장 어려웠을 수 있지만, 끝까지 찾으면 답은 항상 나올 것이다. 그리고 당신이 지어낸 관계가 관련된 대상들 내에 실제로 존재하는 듯 보이거나 관련된 대상들에 의해 정당화되는 듯 보인다는 의미에서, 적절한 대답은 여하튼 '사실' 처럼 보인다는 것에 주목하라.

이 연습은 우리의 마음이 어떤 것과 또 다른 어떤 것을 어떤 방식으로든 연관시킬 수 있음을 잘 보여 준다. 선문 용어로 말하면, 이 연습은 관계구성적인 반응이 '임의적으로 적용될 수 있음'을

시사한다. 이러한 사실을 인식하기는 매우 어려운데, 그 이유는 우리의 마음이 관련된 대상들로부터 추출한 특징들을 가지고 이러한 관련성을 정당화하기 때문이다. 앞의 우스꽝스러워 보이는 연습을 통해 알 수 있듯이, 그 관련성은 전적으로 사실이지만은 않다. 사실상 모든 것이 실제로 다른 모든 것의 '원인'이 될 수는 없는 것이다. 그럼에도 불구하고 우리의 마음은 그러한 관계에 대한 정당화를 항상 찾아낼 수 있다(7장에 나오는 '당신의 이야기 다시 쓰기' 연습에서 이러한 통찰을 적용하게 될 것이다.).

어린 아동조차도 이것을 할 수 있다

매우 어린 아동조차도 이러한 일련의 관계구성적인 틀을 아주 자연스럽게 사용한다. 그러나 인간이 아닌 동물은 분명히 그렇지 않다. 이 영역에서는 소위 '언어 훈련을 받은' 침팬지조차도 영아들이 쉽게 통과하는 테스트를 통과하지 못한다(Dugdale & Lowe, 2000). 예를 들어, 한 유아가 어느 상상의 동물의 이름과 그 동물의 울음소리를 배운다고 가정해 보자. 유아에게 상상의 동물의 그림을 보여 주며 다음과 같이 말한다. "이건 겁겁이야. '겁겁'이라고 말해 볼래?" 유아에게 이름을 가르친 후에, 같은 그림을 보여 주면서 다시 다음과 같이 말한다. "이건 '우우' 소리를 낸단다. '우우'라고 해 볼래?"

이 예의 관계적 조직망에는 세 개의 요소가 있다. 즉, 그림, 그림이 나타내는 동물의 이름(겁겁), 그리고 그 동물이 내는 소리('우우')다. 그림, 동물의 이름, 그리고 울음소리의 관계는 삼각형

구도 내에 위치시킬 수 있다([그림 2-1] 참조). 아직까지 우리는 두 가지 관계, 즉 그림과 그 동물의 이름 간의 관계, 그리고 그림과 그 동물의 울음소리 간의 관계만을 가르쳤을 뿐임을 기억하라.

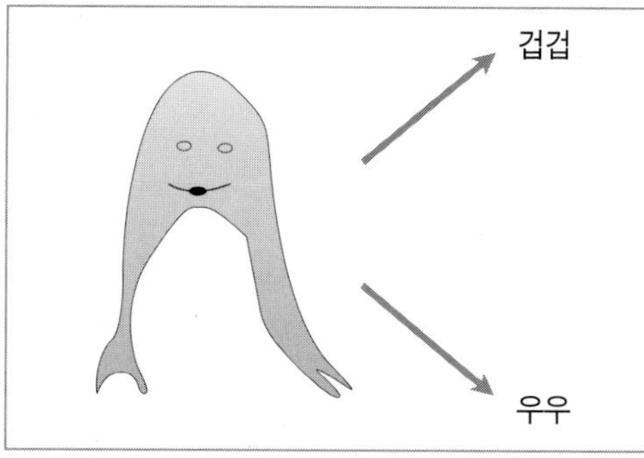

[그림 2-1] 겁겁, 그리고 직접 배운 이름과 울음소리

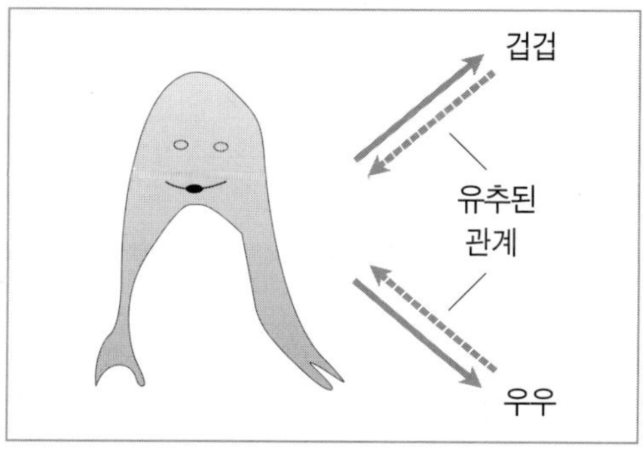

[그림 2-2] 관계적 조직망의 확장

아동과 침팬지를 포함하여 고등의 유기체들은 이를 배울 수 있다. 그러나 바로 이 지점부터 인간은 다른 동물들과 차이가 나기 시작한다. 14~16개월 무렵부터(아마도 더 이른 시기일 수도 있다. 과학자들은 이러한 능력이 정확히 언제 발현되는지를 알아내려고 노력하고 있다), 인간은 자신이 배운 것의 방향을 뒤집어 생각할 수 있게 된다. 다양한 가상적인 동물들의 그림을 제시하고서 "어느 것이 겁겁일까?" 라고 물으면, 아동은 다른 가상적인 동물이 아니라 겁겁이라고 부르도록 배운 그림을 가리킬 것이다. 그들은 그 그림이 '겁겁' 이란 말을 가리킨다는 것을 알 뿐만 아니라, '겁겁' 이란 단어가 그 그림을 지칭한다는 것도 안다.

이러한 점은 너무도 당연해서 별로 중요치 않은 듯 보인다. 그러나 이 과정은 인간의 사고과정뿐만 아니라, 인간이 괴로움을 겪는 이유의 핵심에 자리 잡고 있다(우리는 이에 대해 간단하게나마 논의를 확장할 것이다.). 관계의 방향을 뒤집어 생각할 수 있는 이 능력은 그 그림과 동물이 내는 소리 간의 관계에도 적용된다. 이 또래의 유아들에게 "어느 것이 '우우' 소리를 내니?"라고 물으면, 다시금 다른 동물의 그림이 아니라 바로 겁겁의 그림을 지적할 것이다.

이 시점에서 우리는 두 개의 학습된 관계로부터 네 개의 관계를 발전시켰다. 앞의 예에서 네 가지 관계는 다음과 같다. 그림이 '겁겁'이라는 단어를 가리킴, '겁겁'이란 단어가 그 그림을 지칭함, 그림이 '우우' 소리를 냄, 그리고 '우우' 소리를 내는 것은 그 그림임([그림 2-2] 참조).

이제 아동이 22~27개월쯤 되면, 이 모든 가역적인 관계들을 조합할 수 있게 된다(Lipkens, Hayes, & Hayes, 1993). "겁겁은 어떤 소리를 내지?"라고 물으면, 아동은 "우우."라고 대답할 것이다. 또한 "누가 '우우' 소리를 내지?"라고 물으면 "겁겁."이라고 반응할 것이다. 아동은 이미 탐색한 적이 있는 네 가지의 관계를 잊지 않고 있을 뿐 아니라, 삼각형 구도 내에서 이전에 전혀 배운 적이 없는 새로운 두 개의 관계를 창조해 낸다. 우리가 아동에게 가르쳐 준 것은 그림 속의 상상의 동물이 겁겁이라는 것과 그 동물이 '우우' 소리를 낸다는 것뿐이다. 아동은 '겁겁'이라는 단어와 '우우' 소리 간의 관계에 대해 직접적으로 배운 적이 없다. 그럼에도 불구하고 아동은 이 관계망 내에 있는 다양한 부분들 간의 연결을 이끌어 낼 수 있다. 이제 삼각형 내의 모든 관계들이 채워지게 되었다. 학습된 두 개의 관계로부터 우리는 여섯 개의 관계를 발전시켰다([그림 2-3] 참조).

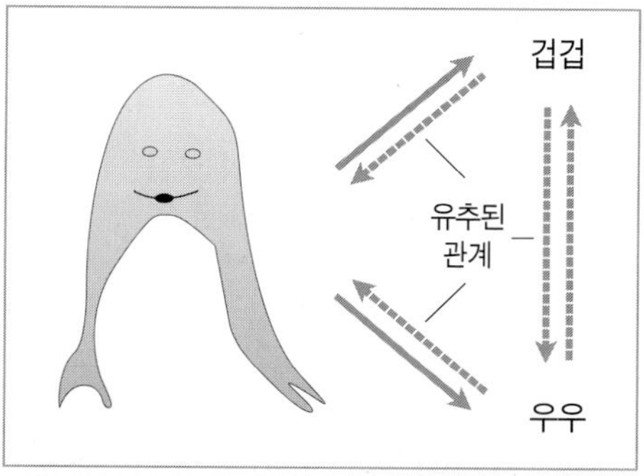

[그림 2-3] 겁겁은 '우우' 소리를 낸다–관계망이 완성됨

더욱이 이러한 요소들 중 하나가 무서움이나 즐거움과 연합된다면, 관련된 다른 모든 요소들 또한 무섭거나 즐거운 것이 될 가능성이 높다. 예를 들어, 당신이 '우우' 라고 말할 때 유아가 우연히 기저귀 핀에 찔렸다면, 당신이 '겁겁' 이라고 말할 때나 '겁겁' 의 그림을 보여 줄 때 유아는 울 수 있다. 이와 반대로, 당신이 처음 '우우' 라고 말할 때 유아가 사탕을 받았나면, 그 유아는 '우우' 소리를 들을 때마다 어떤 맛있는 것을 기대할지도 모른다.

지금까지 우리는 동일성의 관계에 대해 논의하였다. 25년에 걸쳐 연구를 진행해 왔지만, 인간이 아닌 동물이 충분히 훈련을 받으면 어떤 것에도 적용될 수 있는 동일성의 관계를 발달시킬 수 있을 것인지에 관해서 여전히 일치된 결과를 얻지 못하고 있다(Hayes & Barnes-Holmes, 2004). 인간은 성장하면서 앞서 언급한 다양한 유형의 관계구성틀(비교, 인과성 등)을 보여 주는 다른 관계들을 학습해 간다. 인간이 이러한 관계구성틀을 어떻게 만들어 내는가의 주제는 많은 RFT 연구의 초점이 되어 왔으며, 우리는 이제 이러한 일련의 관계를 습득하지 못한 아동에게 이를 가르칠 수 있을 만큼 충분한 지식을 축적하였다(Barnes-Holmes, Barnes-Holmes, & Smeets, 2004). 하지만 우리가 강조하고자 하는 요점은 인간이 이런 종류의 관계적 사고를 자연스럽게 한다는 것이다. 이는 인간이 사는 세상을 근본적으로 변화시킨다.

각각의 학습된 관계는 [그림 2-2]에 있는 삼각형과 같으나, 그 구체적인 관계 및 구체적인 조직망은 다르다. 예를 들어, 반대의 개념을 인식할 수 있는 한 아동이 '고리운'은 '뜨거운'의 반대이며 '고리운'은 또한 '나리운'의 반대라고 배운다면, 그 아동은 부가적인 훈련 없이도 역관계(예, '나리운'은 '차가운'의 반대다)를 알 것이며, 조합된 관계(예, '나리운'과 '뜨거운'은 같은 말이다) 또한 알 것이다. 만일 이 아동이 '뜨거운' 물에 덴 적이 있다면, '나리운' 물은 피하기 시작하지만 '고리운' 물은 피하지 않을 것이다.

1장에서 언급한 것처럼, 바로 이것이 아름다운 일몰 광경조차도 고통 중에 있는 인간에게는 반드시 안전하지만은 않을 수 있는 한 가지 이유다. '행복하다'가 '슬프다'의 반대라면, 행복은 슬픔을 상기시킬 수 있다. 이 둘은 관련이 있다. 아마도 부분적으로 이러한 이유 때문에, 이완은 공황을 유발할 수 있다(Schwartz & Schwartz, 1995). 개들은 이런 것을 모르지만, 인간은 안다.

언어 능력의 이점

우리가 알 수 있는 한, 인간이 이처럼 관계를 추론하는 능력을 지니게 된 것은 아마도 대략 7만 5천 년에서 10만 년쯤 되었을 것이며, 매우 정교한 형태의 관계추론 능력을 지니게 된 것은 그보다 훨씬 최근의 일일 것이다. 문자는 사건들 간의 관계를 구성하는 능력에 일대 전환을 가져왔는데, 문자의 탄생은 (무엇을 문자적 상징으로 보는가에 따라 다르겠지만) 고작 5천 년에서 1만 년 정도밖에 되지 않는다. 동물을 기준으로 보면, 인간은 약하고 느린 피조물이다. 우리는 고릴라의 힘, 호랑이의 이빨, 치타의 속력 또는 뱀의 독을 갖고 있지 않다. 그럼에도 불구하고 우리는 지난 1만 년 동안 이 지구를 지배해 왔다. 왜 그런가? 우리는 그 해답이 이러한 관계구성 능력에 있다고 믿는다.

자, 이러한 점을 보여 주는 데 도움이 될 수 있는 재미있는 연습을 해 보자.

E/X/E/R/C/I/S/E

연습: 나사못, 칫솔, 라이터

다음의 간단한 문제를 생각해 보자. 문제를 풀면서 마음이 무엇을 하는지 주의 깊게 관찰해 보자.

널빤지에 나사못이 끼워 있고 그것을 빼내려고 하는 상황을 상상해 보자. 당신은 이를 위해서 칫솔과 라이터만을 사용할 수 있다. 어떻게 할 것인가? 이에 대해 잠시 생각한 후, 단편적이라도 좋으니 당신의 생각을 다음에 기록하라.

____

____

____

____

아직 마음에 아무것도 떠오르지 않으면, 칫솔이 플라스틱이라는 점을 기억하라(이제 마음이 어떻게 작용하는지 주의 깊게 관찰하고, 단편적이라도 괜찮으니 당신의 생각을 기록하라.).

아직 마음에 아무것도 떠오르지 않으면, 플라스틱이 석유로 만들어진 것임을 기억하라. 단편적이라도 좋으니 어떤 생각이라도 기록하라.

아직까지 떠오르는 것이 없으면, 플라스틱은 녹일 수 있음을 기억하라(마음이 지금 무엇을 하는지 주의 깊게 관찰하라.).

아직까지 아무것도 떠오르지 않으면, 플라스틱은 녹으면 유연해진다는 사실을 기억하라. 이 사실로 떠오르는 생각이 있으면 다음에 기록하라.

아직까지 아무것도 마음에 떠오르지 않으면, 유연해진 플라스틱은 어떤 모양을 형성할 수 있다는 것을 기억하라(당신의 마음이 지금 무엇을 하는지 주의 깊게 관찰하라.).

아직도 마음에 떠오르는 것이 없으면, 녹은 플라스틱은 식으면 다시 단단해진다는 것을 기억하라. 칫솔과 라이터만을 가지고 나사못을 빼내기 위한 아이디어를 다음에 기록하라.

유용한 기술이 어떻게 당신을 괴롭힐 수 있는가

나사못이 너무 단단히 박혀 있는 것이 아니라면, 당신은 아마도 지금쯤이면 나사못을 제거할 수 있었을 것이다(라이터로 칫솔 끝을 가열하여 플라스틱이 녹을 때 이를 나사못 안으로 흘려 넣은 다음, 플라스틱이 식기를 기다리면 된다.).

당신의 생각에 다음과 같은 특성이 있었는지 주목해 보라. 당신은 대상의 이름을 알고 그 속성에 주목하였고, 시간적인(시간 지향적인) 관계와 수반적인 관계(이렇게 하면 ……될 것이다)를 기술하였으며, 예상되는 결과를 평가 혹은 비교하였다. 당신의 생각을 때로 마음속으로 '그려' 보지는 않았는지 살펴보라. 당신은 아마도 칫솔을 보았거나 칫솔의 손잡이 끝 부분이 녹는 것을 그려 보았을 것이다.

이 연습을 통해서 당신은 인간이 지구상에서 지배적인 종이 될 수 있었던 이유를 입증하였다. 언어적인 문제 해결을 위해서는 다음과 같은 관계들이 요구된다.

- 사건과 그 속성
- 시간 혹은 수반성
- 평가

이 간단한 세 가지 언어적 관계 세트를 가지고, 우리는 미래를 생각하고 계획을 수립하며 결과를 평가 혹은 비교할 수 있다.

불행하게도, 당신은 단지 이 세 가지 세트만으로도 (언어에 내포된 다른 부가적인 관계 세트 없이도) 정신적인 고통을 일으킬 수 있다. 당신은 단지 어떤 사건(사상)의 이름과 그 속성만을 가지고도 그에 대해 생각하고 회상하는 훌륭한 작업을 해낼 수 있다. 예를 들어, 과거의 외상적인 경험을 회상하고 묘사하면서 그 결과로 흐느껴 울기 시작할 수 있다. 칼에 베이면 상처를 입을 수 있음을 알기 때문에(그런 일이 실제로 벌어지는 것을 본 적이 없다 해도), 칼을 두려워할 수도 있다.

'만일 이렇게 한다면 저렇게 될 것이다.' 또는 시간적인 관계를 가지고, 당신은 일어나지 않을 수도 있는 나쁜 사건을 예언할 수 있고, 고통이나 우울이 미래에 다시 나타날 것처럼 두려워할 수 있으며, 당신이 죽을 것이라는 것을 알고는 그 상상의 미래에 대해서 걱정할 수도 있다. 이러한 상징적인 시간적 관계들의 결과로서, 대부분의 사람들은 현재의 순간을 살지 못하고 언어적으로 회상한 과거와 언어적으로 상상한 미래에서 살게 된다.

비교 및 평가의 관계를 가지고, 우리는 자신을 이상과 비교할 수 있고, 자신이 실제로 매우 잘하고 있는 경우에도 스스로를 부족하다고 생각할 수 있다. 우리는 자신이 남보다 훨씬 더 못하다거나 훨씬 더 낫다고 생각할 수 있다. 타인의 부정적인 평가를 전혀 경험해 본 적이 없음에도 이를 두려워할 수 있고, 그 결과로 사회적으로 위축될 수 있다.

이 과정은 매우 원초적으로 이루어진다. 6세 아동이 어떤지를 생각하면서, 다음의 슬픈 뉴스를 읽어 보자.

6월 16일(AP 통신): 한 6세 소녀가 오늘 자살하였다. 소녀는 언니에게 "엄마와 함께 살고 싶어."라고 말한 후, 기차에 뛰어들었다. 당국에 따르면, 소녀의 어머니는 현재 불치병으로 시한부 인생을 살고 있다(*New York Times*, 1993).

2세 아동이 자살하였다고 알려진 경우는 없다. 그러나 불과 몇 년이 지나지 않아 우리가 미래를 상상하고 그 상상을 평가할 수 있게 되면, 우리는 차라리 죽는 게 더 낫다고 상상할 수 있는 수단을 지니게 된다. 6세 아동이 하늘나라에 있는 어머니와 함께 살고 싶어 기찻길에 뛰어들 수 있다면, 고통을 겪는 데 필요한 모든 인지적 수단을 지닌 성인은 어떠하겠는가?

우리의 요점이 바로 이것이다. 인간이 괴로움을 겪는 이유는 부분적으로 인간이 언어적인 동물이기 때문이다. 만일 그렇다면 여기에 문제가 있다. 불행을 낳는 언어적 기술은 인간 기능에 너무도 유용하고 중추적이어서 그 작동을 중단할 수 없다는 것이다. 따라서 적어도 언어 자체가 우리에게 선사한 기술을 더 잘 관리하는 법을 알 때까지, 괴로움은 인간 조건의 피할 수 없는 부분이 된다.

언어는 왜 괴로움을 낳는가

정상적인 문제 해결 상황에서는, 우리가 좋아하지 않는 것이 있으면 그것을 없애는 방법을 파악하여 이를 위한 행동을 취한다. 바닥에 있는 먼지가 싫으면, 진공청소기를 꺼내 먼지를 없앤다.

비가 새는 지붕이 싫으면, 지붕을 고친다. 인간이 문제를 해결하는 방법은 다음과 같이 요약할 수 있다. "만일 당신이 어떤 것을 좋아하지 않는다면 이를 제거하는 방법을 파악하여 이를 제거하라." 우리가 지금까지 기술한 언어과정 및 인지과정이 유용한 것은 바로 이러한 이유 때문이다. 하지만 이러한 전략은 우리 자신의 내적인 괴로움에 적용될 때 종종 역효과가 나타난다.

생각의 억제

당신에게 원치 않는 어떤 생각이 떠오른다고 하자. 당신은 이에 대해 언어적인 문제 해결 전략을 적용할 수 있을 것이다. 예를 들어, 그 생각이 떠오를 때 생각을 멈추려고 노력할 수 있다. 그 결과로 어떤 일이 일어나는지에 대해서 수많은 연구들이 발표되었다. 하버드 대학교의 심리학자 댄 베그너(Dan Wegner, 1994)는, 생각하지 않으려고 애쓰는 생각의 빈도는 잠시 동안 감소할 수 있지만 이내 이전보다 더 증가한다는 것을 보여 주었다. 그 생각은 사고과정에서 훨씬 더 중심적이 되어서 반응을 유발할 가능성이 더 높아진다. 사고 억제는 단지 상황을 악화시킬 뿐이다.

E/X/E/R/C/I/S/E

연습: 노란색 지프

사고 억제가 제대로 기능하는지 실험을 통해서 알아보자.

1. 마음속에서 밝은 노란색 지프를 선명하게 그려 보라. 지난 며칠 동안 밝은 노란색 지프를 얼마나 많이 생각하였는가? 다음에 답을 기록하라.

____

2. 이제 시계를 꺼내어 몇 분 동안(5분이 이상적임) 밝은 노란색 지프를 단 한 번도 생각하지 않도록 노력하라. 정말로 열심히 노력하라. 다 마치면 이 페이지로 돌아오라.

3. 몇 분간 밝은 노란색 지프를 생각하지 않으려고 열심히 노력하는 동안, 그에 대한 생각이 몇 번이나 스쳤는지(그 생각이 쏜살같이 지나갔더라도) 다음에 기록하라.

____

4. 이제 다시 시계를 꺼내어 몇 분 동안(5분이 이상적임) 마음속에 어떤 생각이 떠오르든지 다 허용하라. 다 마치면 이 페이지로 돌아오라.

5. 무슨 생각이 떠오르든 다 허용한 몇 분 동안, 밝은 노란색 지프에 대한 생각이 몇 번이나 스쳤는지(그 생각이 쏜

살같이 지나갔더라도) 다음에 기록하라.

당신이 대부분의 사람들과 같다면, 밝은 노란색 지프를 생각한 횟수는 시간이 지날수록 증가했을 것이다. 지프에 대한 생각을 직접적으로 억제하는 동안에는, 그 생각을 마음 밖으로 밀어낼 수 있었을지도 모른다. 그러나 때로 그러한 상태에 균열이 생기고, 그러한 생각이 일어나는 횟수가 급증한다. 당신은 단기간 동안은 그 생각을 억제할 수 있다. 그러나 어느 시점에 이르면 더 이상 그렇게 할 수 없게 될 것이다. 그렇게 되면, 그 생각이 떠오르는 빈도는 극적으로 상승하는 경향이 있다. 이는 단순히 노란색 지프가 생각났기 때문만은 아니다. 많은 통제된 연구들에서, 지프에 대한 말을 들었지만 그 생각을 억제하라는 지시를 받지 않은 피험자들의 경우 시간이 지난 후에 그 생각의 빈도가 증가하지 않았다.

우리가 어떤 것을 생각하지 않으려고 애쓸 때, 'X를 생각해서는 안 된다.' 와 같은 언어적 규칙을 만들어서 그 일을 수행한다. 그 규칙에는 X가 포함되어 있으므로, 마치 '겁겁' 이라는 소리가 상상의 동물에 대한 심상을 불러일으키듯이, 그 규칙은 X를 유발하게 될 것이다. 따라서 우리가 어떤 생각을 억제할 때, 다른 무엇인가를 생각해야 할 뿐만 아니라 왜 그렇게 하고 있는지를 기억하고 있어야 한다. 우리의 노력이 제대로 작동하고 있는지를 점검하려는 순간, 우리는 떠올리지 않으려 애쓰는 그 생각을 떠올리게 될 것이다. 따라서 우리가 걱정하는 그 생각은 점차 증가하게 된다.

만일 당신에게 강박적인 생각이나 걱정이 있다면, 이러한 양상은 당신에게 이미 친숙할지도 모른다. 연구에 따르면, 강박사고가 없는 대다수의 사람들도 강박증 환자와 마찬가지로 때로 기이한 침투사고를 경험한다(Purdon & Clark, 1993). 이 둘 사이의 차이는 무엇일까? 이 질문에 대한 부분적인 해답은, 심한 강박사고를 지닌 사람은 이러한 생각을 생각하지 않으려고 애쓰는 데 많은 노력을 기울인다는 것이다(Marcks & Woods, 2005). 만일 정상적인 사람에게 어떤 생각을 하지 말도록 요구한다면, 그들 또한 자신의 부정적인 생각에 대해서 더 많은 고통을 느끼기 시작할 것이다(Marcks & Woods, 2005).

자, 이제 당신을 괴롭히는 생각들 중에 하나를 가지고 이 연습을 다시 해 보자.

E/X/E/R/C/I/S/E

연습: 생각에 대해 생각하지 말라

어떤 유형의 심리적인 문제들도 우리의 생각과 얽혀 있다. 따라서 만일 당신이 심리적인 투쟁을 겪고 있다면, 당신은 아마도 고통을 야기하는 반복적인 생각을 지니고 있을 것이다. 예컨대, 만일 당신이 우울하다면, '나는 무가치하며 아무도 나를 사랑하지 않아.' 또는 '과연 이 우울증이 사라질까?'라는 생각을 지니고 있을지 모른다. 범불안장애로 고통을 겪고 있다면, '안전하려면 항상 경계해야 돼.'라는 생각을 지니고 있을 수 있다. 자, 최근에 당신에게 괴로움을 주는 한 가지 생각을 찾아내 보자. 여기서 제시한 예들을 보기로 사용할 수도 있다. 되도록 당신의 생각을 분해하여 하나의 단문이나 간단한 문구의 형태로 만들어 보라. 마음속에 그 문장이나 문구가 떠올랐으면, 다음의 연습을 수행하라.

1. 당신에게 괴로움을 주는 한 가지 생각을 다음에 기록하라.

____

2. 당신은 지난주에 이 생각을 몇 번 하였는가? (정확히 모르겠으면 대략 추정하라.)

____

3. 이제 시계를 꺼내어 몇 분 동안(5분이 이상적임) 그 생각을 하지 않도록 열심히 노력하라. 다 마치면 이 페이지로 돌아오라.

4. 그것에 대해 생각하지 않으려고 열심히 노력하는 동안, 스치듯 지나간 것일지라도 그 생각이 떠오른 빈도를 다음에 기록하라.

____

5. 이번에는 5분 동안 당신이 원하는 생각이 있으면 무엇

이든 생각해도 좋다. 다 마치면 이 페이지로 돌아오라.

6. 어떤 생각이든 마음대로 다 생각할 수 있도록 허용했을 때, 당신은 그 생각을 몇 번 하였는가? 다음에 그 답을 기록하라.

____

당신은 생각을 억제하려고 노력하면서 무엇을 경험하였는가? 그 생각이 덜 무거워지고 덜 중요해지고 덜 촉발되었는가? 아니면 더 얽혀들게 되고 더 중요해지고 더 빈번해졌는가? 만일 당신의 경험이 첫 번째보다는 두 번째 기술에 더 가깝다면, 이 연습은 중요한 점을 예시한다. 즉, 원치 않는 생각을 없애려고 애쓰는 것은 소용이 없거나 도움이 되지 않을 수 있다. 밝은 노란색 지프와 같은 임의적인 생각을 억제했을 때 역설적 효과가 나타나는 것처럼, 모든 통제 연구에서 항상 같은 방식으로 결과가 나타나지는 않을 것이다. 왜냐하면 개인적으로 관련된 부정적인 생각이 이미 만성적인 사고 억제의 표적이 되어서 그 생각의 빈도가 이미 상당히 높을 수 있기 때문이다.

이는 생각에뿐만 아니라 감정에도 적용된다

동일한 과정이 감정에도 적용된다. 만일 당신이 고통과 같은 나쁜 감정을 느끼지 않으려고 애쓰면, 이를 더 심하게 느끼게 될 뿐 아니라 전에는 중성적이었던 사건에 대해서도 감정이 더 촉발되게 된다(Cioffi & Holloway, 1993). 당신이 부모라면 이 사실을 잘 알 것이다. 자녀의 시끄러운 소음으로 화가 났지만 이를 무시하려고 애쓰면, 소음은 점점 더 짜증스럽게 들리다가 결국에는 사소한 소음에도 폭발할 지경에 이르게 된다.

감정은 같은 방식으로 생각과 연결된다. 연구 결과에 따르면, 감정이 여전히 존재하는 상황에서 생각을 억제하면 결국 감정이 생각을 유발하여, 억제 전략은 생각과 감정을 모두 유발하게 된다(Wenzlaff & Wegner, 2000).

예를 들어, 당신이 지금 슬픔에 젖은 채 친한 친구의 죽음과 같은 최근의 상실을 생각하지 않으려 노력한다고 가정해 보자. 아마도 당신은 그 친구의 죽음을 떠올리지 않기 위해 좋아하는 음악을 들을 것이다. 결과는 어떨까? 당신은 슬픔 속에서 친구의 상실을 더 생각하게 될 것이며, 당신이 좋아하는 음악은 당신을 더 슬프게 만들고 죽은 친구를 더 생각나게 할 것이다. 어떤 의미에서 당신은 고통을 피하려는 시도를 통해 고통을 더 증폭시키게 된다.

행동 성향과 생각의 덫

마지막으로 동일한 결과가 행동 성향에도 적용된다. 행동 성향이란 어떤 것을 단지 생각만 해도 특정 방식으로 행동하게끔 일련의 신체적이고 심리적인 사건이 작동되는, 어느 정도 프로그램화된 행동을 말한다.

골프를 쳐 본 사람이라면 압박감이 있는 상태에서 퍼팅을 하려 할 때 어떤 일이 벌어지는지 잘 알 것이다. 피험자에게 바닥 위 한 지점에서 실에 매달린 추를 들고 추가 전혀 움직이지 않도록 하되, 특히 앞뒤로는 움직이지 않도록 하라고 요청하였다. 결과는 어떻게 되었을까? 추는 옆으로가 아니라 앞뒤로 움직였다. 이유는 단순하다. 앞뒤로 움직여서는 안 된다는 생각이 그 방향으로 움직이는 근육을 활성화시켰기 때문이다(Wegner, Ansfield, & Pilloff, 1998). 이러한 효과는 압박감을 느끼는 상황에서, 정확히 말하면 그렇게 되지 않기를 간절히 바라는 상황에서 특히 강하게 나타난다.

고소공포증이 있는 사람이라면 이러한 효과에 아주 익숙할 것이다. 매우 높은 곳에 서서 난간 쪽을 바라보면, 당신이 바라는 것과는 반대로 마치 어떤 보이지 않는 힘이 난간 쪽으로 당신을 잡아당기는 것처럼 느낄 것이다. 억제에 관한 연구 결과들로부터 일반화해 본다면, 이러한 결과는 아마도 당신의 마음속에만 존재하는 것은 아닌 듯하다. 당신의 두려움은 어떤 근육들을 활성화시켜서, 난간을 피해 반대쪽으로 움직이게 할 뿐 아니라 난간 쪽으로도 움직이게 한다. 결과적으로 당신은 불안정함을 느끼게 된다.

당신이 지금까지 행해 온 것

당신은 아마도 지금까지 고통의 원인을 해결하기 위해서 언어적으로 유도된 '해결책'을 활용해 왔을 것이다. 또한 당신이 이 책을 펴서 읽기 시작했다면, 여태껏 시도해 온 방법들이 전적으로 성공적이지는 못했던 것 같다(그렇지 않으면 왜 이 책을 읽겠는가?). 당신이 고통을 해결하기 위해 개발해 온 대처 방법들은 앞에서 기술한 것처럼 언어에 기초한 문제 해결 행동과 같은 범주에 속한다.

이를 좀 더 주의 깊게 살펴보자. 고통스러운 생각이나 감정, 신체 감각을 억제하거나 감소시키거나 약화시키거나 통제하거나 대응하기 위하여 당신은 어떤 종류의 행동을 취하는가? 당신이 고통을 느끼지 않기 위한 수단으로 활용해 온 모든 의례적 행위들을 살펴보라. 이들은 강박장애 환자가 끊임없이 손을 씻는 행동처럼 극단적인 것부터, 퇴근길에 집으로 돌아오면서 느낀 짜증의 영향에서 벗어나려고 술병을 기울이는 행동처럼 간단한 것에 이르기까지 다양할 수 있다. 사고 억제나 합리화와 같이 순전히 심리적인 행동일 수도 있다. 고통을 감소시키기 위해서 강박적인 운동, 습관적인 흡연, 또는 손목 긋기처럼 의도적인 자해 행동을 할 수도 있다. 당신이 무엇을 하든지 간에(정도의 차이는 있지만 우리는 모두 이러한 일들 중에 어떤 것을 한다), 다음에 제시한 연습을 통해 그것들을 탐색해 보도록 하자.

E/X/E/R/C/I/S/E

연습: 대처 전략 작업지

우선 다음에 제시한 대처 전략 작업지를 대략 훑어본 다음, 다시 처음으로 돌아와 이 작업지를 어떻게 작성하는지에 대한 설명을 듣기 바란다. 첫째 칸에 고통스러운 생각이나 감정을 적으라(1장에서 기록한 괴로움 목록에서 옮겨 올 수도 있고, 더 많은 압박감을 느끼는 생각이나 감정이 있으면 그것을 적어도 좋다.).

둘째 칸에는 그 고통스러운 생각이나 감정에 대처하기 위해 사용해 온 한 가지 대처 전략을 적으라. 다음으로 그 대처 전략의 효과를 두 가지 측면에서 평정하라. 첫째, 그 대처 전략이 단기적으로 얼마나 효과적이었는지 평정하라. 즉, 그 행동을 통해 얼마나 즉각적인 안정을 얻었는가? 둘째, 그 대처 전략이 장기적으로 얼마나 효과가 있었는지 평정하라.

당신의 전체적인 고통 중에서 얼마만큼이 고통스러운 생각이나 감정에서 비롯되는지 생각해 보라. 당신의 대처 행동으로 고통이 감소되었는가? 단기 전략 및 장기 전략의 효과를 각각 1~5점 척도로 평가하라. 여기서 1점은 전혀 효과가 없는 것, 5점은 매우 큰 효과가 있는 것을 말한다. 잠시 동안 당신이 평가한 점수에 주목하라. 그것이 의미하는 것에 대해서는 이 장의 후반부에서 더 자세히 살펴볼 것이다.

예를 들어, 어떤 사람이 '고통스러운 생각이나 감정'의 칸에 다음과 같은 생각을 적었다고 가정해 보자. "인생이 살 만한 가치가 있는지 잘 모르겠다." 그가 사용하는 대처 방법은 맥주 마시기, TV 시청하기, 그것에 대해 생각하려 하지 않기 등이다. TV를 보는 동안 그 대처 전략의 단기적인 효과는 4점이지만, 시간이 지나면서 그 생각은 전보다 더 강해짐으로써 장기적인 효과는 1점이 될 수 있다.

대처 전략 작업지			
고통스러운 생각이나 감정	대처 방법	단기 효과	장기 효과

대처 전략 일지

당신이 어떻게 대처해 왔는지 잘 모르겠거든, 먼저 일지의 형태로 이에 대한 정보를 수집해 보는 것이 가장 좋을 것이다. 다음의 대처 전략 일지를 여러 장 복사한 다음, 심리적인 고통을 경험할 때 당신의 삶에서 무슨 일이 일어났는지 이 형식에 따라 기록해 볼 수 있다. 상황(힘든 사적 경험이 유발되었을 때 무슨 일이 있었는지), 당신의 구체적인 내적 반응(특정한 생각, 감정, 기억 또는 신체 감각) 그리고 당신이 사용한 구체적인 대처 전략(예, 주의전환, 반응에서 벗어나려는 자신의 방식에 대해 논쟁하기, 상황 피하기)에 주목하라. 일주일 동안 이러한 일지를 기록하면, 당신이 어떤 대처 전략을 사용해 왔으며 그것이 얼마나 효과적이었는지에 대해 더 잘 이해하게 될 것이다.

<table>
<tr><th colspan="4">대처 전략 일지</th></tr>
<tr><td>일 시</td><td></td><td>상 황</td><td></td></tr>
<tr><td colspan="2">힘든 사적 반응(예, 생각, 감정, 신체 감각)</td><td colspan="2"></td></tr>
<tr><td colspan="2">고통/곤란의 수준
(처음 발생했을 때)</td><td colspan="2">전혀 고통스럽거나 곤란하지 않음 … 극도로 고통스럽거나 곤란함
1 2 3 4 5</td></tr>
<tr><td colspan="2">대처 전략(사적 반응에 대한 나의 반응)</td><td colspan="2"></td></tr>
<tr><td colspan="2">단기 효과</td><td colspan="2">전혀 효과 없음 … 매우 효과적임
1 2 3 4 5</td></tr>
<tr><td colspan="2">장기 효과</td><td colspan="2">전혀 효과 없음 … 매우 효과적임
1 2 3 4 5</td></tr>
</table>

무엇을 제거하려 함에 따르는 문제-곱절이 됨

어떻게 하면 힘든 생각이나 감정을 제거할 수 있는지를 이해하려는 노력이 종종 역효과를 일으키는 데는 또 다른 중요한 이유가 있다. 그러한 노력은 부정적인 결과를 상기시키기 때문이다. 당신이 어떤 도전적인 일(예, 대중강연)을 하려 할 때 불안을 느끼면서, '불안을 느끼지 않아야 할 텐데. 그렇지 않으면 이 일을 완전히 실패하고 말거야.' 라고 생각한다고 가정해 보자. 실패에 대한 생각 때문에 불안이 더 유발될 것이다. 이러한 현상이 나타나는 이유는 마치 유아가 '우우' 소리를 들으면서 기저귀 핀에 찔린 적이 있다면 '겁겁' 을 두려워하게 되는 것과 같은 이유다. 현재의 사건과 부정적인 결과가 임의적으로 연결된다.

불안은 빈약한 수행 혹은 망신당하는 것에 대한 정상적인 반응이다. 문제는 우리가 이러한 결과들을 언어적인 관계를 통해서 어느 순간에라도 현재 상황 속으로 가져올 수 있다는 데 있다. 예를 들어, 공황장애 환자는 현재 느끼는 불안과 관련하여 이성을 잃는 것, 통제를 잃는 것, 망신을 당하는 것, 심장 발작으로 죽는 것에 대해 생각한다. 이러한 생각들 때문에 더 많은 불안이 유발되는데, 이는 부분적으로 그들이 현재와 상상의 미래를 연관시키기 때문이다. 당신이 불안의 문제를 안고 있다면, 어떻게 악순환이 형성될 수 있는지 잘 알 것이다.

상어 수조 탐지기

당신이 지금 세상에서 가장 민감한 탐지기를 부착한 채, 상어들로 가득 찬 수조 위에 있는 의자에 앉아 있다고 상상해 보자. 당신이 할 일은 아주 간단하다. 전혀 불안해지지 않으면 된다. 만일 조금이라도 불안해진다면, 탐지기가 이를 알아차리고 의자가 뒤집혀서 당신은 수조 안으로 빠질 것이다.

어떤 일이 벌어질 것이라고 생각하는가? 당신은 틀림없이 불안해질 것이다. 이것이 바로 공황 발작 중에 벌어지는 일이다. 당신은 불안의 조짐을 느끼자마자, 곧 닥칠지도 모르는 끔찍한 일을 상상하고, 그것에 반응한다. 잠시 후에 불안은 고조되고, 당신은 상어 수조 속에 빠지게 된다.

경험의 회피

언어는 경험의 회피를 초래하기 때문에, 부분적으로 고통의 원인이 된다. 경험의 회피(experiential avoidance)는, 경험을 회피하는 것이 장기적으로 행동상의 곤란(사회공포증 때문에 모임에 가지 않거나, 침대에서 일어나지 못할 정도로 우울해서 운동을 하지 않는 등)을 야기함에도 불구하고 자신의 경험(생각, 감정, 기억, 신체 감각, 행동 성향 등)을 회피하려고 애쓰는 과정을 말한다. 과학적으로 밝혀진 모든 심리과정들 중에서, 경험의 회피는 최악의 과정 중 하나다(Hayes, Masuda et al., 2004).

경험의 회피는 1장에서 논의한 '실재의 고통'을 인위적으로 증폭시키는 경향이 있으며, '부재의 고통'을 낳는 가장 크면서도 유일한 근원이 되는데, 이는 회피가 긍정적인 행동들을 잠식하기 때문이다. 불행하게도 인간의 언어 내에는 다음의 두 가지 이유 때문에 이러한 전략이 잘 확립되어 있다. 언어는 단지 우리가 처한 상황만이 아니라 우리의 반응을 자연스럽게 표적으로 삼는다(이 점에 대해서는 5장에서 자세히 설명할 것이다.). 또한 언어는 상황을 통제함으로써 고통을 통제하는 것을 불가능하게 만드는데, 이는 어떤 상황과 고통이 임의적으로 연관되어서 상황에 대한 생각만으로 고통이 유발될 수 있기 때문이다(1장에서 언급한 일몰의 예를 보라.).

우리의 몸 바깥에서는 "그것을 원치 않으면, 그것을 없애는 방법을 파악해서 없애라."라는 법칙이 성립한다. 그러나 몸 안에서는 법칙이 아주 다른 듯하다. 그 법칙은 "그것을 기꺼이 소유하지 않으려 하면, 소유하게 될 것이다."에 더 가깝다. 좀 더 실제적인 말로 예를 들어 표현하면, 당신이 기꺼이 불안을 느끼려 하지 않는다면 더 불안해질 것이며, 따라서 더 좁고 제한된 삶을 살게 될 것이다.

앞으로 돌아가서 당신이 기록한 대처 전략 작업지를 검토해 보자. 당신이 대다수의 사람들과 비슷하다면, 당신의 대처 전략들은 대부분 내적 과정에 초점을 맞추고 있을 것이다. 이러한 대처 전략들은 단기적으로 내적 과정을 조절하는 데 다소 도움이 되지만, 장기적으로는 종종 실패로 끝나거나 사태를 더 악화시키기도 한다.

그 이유는 당신의 대처 전략들이 경험을 회피하기 위한 수단이기 때문일 수 있다. 당신은 자신이 느끼는 감정을 느끼지 않으려고 하거나 자신이 생각하는 생각을 멈추기 위한 특별한 수단들을 개발해 왔다. 당신은 주의전환을 위한 활동에 몰입함으로써, 자신의 생각을 합리화로 대응함으로써, 또는 약물을 통해 감정을 누르려고 애씀으로써 고통스러운 생각이나 감정의 경험을 회피하려고 애써 왔다. 만일 당신이 지금 괴로움을 겪고 있다면, 당신은 이러한 대처 기법들을 수행하는 데 많은 시간을 보내고 있을지 모른다. 그러는 동안 당신의 삶은 멈춰 있을 것이다.

대처 전략 작업지에 대한 평정

당신의 대처 전략 작업지를 검토해 보면, '단기 효과' 칸의 점수는 상대적으로 높은 반면 '장기 효과' 점수는 상대적으로 낮음을 발견할 것이다. 이것은 위험한 덫인데, 왜냐하면 단기 효과는 장기 효과보다 훨씬 더 보상적이기 때문이다. 이러한 문제 해결 전략들은 대부분의 삶의 영역에서 짧은 기간에 그 효과를 발휘한다. 분노나 불안, 우울과 싸우기 위해 당신이 개발한 대처 기법들은 아마도 잠시 동안 이러한 감정으로부터 벗어나게 해 줄 것이다. 그렇지 않으면 당신이 왜 이 방법들을 사용하겠는가? 그러나 장기 효과는 과연 어떠한가? 대처 전략들이 궁극적으로 당신의 상태를 얼마나 변화시키는가?

당신이 지금 이 책을 읽고 있다면, 짐작컨대 당신이 사용하는 전략들의 장기 효과는 상당히 미미하거나 부정적일 것이다. 당신에게 남은 것이라고는 그 단기적인 효과 때문에 매일의 삶 속에 깊이 뿌리내린 행동들뿐이다. 그러나 슬프게도 그 행동들은 장기적인 효과가 결여되어 있다.

이는 [그림 2-4]와 같다. 인간이라면 누구나 그 중심부에 고통을 지니고 있다. 인생 자체가 본질적으로 질병이나 욕구, 상실과 같은 고난을 포함하기 때문이다. 그러나 언어는 이러한 고난을 더

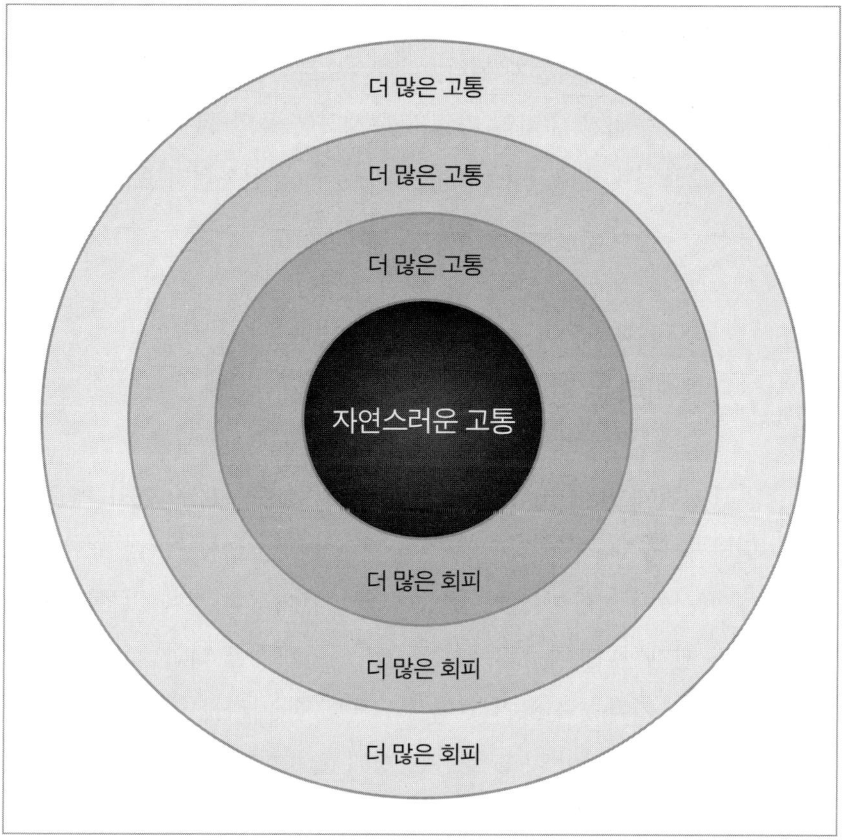

[그림 2-4] 고통은 회피할수록 커진다

큰 유형의 괴로움으로 증폭시킨다. [그림 2-4]에서 검은 색 중심의 주변으로 원들이 퍼져나가듯이, 우리는 인지적인 뒤얽힘과 회피의 유형을 통해 중심부의 고통을 확장해 간다.

우리가 고통스러운 생각이나 감정, 신체 감각으로부터 도망가려 할 때, 그것은 더 중요해지고 더 강렬하거나 빈번하게 나타나는 경향이 있다. 도망간다는 것은 두려운 생각을 문자적으로 받아들인다는 것을 의미하기 때문에, 그 생각은 더 믿을 만한 것이 되어 그것에 더 얽혀들게 된다. 결과적으로 '실재의 고통' 은 증가한다. 또한 우리가 내적인 과정과 투쟁하는 동안 삶은 유보된다. 결과적으로 '부재의 고통' 또한 증가한다. 중심부의 검은 부분은 점점 더 커져 간다.

마음이라는 기차

불행하게도 이러한 과정들은 우리가 사용하는 언어와 매우 긴밀하게 연결되어 있어서 통제하기가 쉽지 않다. 사람은 '마음속에서 사는' 경향이 있다. 즉, 이러한 언어적 과정에 기초하여 세상과 관계한다. 마음속에서 사는 것은 기차를 타는 것에 비유될 수 있다. 기차는 선로가 있어서 그 선로를 따라 운행한다. 그 선로의 방향이 당신이 가고 싶은 방향과 일치한다면 좋은 일이다. 그러나 만일 선로의 방향과 달리 당신이 가고 싶은 방향으로 여행하려 한다면, 당신은 이 책 읽기를 중단하지 않을 것이다. 당신이 원하는 삶이 '선로를 벗어난' 것이라면, 당신에게는 오직 한 가지 선택만이 존재한다. 당신은 최소한 가끔씩이라도 기차에서 내리는 법을 배워야 한다.

마음이라는 기차에 타는 것은 자동적인 과정이 되어 버렸다. 당신은 자신의 마음이 선사하는 생각을 믿는다. 당신은 달리는 기차에 타는 것을 자신도 알지 못하는 사이에 충분히 배웠다. 당신은 언어를 배웠고, 말하고 추론하고 문제를 해결하는 법을 배웠다.

일단 이를 배움으로써, 당신의 삶에서 마음이라는 기차는 영원한 존재가 되었다. 이제는 더 이상 생각을 멈출 방법이 없다. 언어가 그렇게도 많은 영역에서 유용한 이상, 마음이라는 기차는 계속해서 달릴 것이다. 그러나 기차가 쉬지 않고 달린다고 해서 당신이 그 기차를 꼭 타고 있어야만 할 이유는 없다.

실제 기차의 경우, 규칙에 따르기만 하면 승차가 허용된다. 당신은 기차 여행에서 능동적인 역할을 한다. 승차권 제시를 요청하면 제시하고, 지정된 좌석에 앉고, 내려야 할 정류장을 놓쳤을 때 야단법석을 떨지 않는 등의 규칙에 협조하기만 하면 된다.

마음이 우리에게 요구하는 규칙과 조건은 간단하지만 매우 강력하다. 바로 믿거나 믿지 않거나에 따라 행동하는 것이다. 마음은 다음과 같이 말한다. "당신은 마음에 동의하든지 반론을 제기하든지 둘 중 하나의 방식으로만 마음에 반응해야 한다." 불행하게도 두 반응은 모두 생각을 문자적으로 받아들이는 것에 기초한 반응이다. 우리는 생각을 단지 사물을 관련짓는 지속적인 과정으로 보기보다는, 생각이 지칭하는 것에 기초하여 생각에 반응한다. 생각은 '사실적으로' 맞든지 틀리든지 둘 중 하나라는 것이다.

생각을 문자 그대로 받아들일 때, 당신은 '마음이라는 기차에 타고' 있는 것이다. 즉, 마음이 당신에게 제시하는 생각에 반응하는 것이다. 그 생각에 동의하든 동의하지 않든 모두 그 규칙 내에 있는 것이므로, 둘 중 어떤 반응을 한다 해도 당신은 기차에서 내리지 못한다. 하지만 그 규칙을 어긴다면 기차에서 내릴 수 있다. 이 기차는 당신이 이따금씩 내리고 싶어 하는 기차가 아닌가?

경험이란 것이 진정으로 어떤 것인지 알고자 한다면, 단지 그에 대해 생각만 하기보다는 스스로 그것을 경험해 보아야 한다. 마음이라는 기차에서 뛰어내리는 것이 어떤 것인지 알려면, 이를 실제로 해 보아야 한다. 당신은 마음이 설정한 규칙과 조건의 일부를 어김으로써 그렇게 할 수 있다. 어떻게 하면 이 기차에서 뛰어내릴 수 있을까? 바로 이것이 이 책에서 이야기하려고 하는 것이다. 이 시점에서 우리가 말할 수 있는 것은 다음과 같다. 일단 당신이 기차에서 내려 땅에 발을 디디면, 당신은 자신이 가고 싶은 방향을 선택하기에 더 좋은 위치에 있음을 알게 될 것이다. 기차를 타고 언어적 조건화의 선로를 달리기보다는, 기차에서 내릴 때 가치에 따른 선택이 더 수월함을 알게 될 것이다.

이를 배우는 데는 얼마간의 시간이 걸릴 것이다. 그러나 이것이 우리가 지향해 나아갈 방향이다.

chapter **03**

회피의 덫

당신이 지금 처한 상황은 마치 거대하고 사나운 괴물과 줄다리기를 하고 있는 것과 같을지도 모른다(당신이 지금 우울, 불안, 신체적 고통, 슬픈 기억, 혹은 어떤 다른 부정적인 상황을 상대하고 있든 간에). 이는 결코 이길 수 없는 싸움인 것처럼 보인다. 당신이 밧줄을 힘껏 잡아당길수록, 반대편의 괴물은 더 세게 잡아당긴다. 때로 당신과 괴물 사이에 한없이 깊은 구덩이가 있어서 당신이 지는 날에는 구덩이 속으로 빠져 완전히 소멸될 것처럼 느껴진다. 그래서 당신은 밧줄을 당기고 또 당긴다. 더욱더 열심히 노력한다. 밧줄을 당기는 다른 방법, 더 나은 방법을 찾는다. 발꿈치 밑을 파서 지렛대처럼 이용하기도 하고, 근육을 더 단련시키려고 노력하기도 한다. 무엇인가는 효과가 있을 것이라는 희망을 포기하지 않는다. 그러나 당신이 할 일은 이와는 전혀 다른 것이지 않을까? 줄다리기에서 이기는 것은 어쩌면 당신이 할 일이 아닐지도 모른다. 당신이 할 일은 아마도 밧줄을 내려놓는 일일 것이다.

우리는 왜 효과가 없는 일을 할까

불행한 사람이 진정으로 자신의 행동을 바라본다면, 경험의 회피가 효과적이지 않다는 것을 깨닫는 것은 그리 어렵지 않다. 2장의 대처 전략 작업지를 완성한 후에 당신은 무엇을 발견했는가? 지금까지 고통을 피하기 위해 개발해 온 행동들이 장기적으로는 특별히 효과적이지 않다는 것이 분명해지지 않았는가? 만일 효과적이었다면, 당신은 지금 이 자리에 있지 않을 것이다. 문제는 경험 회피 행동이 효과적이지 않음을 깨닫는 것이 지독하게 어렵다는 점이다. 이 진실을 아는 것이 그렇게나 어려운 데는, 적어도 다음과 같은 다섯 가지 이유가 있다.

1. 인생의 다른 영역(몸 바깥의 세상)에서는 통제가 상당히 효과적이므로, 우리는 생각과 감정에 대해서도 역시 통제가 효과적일 것이라고 가정한다.

   이 점은 이해하기 어렵지 않다. 예를 들어, 외부 세상에서 의식적인 문제 해결을 통한 통제가 효과적이었던 몇몇 성공적인 사례들을 다음에 적어 보라.

   ____

   ____

   ____

   ____

당신은 외부 세상에서 효과적으로 통제할 수 있었던 사건에 대한 몇 가지 분명한 예들을 큰 어려움 없이 생각해 낼 수 있을 것이다.

2. 당신은 생각과 감정을 통제할 수 있어야만 한다고 배웠다. 예를 들어, 당신은 어렸을 때 다음과 같은 말을 들었을 것이다. "울음을 뚝 그치지 못하겠니? 계속 울면 더 혼난다." "착한 아이는 그렇게 울지 않는단다." "다 큰 사나이가 두려워하면 안 돼. 어린 계집애들이나 두려워하는 거지."

   자, 어렸을 때를 기억해 보라. 감정이나 생각을 쉽게 통제할 수 있어야 한다는 메시지를 들은 기억이 있는가? 기억나는 것이 있으면 다음에 적어 보라.

   ____

   ____

   ____

   ____

3. 당신이 아주 어렸을 때, 소위 '어른'이라 불리는 주변의 거인들은 생각과 감정을 잘 통제하고 사는 것처럼 보였을 것이다. 예를 들어, 어린아이인 당신은 매우 무서워하는데 아버지는 전혀 무서워하지 않는 것처럼 보였을지 모른다. 당신은 걸핏하면 우는데, 주변의 어른들은 거의 울지 않는 것처럼 보였을 것이다. 이러한 사실은, 앞의 2번과 결합하여 당신에

게 다음과 같은 메시지를 내면화하도록 요구했을 것이다. "남들은 모두 두려움이나 슬픔을 성공적으로 통제하는 법을 배웠으니까, 너도 그런 감정을 잘 통제할 수 있어야 해." 이러한 메시지를 통해 당신은 실제로 감정을 통제하는 법을 배우기보다는, 자신의 감정에 의해 남들이 방해받지 않도록 자신의 감정을 드러내지 않는 법을 배웠을 것이다.

만일 당신의 경험이 이와 비슷했다면, 주변 사람이 당신보다 어떻게 더 자신 있고 더 평온하고 더 행복하며 내적인 감정을 더 잘 통제하는 듯 보였는지에 대한 예들을 다음에 적어 보라.

____

____

____

____

우리는 시간이 흘러 인생의 어느 시점에 이르면, 다른 '어른들'은 자신의 감정을 잘 통제한다는 생각이 착각임을 배운다. 예를 들어, 우리는 성장하면서 아버지가 진짜 그렇게 '평온'하지는 않았다는 것을 알게 된다. 아버지는 우리가 어렸을 때는 제대로 인식하지 못했던 알코올 문제를 지니고 있었거나, 신경안정제를 복용하고 있었을지 모른다. 또는 우리가 어른이 되어서야 비로소, 어릴 때 겉으로는 모두 밝아 보였던 학교 친구들이 안에서는 자신과 같은 방식으로 투쟁하고 있었음을 알게 될 수도 있다.

어린 당신의 눈에는 행복해 보였던 사람들이 실제로는 내면에서 씨름하고 있었다는 것을 처음 깨달았던 때를 기억하는가? 그러한 경우들을 다음에 적어 보라.

4. 당신은 자라면서, 건강과 행복은 힘든 사적 경험이 사라지는 것에 달려 있다는 메시지를 지속적으로 받아 왔다. 예를 들어, 당신이 지금까지 보아 온 맥주, 담배, 정신과 약물, 휴양지, 승용차 등과 같은 상품의 광고를 생각해 보라. 이 수많은 상업광고들은 다음과 같은 메시지를 전달하고 있지 않은가? "행복이란 궁극적으로 고통스러운 생각이나 감정이 사라진 상태다. 이 상품을 구매하면, 당신은 더 좋게 느낄 것이며 훨씬 더 행복해질 것이다."

이와 같은 광고 문안을 기억할 수 있는가? 그 광고 문안을 다음에 적어 보라. 다 적었으면 다음 질문에 답하라. 그 광고의 근저에 깔린 경험 회피의 메시지는 무엇이라고 생각하는가?

5. 원치 않는 생각과 감정을 통제하는 것은 때때로 단기적으로 효과가 있는 듯 보인다. 예를 들어, 자신이 쓸모없다는 생각이 반복적으로 들 때, 당신은 이러한 생각을 보상하기 위해서 일 중독자가 될 수 있다. 이때 쓸모없다는 느낌의 문제는 일시적으로 해결된 듯 보이지만, 실은 열심히 일함으로써 그 느낌이 더 깊숙한 곳에 파묻혔을 뿐이다. 이 과정에 대해서는 2장에서 사고 억제를 논의할 때 일부 탐색하였다. 당신이 어두운 감정을 느끼고 이를 의도적으로 덮으려 한다면, 당신이 자신에 대한 나쁜 감정을 보상하기 위해 어떤 일을 하든지 이는 '내 깊숙한 곳에는 뭔가 나쁜 것이 있다.' 라는 생각을 상기시킬 것이다.

당신이 힘든 감정을 덮거나 감추기 위해 성취를 이루려 애써 왔다면, 당신은 일 중독자처럼 행동할 때 무슨 일이 일어나는지 잘 알 것이다. 성공에 대해 박수갈채를 받을 때, 당신은 자신의 차분한 겉모습 이면에서 실제로 무슨 일이 진행되고 있는지를 잘 알기 때문에, 자신이 남들을 속인 것처럼 느낄 수 있다. 당신은 이렇게 생각할 것이다. '내가 그들을 속였기 때문이지, 만약 그들이 모든 것을 다 안다면…….' 아무리 긍정적인 피드백을 받더라도, 잠시 동안은 기분이 좋겠지만, 자신이 허울만 그럴듯한 협잡꾼처럼 느껴질 것이다. 이를 종종 '사기꾼 증후군' 이라고 부른다. 남들을 잠시 바보로 만드는 것은 그다지 효과가 없는데, 왜냐하면 일시적인 바보들의 박수갈채가 진정한 칭찬은 아니라고 생각되기 때문이다.

당신에게 이와 비슷한 경험이 있다면, 남들의 칭찬을 받기 위해 열심히 일했지만 결국 그 칭찬이 자신에게 잘 어울리지 않는 것처럼 느껴진 경우의 예를 다음에 적어 보라.

____

____

____

____

경험의 회피가 효과적이지 않음을 받아들이기

사람은 두 가지 요인에 의해 경험 회피의 체계 속에서 옴짝달싹 못하게 된다. 첫 번째 요인은 '만일 어떤 것이 싫으면 그것을 없애라.'는 규칙이 외부 세계에서 매우 잘 작동한다는 것이다. 두 번째 요인은 그러한 규칙을 사적인 경험에 적용함으로써 나타나는 경험 회피의 단기적인 효과가 종종 긍정적이라는 것이다. 즉, 경험 회피의 체계를 고정시켜 주는 두 개의 핀이 있는데, 첫째는 외부 세계를 다루는 인간 언어의 유용성이 '만일 어떤 것이 싫으면 그것을 없애라.'는 규칙에 기초한다는 점이고, 둘째는 그 규칙을 사적 경험에 적용하는 경험 회피가 종종 단기적으로 긍정적인 효과가 있다는 점이다.

예를 들어, 뱀 공포증이 있는 사람을 생각해 보자. 그의 친구들은 동물원에 갈 계획을 세우고 있지만, 그는 친구들과 함께 가는 것을 두려워한다. 친구들은 모두 뱀 전시실에 가고 싶어 할 텐데,

자신은 그곳에 가는 것이 끔찍스럽기만 하다. 친구들과 같이 시간을 보내고 싶고 동물원에 가서 다른 동물들을 구경하고는 싶지만, 그는 결국 가지 않을 핑계를 찾아낸다. 자, 이와 같은 경우를 상상해 보고, 다음 질문에 답하라. 오른쪽에 있는 답 중 하나에 동그라미를 표시하라.

- 친구와 함께 가지 않을 구실을 찾은 직후에, 그는 어떤 감정을 느꼈을까? 안도감/불안
- 다음번에는 동물원 회피(경험 회피)가 증가할까, 감소할까? 증가/감소
- 그의 공포증은 더 심해질까, 약해질까? 심화/약화

정답이 무엇인지 분명하지 않은가? 어떻게 다른 답이 있을 수 있겠는가?

당신이 처한 상황도 이 사람의 경험과 유사하다. 당신이 어떤 부정적인 개인적 고통을 회피하기 위하여 특별히 고안된 행동을 할 때마다, 앞의 질문에서 요약된 것과 같은 일련의 반응들을 시작한다. 당신은 이제 고통스러운 생각이나 감정, 신체 감각을 처리하지 않아도 된다는 점에서 즉각적인 안도감을 느낄 것이다. 이렇게 얻은 안도감은 다음에도 동일한 전략을 사용하고 싶은 욕구를 강화한다. 그러나 당신이 이런 식으로 행동할 때마다, 당신은 고통스러운 생각, 감정, 신체 감각과 같은 고통스러운 내용에 실제로 더 많은 힘을 실어 주게 된다.

배고픈 호랑이 비유

어느 날 아침, 잠에서 깨어 문밖을 나서니 사랑스러운 새끼 호랑이가 문 앞에서 그르렁거리고 있었다. 당신은 그 귀여운 녀석을 애완용으로 기르려고 집 안으로 데리고 왔다. 잠시 동안 그 녀석을 데리고 놀다 보니, 녀석은 여전히 그르렁거리며 울음을 그치지 않았다. 녀석이 배가 고프다는 것을 알아차리고는, 호랑이가 좋아하는 붉은 쇠고기를 날 것으로 갈아 먹였다. 당신은 매일 같이 이렇게 먹였고, 애완 호랑이는 매일매일 조금씩 자라 갔다. 2년이 지나면서, 호랑이의 먹이는 햄버거 조각에서 일등품 갈빗살로, 갈빗살에서 소의 모든 부위로 변해 갔다. 이 녀석은 이제 더 이상 배가 고프다고 그르렁거리지 않는다. 대신에 먹을 시간이 될 때마다 사납게 으르렁댄다. 작고 귀엽기만 했던 애완 호랑이는 이제 통제 불능의 야수로 변해서 원하는 것을 얻지 못하면 당신을 갈가리 찢어 놓을 것이다.

당신이 고통과 벌여 온 투쟁은 이 상상의 애완 호랑이에 비유될 수 있다. 당신의 고통에게 경험의 회피라는 붉은 살코기를 먹일 때마다, 고통이라는 호랑이는 더 힘을 얻어 더 크고 강하게 자라게 된다. 고통이라는 호랑이는 배가 고플 때마다 먹이를 달라고 사납게 으르렁댈 것이며, 먹이를 안 주면 당신을 잡아먹을 거라고 위협할 것이다. 그러나 당신이 고통에게 먹이를 줄 때마다, 그것은 더 강력하고 위협적인 존재가 되어 당신의 인생을 더욱 통제하게 될 것이다.

이러한 회피 전략들은 작동하지 않은 것이 아니라, 작동할 수 없는 것은 아닐까? 회피는 단지 당신이 회피하려는 대상의 중요성과 역할만을 강화시킬 뿐이다. 달리 말하면, 당신이 문제를 다루는 것을 피할 때, 문제는 다만 더 커질 뿐이다.

중국의 손가락 끼우기 노리개

우리가 처한 상황은 중국인들이 즐겨 노는 손가락 끼우기 노리개(Chinese finger trap)와 흡사하다([그림 3-1] 참조). 당신은 어린

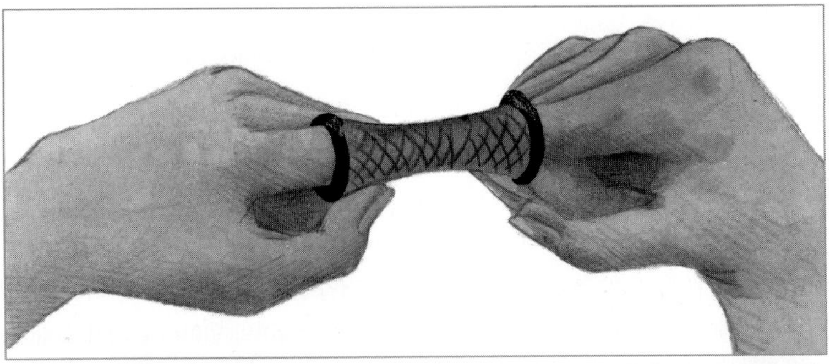

[그림 3-1] **중국의 손가락 끼우기 노리개**

시절에 이것을 가지고 놀아 본 적이 있을지도 모르겠다. 이것은 대략 손가락만한 정도 크기로 엮어 만든 직물 튜브다. 양손의 검지를 양끝에서 하나씩 튜브 안으로 넣은 다음, 손가락을 잡아당겨 빼내려고 하면 튜브가 꽉 달라붙어 팽팽해진다. 힘껏 당기면 당길수록 튜브가 더 가늘어져서, 손가락에 더 꽉 끼게 된다. 그러나 이와는 반대로 손가락을 안으로 밀면, 손가락은 여전히 튜브 안에 있기는 하지만 적어도 그 안에서 움직일 수 있는 충분한 공간이 생기게 된다.

자, 삶 자체가 손가락 끼우기 노리개와 같다고 가정해 보자. 튜브에서 벗어나는 것이 중요한 게 아니라, 원하는 삶을 위해 '춤출 수 있는 여유 공간(wiggle room)' 이 얼마나 많은가가 중요하다. 당신이 투쟁하면 투쟁할수록, 당신이 움직일 수 있는 공간은 더 협소해질 것이다. 만일 당신이 그 투쟁을 내려놓는다면, 새로운 선택을 할 수 있는 자유는 더 늘어날 것이다.

그렇다면 무엇을 할 것인가

첫째, 전환점을 찾으라.　앞서 논의한 이유들을 살펴볼 때, 당신이 지금까지 경험 회피 전략에 역점을 두어 온 것은 놀라운 일이 아니다. 당신은 논리적이고 합리적인 사람들이 배워 온 것(자신을 돌보는 것)을 똑같이 실행하고 있을 뿐이다. 그것은 조작된 게임이지만, 당신은 그것이 조작되었다는 것을 몰랐다. 그것이 효과가 없는 것은 분명 당신 잘못이 아니다. 당신이 만일 조작된 룰렛에서 공을 굴리는 도박을 한다면, 틀림없이 돈을 잃을 것이다. 당신은 고통에 대해서 이와 유사한 상황에 처해 있다. 그러므로 이제 전환점을 찾아야 한다. 다음에는 전환점을 찾기 위해 당신이 기꺼이 할 수 있는 방법이 나와 있다. 그 옆에 하나씩 체크해 보라.

- ☐ 나는 회피 전략들이 전혀 효과적이지 않다는 것에 직면할 수 있다.
- ☐ 나는 내가 고통을 다루기 위해 얼마나 많은 노력을 기울여 왔는지에 대해 스스로 연민을 가질 수 있다.
- ☐ 나는 회피 전략들이 효과를 발휘하도록 만들 수 없음에 대해 자기 비난을 멈출 수 있다.

자, 이제 전환점을 찾는 방법에 대한 다른 아이디어들이 있으면 다음에 적어 보라.

책임감과 반응할 수 있음

둘째, 반응할 수 있음을 받아들이라. '책임감(responsibility)' 을 받아들이는 것과 '반응할 수 있음(response-ability)' 을 받아들이는 것 간에는 작지만 중요한 차이가 있다. '책임감' 을 받아들이는 것은 종종 비난의 의미를 내포한다. 비난이란 사람이 자신의 행동을 변화시키거나 옳은 일을 하도록 동기화하려는 노력을 포함한다. 그러나 '내 잘못이다.' 라는 생각을 받아들이는 것이 과연 내 행동을 변화시키도록 동기화하는가?

E/X/E/R/C/I/S/E

연습: 비난 게임

다음에 당신이 경험한 부정적인 사건들에 대해 자신이나 타인을 비난한 몇 가지 예를 적어 보라. 또한 그러한 비난을 통해서 당신이 얼마나 더 활력 있고 충만하며 자유로운 방식으로 살아가도록 동기부여되었는지 1~10점 척도로 평정하라(1점은 전혀 동기부여가 되지 않았음을 의미하고, 10점은 최대로 동기화되었음을 의미함).

비난의 예	활력 및 동기화 수준(1~10)

앞의 예에서, 삶의 부정적인 사건에 대해 자신이나 다른 누군가를 비난했을 때 활력과 동기화 수준이 높아진다고 평정한 경우가 얼마나 되는가? 짐작컨대, 당신은 비난 게임을 할 때 특별히 활력을 느끼지 못했을 것이다. 만일 당신이 일관적으로 낮은 점수를 평정했다면, 이는 비난이 당신에게 효과적이지 않음을 의미할 것이다. 비난이 효과적이지 않다면, 분명히 다른 무엇인가가 필요하다.

그 대안이 있다. '반응할 수 있음'을 받아들이는 것은 당신이 반응할 수 있는 능력이 있음을 인정하는 것이다. 이 능력은 비난과는 아무런 관련이 없다. 대부분의 경우 당신의 고통은 누군가의 잘못이 아니다. 고통은 모든 정상적인 인간이 획득한 언어 체계에 자동적으로 수반되어 나타난다. 실제로 다른 사람이 의도적으로 당신에게 악행을 범한 극단적인 상황(성폭력이나 근친상간과 같은)에서조차도, 당신은 여전히 그것이 초래한 고통에 반응할 수 있는 능력을 지니고 있다.

괴로움을 조절하는 두 개의 라디오 다이얼이 있다. 그중 하나는 고통의 다이얼이라고 불린다. 당신은 그 다이얼을 더 낮은 수준으로 맞추려고 매우 열심히 노력해 왔다. 그러나 그 노력은 아무런 결실이 없는 듯하다. 다른 하나의 다이얼은 라디오 뒤쪽에 있는데, 당신은 지금까지 그것이 거기에 있는지조차 몰랐다. 그 다이얼은 고통과 투쟁하는 정도, 또는 고통을 통제하려고 노력하는 정도를 조절한다. 추측컨대, 당신은 이 책을 읽기 시작하면서 이 책을 통해 고통의 다이얼을 조정하는 법을 배울 수 있을 것이라고 생각했을 것이다. 그러나 당신의 실제 경험을 살펴보라. 누가 그 다이얼을 설정하는가? 당신이 설정하는가? 과연 당신이 경험하는 고통의 수준을 희망하는 수준으로 '낮출' 수 있는가?

만일 대답이 '아니요' 라면, 당신은 그 다이얼에 대해서는 반응할 수 있는 것이 아닐 것이다. 그러나 이제 스스로에게 다음과 같이 질문해 보자. 라디오 뒤편에 있는 다이얼은 누가 설정할 수 있는가? 고통을 느낄 때 고통에 대해서 무엇을 할지는 누가 결정하는가? '반응할 수 있음' 은 당신이 할 수 있는 어떤 반응이 있다는 것을 인정함을 의미한다. 이 책의 후반부에서, 우리는 당신이 항상 반응할 수 있는 영역들에 대해서 더 자세히 탐색할 것이다.

셋째, 투쟁이 아닌 다른 진정한 대안이 있음을 고려하기 시작하라. 당신은 지금까지 원치 않는 생각이나 감정을 경험하면 어떤 방식으로든 이를 통제하려고 애써 왔을 것이다. 우리의 목표 중 하나는 원치 않는 생각이나 감정에 대한 통제 시도를 내려놓을 때 과연 어떤 일이 벌어지는가를 보여 주려는 것이다.

인간의 마음은 통제하도록 프로그래밍 되어 있기 때문에, 통제 시도를 내려놓는다는 것이 쉽지만은 않다. 이 시점에서 우리는 단지 당신의 경험이 무엇이라고 말하는지 검토하기 시작할 것을 요청한다. 이 일을 위해서 다음 2주 동안 다음과 같은 형식의 일지를 작성하라. 이 일지를 복사해서 매일 한 장씩 작성해도 좋고, 줄마다 날짜를 기록하여 한 장의 일지에 여러 날을 기록해도 좋다. 매일의 끝에는 다음 세 가지 항목에 대해 평정하라.

1. 그 날 당신이 경험한 심리적 고통의 정도(고통이 불안이나 우

울과 같은 특수한 문제에서 비롯된 것이라면, '고통' 이라는 단어 대신에 보다 더 정확한 명칭을 아랫줄에 기록하라.). 그 날의 고통에 대해 평정할 때, 1~100점 척도를 사용하라. 1점은 고통이 없음을, 100점은 극심한 고통을 의미한다.

2. 그 날의 고통에 대해 평정한 후에, 그 고통을 통제하기 위해 얼마나 많은 투쟁을 벌여야 했는지를 평정하라. 같은 척도를 사용하라. 1점은 전혀 노력하지 않았음을, 100점은 극도의 노력과 투쟁을 의미한다.
3. 마지막 단계는 그 날이 얼마나 효과적이었는지를 평정하는 것이다. 즉, 매일매일이 오늘과 같다면, 전반적으로 당신의 삶에서 생명력과 생동감이 얼마나 나타나겠는가? 역시 1~100점 척도를 사용하라.

E/X/E/R/C/I/S/E

연습: 자신의 경험 판단하기-효과성 검토하기

일자 ______ 고통 ______ 투쟁 ______ 전반적인 성공도 ______

오늘 느낀 고통스러운 사건은 무엇인가?

______

일자 ______ 고통 ______ 투쟁 ______ 전반적인 성공도 ______

오늘 느낀 고통스러운 사건은 무엇인가?

______

일자 고통 투쟁 전반적인 성공도

오늘 느낀 고통스러운 사건은 무엇인가?

일자 고통 투쟁 전반적인 성공도

오늘 느낀 고통스러운 사건은 무엇인가?

일자 고통 투쟁 전반적인 성공도

오늘 느낀 고통스러운 사건은 무엇인가?

일자 고통 투쟁 전반적인 성공도

오늘 느낀 고통스러운 사건은 무엇인가?

넷째, 통제에 대한 대안이 실망스러울 만큼 미묘할 수 있다는 것에 여지를 남기라. 당신은 방금 전의 연습을 통해서, 당신이 고통과 싸우는 데 많은 에너지를 소모하고 있지만 그 투쟁에서 빠져나오는 것이 쉽지 않을 뿐만 아니라 이를 통해 삶이 확장되는 힘을 얻지 못한다는 것을 발견하였을 것이다. 그렇다면 이는 고통을 통제하려는 시도가 논리적으로 그럴듯해 보이는 것과는 달리, 그다지 효과적이지 않을 수 있다는 또 다른 단서가 된다. 그럼에도 불구하고, 통제의 시도는 오랜 세월에 걸쳐 조건화된 것이기 때문에, 이것만이 당신 앞에 놓인 유일하고도 올바른 선택이라고 주장할 것이다.

통제를 내려놓는 데는 많은 노력이 필요하지 않다. 그러나 통제를 내려놓는 것은 교묘한 과정이다. 혼돈이 될 수 있다. 좌절을 겪을 수도 있다. 이는 마음이라고 하는 '말 기계(word machine)'에게는 매우 생소한 일이다.

따라서 이 책에 나오는 각 연습들을 천천히 그리고 주의 깊게 실천해 가는 것이 필요하다. 이 책에서는 생각과 감정을 통제하려는 소용없는 노력에 대하여 전혀 다른 대안을 제시하고 있다. 당신이 이를 실천하는 과정에는 근면, 정직, 회의, 혼란 그리고 동정심이 요구될 것이다. 이는 따르기 쉬운 길은 아니다. 이 새로운 길을 여행하는 데 당신 자신의 고통이 가장 친한 동반자가 될 것이다. 당신이 부정적인 경험과 고통을 피하기 위해 얼마나 많은 무익한 시간과 에너지를 소모해 왔는지를 진지하게 고려해 볼 때, 당신은 비로소 이전과는 완전히 다른 어떤 시도가 필요할 수 있음을 알게 될 것이다.

계속 나아가기

삶과 더불어 계속 나아가기 전에, 당신이 지금 어디에 있는지를 똑바로 바라볼 필요가 있다. 지금까지의 연습들은 바로 그 일을 시작할 수 있도록 고안된 것이다. 당신은 자신을 괴롭혀 왔던 생각, 감정 및 신체 감각이 무엇인지를 인식할 필요가 있다. 그리고 그러한 생각, 감정 및 신체 감각을 다루기 위해 사용해 온 습관적인 대처 전략들이 무엇인지 자각하는 것 또한 중요하다.

이 시점에서 다른 어떤 것을 시도하는 것은 현명해 보이지 않는다. 우리의 제안은 아직까지는 어떤 것을 변화시키려고 시도하지 말라는 것이다. 다만 당신이 행해 온 것이 무엇인지, 그리고 그것이 과연 효과가 있었는지에 대해 더 분명히 알기 위해 노력하면 된다.

E/X/E/R/C/I/S/E

연습: 당신은 지금 무엇을 느끼고 생각하는가

사람이 자신의 경험을 덮어 버리거나 피하지 않고 더 주의 깊게 바라보기 시작할 때, 자각의 역치 수준 아래에 있던 경험들이 의식적인 마음 위로 떠오르는 것을 종종 발견한다. 따라서 이 장을 마치면서, 이 책을 읽는 동기가 된 어려움들과 관련하여 당신이 지금 지니게 된 생각이나 감정이 있다면, 이를 잘 관찰하여 다음에 기록해 보라. 표면 아래에 묻혀 있던 어떤 주제들을 발견하게 되면, 이를 노트에 기록해 보라. 밝은 빛 아래에서 다시 조명해 볼 수 있도록 이를 탁자 위로 꺼내라.

다음 장들에서는 고통을 대하는 새로운 방식, 즉 지금껏 싸워온 고통과 어떻게 다른 관계를 맺을 것인가에 대해 탐색하기 시작할 것이다. 하룻밤 사이에 이 새로운 기술을 숙달할 수 있을 것이라고 기대하지 말라. 시간이 걸릴 것이다. 성공 여부를 측정하는 방법은 단 한 가지, 즉 당신 자신의 경험뿐이다. 우리는 '물건을 보지도 않고 사기를' 요청하지 않는다. 우리가 제시하는 대안적 방법을 그냥 믿으라고 강요하지도 않는다. 우리는 다만, 당신이 우리의 새로운 제안들을 기꺼이 시도해 보고 당신 자신의 직접적인 경험으로 판단해 보기를 바랄 뿐이다.

chapter **04**

내려놓기

이 장을 읽기 전에, 먼저 시계를 들고 조용한 장소를 찾으라. 거기에 앉아서, 숨을 깊이 들이마시고 되도록 오래 숨을 참아 보라. 다 마쳤으면, 얼마나 오래 버텼는지 다음에 기록하라.

나는 숨을 _____ 초 동안 참았다.

우리가 왜 이런 일을 요청했는지에 대해서는 이 장 후반부에서 얘기할 것이다.

1장과 2장에서 우리는 당신의 고통과 이에 대처하기 위한 노력에 대해 살펴보았다. 언어가 작동하는 방식, 특히 생각과 언어를 사적인 경험에 적용함으로써 나타나는, 인간의 사고에 내재된 덫에 대해 기술하였다. 우리는 그 덫을 경험의 회피라고 부른다. 우리는 경험의 회피가 대처 전략이 지향하는 목적의 일부인지 알아보고자 하였으며, 경험의 회피가 일반적으로 도움이 되지 않는다는 것을 검토하였다. 3장에서는 이 유용하지 않은 전략이 왜 심리적 고통에 대한 정상적이고 논리적인 반응이 되었는지에 대한 다섯 가지 이유를 논하였다.

우리는 경험의 회피에 대한 대안을 내내 암시해 왔다. 즉, 기꺼이 경험하기, 수용, 내려놓기 등으로 다양하게 기술해 왔다. 이 장에서는 이 대안에 대해 더 충분한 논의를 하고자 한다. 우리는 매우 단순한 몇 가지 방식으로 수용을 경험할 수 있는 기회를 제공함으로써, 수용이 왜 그렇게 중요한지를 설명하고 수용한다는 것이 무엇을 의미하는지 맛보게 할 것이다. 이 장에서는 당신을 가장 괴롭혀 온 문제에 지금 당장 적용할 수 있도록 모든 정보를 제시하지는 않을 것이다. 오히려 이 장을 서론 정도로 여겨 주면 좋겠다.

이 장은 앞으로의 여정을 위한 준비 단계를 기술하는 도입부다. 매일의 삶에서 성공적으로 수용을 적용할 수 있으려면, 먼저 마음이 작동하는 방식, 마음이 행동에 영향을 미치는 방식, 그리고 그 연쇄의 고리를 끊을 수 있는 방법에 대한 더 깊은 이해가 필요하다. 앞으로의 장들에서, 이러한 주제를 탐색할 수 있는 많은 기회가 주어질 것이다.

수용(우리는 이를 또한 '기꺼이 경험하기'로 언급할 것이다)은 당신이 이미 들었거나 실험해 본 적이 있는 기술이다. 이는 분명히 당신이 배울 수 있는 것이다. 그러나 당신의 마음이 할 수 있는 것은 아니다. 따라서 매일의 삶 속에서 이를 실행할 수 있으려면, 먼저 더 많은 기술을 배워야 할 필요가 있다. 당신의 마음은 당신이 지금 읽고 있는 내용을 잘 알고 있다. 그러나 이 영역에서 마음은 당신의 동지가 되지 못한다.

기꺼이 경험하려 하지 않으면, 경험하게 될 것이다

2장에서 사적인 경험에 적용되는 규칙은 아마도 다음과 같을 것이라고 말하였다. '기꺼이 경험하려 하지 않으면, 경험하게 될 것이다.' 우리는 이 규칙의 중요성이 어디에 있는지 정확히 말하지는 않았지만, 이 규칙이 당신의 괴로움을 다루는 데 중요하다는 점을 강조하였다. 그렇다면 인간의 마음은 이러한 아이디어에 대해 어떻게 말하는지 잠시 들여다 보자.

이 규칙('기꺼이 경험하려 하지 않으면, 경험하게 될 것이다.')이 사실이라고 가정해 보자. 당신이 이미 상당한 괴로움을 겪이 있다면, 이 규칙을 당신의 괴로움에 적용하여 당신이 논리적으로 할 수 있는 일이 무엇일까? 이에 대해 마음속에 떠오르는 생각을 다음에 적어 보라.

____

____

____

____

____

부정적인 사적 경험을 기꺼이 받아들이기만 한다면 그 경험이 감소하거나 사라진다고 할 때, 대부분의 사람들처럼 당신 또한 어떻게 하면 그 경험을 기꺼이 받아들일 수 있는가에 대해 생각하기 시작할 것이다. 예를 들어, 불안이 당신의 문제라고 가정해 보자. 당신은 자신이 불안한 것을 싫어한다. 당신은 자신의 문제를 다루는 데 도움이 될 것이라고 알려진 하나의 규칙을 이제 막 읽었다. '기꺼이 경험하려 하지 않으면, 경험하게 될 것이다.' 이것은 당신의 불안에 대하여 무엇을 시사해 줄 수 있는가? 다음의 내용은 마음이라고 불리는 말 기계가 가장 잘하는 일에 대해서 한 번 추론해 본 것이다.

"음, 좋았어. 내가 기꺼이 불안해지지 않으려 하면, 불안하게 될 거란 말이지. 그러니까 내가 더 기꺼이 불안해지려 하면, 그렇게 불안하지는 않을 거란 말이네. 나는 불안한 게 너무 싫으니까 한 번쯤 시도해 볼 필요가 있겠어. 불안하지 않기 위해서 더 기꺼이 불안을 느끼도록 노력해 보겠어." 그 순간 생각의 덫이 당신 주위를 탁 내리칠 것이다. 왜냐하면 당신이 단지 불안하지 않기 위한 목적으로 기꺼이 불안해지려는 것이라면, 당신은 진실로 기꺼이 불안해지려는 것이 아니며, 결국 훨씬 더 불안해질 것이기 때문이다!

앞에서 마음이 한 말이 허튼 소리로만 들리지는 않는다. 그 문장을 다시 읽어 보라. 그렇다. 역설적이면서도, 그 역설은 진실인 것처럼 보인다. 그 문장들은 마음이 할 수 없는 것을 하도록 강요함으로써 발생하는, 결국은 원점으로 되돌아오게 되어 있는 회전목마와 같다. 오늘 불안을 느끼도록 기꺼이 허용하는 유일한 이유가 오늘 겪는 불안이 내일의 불안으로부터 해방을 가져올 것이라는 희망 때문이라면, 이는 결코 효과적일 수 없다. 왜냐하면 여기서 '기꺼이 경험하기'가 의미하는 것은 실은 불안을 느끼고 싶지 않다는 것이며, 마음의 온갖 회로를 동원하여 불안을 느끼지 않으려고 기를 쓰는 것이기 때문이다. 이는 분명 불안을 기꺼이 느끼려는 것과는 다르다.

바로 이러한 이유 때문에, '기꺼이 경험하기'는 배우기 쉬운 접근이 아니다. 노력을 많이 요하기 때문이 아니라, 교묘한 부분이 있기 때문이다. 따라서 우리는 기꺼이 경험하기의 개념을 먼저 탁자 위에 꺼내 놓았지만, 당신이 씨름하는 핵심 영역에 이를 적용하기 위해서는 다른 내용들을 먼저 다룬 후에 이 주제로 다시 돌아오는 게 나을 것이다.

수용과 기꺼이 경험하기

'수용하다(accept)'는 '받아들이다(take)'의 뜻을 지닌 라틴어 '*capere*'에서 유래한다. 수용(acceptance)이란 받는 행위, 또는 '주어진 것을 받아들이는' 행위다. 영어에서는 때로 '수용하다'가 '참거나 포기하다'를 의미하는데(예, '나는 그 상황을 받아들여야만 한다.'), 이는 여기서 의미하는 것과 정확하게 같지는 않다. 여기서 말하는 '수용하다'는 '그 순간에 방어 없이 온전히 받아들이다'의 의미에 더 가깝다.

수용을 이와 같은 의미로 이해할 때, '기꺼이 경험하기(willingness)'라는 말은 '수용하기'와 동의어로 사용될 수 있을 것이다. '기꺼이 하는(willing)'은 영어에서 아주 오래된 단어 중 하나다. 그것은 '선택하다(choose)'의 의미를 지닌 어원에서 유래한다. 따라서 '수용'과 '기꺼이 경험하기'는 "당신은 자신을 있는 그대로 받아들일 수 있는가?"라는 질문에 대한 하나의 답변으로 이해될 수 있다. 수용과 기꺼이 경험하기는 노력을 요하는 통제와 반대의 개념이다. 3장에서 언급한 라디오 뒷면에 있는 다이얼을 기억하는가? 이제 당신은 그 다이얼에 이름을 붙일 수 있게 되었다. 기꺼이 경험하기 다이얼!

다음에 나오는 것은 '나를 나로서 있는 그대로 받아들인다'는 것이 진정으로 무엇을 의미하는가에 대한 기술이다.

우리의 맥락에서, 기꺼이 경험하기와 수용이란 마치 손으로 캐시미어 스웨터의 촉감을 문자적으로 있는 그대로 느끼는 것처럼 자신의 감정을 있는 그대로 느낌으로써, 감정에 대해 능동적으로 반응하는 것을 의미한다. 또한 마치 당신이 그저 단어의 흐름을 따라 시를 읽거나 배우가 극작가의 의도를 느끼면서 대사를 암송하는 것처럼 자신의 생각을 있는 그대로 생각함으로써, 생각에 대해 능동적으로 반응하는 것을 의미한다.

기꺼이 경험하기와 수용은 마치 친구를 데리고 영화관에 가서 이미 보았던 영화를 보는 것처럼 자신의 기억을 있는 그대로 기억함으로써, 기억에 대해 능동적으로 반응하는 것을 의미한다. 그것들은 또한 마치 아침에 그저 자신의 몸 전체를 느끼기 위해서 전신 스트레칭을 하는 것처럼 자신의 신체 감각을 있는 그대로 느낌으로써, 신체 감각에 능동적으로 반응하는 것을 의미한다. 기꺼이 경험하기와 수용은 자기 자신, 자신의 역사 그리고 자신의 프로그램을 향해 친절하고 사랑스러운 자세를 취함으로써, 마치 손 위에 깨지기 쉬운 물건을 놓고서 그것을 찬찬히 자세하게 관찰하는 것처럼, 그저 자신의 경험을 더 잘 알아차릴 수 있게 되는 것이다.

기꺼이 경험하기의 목표는 더 좋게 느끼기 위함이 아니다. 그것의 목표는 그 순간의 생동감에 스스로를 개방하려는 것이며, 자신이 가치를 두는 것을 향해 더 효율적으로 나아가려는 것이다. 달리 표현하면, 기꺼이 경험하기의 목표는 자신에게 다가오는 모든 감정들, 특히 나쁜 감정들조차도 더 온전하게 느낌으로써 자신의 삶을 더 완전하게 영위하려는 것이다. 핵심적으로, 기꺼이 경험하기는 '더 좋게 느끼려고(feel *better*)' 노력하는 것이 아니라, '더 잘 느끼는(*feel* better)' 법을 배우는 것이다.

기꺼이 경험하기와 수용은 손가락 끼우기 노리개([그림 3-1] 참조)에서 손가락을 빼려고 잡아당기는 것처럼 경험에 내항하려 쓸모없는 투쟁을 벌이는 것이 아니라, 그 노리개 속으로 부드럽게 손가락을 밀어 넣음으로써 더 많은 여유 공간 안에서 살아가기 위한 것이다.

기꺼이 경험하기와 수용의 자세를 취함으로써, 당신은 집의 모든 창문과 블라인드를 열어젖히고, 이를 통해 삶이 흘러들어 오도록 할 수 있다. 전에는 어둡고 컴컴했던 곳으로 신선한 공기와 밝은 빛이 들어오도록 할 수 있다. 기꺼이 경험하기와 수용은 당신이 원하는 방향으로 가는 길목에 당신의 힘든 역사라고 하는 늪지대가 놓여 있을 때, 그 늪지대를 통과해 갈 수 있음을 의미한다.

기꺼이 경험하고 수용한다는 것은 당신이 구름이 아니라 하늘이며, 파도가 아니라 바다임을 인식한다는 것을 의미한다. 이는 하늘이 구름을 포함하며 바다가 파도를 포함하듯, 당신이 당신의 모든 경험들을 다 담아낼 수 있을 만큼 충분히 넓고 큰 존재임을 인식하는 것을 뜻한다.

우리는 이러한 시적 비유가 어떤 변화를 만들어 낼 것이라고 기대하지는 않는다. 다만 이 비유를 통해서 수용이 무엇인지에 대한 생각이 전달될 수 있기를 바랄 뿐이다.

당신의 마음이 이에 동의하거나 저항한다면, 그저 그 생각에 대해 당신의 마음에게 감사를 표하라. 이 여행에 당신의 마음이 함께 따라오는 것은 언제나 환영이다. 그러나 기꺼이 경험하기와 수용은 마음이 결코 배울 수 없는 존재의 상태다. 다행히도 당신에게는 관련짓고 상징화하는 레퍼토리 이상의 더 많은 것이 있다(2장 참조). 당신의 마음은 기꺼이 경험하고 수용하는 법을 배울 수 없지만, 당신은 배울 수 있다.

왜 기꺼이 경험하기인가

기꺼이 경험하기가 시도해 볼 만한 가치가 있는 한 가지 이유는, 과학적인 문헌을 통해 기꺼이 경험하기의 가치와 그 뒷면으로서의 경험 회피의 위험성이 상당히 일관적으로 밝혀지고 있기 때문이다. 또한 이 책이 분노, 우울, 불안, 물질 남용, 만성 통증 등의 구체적인 주제를 다루지 않는 한 가지 이유는, 우리의 목표가 매우 광범위한 적용 가능성을 지니면서도 삶을 변화시키기 위한 치료 작업이나 자가 치료의 노력에 힘을 실어 줄 수 있는 일련의 기술들을 가르치려는 것이기 때문이다.

우리는 약 10년 전에 처음으로 경험의 회피에 관한 연구 문헌들을 개관하였는데(Hayes at al., 1996), 그 이후로도 그러한 문헌들이 폭발적으로 증가하였다. 이러한 과정이 심리적 고통에 얼마나 광범위하게 적용될 수 있는지를 보여 주기 위해서, 우리는 단지 몇 가지 영역만을 추려서 간단히 논의해 보고자 한다.

- **신체 통증** 사실상 거의 모든 만성 통증의 영역에서 신체 병리 수준(객관적으로 평가된 신체 손상)과 통증, 기능 감소 및 장애의 수준 간에는 상관이 거의 없다(Dahl et al., 2005). 통증의 정도와 기능 수준 간에도 상관이 미약하다. 기능 수준을 예언하는 요인은, 첫째 고통을 기꺼이 경험하려는 의지와, 둘째 고통을 경험하면서 가치의 방향으로 행동할 수 있는 능력이다(McCracken, Vowles, & Eccleston, 2004). 이러한 과정들은 정확히 이 책이 겨냥하려는 표적이다. 고통을 수용하는 방법과 고통을 바라보거나 그에 대한 생각과의 '융합에서 벗어나는' 방법(6장 참조)을 배우면, 고통에 대한 인내력이 현저히 증가하고(Hayes et al., 1999), 고통에 의한 무능력이나 병가 기간이 감소한다(Dahl, Wilson, & Nilsson, 2004).

- **신체적 외상, 질병 및 장애** 뇌손상, 척추손상, 심장발작 및 기타 신체 질병이나 손상의 경우에서도, 신체 병리 수준은 재활의 성공과 장애의 장기화를 아주 미약한 정도로밖에는 예언하지 못한다. 이를 잘 예언하는 요인은 환자가 자신의 신체 조건을 얼마나 수용하는가와 자신의 곤경에 대해 얼마나 기꺼이 책임감을 지니는가다(Krause, 1992; Melamed, Grosswasser, & Stern, 1992; Riegal, 1993).

당뇨병과 같은 만성 질병에서, 질병이 주는 힘든 생각이나 감정을 수용하는 것과 이러한 생각이나 감정과 함께 기꺼이 행동하려는 태도가 질병 관리를 가장 잘 예언한다(Gregg, 2004). 흡연과 같은 건강관리 영역에서도 결과는 같다(Gifford et al., 2004). ACT는 불편함을 기꺼이 수용하고 생각에 낚여 들지 않으며 개인적으로 가장 의미 있는 것을 향해 나아가려는 자세를 변화시킴으로써, 결과적으로 건강관리를 도모하게 된다(Gifford et al., 2004; Gregg, 2004).

■ **불안** 불안을 느끼지 않으려는 태도는 많은 형태의 불안을 예언한다(Hayes, Strosahl et al., 2004). 예를 들어, 동일한 수준의 생리적 각성에 노출되었을 때, 경험을 회피하는 사람이 기꺼이 수용하는 사람보다 공황 상태를 더 많이 경험한다(Karekla, Forsyth, & Kelly, 2004). 이러한 경향은 특히 경험 회피자가 불안의 신체 감각을 적극적으로 통제하려고 노력할 경우에 더욱 그러하다(Feldner et al., 2003).

습관적으로 자신의 머리카락을 뽑는 사람들 중에서 경험을 회피하는 사람이 경험을 회피하지 않는 사람에 비해서 그러한 충동을 더 빈번하고 강렬하게 느끼고, 충동을 통제하는 능력이 더 적으며, 머리 뽑기와 관련한 고통을 더 많이 느낀다(Begotka, Woods, & Wetterneck, 2004).

일반화된 불안장애를 지닌 사람은 감정 회피의 수준이 더 높은 경향이 있으며(Mennin et al., 2002), 그들이 겪는 걱정 및 장애의 정도는 경험의 회피와 의미 있는 상관을 보인다(Roemer et al., 2005). 그러나 매우 적은 양의 수용 훈련만으로도 그들에게 도움을 줄 수 있다. 예를 들어, 공황장애 환자들은 단지 10분간의 수용 훈련만을 받고도 불안에 더 직면할 수 있게 되었다. 그러나 주의전환이나 억제의 훈련은 도움이 되지 않았다(Levitt et al., 2004). 이와 유사하게, 불안한 사람에게 수용에 관한 ACT의 간단한 비유(3장의 손가락 끼우기 노리개 비유)를 가르쳤을 때, 호흡 재훈련을 시행한 것보다 회피, 불안 증상 및 불안한 생각이 더 성공적으로 감소하였다(Eifert & Heffner, 2003).

■ **아동기 학대와 외상** 아동기 학대가 어느 정도는 현재의 고통을 예언하지만, 기꺼이 경험하기의 연습이 그 둘의 관계를 매개한다(Marx & Sloan, in press(b)). 달리 말하면, 당신이 어린 시절의 학대에 의해 나타나는 기억이나 생각, 감정을 기꺼이 경험하려 하지 않으면, 성인으로서 만성적인 고통에 옴짝달싹 못하게 된다. 하지만 그러한 기억이나 생각, 감정을 다시금 기꺼이 경험하려 할 때, 동일한 학대 경험이 당신의 삶에 덜 파괴적인 영향을 미치게 된다. 연구 결과에 따르면, 처음에는 동일한 외상 후 스트레스 수준을 보인 사람들을 시간 경과에 따라 비교했을 때, 이러한 사적 경험을 기꺼이 경험하려는 사람은 시간이 지날수록 외상 후 스트레스 수준이 더 낮아지는 것으로 나타났다(Marx & Sloan, in press[a]).

■ **직업 수행** 부정적인 정서 경험을 정서적으로 더 기꺼이 경험

하는 사람은 시간이 지날수록 더 나은 정신건강을 누리며 일을 더 잘 수행한다. 기꺼이 경험하기의 효과는 직업 만족도나 정서 지능의 효과보다 의미 있게 더 큰 것으로 나타났다(Bond & Bunce, 2003; Donaldson & Bond, 2004).

■ **물질 남용** 물질 남용은 전형적으로 부정적인 사적 경험을 회피하려는 시도에 의해 동기화된다(Shoal & Giancola, 2001). 물질 남용자들이 약물이나 알코올이 자신의 부정적인 감정을 감소시킬 것이라고 믿을수록, 재발률은 더 높아지는 경향을 보인다(Litman et al., 1984).

■ **우울증** 우울 증상을 설명하는 변량의 절반 이상은 수용 및 기꺼이 경험하기의 결핍으로 설명될 수 있다(Hayes, Strosahl et al., 2004).

이러한 문헌 개관으로 더 많은 지면을 채우고 더 많은 영역을 다룰 수 있겠지만, 아마도 이 정도면 우리가 전달하려는 요지를 충분히 전달했을 것으로 생각한다. 과학적인 연구 문헌들은 어떤 감정이든지 이를 기꺼이 경험하려는 것이 인간의 심리적 기능에 가장 핵심적으로 중요하다는 증거들로 가득 차 있다.

그렇다면 기꺼이 경험하기는 왜 중요한가? 기꺼이 경험하기의 중요성에 대한 실제 경험자들의 일인칭 진술이 우리의 추상적인 문헌 개관보다 더 설득력이 있을 것이다. 다음에 나오는 진술들을 읽고, 이것이 당신에게도 적용되는지 살펴보자.

- 왜 기꺼이 경험하기인가? 내가 고통스러운 경험들에 대항하여 싸울 때, 그러한 투쟁이 그 모든 경험을 더 고통스럽게 만들기 때문이다.
- 왜 기꺼이 경험하기인가? 내게 소중한 것을 추구하는 과정에서 당면하게 되는 고통을 멀리하려 할 때, 그 가치를 향한 행동이 가져다주는 삶의 풍요로움 또한 내게서 멀어지기 때문이다.
- 왜 기꺼이 경험하기인가? 내가 과거의 고통스러운 부분으로부터 스스로를 차단하려 할 때, 과거로부터 배운 유익한 것으로부터도 차단되기 때문이다.
- 왜 기꺼이 경험하기인가? 기꺼이 경험하지 않을 때, 내 삶이 생명력을 잃기 때문이다.
- 왜 기꺼이 경험하기인가? 경험을 통해서, 기꺼이 경험하려 하지 않는 것이 효과적이지 않음을 깨달았기 때문이다.
- 왜 기꺼이 경험하기인가? 고통을 느끼는 것은 인간의 정상적인 과정이며, 이와 다른 기준을 고수하려 애쓰는 것은 삶을 사랑하지 않는 것이기 때문이다.
- 왜 기꺼이 경험하기인가? '내 경험 안에서 사는 것', 즉 그 순간을 사는 것이 '내 마음 안에서 사는 것' 보다 내게 더 큰 보상을 주기 때문이다.
- 왜 기꺼이 경험하기인가? 나는 이제 고통을 기꺼이 경험하려 하지 않을 때 그것이 어떻게 작용하는지 너무 잘 알고 있으며, 이에 지쳤고 신물이 나기 때문이다. 이제는 내면의 통제 및 회피 의제를 바꿀 게 아니라 삶의 전체 의제를 변화시켜야

할 때이기 때문이다.

■ 왜 기꺼이 경험하기인가? 내가 지금까지 충분히 고통을 겪어 왔기 때문이다.

E/X/E/R/C/I/S/E

연습: 왜 기꺼이 경험하기인가

이제는 당신이 대답할 차례다. 마음에 떠오르는 대로 당신 자신의 반응을 3~4개 적어 보라. 저항이 느껴지면 그저 그것에 주목하고, 친절하고 자비롭게 그 저항을 허용하라. 그런 다음 그 저항감을 지닌 채 다시 질문으로 돌아오라.

■ 왜 기꺼이 경험하기인가? ______________________
______________________________ 때문이다.

■ 왜 기꺼이 경험하기인가? ______________________
______________________________ 때문이다.

■ 왜 기꺼이 경험하기인가? ______________________
______________________________ 때문이다.

■ 왜 기꺼이 경험하기인가? ______________________
______________________________ 때문이다.

기꺼이 경험하기와 괴로움

브라운 대학교의 심리학자 릭 브라운(Rick Brown)과 그 동료들에 따르면, 고통스러운 감정이 머물 공간을 허용하지 못하는 사람은 자기통제에 더 어려움을 보인다. 브라운 등은 자조서적을 통해 니코틴 중독을 끊으려는 만성 흡연자 집단을 대상으로 연구하였다.

피험자들이 본격적으로 금연 시도를 시작하기에 앞서, 브라운은 세 가지 예비 과제를 주었다. 첫째, 할 수 있는 만큼 오랫동안 숨을 참기. 둘째, 단순하지만 혼돈되는 수학 문제를 포기할 때까지 점점 더 빠르게 풀기. 셋째, 중지를 원하는 표시를 할 때까지 불안 증상을 일으키는 이산화탄소(CO_2)를 들이쉬기. 세 가지 과제를 다 잘 해낸 사람들의 대다수는 금연에 성공할 수 있었던 반면, 이 세 가지를 저조하게 수행한 사람들 중에서는 극소수만이 금연에 성공하였다(Brown et al., in press). 달리 말하면, 당신이 고통스러운 감정을 허용할 수 없다면 자신의 건강을 적절하게 돌볼 수 없다는 것이다. 경험의 회피가 삶의 질에서의 점진적인 악화를 예언한다는 것은 그렇게 놀랄 만한 일이 아니다(Hayes, Strosahl et al., 2004).

E/X/E/R/C/I/S/E

연습: 기꺼이 숨을 멈추기

이제 당신이 불편한 감정을 지닌 채 앉아 있을 수 있는 능력을 증진시키기 위해서 과연 수용을 활용할 수 있는지 알아보고자 한다. 시계를 들고, 몇 분 동안 방해받지 않을 장소를 찾아 그곳에 앉아 보라. 당신이 얼마나 오랫동안 호흡을 멈출 수 있는지 다시 한 번 알아볼 것이다. 그러나 이번에는 숨을 쉬지 않고 버티면서 다음에 나오는 지시를 따르도록 하라. 고통스러운 감정을 느낄 때조차도 지시문을 기억할 수 있도록, 지시문을 여러 차례 읽으라. 아직 시작하지 말라. '시작' 이라는 말이 나올 때까지는 시작하지 말라. 우선 다음에 적힌 목록들을 반복하여 읽으라.

- 당신이 이 연습을 하면서 숨을 쉬고 싶은 충동이 더 강열해질 때, 다음과 같이 하기 바란다. 숨을 쉬고 싶은 충동이 몸의 어디에서 시작하고 어디에서 끝나는지 정확히 관찰하라. 숨을 쉬고 싶은 충동이 어디에서 느껴지는지 그 위치를 정확히 찾아보라.

- 그 느낌이 거기에 그대로 있도록 허용할 수 있는지, 그리고 동시에 계속해서 호흡을 멈출 수 있는지 살펴보라. 기꺼이 경험하기 다이얼을 최대한으로 올리라! 그저 그 느낌을 느끼면서, 숨은 쉬지 말라. 지금의 기회를 당신이 지금껏 거의 느껴 보지 못한 것을 느끼는 참신한 기

회로 여기라.

- 어떤 생각이 올라오는지 알아차리고, 그 생각에 의해 통제됨 없이 그 생각을 가져다준 당신의 마음에게 부드럽게 감사를 표하라. 당신이 숨 쉬기로 결심하기 전에 재빨리 숨을 쉬게 만들 수 있는 은밀한 생각들에 주의하라. 결국 당신의 삶에 책임이 있는 사람은 누구인가? 당신인가, 아니면 당신의 말 기계인가?

- 숨을 쉬고 싶은 충동 외에 올라오는 다른 감정들이 있는지 알아차리라. 또한 그 감정들이 머물 자리를 낼 수 있는지 살펴보라.

- 당신의 몸 전체를 조사하면서, 당신의 몸이 숨을 쉬고 싶은 충동 말고도 다른 감각들을 지니고 있으며 그것들이 꾸준히 기능한다는 것을 알아차리라.

- 당신이 할 수 있는 만큼 오래 숨을 멈추겠다는 다짐에 머물러 있으라. 숨을 쉬고 싶은 충동이 더 강렬해지면, 당신이 그 충동을 계속해서 의도적으로 만들어 내고 있다고 상상하라. 눈을 감고, 당신의 몸과는 분리된 채 상상 속에서 이 충동을 재현할 수 있는지 살펴보라. 가슴에서 느껴지는 모든 고통, 스쳐지나가는 모든 걱정, 호흡에 대한 모든 본능과 더불어, 이 충동을 당신에게 찾

아온 달갑지 않은 어떤 것으로부터, 그저 그 느낌이 어떠한지 느껴 보기 위하여 당신이 의도적으로 만들어 낸 어떤 것으로 바꿔 보라. 이 새로운 충동은 형식상으로는 같은 것이지만, 당신이 만들어 낸 것이다. 당신이 만들어 낸 피조물에 의해 위협당할 필요가 있는가?

- 호흡 멈추기 연습을 시작하기 전에, 이 연습을 하는 동안 당신이 할 수 있는(호흡 중지의 목표를 굳게 유지하는 동안 모든 감정, 생각, 감각 및 충동을 자각하는 데 도움이 될 수 있는) 한두 가지 행동을 기록하라. 경험의 통제 혹은 억제 전략이 아니라 오직 수용 전략만을 기록하라.

____

____

____

____

지시문을 완전히 이해했다고 느낄 때까지 반복하여 읽으라. 연습을 하는 동안 이 책을 펼쳐 놓고 있다가, 기억이 나지 않으면 그 부분을 다시 참고하면 된다. 숨을 쉬지 않은 채 숨 쉬고 싶은 충동이 무엇처럼 느껴지는지 실제로 느껴 보라.

생각과 감정을 수용하고 이들을 위한 공간을 허용하는 것을 배움으로써, 당신이 과연 자신의 행동(호흡 멈추기)을 더 잘 통제할 수 있게 되는지를 보게 될 것이다.

자, 이제 시작하라.

숨을 깊게 들이쉰 다음, 할 수 있는 만큼 오래 버티라. 다 마쳤으면 얼마나 오래 버텼는지 기록하라. ______ 초

이 연습을 하는 동안에 경험한 것을 다음에 기록하라.

____

____

____

숨을 멈추는 괴로움이 나타났다가 사라졌는가? 언제 심해지거나 약해졌는가?

____

____

____

당신의 마음이 당신에게 숨을 쉬라고 설득하지는 않았는가? 당신의 마음이 뭐라고 속삭였는가?

____

____

____

당신의 마음이 가장 은밀하게 한 일은 무엇인가?

이 간단한 연습을 통해서, 지금까지 당신이 살아온 과정에 대해서, 특히 당신이 투쟁해 온 영역과 관련하여 어떤 시사점을 얻었는가?

이 장의 초반부에서는 얼마나 오랫동안 호흡을 멈출 수 있었는지 되돌아보라. 그리고 이 연습에서의 수치와 비교해 보라. 두 수치의 비교를 통해 새로운 가능성의 문이 열리는가?

당신이 숨을 쉬지 않고 더 오래 버티기 위해 사용해 보도록 요청한 이러한 전략은, 우리가 앞으로 이 책에서 소개할 기법들과 같은 유형이다. 당신이 이 연습에서 숨을 더 오래 참을 수 있었다면, 이 책에서 제공하는 정보가 당신에게 가치 있는 것이 될 것이다. 물론 우리는 숨을 쉬고 싶은 충동보다는 더 복잡한 문제들에 이 아이디어를 적용할 것이다. 그러나 그 원리는 동일하다. 당신이 어떤 특정 행위에 전념한다면, 그 길을 추구하는 것에 대해 당신의 마음이 문제를 제기하려 할 때 마음챙김과 탈융합의 전략을 사용하라. 그리고 마음이 속삭이는 것을 수용하면서 앞으로 나아가라. 그러면 당신은 충만하고 의미 있는 삶을 살기 위한 더 나은 위치에 있게 될 것이다. 그 과정에서 불쾌한 생각이나 감정, 감각은 있을 수도 있고, 없을 수도 있다.

질문: '변화를 위한 기꺼이 경험하기'

3장에서 언급한 경험의 라디오에 달린 두 개의 다이얼을 기억하는가? 당신이 진실로 원하는 삶을 당신이 원하는 방식으로 살아가기 위해서는 먼저 기꺼이 경험하기 다이얼을 최대한으로 올리는 것이 필요하다고 가정하자. 이는 삶에서 어떤 감정이나 기억, 생각, 신체 감각이 일어나든지 그것들을 기꺼이 느끼는 것을 의미한다. 이를 충분히 느끼면서, 어떤 심리적인 방어 자세도 취하지 않는 것이다.

달리 표현하면, 건강하고 활기차고 의미 있는 삶을 살기 위해서는 먼저 내적인 생각과 감정을 통제하려는 시도를 포기할 필요가 있다고 가정하자. 만일 그렇다면, 당신은 어느 정도로 기꺼이 그렇게 하겠는가? (우리는 당신이 이미 그렇게 하는 방법을 알고 있다고 가정하지 않는다. 단지 그 길에 대해 얼마나 개방적인지를 묻고 있을 뿐이다.) 1은 전혀 내키지 않음을 의미하고 100은 전적인 기꺼움을 의미한다면, 당신은 당신의 개인사에 의해 나타나는 사적 경험을 얼마나 기꺼이 경험하겠는가? 그 숫자를 여기에 기록하라. ________

만일 낮은 숫자를 기록했다면, 당신은 혹시 낮은 숫자가 고통을 훨씬 덜 경험하게 될 것임을 의미하는 것으로 생각하고 있지는 않은가? 그러나 당신은 경험을 통해서 결코 그렇지 않음을 배우지 않았는가? 낮은 숫자는 고통을 덜 느낌을 의미하는 것이 아니라, 삶의 공간이 더 적음을 의미한다. 우리는 기꺼이 경험하기가 효과적임을 믿으라고 요청하는 것이 아니다. 건강하고 활기차며 의미 있는 삶을 살기 위해서 기꺼이 경험하기가 필요하다면, 당신은 그 방향으로 나아가겠는지를 묻고 있는 것이다. 당신이 여전히 낮은 점수를 기록했다면, 답을 재고해 보면서 여전히 그것을 고수하고 싶은지 살펴보라.

당신이 이에 대해 생각할 때, 무엇이 떠올랐는가? 다음에 이 문제에 대한 당신의 생각을 적으라.

____

____

____

____

____

만일 당신이 지금까지 자신에게 중요한 행동을 하면서 개인사에서 비롯된 사적 경험을 기꺼이 경험하려고 했다면, 당신의 삶이 지금과 얼마나 달라졌겠는가?

우리는 곧 변화가 나타날 것이라고 기대하지는 않는다. 당신의 마음은 기꺼이 경험하기가 불가능하며 끝없는 불행만을 안겨 줄 것이라고 속삭일지 모른다. 만일 그렇다면, 그저 당신의 마음에게 그런 말을 해 준 것에 대해 감사를 표하고, 더 논쟁하지는 말라. 고통은 괴로움과 동의어가 아니다. 고통과 이를 기꺼이 경험하지 않으려는 것을 합하면 괴로움이 된다. 우리는 어느 쪽으로든 왈가왈부하지 않으려고 한다. 당신의 경험이 최종적인 판단자다. 그러나 만일 당신이 기꺼이 경험하기를 궁극적으로 가능하게 해 주는 새로운 전략을 배울 준비가 되었다면, 다음 장으로 가자.

chapter **05**

생각으로 인한 골칫거리

이 장에서는 마음이 생각을 만들어 내는 방식에 대해 탐색하기 시작할 것이다. 생각 자체가 얼마나 널리 퍼져 있는지 숙고해 본 적이 있는가? 우리는 때로 이러한 과정을 자각조차 못할 수 있다. 방 안 전체를 순환하는 히터 바람의 규칙적인 소리처럼, 마음은 진화를 통해 그렇게 하도록 설계된 일(범주화, 예측, 설명, 비교, 걱정, 판단 등)을 하면서 칙칙 소리를 낸다. 그리고 히터 소리에 대해 그러하듯이, 우리는 그것이 거기에 있는지조차 알아차리지 못한 채 오랜 시간을 지내기도 한다.

우리가 생각에 대해 다른 어떤 것을 하려면, 먼저 그것이 스쳐가는 과정을 포착할 필요가 있다. 만일 그렇게 하지 않으면, 우리는 생각의 내용을 받아들임(buying into the thoughts)으로써 나타나는 불행한 행동적 결과들을 끊임없이 처리하게 된다. 생각이 파괴적인 결과를 가져올 수도 있다는 중요 핵심을 놓친 채, 우리는 자신의 생각을 절대 진리로 받아들이는 경향이 있다.

당신은 아마도 자동차를 운전하다가 차 밖의 세상을 전혀 인식하지 못한 채 오랜 시간을 달려왔다는 것을 뒤늦게 깨달은 경험이 있을 것이다. 운전 습관이 너무나도 자동적이면 당신은 정신을 놓고도 얼마든지 운전이 가능할 것이다.

생각에 지배되어 행동하는 상황은 마치 길을 따라 운전하다가 정신을 놓은 상태에서 둑 아래로 앞바퀴가 빠지게 된 상황에 비유될 수 있을 것이다. 반복적으로 개천에 빠지는 문제를 자동차 앞바퀴를 교환함으로써 '해결' 하려는 것은 현명하지 않은 처사다. 바퀴를 교환하는 것으로 도움을 얻고자 하는 것은 너무 늦은 것이며, 이는 핵심을 많이 벗어난 행동이다.

그보다는 갈림길에서 핸들을 돌린 순간으로 되돌아가 보는 것이 더 나을 것이다. 당신이 제 길에서 벗어나 둑 아래로 향하게 된 것은 바로 그 순간, 그 행동 때문인 것이다. 당신이 제일 먼저 바라볼 필요가 있는 것은 오른쪽을 향해 "이쪽으로 가세요."라고 휘갈겨 쓴 도로변 낙서판이다. 당신은 지금 그 낙서판을 의식적으로 자각할 수 없을지도 모르지만, 그 낙서판에 해당하는 것이 바로 당신의 생각이다. 그 낙서판이야말로 당신이 둑 아래로 운전하게 된 이유의 한 부분(단지 한 부분일 뿐이다!)이다.

인지치료의 창시자인 아론 벡(Aaron Beck)은 우리가 생각하고 있는 것을 객관적으로 알아차리는 과정을 가리켜 거리두기(distancing)라고 표현하였다〔이 때문에 ACT는 처음 개발될 당시에 '포괄적인 거리두기(comprehensive distancing)' 라고 불렀다(Hayes, 1987).〕. 그러나 인지치료나 과학에 기초한 다른 대부분의 치료에서, 거리두기는 단지 생각을 평가하고 논박하기 위한 첫 단계일 뿐인 것으로 취급되었다. 치료자들은 거리두기의 방법을 사용하여, 내담자가 논리적인 오류를 찾고 새로운 증거를 탐색하며 정서적인 고통을 일으키는 생각을 변화시키도록 가르친다. 이는 마치 도로변의 표지판을 보고는 차를 멈추고 차 밖으로 나와서, 그 표지판의 글자를 지우거나 다시 쓰려는 것과 같다. 언젠가 그 표지판을 또 보게 될 때, 다시는 둑 아래로 운전하려는 유혹을 받지 않도록 하기 위해서 말이다.

우리는 이와는 다른 접근 방식을 취한다. 우리의 접근은 더 단순하며, 최근의 연구 결과를 보면 더 긍정적인 결과를 낳는다. 우리가 배울 필요가 있는 것은 생각에서 보는(look *from thought*) 것이 아니라 생각을 보는(look *at thought*) 것이다. 벽에 있는 낙서를 보듯이, 그 표지판을 볼 필요가 있다. 그 표지판에 쓰여 있는 말을 따르거나 거부할 필요는 없으며, 단지 그것을 알아차리면 된다. 방의 온도나 CD 플레이어에서 나오는 음악, 공기의 냄새를 알아차리는 것과 같은 방식으로, 우리는 그것을 알아차릴 수 있다. 낙서가 활자체든 필기체든, 방이 덥든 춥든, 음악이 경쾌하든 단조롭든, 냄새가 달콤하든 시큼하든 그것이 중요하지 않은 것처럼, 그 표지 자체는 당신이 무언가를 해야만 한다는 것을 의미하지는 않으며, 당신에 관한 어떤 것을 의미하지도 않는다. 중요한 것은 그 표지판을 알아차리는 것이다.

생각은 무언가를 가리키며 무언가를 '의미하기' 때문에 착각을 일으킨다. 우리는 어떤 것에 대해 생각할 때, 마치 2장에 소개된 아동이 '겁겁'에 대해 생각할 때와 마찬가지로, 그것을 실제로 다루는 것처럼 여긴다. 우리가 어떤 것을 평가할 때, 그 평가의 내용에 따라서 그것이 좋아지거나 하찮아지는 것처럼 여긴다.

우리의 마음이 구성하는 도로변 표지판은 그저 단순한 방향만이 아니다. 그것은 매우 정교하다. 심지어 합리적인 듯 보이기도 한다. 어떤 표지판은 "그 관계에서 빠져나와! 당신은 그 사람에게 너무 집착하고 있어. 그 사람은 너무 멋있어. 결국 당신만 심한 상처를 받게 될 거야."라고 말한다. 당신이 삶에서 진정 원하는 것은 그와의 사랑임에도 불구하고(그것이 당신이 선택한 길이라면), '그는 일밖에 모르기 때문에' 또는 '그가 나를 숨 막히게 만들기 때문에' 라고 말하면서 순간적인 매혹에 이끌려 또 다른 사람과의 관계의 시궁창 속으로 빠져들게 될지도 모른다. 이와 같은 패턴을 변화시키기 위해서, 당신은 처음 그 표지판을 보았던 그 핵심 지점으로 되돌아갈 필요가 있다. 이것이 이 장의 초점이다.

당신이 자신의 생각을 강박적으로 관찰해야 한다거나, 차를 둑 아래로 처박지 않으려면 항상 경계를 늦추지 말아야 한다는 뜻은 아니다. 표지판이 처음 나타날 때 그 순간을 더 잘 포착하는 법을 배움에 따라, 당신은 그것과 관계하는 새로운 방식을 이해할 수 있게 될 것이다(그 연습은 6장에서 본격적으로 시작할 것이다.). 이러한 새로운 마음의 습관을 구축함에 따라, 당신은 더 오랜 시간을 정신없이 운전하더라도 길에서 벗어나지 않을 수 있게 될 것이다. 물론 정신없음이 목표가 될 수는 없다. 그러나 어느 누구도 항상 정신 차린 상태를 유지할 수는 없으며, 올바른 습관을 들인다면 그 습관이 당신에게 해가 되기보다는 도움이 될 수 있음을 안다는 것은 멋진 일이다. 그러나 이렇듯 생각에 관계하는 새로운 방식을 정착시키기 위해서는 생각이 일어날 때 당신이 이를 더 잘 포착할 수 있어야 한다.

생각의 생산

마음이 하는 일은 당신을 위험으로부터 보호하는 것이다. 즉, 당신의 생존을 돕는 것이다. 마음은 끊임없이 현재의 사건들을 범주화하고, 이를 과거에 대한 분석 및 미래에 대한 예측과 연결 지으며, 행동을 통해 얻었거나 얻게 될 것들을 평가함으로써 이러한 일을 한다. 지난 10만 년을 진화해 온 인간의 마음이 이러한 자신의 일을 언제라도 곧바로 중단하지는 못할 것 같다. 좋든 싫든, 당신의 두개골 안에는 아침부터 밤까지 한 사건을 다른 사건과 연관 짓는 '말 생산 기계'가 있다.

생각을 멈추는 것, 특히나 의도적으로 그렇게 하는 것은 불가능하다. 우리가 의도적으로 어떤 일을 할 때, 우리는 언어적인 경로(규칙)를 생성하고 그것을 따르려고 한다. 따라서 우리가 의도적으로 생각을 멈추려할 때, 우리는 '어떤 생각도 생각해서는 안 돼.'라는 생각을 만들어서 이를 따르려고 노력한다. 불행하게도 이 언어적인 경로 그 자체가 하나의 생각이므로, 이 과정은 단지 속임수에 불과하다. 사고 억제의 내적인 비일관성을 보여 준 2장의 연습들은 이 점에 대해 상세히 밝히고 있다.

다음 단계는 날아가는 당신의 생각들을 실시간으로 알아차리기 시작하는 것이다. 우리는 끊임없이 생각하고 있지만, 우리가 생각하고 있다는 사실을 단지 가끔씩만 알아차릴 뿐이다. 자연스럽게 나타나고 빈번히 일어나는 것들일수록 자신의 모습을 쉽게 배경 속으로 감춘다. 당신은 눈을 깜빡거리거나 숨을 쉬면서 이를 얼마나 자주 알아차리는가?

우리는 생각의 바다를 헤엄치는 물고기다

물고기는 물속에서 자연스럽게 헤엄을 친다. 그들은 자신이 물속에 있다는 것을 '알지' 못한 채 그저 헤엄을 친다. 인간에게서 생각은 이와 같다. 생각은 우리의 물이다. 우리는 그 속에 깊이 빠져 있어서 그것이 거기에 있다는 것을 좀처럼 자각하지 못한다. 생각 속을 헤엄치는 것은 우리 인간의 자연스러운 상태다. 물고기를 물 밖으로 꺼내도 여전히 물고기로 살 수 있을 것이라고 기대할 수는 없다. 물고기가 물속에 있음을 자각하게 된다면 어떤 일이 벌어질까?

E/X/E/R/C/I/S/E

연습: 당신은 지금 무엇을 생각하고 있는가

지금 당신의 마음속을 스치는 생각들을 적어보라. 3~4분 정도의 시간 동안, 생각들이 나타나는 대로 되도록 많은 생각들을 다음에 적어 보라.

무엇을 발견했는가? 얼마나 많은 생각을 기술할 수 있었는가? 생각하고 있던 그 생각에 대해 다른 생각이 떠오르는 경우는 없었는가? 잠시 동안 멍해 있다가 '아무 생각도 안 나네.' 라고 생각했다면, 이것 또한 하나의 생각이었다는 것을 이해하였는가?

여기에 주어진 공간이 그 짧은 시간 동안 당신이 한 모든 생각들을 담기에는 부족하였을지도 모르겠다. 이것이 무엇을 의미하는지 생각해 보자. 이 3~4분 동안 생각의 흐름이 끊이지 않고 지속되었다면, 다른 순간에도 마찬가지이지 않겠는가? 만일 그렇다면, 수백, 수천의 이러한 사건들이 매일 일어나고 있는 것이다. 우리가 시시때때로 길을 벗어나는 것은 놀라운 일이 아니다. 종종 길 자체가 희미하며(이런 이유 때문에 우리는 11장과 12장에서 가치에 대한 작업을 할 것이다), 길가의 표지판은 너무 많고 혼란스러운데(이들 대부분은 인간의 마음 안에 짜여 있는 듯하다), 우리는 마음의 습관에 따라 이 표지판에 힘을 실어 준다.

우리가 해제하려고 하는 마음의 일차적인 습관은 생각을 문자 그대로 받아들이는 습관이다. 만일 생각이 그렇다고 말하는 것과 생각이 같은 것이라면, 생각을 포함한 어떤 경험도 당신의 행동을 통제할 수 있는 경험이 될 것이다. 만일 우리가 생각을 문자 그대로 받아들인다면, 우리는 인생이 우리에게 던지는 모든 우연적인 경험에 따라 좌지우지될 것이다. 하버드 대학교의 심리학자 엘렌 랭거(Ellen Langer, 1989)는 침의 효능을 예로 들면서, 문자적인 생각이 어떻게 기능하는지에 대한 흥미로운 예를 제시하였다.

침의 효능

당신은 아마도 침의 효능에 대해 많이 생각해 보지 않았겠지만, 그 효능은 대단하다. 당신의 입안이 얼마나 따뜻하고 촉촉한지 느껴 보라. 입안에 있는 혀의 촉촉함을 느껴 보라. 만일 입이 완전히 말랐다면, 입안의 피부와 혀가 마찰하는 느낌이 얼마나 짜증나게 느껴질까? 당신이 심한 '구갈'을 겪어 본 적이 있다면, 그것이 얼마나 불쾌한지 잘 알 것이다. 자, 침을 한 번 삼켜서 침이 삼키는 행동을 얼마나 부드럽고 원활하고 편안하며 쉽게 해 주는지 느껴 보라.

침이 전혀 없다면 어떻게 느껴질지 상상해 보라. 목이 너무 마를 때 음식을 삼키려고 하다가 마치 입안에 모래가 있는 것처럼 느껴 본 적이 있는가? 침은 살균력이 있어서 병균을 자연스럽게 씻어 내고 치아와 잇몸을 보호해 준다. 이러한 이유 때문에 침의 분비가 제한되는 조건에서는 치아 손상과 잇몸 질환이 발생한다. 예를 들어, 메스암페타민('필로폰' 이라고 알려진 각성제)은 입안을 심하게 건조하게 만드는데, 이를 몇 년간 사용하면 침이 만성적으로 줄어들어서 침의 보호 기능이 없어지기 때문에, 필로폰 중독자의 치아는 쉽게 부서지고 빠져버린다.

침은 또한 음식물의 소화를 돕는다. 우리가 음식을 충분히 씹어 삼키면, 음식은 쉽게 식도로 내려가서 위의 소화 작용이 더 쉬워진다. 많은 양의 음식을 씹지 않은 채 꿀꺽 삼켰던 적이 있다면, 당신이 씹지 않은 대가를 당신의 몸이 애써 보상하느라 위 속에 묵직한 덩어리가 느껴짐을 경험하였을 것이다. 침은 참으로 놀라운 물질이다.

이제 투명하고 아름다운 크리스털 와인 잔을 상상하고, 입안에 침이 고일 때마다 이를 그 잔에 뱉는 것을 상상해 보라. 깨끗한 잔이 가득 찰 때까지 이 일을 계속한다.

이제 다음과 같이 상상해 보라. 다음과 같은 장면을 그리면서 마음속에 어떤 감정이 떠오르는지 느껴 보라. 당신이 뱉은 침으로 가득 찬 와인 잔을 잡고서 잔을 기울여 완전히 빌 때까지 그 침을 모두 꿀꺽꿀꺽 마시는 장면을 상상해 보라.

상상한 결과가 어떠했는가? 우리의 대부분은 와인 잔에 가득 담긴 자신의 침을 꿀꺽꿀꺽 마시는 것을 상상하면 역겨워질 것이다. 상상하는 것만으로도 속이 뒤집힌다.

그런데 이상하지 않은가? 그것은 당신의 침이 아니던가? 당신은 매일 수많은 양의 침을 생성하고, 실제로 이를 하루 종일 들이마신다. 침 없이는 음식을 먹지도 못한다. 앞에서 언급한 대로 침에는 수많은 효능이 있다. 그럼에도 불구하고, 한 잔의 침을 다 마신다는 생각은 우리가 상상할 수 있는 매우 역겨운 행동 중 하나다. 침을 입 안에서 매일매일 실제로 삼키는 것과 침을 음료수로 생각하는 것은 매우 다르다. 가장 경이로운 물질이 역겨운 물질이 된다. 왜 그럴까?

생각은 왜 그러한 영향을 미치는가

생각은 상징적이기 때문에 의미를 지닌다. 생각은 그것이 가리키는 다른 무엇과 서로 임의적으로 관련을 맺는다는 점에서 상징이다. 우리가 생각을 할 때, 그 생각과 우리가 생각하는 그 사건 사이에는 상호적인 관계가 있다. 서로가 서로에게 영향을 미친다.

생각이 유용한 것은 이러한 과정 때문이다. 다음과 같은 시나리오를 상상해 보자. "당신이 지금 앉아 있는 방의 문과 창문이 모두 잠겨 있다고 가정하자. 당신은 여기서 어떻게 빠져 나가겠는가?" 당신의 마음이 어떻게 작동하는지 지켜보라. 당신이 어떤 해결책에 도달한다면, 당신은 실제 사건을 상징적인 방식으로 다룬 것이다. 당신은 마치 생각이 가리키는 실제 대상을 조작하고 있는 것처럼 그 생각을 대한 것이다. 이는 언어가 지니는 유용성의 한 부분이다. 우리는 탈출을 위해서 다양한 해결책을 실제로 시도해 볼 필요가 없다. 그것들을 상상으로 시도해 보면 된다. 2장에 나오는 나사못, 칫솔 그리고 라이터의 예를 기억하는가?

그러나 이 과정이 ① 극단적으로 이루어지고, ② 모든 생각에 적용될 때 문제가 생긴다. 인지적 융합(cognitive fusion)이란 관련짓기의 산물을 넘어서 관련짓기의 과정에 주의를 기울이지 못함으로써, 생각이 행동 조절의 다른 원천들을 지배하게 되는 경향을 일컫는다. 덜 추상적인 용어로 표현하면, 인지적 융합이란 우리의 생각을 마치 생각이 그렇다고 말하는 것과 같은 것처럼 간주하는 경향을 말한다.

문이 잠긴 방에서 빠져나오는 방법을 상상할 때는 생각의 과정이 유해하지 않을 것이다. '핸드폰으로 전화해서 친구에게 도움을 청해야지.' 라고 생각한다고 가정해 보자. 상상 속에서 '핸드폰으로 친구에게 전화를 거는' 상징적인 사건과 실제로 친구에게 전화를 거는 사건은 서로 다른 두 개의 사건이다. 그러나 이러한 경우에 이 둘을 같은 것으로 여긴다고 해서 큰 문제가 되지는 않는다. 당신은 실제로 핸드폰을 들고 친구의 전화번호를 누르는 것처럼, 상상 속에서 핸드폰을 들고 전화를 걸 수 있다. 이러한 이유 때문에 대부분의 문제 해결 상황에서 생각은 아주 유용하다.

그러나 다른 상황에서는 인지적 융합이 매우 해로울 수 있다. 예를 들어, 고통과 관련하여 표현하는 '나는 ……이다' 또는 '나는 ……하다(I am ……)' 라는 형식의 모든 말들을 생각해 보자.

"나는 너무 우울하다." "나는 매우 불안하다." "제기랄, 나는 스트레스가 너무 심해." "치료자는 내가 강박증이라고 말하더군." "끊임없는 고통에 나는 너무 지쳤어." 이러한 종류의 언어는 실제로 당신 자신을 당신의 고통과 동일시하게 만든다. 인지적 융합이란 당신이 이러한 말을 문자 그대로의 진실로 받아들이고, 결국에는 당신이 사실상 고통과 동일하다고 믿기 시작함을 의미한다. 이러한 생각이 당신의 마음이 만들어 낸 생각임을 알기가 매우 어렵기 때문에, 당신의 고통이 당신을 규정지을 수 없다는 것을 알기가 매우 어려워진다.

이와 유사하게, 생각의 내용 중 많은 부분이 평가적이기 때문에, 인지적 융합은 또한 마치 평가라는 것이 단지 그 사건에 대한 우리의 생각이 아니라 그 사건에 내재하는 속성인 것처럼 어떤 사건에 평가적 요소를 부착함을 의미한다. 이 때문에 생각뿐만 아니라 실제 사건의 기능 또한 바뀌게 된다. 즉, 실제 침의 생리적 기능은 혐오스럽지 않음에도 불구하고, 언어의 기능에 의해 혐오스러운 것이 될 수 있다. 인지적 융합으로 침을 마시는 것은 '혐오스러운' 일이 된다. 우리는 하루 종일 매우 행복하게 침을 삼킨다. 또한 언어를 모르는 목마른 동물들에게 침을 한 사발 주면, 말 그대로 '생각 없이' 이를 핥아먹는다. 그러나 우리 인간은 바로 그 생각만으로도 토하고 싶어진다(우리가 단지 바로 그 '생각' 때문에 토하고 싶어진다고 표현한 것에 주목하라.).

와인 잔에 가득 찬 침을 들이마셔야 하는 유익한 상황은 별로 없기 때문에, 그러한 생각에 혐오감을 갖는 것은 대부분의 경우 그리 해롭지 않다. 많은 경우에 인지적 융합은 별 문제가 되지 않는다. 그러나 그 과정이 확산되면, 실제로 일어난 일에 대해서는 알아차리지 못한 채 어떤 평가된 사건을 변화의 표적으로 삼을 수 있는데, 이는 실로 매우 해로울 수 있다.

예를 들어, 어떤 혐오스러운 사건에 대한 감정 반응 자체가 부정적으로 평가될 수 있다. 우리가 '불안' 이라고 부르는 것은 대개 혐오적인 사건에 뒤이어 나타나는 경향이 있다. 우리는 그 감정 반응에 주목하고는, 혐오적인 사건뿐 아니라 그 감정적 결과에 대해서도 '나쁜 것' 이라고 이름을 붙인다.

감정 반응에 부정적인 명칭을 붙이는 것에서부터 이 반응을 직접적인 변화의 표적으로 삼는 것에 이르기까지는 아주 작은 단계만을 거치면 된다. 슬픔, 불안, 지루함, 고통, 불안정함 등의 감정은 비록 이 감정들을 피하는 과정이 유해하더라도, 단지 '나쁜' 감정이라는 이유만으로 회피나 도피의 대상이 될 것이다. '불안은 나쁘다.' 라는 단순한 믿음이 불안장애로부터 우울증에 이르는 많은 형태의 심리적 문제들과 상관을 보이는 것은 아마도 이러한 이유 때문인 듯하다(Hayes, Strosahl et al., 2004).

경험 회피와 인지적 융합

우리는 이전 장들에서 경험 회피에 대해, 그리고 그것이 왜 문제가 되는지에 대해 논의하였다. 당신은 경험 회피의 유해성을 보여 주는 연구들에 관해 읽었고, 경험 회피 전략이 얼마나 효과적인지(혹은 효과적이지 않은지)를 알아보기 위해 당신 자신의 회피 전략들을 추적해 보았다. 이제 우리는 이러한 주제와 이 장에서 탐색하고자 하는 주제를 연결시켜 보려 한다. 먼저 간단히 표현하면, 경험 회피의 뿌리가 되는 원인은 인지적 융합이다.

당신이 어떤 힘든 사적 경험(감정, 생각, 기억 또는 신체 감각)에 대해, '그건 도저히 견딜 수 없는 것' 이기 때문에 그것을 피해야만 한다는 생각을 가지고 있다고 가정해 보자. '도저히 견딜 수 없는' 것을 견뎌서는 안 되며, 그렇지 않으면 해를 입을지도 모른다. 이 책에서 내내 논의한 것처럼, 당신의 마음은 당신을 위험으로부터 보호하는 것을 돕기 위해 수많은 세월에 걸쳐 진화되었다. 당신이 만일 '이 사적 경험은 도저히 견딜 수 없다.' 라는 생각과 융합되면, 그 경험 자체가 실제로 '도저히 견딜 수 없는' 것처럼 느껴질 것이다. 즉, 당신이 처음의 일차적인 경험을 이러한 이차적인 생각과 완전히 동일시함으로써, 이 둘은 서로 융합된다. 일단 융합이 이루어지면, 당신은 자연스럽게 그 경험을 회피하려고 시도할 것이다. 이 점을 좀 더 분명하게 이해하기 위해서 한 가지 예를 살펴보자.

당신이 우울로 괴로움을 겪고 있다고 가정하자. 또한 그러한 슬픈 감정은 '결코 겪어서는 안 된다.' 라는 생각에 스스로 묶여 있다고 가정하자. 이러한 감정이 나타날 때 당신은 어떻게 하게 될까? 당신은 아마도 그 감정을 피하기 위해서 온 힘을 다해 할 수 있는 모든 것을 할 것이다. 당신은 슬픔을 느낄 만한 개인적인 상호작용을 피할 것이다. 또한 우울해질 수 있는 곳에는 가지 않을 것이다. 심지어 슬픈 감정을 느끼는 것을 멈추고, 우울을 일으킬 만한 생각을 멈추려고 애쓸 것이다. 그러한 길로 가는 것이 당신이 진정으로 원하는 길에서 벗어나는 것이라고 할지라도, 당신이 지닌 감정은 '결코 겪어서는 안 되는' 것이기 때문에 당신은 여전히 그 길로 갈 것이다. 이것이 바로 인지적 융합이 초래하는 결과다.

이것이 사실이라고 가정할 때, 이는 도로 표지판이 당신의 버튼을 충분히 누르기만 하면 당신은 그 표지판 덕분에 제 길에서 벗어나 둑 아래로 빠질 수 있음을 의미한다. 이때 제기할 수 있는 질문이 있다면, "그 버튼이 무엇인가?" 하는 것이다.

▲ 생각이 고통을 일으킨다

가장 큰 두 개의 버튼은 평가과정과 자기개념화 과정이다. 생각은, 심지어 당신이 마음을 진정시키기 위해 사용하는 생각조차도, 두 가지 방식으로 고통을 만들어 낸다. 생각은 고통스러운 사건을 마음속에 불러일으키며, 인지적 융합의 결과, 즉 회피를 통해 고통의 영향을 증폭시킨다. 예를 들어, 고통스러운 기억을 떠올려 보라. 그 기억이 무엇이든 상관없다. 단지 어떤 고통스러운 기억에 대한 생각을 허용하고 잠시 동안 이를 관찰해 보라.

당신은 방금 전에 마음이 고통을 일으키는 첫 번째 방법에 참여해 보았다. 우리가 과거의 사건을 마음속에 불러올 수 있고 미래의 사건을 예상할 수 있다는 사실은, 언어적인 문제 해결을 위해 언어를 사용할 수 있는 능력의 필수적인 부분이다. 이것은 평가적인 과정이다. 언어는 이러한 능력이나 과정 없이는 작동할 수 없다. 이 과정은 변화될 수 없으며, 이를 변화시키려면 우리가 비언어적인 동물이 되어야 한다. 사람이 이 과정을 애써 제거하기 위해 사용하는 방법들(예, 알코올이나 약물 남용, 강박적인 활동, 해리

등)은 그 자체로 엄청난 이차적인 고통을 만들어 낸다.

두 번째 과정인 자기개념화는 평가만큼이나(아마도 훨씬 더) 중요하다. 당신은 스스로를 지각하는 과정을 변화시키도록 배울 수 있다. 그러나 이 과정에 대해 알려면, 먼저 당신이 회피해 온 고통에서 출발해야 한다.

▲ 고통 일지 기록하기

한 주 동안 다음의 일지를 사용하여 당신의 고통을 추적함으로써, 당신이 고통과 투쟁할 때 함께 나타나는 생각들을 조명해 볼 수 있도록 노력하기 바란다. 이 일은 다소의 시간과 헌신을 요하지만, 분명 유익함이 있을 것이다. 일지 양식을 일곱 장 복사하여 매일 한 장씩 사용하도록 하라. 이 양식에 마련된 공간보다 더 많은 공간이 필요하다고 느낀다면, 새로운 일지를 직접 만들어 사용해도 좋다. 여하튼 한 주 동안은 '매일 고통 일지'를 항시 가지고 다녀라.

당신이 불편한 감정, 힘든 생각, 고통스러운 기억, 불쾌한 신체 감각 또는 달갑지 않은 충동과 투쟁하는 자신을 발견할 때마다, 고통 일지를 꺼내어 기록하라. 일지는 24시간으로 나누어져 있다. 매 시간 빈칸을 다 채울 필요는 없다(예를 들어, 고통 일지를 적기 위해 한밤중에 깨어 있을 필요는 없다.). 당신이 실제로 심리적이거나 신체적인 불편과 씨름하고 있음을 느낄 때 기록하면 된다.

문제를 느끼는 바로 그 순간에 고통 일지를 적을 수 없다면(예, 회의 중), 시간이 날 때 지난 경험을 적으면 된다. 여기서 중요한 점은 어떤 종류의 고통이 당신을 힘들게 하는지, 그리고 그 고통을 느낄 때 당신에게 어떤 일이 일어나는지에 대한 목록을 만들 수 있도록 이 일지를 완성하는 데 부지런해야 한다는 것이다.

1장의 '당신의 괴로움 목록' 연습에서 확인한 핵심적인 투쟁에 특별히 초점을 둔다면, 이 작업이 더 가치 있는 일이 될 것이다. 그 문제에만 초점을 맞출 필요는 없지만, 그 문제와 연관된 반응이 나타날 때 이에 각별한 주의를 기울인다면 더 좋을 것이다.

이 연습에 나오는 대부분의 질문들은 상당히 직접적이다. 당신이 비교적 쉽게 답할 수 있을 것이다. 먼저 일지를 어떻게 채우는지에 대한 감을 얻기 위하여 다음에 예시된 일지를 보라.

매일 고통 일지(예시)

막다른 길에 다다른 듯 느끼는 직업에서 옴짝달싹 못한 채 사회적 불안과 투쟁하는 한 사람이 '매일 고통 일지'를 완성하였다고 가정해 보자. 그 내용은 다음과 같다.

요일: 월요일

시간	무엇을 하고 있었는가? 또는 무슨 일이 있었는가?	심리적으로 무엇과 투쟁하기 시작하였는가?	그 투쟁과 관련하여 (앞 칸이 생각이라면 이에 더하여) 어떤 생각이 떠올랐는가?
오전 12시			
1시			
2시			
3시			
4시			
5시			
6시	소변이 마려워 잠에서 깼다.	내 일이 정말로 싫다.	이 시시한 일에 내 인생을 허비하고 있구나.
7시			
8시	상사와의 미팅에 가려고 운전을 하고 있었다.	심장이 매우 빠르게 뛰는 것을 느끼고, '맙소사.'라고 생각했다.	이런 불안감은 견딜 수 없어.
9시			
10시	판매처에 '냉정한 전화'를 해야 했다.	몸이 아파오는 것처럼 느꼈다.	'다시는 안 해.'라고 생각했다.

11시			
오후 12시	멕시코 식당에서 값싼 식사를 하고 있었다.	내 인생은 정체되어 있는 것 같다.	나는 항상 이 모양일 거야.
1시	지루했다. 동료가 '보일러실'에서 전화하고 있는 것을 보았다.	땀이 나기 시작했고, 방에서 뛰쳐나가고 싶었다.	다른 사람들은 잘 지내고 있는데 나 혼자 힘들어야 한다는 것은 공평치 않아.
2시			
3시	누군가가 나에게 전화를 걸었다.	전화기를 박살내고 싶은 강렬한 충동을 느꼈다.	다른 모든 사람들은 나보다 일을 더 잘하고 있어.
4시			
5시			
6시	부여된 일과를 마쳤다.	외로움과 공허감이 밀려왔다.	나는 한낱 가치 없는 인간일 뿐이야.
7시			
8시			
9시			
10시	침대에 누웠다.	외로움을 느낌. '아무도 나와 함께 있기를 원치 않는다.'라는 생각이 들었다.	나는 사랑받을 가치가 없어.
11시			

E/X/E/R/C/I/S/E

연습: 매일 고통 일지

시간	무엇을 하고 있었는가? 또는 무슨 일이 있었는가?	심리적으로 무엇과 투쟁하기 시작하였는가?	그 투쟁과 관련하여(앞 칸이 생각이라면 이에 더하여) 어떤 생각이 떠올랐는가?
오전 12시			
1시			
2시			
3시			
4시			
5시			
6시			
7시			
8시			
9시			
10시			

11시			
오후 12시			
1시			
2시			
3시			
4시			
5시			
6시			
7시			
8시			
9시			
10시			
11시			

당신의 매일 고통 일지를 다시 들여다보기

당신이 한 주 동안 매일 고통 일지를 기록했다면, 당신이 투쟁하는 상황, 그 투쟁의 내용, 그리고 그 투쟁과 연관되어 나타나는 생각에 대해 더 잘 알게 되었을 것이다.

이제 한 주 동안의 기록을 되돌아보면서, 당신을 투쟁으로 이끄는 경향이 있는 특정한 생각이나 느낌, 사건(시간 바로 다음 칸, 즉 둘째 칸에 적은 항목들)이 있는지 살펴보라. 어떤 일관성이 관찰된다면, 이를 다음에 있는 6개의 줄에 기록하라(6개를 기록하지 않아도 좋다. 일관적인 항목이 한두 개라면 그것만 기록하면 된다.).

1. ______________________________

2. ______________________________

3. ______________________________

4. ______________________________

5. ______________________________

6. ______________________________

이번에는 당신이 심리적으로 무엇과 투쟁하는 경향이 있는지를 살펴보라(셋째 칸에 적은 항목들). 외재화하지 말라. 다시 말하면, 당신 내부에서 일어나는 것에 집중하도록 하라. 만일 외부적인 사건이 떠오른다면, 이 항목이 둘째 칸에 더 적합하지는 않은지 살펴보라. 다음에 당신의 일관적인 투쟁들을 기록하면서, 이를 또한 생각, 감정, 신체 감각, 기억 또는 행동적 충동으로 범주화할 수 있는지 살펴보라. 그렇게 하는 것이 가능하다면, 당신의 투쟁을 기록한 다음에 그 기술 범주를 괄호 안에 추가하라. 다음 빈칸에 당신이 발견한 어떤 일관성을 기록하라.

1. ______________________________

2. ______________________________

3. ______________________________

4. ______________________________

5. ______________________________

6. ______________________________

이제는 심리적인 투쟁과 관련하여 나타나는 생각들을 살펴보라(넷째, 즉 마지막 칸에 적은 항목들). 일관적인 패턴을 찾아보라. 생각들을 살펴보면서 더 많은 생각들이 나타난다면(즉, 일지를 읽으면서 어떤 생각이 떠오르는가?), 이 또한 목록에 포함할 수 있다. 다음 빈칸에 당신이 주로 생각하는 생각의 유형들을 기록하라.

일관된 생각들을 기록하면서 이들을 평가(어떤 것에 대한 판단), 예측(미래를 예상하려는 시도), 사후 분석(과거를 이해하거나 정리하려는 시도), 자기개념화(자신에 대한 판단) 등으로 범주화할 수 있는지 살펴보라. 그렇게 하는 것이 가능하다면, 그 생각을 기록한 후에 괄호 안에 그 기술 범주를 덧붙이라. 예를 들면, '이러한 불안은 도저히 견딜 수 없어(평가).' '나는 무가치해(평가 및 자기개념화).' 와 같이 기록하면 된다. 당신이 발견한 일관성을 다음 빈칸에 기록하라.

1. ______________________________

2. ______________________________

3. ______________________________

4. ______________________________

5. ______________________________

6. ______________________________

마지막으로, 둘째, 셋째 및 넷째 칸 사이의 관계에서 어떤 일관성이 발견된다면 다음 빈칸에 기록하라. 특정한 감정과 생각이 특정 상황에서 일어나는 것 같은가? 그렇다면 이에 대해 적으라(예, 나는 관계에서 물러나면 외로움이나 불안에 시달리며, 그러고 나서는 내 자신을 비판하는 것 같다.).

1. ______________________________

2. ______________________________

3. ______________________________

4. ______________________________

5. ______________________________

6. ______________________________

이렇게 정리한 것을 붙잡으려 하거나 해결하려고 하지 않는 것이 중요하다(예를 들면, '나는 자신에 대한 비난을 멈춰야만 해.' 라고 생각하지 말라.). 이렇게 정리한 것을 가지고 어떻게 할지는 곧 다루게 될 것이다. 지금 하는 작업은 이보다 더 기본적인 것이다. 당신에게 일어난 것을 볼 수 있는가 하는 것이다. 지금 하는 일은 당신이 수집한 지식과 함께 그저 머물러 있는 것이다.

생각에서 보지 말고 생각을 보라

당신이 지구상에 있는 대부분의 사람들과 비슷하다면, 목록을 검토하면서 당신이 투쟁의 한복판에 있을 때는 일관적으로 자신의 생각을 볼 수 없다는 것을 발견하였을 것이다. 아마도 당신은 그 순간에 생각에서 보고 있었을 것이다. 즉, 당신이 이미 기록한 그 생각의 관점에서 생각의 내용을 받아들였을 것이다. 이것이 바로 생각에서 본다는 말의 의미다.

다음의 목록은 지금까지 당신 안에서 진행되어 온 것들을 요약한 것이다. 이 요약이 당신의 경험을 잘 반영하는가?

- 때로 생각하고 느끼는 것을 통제하려고 투쟁한다.
- 생각에 따라서 자신과 경험의 내용을 규정한다.
- 생각을 문자 그대로 받아들이고, 그리하여 생각의 관점에서 삶을 바라본다.
- 융합된 생각에 의해 더 많은 투쟁이 필요하다.

■ 그 투쟁이 효과적이지 않다.

이 요인들이 모두 합해진다면, 당신이 괴로움에 빠지지 않을 수 없는 위험한 상황이 초래된다. 이 다섯 가지가 모두 사실이라면, 당신이 괴로움을 겪게 될 것이라고 확실히 보장할 수 있다. 그러나 생각하거나 느끼는 것을 통제하려고 애쓰지 않고, 당신이 그저 생각을 지니고 있고 감정을 경험하고 있을 뿐임을 알도록 배울 수 있다면 어떨까? 생각하는 행위 그 자체는 위험하지 않으며, 위험은 오히려 당신이 '생각의 내용을 믿는(즉, 생각을 문자 그대로 받아들이는)' 지점에 놓여 있다.

마음이라는 기차

생각을 곧이곧대로 받아들이는 것은 때로 해가 되지 않는다. 순전히 외부적인 문제를 해결하려 할 때, 인지적 융합은 비교적 해가 없다. 그러나 내면세계에 대해서는 그렇지 않다. 이 세계에 대해서는 다른 기술을 배워야 한다. 즉, 믿거나 믿지 않음 없이, 말려듦 없이, 투쟁함 없이 자신의 생각을 지켜보는 법을 배워야 한다. 이는 6장의 초점인데, 다음의 간단한 연습을 통해서 미리 느껴 보도록 하자.

E/X/E/R/C/I/S/E

연습: 마음이라는 기차를 지켜보기

당신이 지금 세 개의 기찻길이 내려다보이는 다리 위에서 선로를 바라보는 장면을 상상해 보라. 천천히 움직이는 세 편의 광산 열차가 각 선로를 따라서 당신에게서 점점 멀어져 가고 있다. 각 기차는 광물을 실은 일련의 작은 차량들로 구성되어 있다. 끝이 없어 보이는 세 편의 기차는 다리 밑 선로를 따라 칙칙 소리를 내며 천천히 움직인다.

왼쪽의 기차는 당신이 지금 순간에 알아차린 것이라는 '광물' 만 운반한다고 상상해 보자. 그 광물은 감각, 지각 그리고 감정으로 구성되어 있다. 그 기차는 당신이 듣는 소리, 당신이 느낀 땀난 손바닥, 당신이 감지한 심장의 두근거림, 당신이 알아차린 슬픔 등과 같은 것을 운반한다. 가운데 기차는 당신의 생각만을 실어 나른다(당신의 평가, 예측, 자기개념화 등). 오른쪽의 기차는 행동하려는 충동을 운반한다(회피하려는 충동, 외면하려는 경향, 주제를 바꾸려는 노력 등). 다리 위에서 세 개의 기차선로를 내려다보는 것은 당신의 마음을 바라보는 것에 대한 비유가 될 수 있다.

이제 당신이 방해받지 않고 고요히 앉아 있을 수 있는 곳을 찾아서, 잠시 동안 편안한 의자에 앉아 보자. 최근에 투쟁해 온 어떤 일을 생각하면서 연습을 시작하라. 눈을 감고 세 개의 기찻길을 그려 보라. 당신이 할 일은 다리 위에 서서 바라보는 것이다. 자신이 어떤 것에도 결코 이르지 못할 것이라는 판단이나, 자신에게는 미래에 어떤 좋은 일도 일어날리 없을 것이라는 믿음과 같이, 당신이 선로를 달리는 기차의 한 차량에 올라타서 그 내용과 투쟁하고 있는 것을 발견한다면, 이는 매우 중요한 순간이 될 수 있다(사실상 그것이 이 연습의 중요한 목적이다.). 당신이 무엇에 낚여 들었는지 주

[그림 5-1] 마음이라는 기차

[그림 5-2] 마음이라는 기차에 올라탐

목하라. 그것을 멀리 보내고는 선로 위 다리로 되돌아와서 다시 한 번 아래를 내려다보라. 당신이 다리 위에 머무를 수 있다면 당신의 경험은 [그림 5-1]과 같을 것이다. 만일 당신이 그 내용 속으로 실종된다면, 당신의 경험은 [그림 5-2]와 같을 것이다.

왼편의 기차에 실린 차량들은 현재의 감각, 지각 및 감정임을 기억하라. 당신의 생각은 가운데 기차의 차량이다. 대처 전략과 뭔가를 하려는 충동은 오른편 기차의 차량이다. 당신이 다리 위에 머무를 수 있는지 보라. 만일 당신이 그곳을 떠난다면, 그저 무슨 일이 일어났는지 알아차리고 다리 위로 되돌아오라. 최소한 3분 이상, 당신에게 무엇이 나타나는지 그저 지켜보라.

이제 당신이 다리 위에서 세 편의 기차를 바라보며 관찰한 것을 다음에 기록하라.

마음이라는 기차 위의 광물		
현재의 감각, 지각, 감정	생 각	충동, 행동, 대처 전략

만일 당신이 심리적으로 실종되었거나 연습을 시작하지 못했거나 차량 안에 있는 어떤 것과 더불어 내렸다면, 그 일이 일어나기 직전에 무슨 일이 일어났는가? 어떤 내용이 나타나서 당신을 다리에서 벗어나도록 하였는가? (흔히 공통적인 내용은 집착된 강렬한 감정을 동반한 기억, 연습 자체에 관한 생각, 미래에 대한 생각 등이다.) 잠시 동안 다음의 빈칸에 이러한 것들을 기록하라.

이러한 것들은, 아마도 인지적 융합 때문에, 당신이 '낚인' 혹은 '사로잡힌' 내용들이다. 당신이 할 일은 다리 위에 더 오랫동안 머무는 법을 배우는 것이며, 또한 다리를 떠났을 때 보다 빨리 거기로 되돌아오는 법을 배우는 것이다. 6장에서 이 과제를 자세히 다룰 것이다.

chapter 06
생각 지니기 대 생각 받아들이기

물론 생각에 잘못이 있는 것은 아니다. 언어와 인지 덕분에 인간은 진화적인 의미에서 매우 성공적일 수 있었고, 이에 능숙한 인간은 대체로 많은 영역, 특히 전문 영역에서 유능함을 발휘한다. 우리는 문제 해결 기술 덕분에 우리가 사는 세상을 새롭게 만들어 왔다.

그러나 우리가 '생각을 바라보기'보다는 '생각을 통해서 볼' 때, 문제가 발생한다. 그 편협함과 경직성 때문에 치러야 할 대가는 막대할 수 있다. 왜냐하면 삶의 어떤 영역에서는 당신의 마음이 말하는 것을 문자 그대로 받아들이는 것이 최선의 접근 방법이 아니기 때문이다. 우리 자신의 내적이고 정서적인 고통에 대해서는 특히 그러하다.

우리가 외부 환경의 어떤 대상에 대해 시간적이고 평가적인 관계를 적용할 때 어떤 일이 일어나는지 생각해 보자. 우리는 그 대상에 대해 무엇을 할 수 있는지 상상할 수 있다. 우리는 무슨 일이 일어날지 그려 볼 수 있고, 우리의 마음이 만들어 낸 이미지를 평가할 수 있다. 무한정의 방식으로 이러한 일을 할 수 있는 능력은 우리에게 많은 유익을 가져다준다. 우리는 생각 속에 내포된 어떤 구체적인 행동의 효과성을 쉽게 검증할 수 있다. 예를 들어, 당신이 망치로 호두를 깨뜨릴 수 있다고 가정한다면, 실제 망치로 호두를 두들겨 봄으로써 자신의 가정을 검증할 수 있다.

그러나 내적인 감정과 감각에 적용될 경우에, 생각은 보다 더 복잡하고 검증하기 어려우며, 그래서 더 임의적이다. 평가가 어떻게 일어나는지 살펴보자. '나는 사기꾼이다.' 라는 생각이 반복해서 든다고 가정해 보자. 어떤 '효과성'의 기준으로 그 생각을 검증할 수 있는지가 분명하지 않다(비유적으로 말하면, 당신은 '나는 사기꾼이다.' 라는 망치로 어떤 호두 껍질을 내리칠 수 있는가?). 여기서 검증이란 그 생각이 진짜 사실인가 하는 것이다. 그러나 그것은 바보짓이다. 마음은 어떤 관계도 정당화할 수 있다. 예를 들어, 지금 당신의 방에서 어떤 물건을 하나 고르라. 이제 그 물건에 대해 비판할 거리를 찾으라. 당신이 이 과제를 지속한다면, 당신은 반드시 비판거리를 찾을 수 있을 것이다.

이와 같이 내적인 데 초점을 둔 평가에 직접적으로 도전하면, 마음은 더욱더 바빠지고 더 평가적이게 된다. '나는 완벽해.' 라는 생각을 열심히 생각해 보려고 노력하면서, 당신의 마음이 더 바빠지는지, 그리고 더 평가적이 되는지 살펴보라. 잠시 동안 그 생각에 대하여 열심히 생각하려고 노력하라.

무슨 일이 일어났는가? 자신이 완벽하다는 것을 알고서, 하늘이 열리고 평화가 임하기 시작했는가? 아마도 그렇지 않을 것이다. 대부분의 경우 그와 같은 생각은 빠르게 힘을 잃고는 논쟁 속으로 사라진다(예, "아니야, 난 그렇지 않아." "그러나 나는 결점이 많은 걸."). 외부 세계에서 당신은 호두를 칠 수 있고, 그렇게 하면 그렇게 된다. 그러나 내부 세계에서는, 당신은 마음 안으로 기어들어가 거기서 영구히 거하게 될 수 있다.

한 가지 대안이 있다. 당신은 생각에서 보는 것이 아니라 생각을 보도록 배울 수 있다. 이러한 인지적 탈융합 기법(cognitive defusion techniques)은 ACT의 핵심 요소다. 이 기법은 생각이 구성한 세계와 지속적인 과정으로서의 생각을 구별하도록 도와준다. 생각이 당신 자신에 관한 것일 경우, 이 기법은 생각하는 사람과 당신이 생각을 통해 스스로에게 적용하는 언어적 범주를 구별하도록 도와준다. 탈융합은 마음에 평화를 가져오는데, 이는 마음의 전쟁이 멈추기 때문이 아니라 당신이 그 전쟁터를 떠나기 때문에 가능한 것이다.

'탈융합'은 우리가 만든 단어다. 당신은 이 단어를 사전에서 찾을 수 없을 것이다. 일상적인 맥락에서는 어떤 단어와 그것이 가리키는 사건은 마치 서로 동일한 것처럼 취급된다. 그 둘은 서로 '융합된다.' '겁겁'이라고 불리는 상상의 동물과 이 동물이 내는 '우우' 소리를 중심으로 아동이 확립한 관계구성틀의 삼각형을 기억하는가? 일단 이러한 언어적 관계가 형성된 후에 '우우' 소리가 날 때 유아가 기저귀 핀에 찔린다면, 유아는 '우우' 소리뿐만 아니라 '겁겁'에 대해서도 무서워하게 된다.

관계구성틀 이론(Relational Frame Theory)에서는 이러한 효과를 기능의 변환(transformation of functions)이라고 부른다. 이러한 문제에 대해 치료자들은 일반적으로 '겁겁'과 연합된 공포를 변화시키려 하거나(예, 기저귀 핀에 찔리는 것과 같은 나쁜 일이 함께 일어나지 않는 조건에서 두려워하는 사건에 노출시킴으로써), 성인을 대상으로 할 경우 언어적 관계를 재배치하려 한다(예, '우우' 는 '겁겁' 과 동일하지 않으므로 '겁겁' 을 두려워하는 것은 비합리적이다.). 관계구성틀 이론에서는 우리가 기능의 변환 자체에 영향을 줄 수 있다고 주장한다. 이는 정확히 탈융합이 달성하고자 하는 것이다. 이를 좀 더 설명해 보자.

당신이 자신의 생각을 지금 여기에서 일어나는 생각으로 볼 수 있도록 배운다 해도, 당신은 여전히 '그 생각이 무엇을 의미하는지를 안다(언어적인 관계가 거기에 여전히 존재한다. 즉, 당신은 여전히 생각이 무엇을 가리키는지를 안다.).' 그러나 착각이 점차 사라져서, 당신이 생각하는 대상은 그에 대해 생각할 때만 존재한다는 것을 알게 된다. 이는 상징의 영향력을 상당히 감소시킨다. 당신도 이미 이에 대해 알고 있을 것이다. '나는 지금 불안하다는 생각을 하고 있다.' 라는 생각은 '젠장, 나는 너무 불안해!' 라는 생각과 매우 다르다는 것을 당신도 잘 알고 있을 것이다. 전자는 후자보다 더 탈융합된 생각이다. 따라서 불안을 덜 유발한다. 당신이 언어로부터 탈융합되는 법을 배우게 되면, 당신의 머릿속에서는 정상적인 재잘거림이 끊임없이 진행되더라도, 기꺼이 경험하고 현재에 존재하며 가치의 삶을 이끌어가는 것이 보다 더 쉬워질 것이다.

이 장의 뒷부분에서, 당신은 ACT 치료자들이 사용하는 몇 가지 인지적 탈융합 기법을 배우게 될 것이며, 당신 자신의 기법을 만드는 법 또한 배우게 될 것이다. 이에 더하여 당신이 자신의 생각과 융합되었음을 알리는 신호를 인식하는 법을 배움으로써, 언제 이러한 기법들이 필요한지를 알게 될 것이다.

인지적 탈융합:
생각과 생각이 가리키는 것을 구별하기

여기서는 많은 다양한 인지적 탈융합 기법들을 기술하고 설명할 것이다. 이 기법들은 반드시 특정한 순서에 따라 적용되어야 하는 것은 아니다. 즉, 특정 순서에 따라 한 기술을 가르쳐야 그다음 기술로 나아갈 수 있는 것은 아니다. 이들은 오히려 서로 얽히고 중첩된 일련의 기법들이다. 동일한 개념이 많은 다양한 기법들에서 반복될 수 있다. 단지 우리가 생각하기에 이치에 맞고 인지적 탈융합의 원리를 더 쉽게 이해할 수 있는 순서에 따라 이 기법들을 제시하였다.

탈융합 기법은 고통을 제거하거나 관리하기 위한 방법이 아니다. 이는 더 폭넓고 유연한 방식으로 지금 여기에 존재하는 법을 배우기 위한 방법이다. 당신이 손으로 얼굴을 덮고 있는데, 누군가가 "네 손이 무엇처럼 보이니?"라고 묻는 상황을 가정해 보자. 당신은 "온통 시커매."라고 대답할 것이다. 당신이 손을 앞으로 내밀어 20cm 앞에 놓는다면, "손가락이 있고 손금도 있네."라는 대답을 덧붙일 것이다. 이와 비슷하게, 당신이 생각에 약간의 거리를 둔다면 생각을 있는 그대로 볼 수 있을 것이다.

요점은 언어의 환상을 뚫고 나아가서, 생각하는 과정의 산물,

즉 생각만을 보는 것이 아니라 생각이 나타날 때 그 생각의 과정(예, 사건 간의 관계를 만들어 내는)을 알아차릴 수 있도록 하는 것이다. 당신이 어떤 생각을 할 때, 그 생각은 당신의 세계를 구성한다. 당신이 어떤 생각을 볼 때, 당신은 그 생각이 당신의 세계를 어떻게 구성하는지(당신은 그 생각이 무엇을 의미하는지 이해한다)를 볼 수 있을 뿐 아니라, 또한 당신이 그 구성을 담당하고 있다는 것을 보게 된다. 이를 자각할 때 유연성을 발휘할 수 있는 여지가 더 많이 생기게 된다. 이는 마치 당신이 늘 노란 선글라스를 쓰고 있으면서 그것을 쓰고 있는지조차 까맣게 잊고 사는 것과 같다. 탈융합은 선글라스를 벗어서 얼굴에서 20cm 떨어뜨려 놓는 것과 같다. 그때에야 당신은, 노란 세상만을 보는 대신에, 선글라스가 세상을 어떻게 온통 노란색으로 보이게 했는지를 알 수 있게 된다.

당신이 탈융합을 숙달한 후에는, 과연 탈융합이 삶을 더 유연하게 이끌어가는 데 도움이 되는지를 판단할 수 있게 될 것이다. 이를 위한 최선의 방법은 연습, 연습, 또 연습이다. 이를 지속적으로 연습하지 않으면, 이 기법이 당신의 행동반응 패턴의 일부가 될 수 없다. 이 책을 단지 수동적으로 읽는 것만으로는 이 기법을 '습득' 할 수 없다. 이 기술을 당신의 삶 속에 지니고 다니면서, 실제로 적용해 보라. 당신의 경험이 안내자가 되도록 하라. 지속적인 연습을 한다고 해서 이 기술이 완벽해지는 것은 아니겠지만, 이 기술을 영구적으로 사용할 수는 있다.

설명은 이 정도로 마치고, 이제 탈융합을 향해 앞으로 나아가 보자.

우유, 우유, 우유

우유에 대해 생각해 보라. 우유가 무엇처럼 보이는가? 무엇처럼 느껴지는가? 마음에 떠오르는 대로 우유의 속성을 몇 가지 적어 보라.

이제는 우유가 무슨 맛처럼 느껴지는지 살펴보라. 이 일이 가능한가? 그렇다면 무슨 맛처럼 느껴지는지 적어 보라. 그렇지 않으면 다음과 같이 할 수도 있다. 시큼한 우유는 무슨 맛처럼 느껴지는가? 그 맛을 느껴볼 수 있는가?

지금 당신의 입 속에는 우유가 있지 않지만, 당신은 아마도 그 맛을 느낄 수 있을 것이다. 이것이 바로 인간의 언어 속에 내재된 기능의 변환 효과다. 여기에 아주 간단한 연습을 제시한다. 이 연습은 약 100년 전에 만들어진 것으로, 말 기계의 활동을 포착하는 데 매우 효과적인 것으로 입증된 것이다.

E/X/E/R/C/I/S/E

연습: '우유'라는 단어를 최대한 빨리 말해 보기

연습에 몰두할 수 있도록 아무에게도 방해받지 않을 조용한 장소를 찾아보라. 편안함이 느껴지면, '우유' 라는 단어를 20~45초 동안 최대한 빨리 큰 소리로 말해 보라. 그 시간 동안 '우유' 라는 단어를 반복하여 말해 보라. 그 단어를 또렷하게 발음하면서도 될 수 있는대로 빨리 말하면 된다. 시간을 재면서 무슨 일이 일어나는지 지켜보라. 이 연습을 하는 데 20초 이하, 또는 45초 이상 걸리지 않도록 하라. 연구에 따르면, 그 정도 시간이 우리가 전달하려는 요점을 확인하는 데 적당한 시간이다(Masuda et al., 2004). 이제 "우유, 우유, 우유……." 라고 말하기 시작하라.

이 연습을 통해 무엇을 느꼈는가? '우유' 를 반복해서 말하면서 당신이 경험한 것은 무엇인가? 다음에 당신의 반응을 기록하라.

____

____

____

'우유' 를 될 수 있는 대로 빨리 반복해서 말한 후에, 그 단어의 의미와 관련하여 무슨 일이 일어났는가? 당신이 시리얼에 붓는 하얗고 차갑고 크림이 든 그 물질에 어떤 일이 일어났는가? 그 단어가 당신이 이 연습을 하기 전과 여전히 같은 이미지를 불러 일으켰는가?

마지막으로 어떤 새로운 일이 일어난 것을 알아차렸는가? 예를 들어, 그 단어의 발음이 얼마나 이상한지, 그 단어의 시작과 끝이 어떻게 서로 꼬이는지, 또는 발음할 때 근육이 어떻게 움직이는지를 알아차리는 경우가 흔히 있다. 그렇다면 그것들을 다음에 기록하라.

____

____

____

대부분의 경우, 이 연습을 하는 동안 단어의 의미는 일시적으로 사라지기 시작한다. 당신이 문자적인 의미의 흐름 속에서 헤엄치고 있는 동안에는, 단어가 그저 소리와 감각뿐일 수 있음을 알아차리기란 매우 어려운 일이다. 예를 들어, 아동은 당신이 지금 읽고 있는 인쇄물이 단지 시각적인 패턴에 불과함을 지각할 수 있다. 그러나 당신은 그 패턴을 보지 않는다. 당신은 정상적으로는 그것을 볼 수 없다. 당신의 눈이 이 책을 따라 움직이면서, 좋든 싫든 간에 당신은 계속해서 단어들을 보고 있음을 주목하라. 같은 방식으로 성인은 언어를 순수하게 소리로 듣지 못한다. 그들은 오로지 단어만을 듣는다.

이제는 조금 다른 것을 시도해 보자. 당신이 자신에 대해 지니고 있는 부정적인 생각을 한 가지 선택하여 그것을 한 단어로 만들라. 짧으면 짧을수록 좋다. 1장의 괴로움 목록이나 5장의 매일 고통 일지에서 하나를 고를 수도 있다. 그것이 무엇이든지 간에, 부정적인 자기평가를 한 단어로 압축해 보라. 한 음절, 혹은 두 음절의 단어이면 더 좋다. 예를 들어, 자신이 미성숙하다고 생각한다면, 미성숙하다는 개념을 '어린애' 라는 말로 압축할 수 있을 것이다. 다른 사람이 당신을 똑똑하지 못하다고 생각할까 봐 두려워한다면, '바보' 라는 말로 압축할 수 있을 것이다. 당신이 남에게 화를 자주 내는 것 때문에 힘들어한다면, '화쟁이' 라는 단어로 압축할 수 있을 것이다. 당신이 자신에 대해 힘들어하는 측면을 잘 묘사하는 부정적인 단어를 다음 칸에 적어 보라.

____

다음에는 이 단어에 대해 두 가지 특성을 평가하라.

지금 이 단어를 당신에게 적용한다고 생각하면 얼마나 괴로운가? 1은 전혀 괴롭지 않다, 100은 최대한으로 괴롭다는 것을 의미한다. ________

또한 지금 이 단어를 당신에게 적용한다고 할 때, 그것이 얼마나 문자 그대로 사실이고 믿을 만한가? 1은 전혀 믿을 만하지 않다, 100은 최대한으로 믿을 만하다는 것을 의미한다. ________

이제 이 단어를 가지고, 앞에서 '우유' 라는 단어를 가지고 한 것과 똑같은 일을 해 보자. 20~45초 동안 이 단어를 또렷하게 발음하면서도 되도록 빨리 말해 보라. 다시 한 번, 제한

시간 이전에 마치거나 이를 초과하지 말라.

자, 무엇을 경험하였는가? 빨리 말했을 때 그 단어가 이전과 똑같은 정서적 영향을 미쳤는가? 만일 그 단어가 미치는 정서적 영향이 전과 같지 않다면, 어떻게 달라졌는가?

지금 이 단어를 당신에게 적용한다고 생각하면 얼마나 괴로운가? 1은 전혀 괴롭지 않다, 100은 최대한으로 괴롭다는 것을 의미한다. ______

또한 지금 이 단어를 당신에게 적용한다고 할 때, 그것이 얼마나 문자 그대로 사실이고 믿을 만한가? 1은 전혀 믿을 만하지 않다, 100은 최대한으로 믿을 만하다는 것을 의미한다. ______

우리 연구(예, Masuda et al., 2004)에서는, 이 연습에 참여한 사람들 중 95%가량이 그 말에 대한 믿음의 감소를 경험한 것으로 나타났다. 그 효과는 대략 20초 정도에서 시작되어 45초 정도에 최대가 되었는데, 이것이 우리가 연습 시간을 20~45초로 제한한 이유이기도 하다. 당신이 여전히 그 말의 의미를 알고 있지만, 그 말의 정서적인 기능은 감소하였음에 주목하라. 좀 더 기술적으로 표현하면, 말의 유도된 기능은 사라지는 반면, 그 직접적인 기능(예, 그것이 어떤 소리가 나는지)은 더 현저해진다. 그 말은 (최소한 어느 정도는) 그저 하나의 말이 된다.

▲ 생각의 조건화된 속성

말을 빨리 해 보는 앞의 연습의 요점은 당신이 언어의 속성을 이해하도록 돕는 것이다. 그 말이 무엇을 의미하는 것이든 간에, 말은 그저 말일 뿐이다. 당신이 말은 그저 말일 뿐이라는 생각을 이해하고 그 생각을 당신이 개발할 수 있는 기술로서 활용할 수 있다면, 말이 당신의 고통 및 당신의 삶과 맺는 관계를 이해하고 교정하는 것은 더 쉬워질 것이다. 그렇지 않으면, 당신은 언어적인 조건화가 당신의 머릿속에 설정해 놓은 것의 무력한 희생자로 남아 있게 된다. 당신은 진정으로 마음이 당신에게 던지는 모든 말들이 어디에서 오는지 아는가?

단어 게임

이제 한 가지 게임을 해 보자. 마음속에 떠오르는 대로 다음 문장을 완성해 보자.

- 뚱뚱한 사람은 더 ______________다.
- 가위, 바위, ______________
- ______________와(과) 같은 곳은 없다.

당신이 왜 그렇게 적었다고 생각하는가? 그 구절이 당신 역사의 일부이기 때문은 아닐까?

자, 우리가 이러한 역사의 영향을 쉽게 제거할 수 있는지 살펴보자. '뚱뚱한 사람은 더 _______다.' 라는 문장이 '재미' 나 '재미' 와 관련된 그 어떤 것도 불러일으키지 않도록 문장을 완성하는 것이 정말로 중요하다고 가정하자. 당신이 이 과제를 하면서 한순간이라도 '재미' 에 대해 생각조차 하지 않는 것이 중요하다고 가정하자. 그것이 과연 가능한지 살펴보라. 이 과제를 다시 한 번 해보자. 다음 문장 안에 한 단어를 적어 보라. 그러나 단 한순간도 '재미' 와 관련된 것이 떠오르지 않도록 하라.

- 뚱뚱한 사람은 더 ______________다.

이제 방금 전에 당신의 마음이 한 일을 알아차리고 스스로에게 질문해 보자.

- 이 과제를 제대로 해냈는가? (둘 중 하나에 동그라미 하시오.)
  예/아니요

'아니요' 에 동그라미를 쳤다면, 당신은 아마도 실제로 일어난 일을 잘 관찰하였을 것이다. '예' 에 동그라미를 쳤다면, 잠시 멈추어서 당신이 어떻게 '예' 라고 대답했는지 스스로에게 질문해 보라. 우리가 "한 순간이라도 '재미'에 대해 생각조차 하지 않는 것이 중요하다."라고 말했던 것을 기억하라. 만일 당신이 '예' 라고 대답했다면, '내가 적은 것에는 '재미'와 관련된 단어가 없기 때문에 '예'에 동그라미 쳐야 돼.' 라고 생각하지 않았겠는가? 그러나 그 생각에는 '재미' 가 포함되어 있지 않은가?

우리의 요지는 이것이다. 일단 당신의 역사를 통해 관계구성의 망이 형성되면, 당신은 오직 그 망을 정교화할 수 있을 뿐이다. 당신은 그것을 사라지게 할 수 없다. 우리는 자신의 역사의 피조물이며, 매순간은 그 역사에 덧붙여진다. 우리의 신경계는 첨가의 방식으로 작동할 뿐 삭제의 방식으로 작동하지 않는다. 한번 학습된 것은 여전히 우리의 일부다. 단어들은 우리의 마음을 구성하는 언어의 관계 망 내에서 그저 덜커덩거리는 것일 뿐이다. 전형적으로 단어는 늘 거기에 머물러 있는 것이다. 우리가 그것을 제거하려고 애쓸 때, 그것은 마치 떼어내려 해도 떼어낼 수 없는 끈끈한 테이프처럼 우리에게 달라붙어서 떨어지지 않을 것이다.

단어들이 덜커덩거리다가 그냥 튀어나온 말이 "뚱뚱한 사람은 더 재미있어."(그 문구가 우스꽝스럽거나 섹시한 것일지라도)와 같은 것이라면 괜찮다. 하지만 언어가 늘 그렇게 해롭지 않은 것은 아니다.

예를 들어, 다음의 문장을 완성해 보자.

- 나는 좋은 사람이 아니고, ________________이다.
- 나는 너무 슬퍼서 ______________ 것이라고 생각한다.
- 나의 가장 나쁜 점은 내가 ____________________라는 것이다.

이 말들 중에 어떤 것은 당신에게 상처가 될 수 있다. 그러나 당신은 무엇을 적어야 되는지를 알고 있다. 그리고 당신은 아마도 그렇게 적었을 것이다. 그것들은 당신의 역사 속 어딘가에 자리 잡고 있어서 시시때때로 나타난다.

그리고 역사를 만드는 것은 아주 쉽다. 우리가 당신에게 다음과 같이 말한다고 가정해 보자.

우리는 당신 집을 찾아가서 당신에게 한 가지 질문을 할 것입니다. 당신이 정답을 말하면, 그 자리에서 당신에게 상금 천만 원을 줄 것입니다. 당신이 할 일은 다음을 기억하는 게 전부입니다. "겁겁은 '우우' 하고 운다." 다시 반복하겠습니다. "겁겁은 '우우' 하고 운다." 이 문장을 잊지 마십시오. 천만 원짜리 문장입니다. 어느 날 우리가 당신 집에 찾아가서 다음 문장을 완성해 보라고 요청할 것입니다. "겁겁은 ______ 하고 운다." 당신이 '우우'라는 정답을 맞히면, 천만 원을 받게 될 것입니다! 자, 잊어버리지 않도록 질문을 다시 확인해 봅시다. "겁겁은 ______ 하고 운다." 잊지 마십시오. "겁겁은 ______ 하고 운다." 예, 좋습니다.

먼저 솔직히 말하면, 우리는 거짓말을 했다. 천만 원은 없다. 우리는 당신이 어디 사는지도 모른다. 그러나 우리가 한 말이 새빨간 거짓말임을 안다 해도, 만일 우리가 내일 마법으로 당신 집을 찾아가서 "겁겁은 ______ 하고 운다?"라고 질문하면 당신은 무슨 대답을 해야 할지 알 수 있겠는가? 아마도 확실히 그럴 것이다. 다음 주라면 어떨까? 겁겁이 '우우' 하고 운다는 것을 기억할 수 있겠는가? 일 년 후에도 그러할까? 우리가 당신을 임종 직전에 찾아가서 이 우스꽝스런 질문을 한다 해도, 당신은 겁겁이 '우우' 하고 운다는 것을 알고 있지 않을까?

우습지 않은가? 당신이 알지 못하는 괴팍한 사람이 쓴 이상한 책에서 언어의 작동 방식에 대한 우스꽝스러운 예를 읽었을 뿐, 다른 아무런 이유도 없이, 당신은 남은 인생 동안에 뇌의 귀중한 공간을 허비하게 되었다. 그러나 이것이 바로 언어가 작동하는 방식이다.

일생 동안 지속될 수 있는 관계구성의 틀을 구축하는 것은 매우 쉽다. 그러나 당신 역사의 일부가 상처를 입었을 때, 이를 떠올리는 것 또한 매우 쉬우며, 이 또한 일생 동안 지속될 것이다. 당신의 머릿속에는 '내가 어리석은 사람일까 봐 두렵다.' 와 같은 부정적인 평가의 말들이 있을 것이다. 이 말들이 어디서 왔는지 누가 알겠는가? 이는 아마도 당신의 부모, TV, 책 또는 단순히 언어 자체의 논리에서 왔을 것이다. 그러나 당신이 만일 당신의 가장 어두운 생각과 씨름하면서 상처가 되는 말들을 또한 그저 말로서 볼 수 있다면, 당신의 세상은 크게 달라질 수 있을 것이다. 우유, 우유, 우유…….

최대한 빨리 '우유' 라는 말을 반복함으로써, 당신은 잠시 동안이라도 언어의 착각에서 벗어날 수 있다. 그뿐 아니라 당신은 반복적인 연습을 통해서, 당신이 조건화된 언어 망과 얽힐 때마다 자신을 자유롭게 하는 데 필요한 기술들을 개발할 수 있다.

당신이 이러한 기술을 항상 적용할 필요는 없다. 때로 인지적 융합은 도움이 된다. 예를 들면, 당신이 세금 환급금을 돌려받기 위해 복잡한 규칙에 따라 계산을 하면서 생각은 그저 생각일 뿐임을 기억한다고 해서 도움이 될 것은 아무 것도 없다. 그러나 당신이 심리적 고통과 투쟁하고 있을 때, 언어의 산물만이 아니라 언어의 과정을 볼 수 있도록 도와주는 방법은 당신에게 큰 도움이 될 것이다.

▲ 사적 경험에 있는 그대로 이름 붙이기

다음 연습을 통해서, 당신은 사적 경험이 일어날 때마다 이에 이름 붙이는 법을 배우게 될 것이다. 이 연습을 시작하는 한 가지 좋은 방법은, 5장의 '당신은 지금 무엇을 생각하고 있는가' 연습에서 한 것처럼 몇 초 동안 생각이 흘러가도록 허용하는 것이다. 그런 다음에 당신의 몸이 무엇을 하고 있는지 주의를 기울여 보자. 그다음에는 사적 경험이 나타날 때 이를 관찰하면서, 다음의 연습을 수행해 보자.

E/X/E/R/C/I/S/E

연습: 생각에 이름 붙이기

생각이나 감정, 기억, 신체 감각이 지나갈 때 이를 포착하는 데 도움이 될 수 있는 한 가지 방법은 그것에 대해 있는 그대로 이름을 붙이는 것이다. 어떤 생각을 그저 생각하고만 있지 말고, 당신이 지금 하는 일이 무엇인지 정확하게 큰 소리로 외쳐라.

예를 들어, 만일 당신이 오늘 밤에 해야 할 일을 생각하고 있다면, "오늘 밤에 해야 할 일이 있어."라고 말하지 말고, 지금 막 일어난 사건의 유형에 이름을 덧붙여서 "나는 오늘 밤에 해야 할 일이 있다는 생각을 하고 있어."라고 말해 보라. 당신이 슬픔을 느낀다면, 이에 주목하여 "나는 슬픈 감정을 느끼고 있다."라고 말해 보라. 이름을 붙일 때 다음과 같은 형식을 취하면 된다.

- 나는 ___________ 라는 생각을 하고 있다.
- 나는 ___________ 라는 감정을 느끼고 있다.
- 나는 ___________ 에 대한 기억을 하고 있다.
- 나는 ___________ 한 신체 감각을 느끼고 있다.
- 나는 ___________ 하려는 경향성을 알아차리고 있다.

당신은 이제 경험에 이름을 붙일 준비가 되었다. 경험이 흘러가도록 허용한 다음, 경험이 일어나는 대로 이에 적절한 명칭을 붙여 보라.

이 과정을 통하여 당신은 사적 경험의 내용으로부터 탈융합될 수 있다. 예를 들어, '나는 우울하다.' 와 '나는 우울한 느낌을 갖고 있다.' 사이에는 커다란 차이가 있음을 알 수 있을 것이다. 우리는 당신이 이러한 종류의 이름 붙이기를 당신의 혼잣말, 즉 자신과 대화하는 방식에 적용하되, 최소한 일주일 동안은 엄격하게 적용하기를 권한다. 그 이후에는 당신이 생각 및 감정과 얽히게 되어 이들과 일정한 거리를 확보할 필요가 있을 때마다 이 기술을 활용하라. 타인과 대화할 때 이런 식으로 말하면 이상하게 들릴 수 있겠지만, 만일 배우자나 타인이 기꺼이 함께 이런 식으로 말할 마음이 있다면 그들과의 대화에서는 서로 이같이 말할 수 있을 것이다.

생각이 오고 가는 것을 관찰하기

5장에서 당신은 생각이 머릿속에 나타날 때마다 그 생각을 그저 알아차리는 것을 연습하였다(마음이라는 기차 지켜보기 연습). 이번에는 이를 좀 더 개방적인 방식으로 연습해 보자.

E/X/E/R/C/I/S/E

연습: 흐르는 시냇물 위에 나뭇잎 띄우기

이 연습은 눈을 감고서 하는 연습이다. 먼저 지시문을 읽은 다음, 이를 이해했다고 확신하면 눈을 감고 이 연습을 시행하라.

천천히 흘러가는 아름다운 시냇물을 상상하라. 주위에는 나무가 있고 냇물은 돌 틈을 돌아 계곡을 통과하여 아래로 흘러간다. 순간 큰 나뭇잎 하나가 냇물에 떨어져서 냇물을 따라 아래로 떠내려간다. 어느 밝고 따스한 오후, 당신은 그 시냇물 옆에 앉아서 나뭇잎이 떠내려가는 것을 지켜보고 있다.

이제는 당신의 생각을 의식하라. 어떤 한 가지 생각이 머릿속에 떠오를 때마다 그것이 나뭇잎 위에 쓰여 있다고 상상하라. 그 생각이 말이면 그 말이 나뭇잎 위에 쓰여 있고, 영상이면 그 영상이 나뭇잎 위에 그려져 있다. 목표는 시냇물 옆에 머물러서 시냇물 위로 나뭇잎이 계속 떠내려가도록 하는 것이다. 시냇물이 더 빨리, 또는 더 느리게 흐르도록 하려고 애쓰지 말라. 또한 어떤 식으로든 나뭇잎 위에 나타나는 것을 변화시키려고 애쓰지 말라. 만일 나뭇잎이 사라지거나, 당신의 정신이 다른 어느 곳에 가 있거나, 당신 자신이 시냇물이나 나뭇잎 위에 있는 것을 발견한다면, 그저 멈춰서 그런 일이 일어났음을 다만 알아차리라. 그런 다음 다시금 시냇물로 되돌아와서, 마음속에 떠오르는 생각을 관찰하고, 이를 나뭇잎 위에 쓰고, 그 나뭇잎을 시냇물 아래로 흘려보내라.

적어도 5분 동안 이 연습을 지속하라. 시계를 가까이 두고서 언제 연습을 시작하였는지 보라. 그렇게 하는 것이 다음에 나오는 몇 가지 질문에 답하는 데 도움이 될 것이다. 이제 지시문을 확실히 이해했으면, 눈을 감고 연습을 시작하라.

당신이 여러 생각들 중 하나에 사로잡힐 때까지 얼마의 시간이 걸렸는가?

____

시냇물의 흐름이 멈췄거나 당신이 마음속 다른 어느 곳으로 갔다면, 그 일이 일어나기 직전에 무슨 일이 일어났는지 다음에 기록하라.

____

____

____

시냇물이 흘러가는 상상이 시작조차 되지 않았다면, 그동안 당신이 무슨 생각을 하고 있었는지 다음에 기록하라.

____

____

____

____

시냇물이 흐르지 않는 순간은 인지적 융합의 순간으로 이해할 수 있는 반면, 시냇물이 흐르는 순간은 인지적 탈융합의 순간으로 이해할 수 있다. 우리는 인식조차 못하고 어떤 생각에 융합될 때가 많이 있다. 특히 이 연습 자체에 대한 생각이 '끈끈한' 생각일 수 있다. 만일 당신이 '나는 이 연습을 제대로 못하고 있어.' 또는 '이 연습은 내게 도움이 안 돼.' 라고 생각했다면, 그것 또한 당신이 쉽게 융합될 수 있는 생각이다. 당신은 많은 경우에 그것이 생각이라는 사실조차 인식하지 못하기도 한다. 감정적인 생각, 비교하는 생각 그리고 시간적이거나 인과적인 생각들 또한 특히 끈끈한 생각들이다.

시간이 지나면서 시냇물이 흘러가도록 하는 일을 더 잘할 수 있는지 알아보기 위해, 이 연습을 정기적으로 반복해도 좋다.

생각과 감정을 대상화하기

당신이 어떤 외부 대상을 볼 때, 당신과 그 대상 사이에는 일정한 거리가 있음이 분명하다. 그러나 당신 안에 있는 감정과 생각은 거리를 두고 바라보기 어려우며, 그것들을 위한 공간을 마련하는 것이 쉽지 않다. 고통스러운 생각과 감정을 그 공간에 가져오는 것은 큰 도움이 될 수 있는데, 이를 통해 당신은 그것들을 보다 더 분명하게 볼 수 있고 과연 그것들과 싸울 필요가 있는지를 알 수 있을 것이다.

E/X/E/R/C/I/S/E

연습: 생각과 감정 묘사하기

1장의 괴로움 목록이나 5장의 매일 고통 일지에서 당신에게 고통을 주는 항목 하나를 골라 보라. 잠시 시간을 들여 이것과 경험적으로 접촉할 수 있도록 하라. 이제 이 고통스러운 항목을 꺼내어, 당신 마음의 눈 앞 약 1m 정도 떨어진 바닥에 내려놓으라. (고통스러운 경험을 그곳에 내버려두지 않을 것이니 안심하라. 이것을 당신 안으로 어떻게 되돌려놓을 것인지는 나중에 다시 알려줄 것이다.) 그곳에 꺼내놓았으면, 다음의 질문에 답하라.

- 이것에 색깔이 있다면, 어떤 색인가? ____________
- 이것에 크기가 있다면, 얼마나 큰가? ____________
- 이것에 모양이 있다면, 어떤 모양인가? ____________
- 이것에 힘이 있다면, 그 힘은 어느 정도인가? ________
- 이것에 속도가 있다면, 얼마나 빠른가? ____________
- 이것에 표면 질감이 있다면, 무엇처럼 느껴지는가?

____

자, 이 대상을 살펴보라. 이것은 당신의 마음 안에서 바깥으로 나온 고통의 상징적 현시다. 당신이 이 대상과의 투쟁을 내려놓을 수 있겠는지 보라. 이런 모양, 색깔, 질감을 지닌 이 대상은 당신이 견뎌 낼 수 없는 것인가? 실제로 이 경험 중에서 당신이 도저히 견딜 수 없다고 생각하는 것은 무엇인가? 이 녀석은 당신의 적이어야만 하는가? 결국 이 가여운 녀석은 더 이상 갈 곳이 없다.

이제 당신이 이 '고통스러운 녀석' 에 대해 지니고 있는 인상 몇 가지를 다음에 기록하라. 이것에 대해 지니고 있는 어떤 생각이나 감정이 있다면 그것에 특별히 주목하라. 그리고 이것과의 투쟁을 내려놓는 데 진전을 이룰 수 있겠는지 살펴보라.

____

____

____

____

만일 당신이 이 고통스러운 녀석에 대해 어떤 저항감이나 투쟁심, 혐오감, 판단심이 든다면, 이것을 찾아 꺼내어 당신 앞, 그 고통스러운 녀석 옆에 놓으라. 그곳에 꺼내 놓았으면, 다음의 질문에 답하라.

- 이것에 색깔이 있다면, 어떤 색인가? ____________
- 이것에 크기가 있다면, 얼마나 큰가? ____________
- 이것에 모양이 있다면, 어떤 모양인가? ____________
- 이것에 힘이 있다면, 그 힘은 어느 정도인가? ________
- 이것에 속도가 있다면, 얼마나 빠른가? ____________

■ 이것에 표면 질감이 있다면, 무엇처럼 느껴지는가?

____

이제, 이 두 번째 대상을 살펴보라. 이것은 당신이 느낀 저항감의 상징적 현시다. 당신이 이것과의 투쟁을 내려놓을 수 있겠는지 보라. 내려놓음은 투쟁을 받아들인다는 것을 의미하지 않는다. 내려놓음은 이러한 모양, 색깔, 질감으로 이루어진 이 상징적인 대상을 있는 그대로 경험하는 것을 의미한다. 이 경험 중에서 당신이 도저히 견딜 수 없다고 생각하는 것이 있는가? 이 저항하는 녀석은 당신의 적임에 틀림이 없는가? 이 녀석을 당신이 때때로 겪는 하나의 사적 경험으로 받아들일 수 있는가? 결국 이 가여운 녀석 역시 달리 갈 곳이 없다.

당신이 이 두 번째 대상과의 줄다리기에서 밧줄을 놓을 수 있었다면, 이제 첫 번째 대상을 다시 한 번 살짝 들여다보라. 크기, 모양, 색깔 등에서 달라져 보이는 것이 있는가? 만일 그렇다면, 이를 다음에 기록하라.

____

____

____

이제 준비가 되었으면, 그 두 녀석들을 하나씩 차례대로 당신 안에 들여놓으라. 사랑스러운 방식으로 이 일을 하라. 마치 당신의 자녀가 하루 종일 놀다 지쳐서 더럽고 냄새나는 몸으로 집으로 돌아와도 이들을 반갑게 맞이하는 것처럼 말이다. 그 두 녀석을 반갑게 맞이하기 위해, 그들의 모습이 나 냄새를 좋아할 필요는 없다. 그 불쌍한 고아 녀석들은 달리 갈 곳이 없다.

다양하게 소리내기

때로 탈융합 연습은 장난스럽게 이루어질 수 있다. "너무 스트레스를 받아서 폭발할 지경이야." 또는 "나는 나쁜 사람이야."와 같은 말을 스스로에게 할 때, 이러한 생각이 일어나는 통상적인 맥락을 바꾸면 이러한 생각으로부터 탈융합되는 데 큰 도움이 된다. 이 장난 같은 방법들은 시기적절하게 사용되면 우리를 매우 자유롭게 해 줄 수 있다. 다음에 몇 가지 예들이 제시되어 있다.

매우 천천히 말하기

괴로운 생각이나 감정을 매우 천천히 말해 보라. 분당 45바퀴 회전하는 레코드를 분당 33바퀴의 속도로 틀 경우, 그 소리가 어떻게 들릴지 상상해 보라. 숨을 한 번 들이쉬고 내쉴 때마다 한 음절씩 말하는 것이 대략 적절한 속도일 수 있다. 가령, 당신이 '나는 나쁜 사람이야.'라는 생각에 옴짝달싹 못하고 있다면, 이를 길게 늘여 말해 보라. 숨을 들이쉬면서 '나는' 이라고 말하고, 내쉬면서 '나쁜' 이라고 말하며, 다음 숨을 들이쉬면서 '사', 다시 숨을 내쉬면서 '람', 그리고 마지막 숨을 들이쉬면서 '이야' 라고 말해 보라.

다른 목소리로 말하기

또 다른 방법은 당신의 생각을 다른 목소리로 크게 말해 보는 것이다. 가령, 당신이 '나는 쓸모없는 인간이야. 제대로 할 수 있는 게 하나도 없어.' 라고 생각하고 있다면, 이를 아주 낮은 음성으로 또는 아주 높은 음성으로 말해 보라. 아니면 미키 마우스나 도널드 덕의 음성으로 말해 볼 수도 있다. 가장 싫어하는 정치가의 목소리를 흉내 낼 수도 있을 것이다. 당신이 생각할 수 있는 어떤 목소리라도 좋다. 이 연습의 요점은 당신의 생각에 대한 느낌을 변화시키는 것이라기보다는 오히려 그것이 생각임을 깨닫는 것이며, 또한 당신이 그것을 어떻게 다루는가는 당신의 말 기계에 달린 것이 아니라 당신에게 달렸음을 깨닫는 것이다.

노래 만들기

힘든 생각을 노래로 만들어 보라. 유행가 가락에 맞춰서 불러도 좋고, 이를 편곡하거나 당신이 새로이 작곡해서 불러도 좋다. 크고 힘찬 목소리로 노래를 부르라. 어떤 노래든 괜찮다. 하지만 당신의 생각을 비웃거나 빈정대거나 비판하기 위하여 노래를 부르지는 말라. 단지 '가사' 를 따라 부르면서 이것이 생각임을 알아차리라.

나쁜 소식을 전하는 라디오

당신의 부정적인 마음이 라디오 방송국이라고 상상하고, 아나운서의 목소리로 다음과 같이 말해 보라. "나쁜 소식을 전하는 라디오입니다! 오늘은 7월 24일! 기억하십시오. 언제나 오직 나쁜 소식만을 전하는 라디오입니다! 속보입니다. ○○(당신의 이름)은 나쁜 사람입니다! 그는 자신이 필요한 만큼 좋은 사람이 아니라고 생각하고 있습니다! 11시에 더 많은 소식을 가지고 다시 찾아뵙겠습니다." 당신의 부정적인 마음속에 무엇이 떠오르든지 계속하여 이와 같은 식으로 '보도'하라.

이 장의 후반부에서 우리는 이와 유사한 연습을 만들 수 있는 아이디어를 제공할 것이며, 마지막에 가서 당신은 자신의 연습을 구성하게 될 것이다. 그것들은 모두 같은 목적을 지닌다. 즉, 그것들은 모두 말 기계가 구성한 세계 속에 빠져 들어가는 것이 아니라 날아가는 말 기계 자체를 포착할 수 있도록 고안된 것이다.

기술 대 평가

우리의 생각은 너무나도 널리 퍼져 있어서, 우리는 이를 외부 세계의 일부로 여기고 우리가 생각하고 있다는 것을 잊어버린 채 우리도 모르게 구성한 외부 세계에 의해서 압박을 받는다. 이러한 순환을 깨뜨리는 한 가지 좋은 방법은 **기술**(description)과 **평가**(evaluation)의 차이를 아는 것이다. 기술은 대상이나 사건의 직접적으로 관찰 가능한 측면이나 특징과 연결된 언어표현이다. 이러한 측면이나 특징은 어떤 대상이나 사건의 **일차적인 속성**이다. 일차적인 속성은 당신의 고유한 역사에 의존하지 않는다. 상식적으로 표현하면, 당신과 대상 간의 상호작용과 무관하게, 일차적인 속성은 그 대상의 특징으로 남아 있는 것이다.

다음의 예를 보자.

- 이것은 나무로 만든 탁자다. (탁자는 단단하고 고체이며 네 개의 다리가 있다 등. 이 특정한 탁자는 나무로 만들어졌다.)
- 나는 불안을 느끼고 있으며 내 심장은 빠르게 뛰고 있다. (불안은 어떤 느낌, 감각 그리고 충동으로 이루어진다. 이 예문은 빠르게 뛰는 심장을 포함하고 있다.)
- 내 친구가 내게 큰 소리로 고함치고 있다. (그/그녀는 소리치고 있고 그 소리는 크다.)

평가는 사건 또는 그 측면에 대한 당신의 반응이다. 우리는 사건들을 비교하고 평가적인 명칭을 붙일 수 있다(좋은/나쁜, 좋아하는/싫어하는, 견딜 만한/견디기 어려운, 무례한/예의바른, 억제적인/허용적인 등과 같이). 평가는 이차적인 속성이다. 이차적인 속성은 우리와 대상, 사건, 생각, 감정 및 신체 감각의 상호작용을 중심으로 나타난다.

다음의 예를 보자.

- 이것은 좋은 탁자다. ('좋다' 는 탁자 자체의 속성이 아니라, 탁자와 나의 상호작용으로 나타나는 속성이다.)
- 이런 불안은 견딜 수 없다. ('견딜 수 없다' 는 불안 내에 있는 속성이 아니라, 불안과 나의 상호작용으로 나타나는 속성이다.)
- 내 친구가 나에게 소리 지른 것은 부당하다. ('부당하다' 는 소리 지름과 나의 상호작용으로 나타나는 속성이다. 그것은 소리 지름 내에 존재하는 속성이 아니다.)

많은 괴로움은 평가를 기술로 혼동함으로써 생긴다. 우리는 너무나도 자주 우리의 평가적인 의견을 일차적인 속성의 기술이라고 믿는다. 그러나 우리의 평가를 조금만 더 면밀히 검토하면, 그것에서 조금씩 비린내가 나기 시작한다.

E/X/E/R/C/I/S/E

연습: 기술과 평가의 차이 탐색하기

이 연습을 통해서 기술(일차적인 속성)과 평가(이차적인 속성)를 구분하기 바란다. 외부 대상에 대해서는 이 두 속성 간의 차이를 구분하는 것이 비교적 쉽다. 왜냐하면 당신이 사라지면 이 이차적인 속성 또한 사라지기 때문이다. 하지만 일차적인 속성은 그렇지 않다. 만일 이 지구상에서 생명체가 사라진다면, 좋은 탁자에서의 '좋은'이란 속성은 어떻게 될까? 그것 또한 사라질 것이다. 나무로 만든 탁자에서의 '나무로 만든' 이라는 속성은 어떻게 될까? 그 탁자는 여전히 나무로 만든 것이다. 내적인 대상에 대해 논의할 때는 그 구분이 좀 더 어려워진다. 왜냐하면 앞에서 언급한 대략적인 법칙이 잘 적용되지 않기 때문이다. 그러나 우리가 먼저 외부 대상에 대해서 둘의 차이를 구분하는 연습을 해 보면, 생각과 감정에 대해서도 동일한 방식으로 연습할 수 있을 것이다. 따라서 눈으로 실체를 볼 수 있는 외부 대상들에 대해 먼저 연습을 시작해 보자.

나무의 몇 가지 속성을 열거하라.

■ 일차적인 속성: (나뭇잎, 색깔 등) ____________________

____

■ 이차적인 속성: (추한, 불길한, 아름다운 등) ____________

____

당신이 최근에 본 영화의 몇 가지 속성을 열거하라.

■ 일차적인 속성: (90분간 상영됨, 카메론 디아즈가 주연배우 임 등) ____

____

■ 이차적인 속성: (지루한, 흥미진진한, 너무 긴, 주연배우의 연기가 서툰 등) __________________________________

____

당신의 친한 친구의 몇 가지 속성을 열거하라.

■ 일차적인 속성: (키, 머리 색깔 등) ___________________

____

■ 이차적인 속성: (똑똑한, 무덤덤한, 예쁜, 못생긴, 좋은, 나쁜 등) ______________________________

____

이제 당신의 감정 경험의 일차적인 속성과 이차적인 속성 간의 차이를 구분해 보자.

■ 먼저 당신의 고통스러운 감정을 적어 보라.

____

이제 앞에서 한 방식대로 이 경험의 속성을 열거하라. 일차적인 속성은 경험의 직접적인 특징인 반면, 이차적인 속성은 당신이 그 경험을 판단하거나 평가하는 방식이라는 점을 기억하라. 예를 들어, 공황 발작을 겪어 본 사람의 경우 심장 박동의 증가와 현기증은 경험의 일차적인 속성으로 기록하고, '이는 내 인생에서 최악의 경험이었다.'와 같은 표현은 그 경험의 이차적인 속성으로 기록하면 된다.

■ 일차적인 속성: ______________________________

____

■ 이차적인 속성: ______________________________

____

기술과 평가를 구분할 수 있게 되면, 당신은 당신의 마음이 실제 경험을 알아차리거나 기록할 때, 그리고 그 경험에 대해 판단을 내릴 때 이를 인식할 수 있는 자유를 얻게 된다. 당신은 이 장의 앞부분에서 소개된 '생각에 이름 붙이기' 연습에 나오는 목록에 이러한 구분을 반영하는 항목을 한 가지 더 추가할 수 있다. 예를 들어, "나는 불안은 나쁘다고 평가하고 있다."라고 말할 수 있다.

더 많은 탈융합 기법들

ACT 치료자들이 사용하는 인지적 탈융합 기법의 보기들이 다음에 제시되어 있다. 보다시피 꽤 많다. 매일 새로운 것들이 더 추가될 수 있다고 가정한다면, 사실상 이는 상당히 적은 표본에 불과하다. 인지적 탈융합의 원리를 이해하게 되면, 당신도 이러한 기법들을 쉽게 만들어 낼 수 있을 것이다.

사실상, 이것은 당신을 돕기 위해 이미 준비되어 있는 것의 목록에 불과하다. 우리가 이 목록을 제시하는 이유는 두 가지다. 첫째, 당신이 이 기법들을 자신의 삶에, 구체적으로 말하면 인지적 탈융합 연습에 적용할 수 있기를 바란다. 둘째, 이러한 기법들이 대단히 많이 있음을 알고, 이것들을 다 읽은 후에 당신 자신의 기법을 만들어 볼 수 있기를 바란다.

인지적 탈융합 기법의 견본	
마 음	'마음'을 하나의 외부 사건, 하나의 개별적인 사람처럼 생각하라(예, "자, 내 마음이 또 다시 나타났군." 또는 "내 마음이 다시금 염려하고 있군.").
마음에 대한 인정과 감사	당신의 마음이 자신의 염려와 의견을 들이미는 것을 알아차릴 때 마음에게 감사를 표하라. 마음이 만들어 낸 산물에 대해 그 심미적인 진가를 인정하라(예, "당신은 오늘 걱정이라는 위대한 일을 하고 있군! 내게 많은 자료를 주어서 고마워!"). 이는 빈정대는 말이 아니다. 결국 그 말 기계는 수천 년 전에 그렇게 하도록 설계된 것을 정확히 실행하고 있는 것이다. 즉, '문제 해결'과 위험 회피다.
개방하기	부정적인 내용이 나타날 때 당신이 자신의 내면과 싸우기 시작하는 것을 알아차린다면, 그 부정적인 것을 수용할 수 있는지 스스로에게 질문해 보고, 예라고 답할 수 있도록 노력하라.
그저 관찰하기	사적 경험에 대해 말할 때, 관찰의 언어(예, 관찰하다, 알아차리다)를 사용하라(예, "내가 지금 자신을 판단하고 있다는 것을 알아차렸다.").
생각을 '믿다'	그저 일어난 생각과 자신이 믿고 있는 생각을 구별하기 위하여 적극적인 언어를 사용하라(예, "나는 내가 나쁜 사람이라는 생각을 믿고 있는 것 같아.").
팝업 광고	마음에 떠오르는 부정적인 속삭임을 인터넷 팝업 광고처럼 상상하라.
지옥에서 걸려 온 전화	마음속에서 일어나는 부정적인 재잘거림을 지옥에서 걸려 온, 당신이 끌 수 없는 핸드폰과 같다고 상상하라(예, "여보세요. 저는 당신의 마음입니다. 당신은 지금 걱정할 필요가 있다고 느끼시지 않나요?").
경험 추구하기	특히 힘든 경험일수록, 경험을 통해 더 많은 자료를 구하라. 만일 당신의 마음이 두렵지만 가치 있는 어떤 일을 하지 말라고 충고하면, 훌륭한 충고에 대해 감사를 표하면서 즐겁게 그 힘든 일을 시도해 보라.
이름표 달기	당신이 융합에서 벗어날 준비가 되어 있는 부정적인 평가(예, 비열한, 우둔한, 까칠한, 못난 등)를 이름표에 적어서 가슴에 달고 다니라. 한동안 이를 아무에게도 설명하지 말라. 그저 그 이름표를 달고 다니는 것이 어떻게 느껴지는지 느껴 보라.
마음 티셔츠	당신이 융합에서 벗어날 준비가 되어 있는 부정적인 평가가 당신의 티셔츠에 큰 글씨로 쓰여 있다고 상상해 보라. 특별히 용기가 난다면, 실제로 그렇게 해 보라!

반대로 행동하기	만일 마음이 어떤 행동을 중지시키면, 스스로에게 마음이 한 것과 같이 명령하면서 행동은 의도적으로 그 반대로 해 보라. 예를 들어, "나는 꼼짝도 할 수 없어."라고 말하면서 자리에서 일어나 주위를 걸어 보라.
생각은 원인이 아니다	만일 어떤 생각이 행동에 장애물인 듯 보인다면, 스스로 "그 생각을 하나의 생각으로 생각하면서 그 행동을 할 수 있겠는가?"라고 질문해 보라. 의도적으로 그 생각을 하면서 중단된 일을 다시 시도해 보라.
버스에 탄 괴물	두려운 사적 경험을 당신이 운전하는 버스에 탄 괴물로 생각하라. 괴물의 말을 그대로 따르거나 괴물을 쫓아내지 않고 운전을 계속하는 것이 가능한지 살펴보라.
누가 책임자인가?	생각을 깡패로 대하라. 여하튼 이것이 누구의 인생인가? 당신 마음(깡패)의 인생인가, 아니면 당신 인생인가?
이 생각은 얼마나 오래 되었는가?	당신이 어떤 생각의 내용을 받아들일 때, 잠시 뒤로 물러서서 스스로 질문해 보라. "이 패턴은 얼마나 오래 되었는가?" 혹은 "이 생각이 나 같은가?"
무엇에 도움이 되는가?	당신이 어떤 생각의 내용을 믿고 있을 때, 잠시 뒤로 물러서서 스스로 질문해 보라. "이 생각을 믿는 것이 무엇에 도움이 되는가?" 만일 당신의 관심사에 도움이 되지 않는다면, 그 생각을 믿는 것을 멈추라.
당신이 옳다. 그래서?	당신의 삶에 도움이 되지 않음에도 당신의 생각이 '옳다'는 것을 위해 투쟁하고 있다면, 판사가 '당신의 생각이 옳다.'라고 선언했다고 가정하라. 그런 다음 스스로에게 질문하라. "그래서? 내 생각이 옳다고 해서 더 가치 있는 삶을 위해 내가 실제로 무엇을 할 수 있는데?"
'그러나'를 떼기	자기 참조적인 말로서의 거의 모든 '그러나'를 '그리고'로 대체하라.
왜, 왜, 왜?	만일 당신이 "왜 그렇지?"와 같은 이유를 묻는 질문에 휩쓸려 들게 된다면, 대답하기 곤란한 지경에 이를 때까지 "왜 그 사건이 존재하지?" "왜 그것은 그런 식으로 기능하지?"와 같은 질문을 반복해서 하라. 그 이야기가 실은 얼마나 피상적인지, 그리고 경험의 회피에 의해 어떻게 부재의 고통이 나타나는지를 깨닫는 데 도움이 될 것이다. 예를 들어, "나는 못해." 왜? "불안하니까." 불안하면 왜 할 수 없는데? "아……, 몰라, 몰라."

새로운 이야기 만들기	만일 당신이 자신의 삶에 대해, 그리고 일이 왜 그렇게 되어야 했는지에 대해 '논리적'이지만 슬픈 이야기에 얽매여 있다면, 그 이야기를 적고 그 중에서 모든 사실적인 기술들을 취한 다음, 바로 그 정확한 사실들을 가지고 다른 새로운 이야기를 만들어 보라. 당신이 자신의 과거사와 함께 새로운 가능성을 볼 수 있을 때까지 이 일을 반복하라.
어느 쪽이 더 나은가?	당신의 삶에 도움이 되지 않음에도 당신의 생각이 '옳다'는 것을 위해 투쟁하고 있다면, 스스로 질문하라. "어느 쪽이 더 나은가? 옳은 쪽인가, 아니면 생기와 활력이 있는 쪽인가?"
X를 생각하지 않도록 노력해 보라	생각하지 않으려는 어떤 생각을 구체화하고 나서, 당신이 그 생각을 하고 있다는 것을 알아차리라.
평가될 수 없는 것을 찾아보라	만일 당신이 자신에 대한 부정적인 평가에 빠져 있다면, 방 주위를 둘러보면서 모든 사물이 부정적으로 평가될 수 있음을 알아차리라. 당신이라고 어찌 예외일 수 있겠는가? 이는 단지 마음이 그렇게 기능하도록 진화된 것일 뿐이다.
나에게 얼마나 효과가 있었는가?	당신이 어떤 생각의 내용을 받아들일 때, 잠시 뒤로 물러서서 스스로 질문해 보라. "이 생각이 나에게 얼마나 효과가 있었는가?" "무엇이 나를 이끌어야 하는가? 마음인가 아니면 경험인가?"
카드 지니고 다니기	힘든 생각을 카드에 적어 이를 지니고 다니라. 자신의 역사를 짊어지고 다니면서도 삶에 대한 통제력을 잃지 않을 수 있다는 것에 대한 비유로 이 연습을 활용하라.
열쇠 지니고 다니기	당신이 가지고 다니는 열쇠를 힘든 생각과 경험으로 생각하라. 당신이 열쇠를 만질 때마다 그 생각을 하나의 생각으로 생각하라. 그 열쇠와 그 생각을 계속 지니고 다니라.

자신만의 인지적 탈융합 기법 만들기

당신이 이 장에 나오는 기법들을 충분히 연습해서 인지적 탈융합이 무엇인지 이해했다면, 이제 당신 자신의 기법을 만들 수 있을 것이다. 당신은 이렇게 함으로써, 자신이 원하는 대로 인지적 탈융합을 활용할 수 있는 힘을 얻게 될 것이다.

당신이 투쟁하는 어떤 생각을 가지고 시작하자. 그 생각을 다음에 적어 보라.

____

____

____

이제 그 말이 당신이 믿거나 믿지 않을 어떤 것이 아니라 단지 알아차림의 대상이 되는 맥락을 상상해 보라. 예를 들어, 당신은 언제 그 내용과 씨름하지 않으면서도 그 말을 읽거나 들을 수 있는가? 당신은 언제 그 말을 즐겁게 읽거나 들을 수 있겠는가? 어떤 상황에서 그 말의 문자적인 진실이 큰 쟁점이 되지 않는가? 다음에 몇 가지 예를 적어 보라(예, 어떤 잡지에 나오는 이야기를 읽을 때, 어떤 코미디언이 말하는 소리를 들을 때 등).

____

____

____

이제 당신이 씨름하는 생각과 바로 앞에서 한 대답을 연결하여 한 가지 탈융합 기법을 만들어 보라. 문제가 되는 생각을 어떤 방식으로 생각할 것인지를 기술하면 된다(예, '나는 쓰레기다.' 라는 생각을 개그맨 ○○○이 말하는 투로 말한다).

이제는 이 기법을 적용해 보자. 문제되는 생각을 마음에 떠올리고, 이 기법을 시도해 보라. 그 효과를 느낄 수 있을 만큼 충분히 오랫동안 이를 시행했다는 확신이 들 때까지 멈추지 말라.

이를 시행했을 때 무슨 일이 일어났는지 다음에 적어 보라.

당신이 이 기법을 적용한 후에,

- 그 생각을 생각으로 더 잘 볼 수 있었는가?
- 그 생각을 믿는 정도가 줄어들었는가?
- 그 생각에 따른 고통이 줄어들었는가?

만일 '아니요' 의 대답이 두 개 이상이면, 이 기법을 한 번 더 시도하라. 그래도 여전히 '아니요' 가 둘 이상이면, 이 기법은 당신에게 효과적인 탈융합 기법이 아니다. 다른 기법을 개발하라. 만일 '예' 라는 대답이 두 개 이상이면(특히 첫째 및 둘째 질문에서), 당신은 탈융합을 실천하고 있는 것이다.

언제 탈융합을 적용할까

융합은 언제 어디서나 모든 것에 적용되고 중지할 수 없는 것이기 때문에, 우리는 이를 알아차리지 못한다. 우리가 언제 자신의 생각과 융합되어 있는지를 알려 주는 몇 가지 단서들이 있다.

- 생각이 오래되고 익숙하며 생생하지 않게 느껴진다.
- 생각 속에 함몰되어 잠시 외부 세계가 사라진다.
- 비교하고 평가하는 마음이 느껴진다.
- 정신이 다른 시간, 다른 장소에 가 있다.
- '옳고 그름' 의 느낌이 심하게 든다.
- 마음이 바쁘거나 혼란스럽다.

만일 당신이 적절하게 행동하지 않거나 이 단서들의 일부가 존재한다면, 융합된 생각이 있는지 살펴보라. 그리고 그것을 찾으면, 당신의 탈융합 기법을 적용하라.

이 과정의 다음 단계는 생각, 감정 및 신체 감각에 대해 마음챙김의 자세를 유지하는 법을 배우는 것이다. 다음의 7장과 8장에서, 당신은 마음챙김이 무엇인지, 그리고 어떻게 현재 순간에 접촉하여 머물 수 있는지를 배우게 될 것이다.

chapter **07**

내 생각이 내가 아니라면, 나는 누구인가

5장과 6장에서 당신은 생각으로부터 거리를 두는 법을 배우기 시작하였다. 문자대로의 해석('나는 불안한 사람이다.'를 문자 그대로의 사실로 받아들여서, 그것이 단지 하나의 생각일 뿐임을 잊음), 이유 대기('나를 불안하게 만든 어린 시절의 경험 때문에 나는 불안하다.') 또는 정서적 통제('내가 살아갈 수 있으려면 불안을 없애야 한다.')와 같은 맥락에서, 우리는 생각에 얽혀 들 수 있다.

가장 걸려들기 쉬운 생각의 종류는 평가와 자기개념화다. 당신은 평가와 자기개념화가 특히 생각에 융합되기 쉬운 두 가지 방식임을 기억할 것이다. 평가는 당신이 내적 혹은 외적 사건에 대해 내리는 주관적인 판단이다. 평가는 아주 쉽게 회피라는 무익한 행위로 연결되기 때문에 특히 문제가 된다.

따라서 인지적 융합이 사고 과정을 지배할 때 수용이라는 목표는 달성하기 어렵다. 인지적 융합은 생각을 바라보기보다는 생각에서 보는 경향을 일컫는 용어임을 기억할 것이다. 인지적 융합에 빠져 있을 때에는, 당신은 마음이 하는 말이 지속적인 인지과정의 산물이라는 점을 자각하지 못하고 이를 문자 그대로의 진실로 받아들인다.

당신의 자기개념화에 대해 생각해 보자

자기개념화(self-conceptualizations)는 당신의 마음이 한 인간으로서의 당신에 대해 말하는 진술인데, 당신은 은연중에 이를 문자 그대로의 진실로 받아들인다. 자기개념화는 약간 다른 이유로 문제가 된다. 자기개념화는 심리적 경직성을 증가시킨다.

예를 들어, 다음의 질문들을 생각해 보자. 어떤 반응이든지 마음에 떠오르는 대로 다음에 기입하라. 반응이 많아도 좋다.

나는 ______________________________

____

______________________________ 한 사람이다.

나는 ______________________________

____

______________________________ 하지 않은 사람이다.

내 자신에 대해 맘에 드는 부분은 ______________________________

____

______________________________ 이다.

내 자신에 대해 제일 맘에 안 드는 부분은 ______________

____

____ 이다.

다른 사람들이 __________________________________

____

____________ 하기 때문에, 나는 부당한 취급을 받아 왔다.

나는 ____

____

_________________________ 을 잘하지 못하는 사람이다.

당신의 한 가지 부정적인 반응에 대해 생각해 보자. 그에 초점을 맞추라. 이제 기적이 일어나서, 당신의 역사나 상황이 전혀 변화되지 않았음에도 당신의 문제가 어느 날 갑자기 사라졌다고 가정해 보자. 예를 들어, '나는 ______한 사람이다.' 에 대한 반응으로 '나는 광장공포증 환자다.' 라고 적었다고 가정하자. 만일 당신의 역사가 달라지거나 당신이 다른 사람이 되거나 당신이 처한 상황이 달라지지 않고도 그 광장공포증이 갑자기 사라졌다면, 스스로 질문해 보라. "누가 잘못되었던 것일까?"

이 질문이 잘 이해되지 않으면, 이 질문과 함께 좀 더 머물러 있어 보라. 스스로에게 이 질문을 반복하고 다시 답해 보라. "그릇되었던 사람은 누구일까?"

당신은 자신이 붙인 꼬리표, 자신이 지어낸 이야기, 그리고 자신이 제시한 이유에 얼마나 많은 것을 투자하고 있는지 알고 있는가? 당신이 그 꼬리표를 매우 싫어한다 해도(예, 당신은 자신이 광장 공포증 환자라는 생각을 싫어할 것이다), 당신이 그 꼬리표를 자신이나 자신의 행동에 융합된 방식으로 적용한다면, 당신은 그 꼬리표에 많은 것을 투자해 온 것이다.

당신이 자신의 어느 특정한 측면에 동일시함으로써 생기는 문제는, 일단 자신의 정체성의 특정한 측면에 집착하면, 자신에 대한 이 고정된 시각을 유지하기 위하여 세계를 왜곡하게 된다는 점이다. 이는 부정적인 측면뿐 아니라 긍정적인 측면에 대해서도 사실이다. 예를 들어, '내 자신에 대해 맘에 드는 부분은 ________이다.' 에 대한 반응으로 '나는 친절하다.' 라고 적었다고 가정해 보자. 좋다. 그러나 당신은 항상 친절한가? 어디서나? 누구에게나? 이는 분명 거짓말이다!

인간이라는 존재는 복잡하다. 당신이 '나는 X다.' 라고 말할 때, 당신은 결코 전체의 진실을 표현하지 못한다. 당신이 X가 아닌 때가 분명히 있다. X가 긍정적이든 부정적이든 마찬가지다. 당신이 '나는 불안한 사람이다.' 라고 적었다면, 당신은 분명 불안하지 않았던 순간을 적어도 한 번은 생각해 낼 수 있을 것이다. 그러나 당신이 X가 100% 진실은 아니라는 것을 깨달았을 때 어떻게 느껴지는지 주목하라. 우리 대부분은 이를 깨달았을 때 편치 않음을 느낀다.

이러한 불편감은 '잘못되었다' 는 것에서 비롯되는 것이 아니다. 이는 우리가 누구인지를 알고 싶은 필요에서 비롯된다. 다시 한 번, 앞에서 기록한 부정적인 자기개념화 중 한 가지를 생각해 보자. 그에 초점을 맞추라. 이제 5장과 6장에서 익힌 탈융합 기법을 사용하여, 부정적인 자기개념화의 내용과 당신 자신 간에 충분한 거리를 두라. 즉, 자신의 생각과의 융합에서 벗어나서, 이를 마음챙김의 자세로 바라보라. 이를 판단하지 말고 그저 관찰하라.

이를 위하여 당신은 앞장에서 제시된 기법들 중에서 맘에 드는 것을 사용할 수 있다. 예를 들어, 당신이 '나는 ________한 사람이다.' 에 대한 반응으로 '나는 우울한 사람이다.' 라고 적었다고 가정해 보자. 또한 당신은 이제 생각을 생각으로 알고 이를 인정하며 이를 흘려보내는 일을 잘하게 되었다고 가정해 보자. 가령 당신은 그 생각에 대해서 "나는 우울한 사람이라는 생각을 하고 있다. 그러한 생각을 준 마음에게 감사한다!" 라고 말하고, 6장에서 했던 것처럼 그 생각을 나뭇잎과 함께 시냇물을 따라 떠내려 보낼 수 있게 되었다고 해 보자.

만일 당신이 이 일을 할 수 있다면, 그것이 함축하는 의미를 끝까지 따라가 보라. 그러면 또 다른 형태의 경직성과 집착이 어디서 나타나는지를 볼 수 있게 될 것이다. 당신이 모든 범주적인 자기개념화와의 융합에서 벗어났다고 가정해 보자. 앞에서 기록한 모든 자기개념화가 단순히 지나가는 생각이었다고 가정해 보자. 그 이상도 이하도 아니다. 만일 그렇다면, 당신은 다른 무엇인가에 직면해야만 한다.

나(헤이스)는 모든 자기개념화로부터 하나씩 하나씩 탈융합을 이루어 낸 어느 불안한 내담자와 심리치료를 한 적이 있다. 그의 자기개념은 대부분 매우 부정적이었는데, 심리치료가 진행되고 그가 자기평가에 대한 집착을 하나씩 내려놓기 시작하면서, 치료실의 분위기는 밝아졌다. 그러나 얼마 후에 실제적인 진전이 이루어지기 시작하면서, 분위기가 바뀌었다. 그는 울기 시작하였다. 마침내 그는 두려운 목소리로 질문하였다. "만일 내 생각이 내가 아니라면 도대체 나는 누구인가?" 그는 마치 죽어 가는 듯 보였다. 그리고 어떤 의미에서 그는 실제로 그러하였다.

세 가지 자기 인식

ACT 기저의 언어 이론에 따르면, 우리의 언어적인 능력으로부터 나타나는 자기 인식에는 적어도 개념화된 자기, 지속적인 자각과정으로서의 자기 그리고 관찰하는 자기 등 세 가지가 있다(Barnes-Holmes, Hayes, & Dymond, 2001).

개념화된 자기

개념화된 자기(conceptualized self)는 개략적인 언어적 범주화와 평가의 대상으로서의 자신을 말한다. 이는 '나는 ~이다.' 의 언어적인 자기다(나는 늙었다, 나는 불안하다, 나는 친절하다, 나는 초라하다, 나는 사랑스럽지 않다, 나는 상냥하다, 나는 아름답다 등). 개념화된 자기는 내용으로 가득 차 있다. 그 내용은 당신이 스스로를 납득시켜 온 당신 및 당신의 삶에 관한 이야기다. 그 이야기에는 당신이 안정된 언어적 자기상으로 통합시킨 모든 생각, 감정, 신체감각, 기억 그리고 행동 성향이 포함되어 있다. 이는 아마도 당신에게 가장 익숙한 자기일 것이다. 왜냐하면 이는 당신과 당신의 삶에 정상적으로 언어를 적용한 산물이기 때문이다.

당신을 괴로움의 덫에 빠뜨린다는 면에서 보면, 개념화된 자기는 가장 위험한 자기다. 왜냐하면 개념화된 자기는 당신의 행위에 이유를 제공하는 이야기와 잘 들어맞으며, 당신의 경험에 일관성을 제공하는 자기와 일치하기 때문이다. 그 일관성은 한편으로 편안함을 주면서도, 다른 한편으로 혹독하리만치 '동일성' 을 지향하는 데서 오는 숨 막힘을 선사한다. 어떤 사람이 자신이 중요하지 않은 인물이라고 생각하면, 그의 삶에서 그러한 관점을 확증하는 사건들이 지속적으로 일어난다는 사실을 주목해 본 적이 있는가? 또는 누군가가 자신을 희생자로 생각할 때, 그는 어떤 식으로든지(실제적으로든 마음속으로든) 지속적으로 희생자가 되고 만다는 사실을 관찰한 적이 있는가?

만일 당신이 불안, 우울 또는 스트레스로 괴로움을 겪고 있다면, 이러한 장애와 자신을 동일시하는 것이 아마도 개념화된 자기의 한 부분을 차지하고 있을 것이다. 당신이 겪은 정서적 문제는 당신이 자신의 삶에 대해 스스로 말해 온 이야기의 일부가 되었을 것이다. 당신이 자신에 대해 알고 있는 사실들이 사실이 아니라고 주장하려는 것은 아니다. 당신에 대한 사실들은 아마도 많은 부분이 옳을 것이다. 그러나 당신의 우울과 불안에 대한 이야기는 당신 삶에 대한 전체적인 이야기가 아니며, 당신이 알 수 있는 것 이상을 이야기한다.

E/X/E/R/C/I/S/E

연습: 당신의 이야기 다시 쓰기

이 책을 읽기 전에 이미 적어 보았을지도 모르지만, 당신의 괴로움에 대한 이야기를 다음에 적어 보라. 간단하게 적어 보라. 당신의 주요 문제들과 그것들이 당신의 삶에 나타나게 된 역사적, 상황적 그리고 개인적 이유를 기술하라.

이제 다시 돌아가서 당신이 쓴 글을 읽고 사실에 해당되는 부분에 밑줄을 그으라. 사실은 기술이지 결론이 아니다. 어떤 원인적인 분석이 있다면 이를 빼라('때문에' '왜냐하면'과 같은 말을 포함하는 부분이 있다면 이는 원인 분석에 해당한다. 원인 분석에 해당하는 부분에는 밑줄을 긋지 말라.). 당신이 쓴 글 중에서 추려 낸 모든 사실들만을 가지고, 전혀 다른 결말로 끝나는 전혀 다른 이야기를 구성하여 적어 보라. 이 새로운 이야기는 약속이 아니고, 예언이나 평가도 아니다. 단지 연습일 뿐이다. 당신이 이 객관적인 사실들을 가지고 아주 다른 이야기로 통합할 수 있는지 살펴보라.

이제 이 두 이야기 속에 있는 똑같은 사실들의 의미가 바뀌어서 어떻게 서로 다른 이야기가 되는지 관찰하라. 이 과정이 어렵게 느껴지거나 아직까지 요점을 파악하지 못하였다면, 동일한 사실들을 가지고 이 모든 사실들을 다른 이야기 속에 통합한 또 다른 이야기를 써 보라. 그런 다음 다시 한 번, 두 이야기 속에서 동일한 사실들의 의미가 어떻게 변하고 달라지는지를 주목하라.

우리는 당신에게 이 연습을 해 보라고 지시하면서, 모든 것이 가능하다거나 삶은 한계가 없다고 주장하려는 것은 아니다. 또한 우리가 당신의 삶에 대한 이야기를 비웃으려는 것은 더욱 아니다. 오히려 우리가 전달하려는 요점은 다음의 두 가지다. 첫째, 이야기 속에 있는 사실들이 그 이야기를 결정짓는 것은 아니다. 많은 다양한 이야기들이 가능하다. 둘째, 사실들이 중요한 이유는 그것들을 요소로 하여 구성된 이야기 때문이다. 진정으로 중요한 것은 우리가 변화시킬 수 있는 어떤 것이다. 우리는 사실들을 안다. 그것들은 변하지 않을 것이다. 그러나 사실들에 대한 이야기와 그 이야기에서 비롯된 자기개념화는 변화될 수 있다. 그것들이 변화되지 못하는 이유는 그에 대한 우리의 애착과 융합 때문이다.

홍미로운 사실은, 당신이 개념화된 자기를 자신이 임의적으로 붙잡고 있는 어떤 것으로 볼 수 있게 되면, 진실로 새로운 이야기들을 구성하는 것이 가능해진다는 것이다. 그러나 개념화된 자기를 넘어서는 새로운 가능성에 개방된다는 것은 두려운 일이 될 수 있다. 당신의 생각이 당신이 아니라면, 당신은 누구란 말인가?

개념화된 자기에 대한 집착에서 해방될 때, 당신은 모든 가능성에 개방되어 있으며 있는 그대로를 기꺼이 발견하고자 하는 어린이와 같은 상태가 된다. 그러나 당신은 먼저 개념화된 자기에 대한 애착을 내려놓아야 한다. 우리 가운데 가장 용감한 자들만이 심리적으로 착지할 땅을 미리 파악하지 않고서도 그 일을 할 수 있을 것이다. 이러한 이유 때문에, 우리는 먼저 우리 안에 있는 중요한 동지를 확인한 후에, 개념화된 자기의 문제로 다시 돌아올 것이다.

지속적인 자각과정으로서의 자기

지속적인 자각(ongoing self-awareness)이란 자신의 경험을 현재 순간에 유동적이고 지속적으로 아는 것이다. 이는 자신에 대해 언어적 범주를 적용한다는 점에서 개념화된 자기와 유사하다. 그러나 요약적이고 평가적인 범주 대신에 다음과 같이 기술적이고 비평가적이며 현재적이고 유연한 범주를 적용한다는 점에서 볼 때, 이는 개념화된 자기와 다르다. '나는 지금 이것을 느끼고 있다.' '나는 지금 저것을 생각하고 있다.' '나는 지금 이것을 기억하고

있다.' '나는 지금 저것을 보고 있다.'

이러한 자기 인식이 건강한 심리적 기능에 중요하다는 많은 증거가 있다. 그 대표적인 예는 자신의 정서적인 경험을 파악하지 못하는 '감정표현 불능증(alexithymia)'에서 찾아볼 수 있다. 이러한 임상적인 결핍은 다양한 심리적 문제들과 상관을 보인다. 또한 놀랄 필요도 없이, 이는 경험의 회피와 매우 높은 상관을 보인다(Hayes, Strosahl et al., 2004). 자신의 현재 경험을 관찰하거나 기술하지 못하는 사람은 지금 순간 진행되는 것에 눈과 귀가 먼 사람이다.

우리는 자신의 개인사와 현재의 행동 성향에 대해 말할 때, 우리가 지금 느끼고 있는 것을 파악해서 이에 기초하여 말하도록 배워 왔다. 예를 들어, 우리는 아이에게 "뭘 좀 먹을래?"라고 물을 목적으로 "지금 배고프니?"라고 묻는다. 아주 어린 아동은 때로 이 질문에 정확하게 답하기 어려울 수 있다. 왜냐하면 이들의 자기 인식이 아직 발달하지 않았고, 자신의 감정이나 느낌이 무엇을 의미하는지 아직 모르기 때문이다. 따라서 그들은 배고프지 않다고 말하고는 얼마 지나지 않아 먹을 것을 달라고 할 것이다. 또는 실제로는 배가 고프지 않음에도 불구하고 배가 고프다고 말하면서 음식을 집어들 것이다(부모라면 누구나 어린 아동이 보이는 이러한 '비연결성'에 대해 잘 알고 있을 것이다.).

현재 순간 및 경험과의 접촉은 융합과 회피가 침식될 때 더 가능해진다. 만성적으로 감정을 회피하는 사람은 자신이 느끼는 것을 잘 알지 못하는데, 왜냐하면 알지 못하는 것 자체가 회피의 한 가지 강력한 형태이기 때문이다.

또한 개념화된 자기에 대한 집착이 지배적일 때, 지속적인 자각 과정으로서의 이러한 유동적인 자기 인식은 줄어든다. 지배적인 이야기와 일치하지 않는 반응을 알아차린다는 것은 개념화된 자기에게 상당한 위협이 된다. 예를 들어, '항상 친절하고 상냥한' 사람은 분노, 질투, 원망의 감정이 현재 순간에 나타날 때 이를 인정하기가 쉽지 않을 것이다. 이때 탈융합과 수용은 지속적인 자각 과정으로서의 자기 발달을 자연스럽게 촉진할 것이다.

관찰하는 자기

관찰하는 자기(observing self)는 자기의 가장 중요한 측면이며 아주 오랫동안 자신과 함께 존재해 온 것임에도 불구하고, 언어적으로 가장 낯선 자기 인식으로 보인다. 이에는 다양한 이름들이 있다. 맥락으로서의 자기(self as context), 초월적인 자기(transcendental self), 영적인 자기(spiritual self), 비물질적인 자기(無我, no-thing self), 관찰하는 자기 등의 이름은 몇 가지 예에 불과할 것이다. 우리는 이 책에서 주로 마지막 용어를 사용할 것이다.

개념화된 자기나 지속적인 자각과정으로서의 자기와 달리, 관찰하는 자기는 언어적인 관계의 대상이 아니다. 그러한 이유 때문에 우리는 그것에 대해 덜 '알고' 있는 것이다. 관찰하는 자기는 내용에 기초한 자기 인식이 아니기 때문에, 직접적으로 기술될 수 있는 것이 아니다. 그럼에도 불구하고 ACT의 이론에 따르면, 관찰하는 자기는 언어를 사용하는 결과로 나타나며 심리적 건강에 매우 중요하다.

당신이 아주 어릴 때, 즉 여전히 언어를 배우고 있을 때, 당신은 어떤 일관적인 관점에서 사건을 기술하는 것을 배웠다. 당신이 무엇을 먹거나 보거나 행했는지를 기술할 때, 당신은 그 일관적인 관점에서 보고해야 한다는 것을 배웠다.

다음 질문을 생각해 보자. '여기(here)' 는 어디인가? 아주 어린 아동은 이 질문에 대해 어려워한다. '여기' 란 어떤 주소나 방과 같은 구체적인 장소가 아니다. 오히려 관찰이 이루어지는 지점이다. 다른 어떤 장소는 다 '거기(there)' 다.

또한 다음 질문을 생각해 보자. '지금(now)' 은 언제인가? 아주 어린 아동은 이 질문에 대해 역시 어려워한다. '지금' 이란 월요일이나 오후 6시와 같은 구체적인 시간이 아니다. 오히려 관찰이 이루어지는 시점이다. 다른 어떤 시간은 다 '그때(then)' 다.

마찬가지로 다음 질문을 생각해 보자. '나(I)' 는 어디 있는가? 아주 어린 아동은 이 마지막 질문에 대해 역시 어려워한다. '나' 또한 지금 관찰이 이루어지고 있는 지점이다. 다른 관점에서 이루어지는 관찰은 '나' 가 아닌 '너(you)' 의 관점에서 이루어지는 것이다.

이러한 언어적 관계는 지시적인(가리키거나 보여 주는 것을 의미함) 관계다. 지시적 관계(deictic relation)는 물질적인 것이 아니기 때문에 직접적인 증명을 통해서만 배울 수 있다. 그것은 관찰자의 시각에 관한 것이다.

의식적인 관찰이 이루어지는 지점에 대한 감각은 생소하게 느껴지는 감각일 것이다. 왜냐하면 그것을 경험하는 사람도 그 경계를 잘 알 수 없는 지점이기 때문이다. 당신은 결코 그 경계를 의식적으로 알 수 없다. 왜냐하면 모든 언어적인 앎이 그것을 아는 자로서의 당신과 관련되기 때문이다. 당신의 어린 시절 기억으로 되돌아가 보자. 어떤 한 가지 기억을 회상해 보라. 즐거운 기억이어도 좋고, 고통스러운 기억이어도 좋다. 잠시 동안 그 기억을 떠올려 보라. 당시에 당신의 눈 뒤에서 세상을 바라보던 그 감각과 연결될 수 있는지 살펴보라. 이제 다음 질문에 답하면서, 이를 경험적으로(논리적으로가 아니라) 체험할 수 있는지 살펴보라. "그 사건들이 전개될 때 그것들을 바라본 사람은 누구인가?"

이제 또 다른 질문에 대답해 보라. 오늘 아침, 당신의 아침식사를 한 사람은 누구인가? 아침식사 장면을 그려 보고, 다시 한 번 당신의 눈 뒤에서 세상을 바라보는 감각에 연결될 수 있는지 살펴보라.

이제는 이 책을 읽는 사람이 누구인지 주목하라. 다시 한 번 당신의 눈 뒤에서 세상을 바라보고 있는 감각에 연결될 수 있는지 살펴보라. 당신이 이 순간에 여기서 책을 읽고 있음을 주목하고, 이렇게 책을 읽고 있는 눈 뒤의 사람이 오늘 아침식사를 할 때에도 거기 있었으며 당신이 어린아이였을 때도 거기 있었음을 주목하라. 당신의 생각이나 감정, 역할, 신체는 수없이 변화해 왔지만, 당신은 당신의 인생 내내 당신이었다. 당신이 종이 위에 잉크로 쓰인 이 글들을 응시하는 바로 이 순간에, 이 글을 응시하는 사람이 누구인지 알아차리라.

안녕!

당신이 어린 시절 의식적인 인간 존재가 된 이후로 당신은 늘 당신이었으며, 유아기의 기억상실증은 사라지고 동시에 이러한 지시적 관계의 틀(나/너, 여기/저기, 지금/그때)이 자신의 모습을 드러내기 시작하였다. 이러한 '나'가 바로 관찰하는 자기다(Deikman, 1982). 이 감각은 당신이 가는 곳이면 어디든지 따라다니므로, 문자적으로가 아니라 경험적으로 시간과 공간을 뛰어넘는 감각이다. 당신에게 어떤 일이 일어나든지, 그 경험에 대한 언어적 지식의 일부가 되는 것은 바로 이 '나'다.

'관점으로서의 당신'이 없이는 당신이 아는(더 정확하게 말해서, 당신이 안다는 것을 아는) 어떤 것도 경험할 수 없다는 점에서, 이러한 '나'는 경계가 없다. 왜 그런가? 이러한 인식의 소재에 대한 감각이 없다면, 의식의 일관성이란 존재하지 않기 때문이다. 우리가 아는 것을 바라보는 심리적 관점이 존재하지 않기 때문이다.

이러한 자기에 대한 감각이 경험적으로 경계가 없는 것이라면(즉, 경험하는 사람에 의해서 경험되는 것이라면), 이는 또한 하나의 사물로서 경험되지 않는 것이다. 그것은 독특하다. 우리가 기술할 수 있는 거의 모든 사건들은 하나의 사물로서, 즉 경계를 지닌 하나의 사건으로서 경험된다. 그러나 여기에, 바로 언어적인 지식 자체의 한복판에 '비물질적인' 자기(no-thing self)가 있다. 우리는 이러한 관점에 대한 감각이 경계를 지닌다고 믿을 수는 있지만, 그 경계를 직접적으로 경험할 수는 없다. 여기 언어적인 지식 자체의 바로 한가운데에 구분이 없는 하나의 사건이 있다. 구분이 없는 사건은 아무런 사물(no-thing, 우리의 언어사회는 나중에 이를 '무(nothing)'라고 표현하게 됨)도 포함하지 않으며, 또한 '모든 사물(every-thing)'을 포함한다. 그래서 동양 철학에서는 이러한 자기에 대한 감각을 일컬어 '모든 것이자 아무것도 아닌 것(every-thing/nothing)' 이라고 부르며, "당신이 어디로 가든지 거기에 당신이 있다."와 같은 말로 이를 표현하기도 한다.

당신은 앞 장에서 탈융합 연습을 하면서, 당신의 관찰하는 자기와 접촉하는 느낌을 받기 시작했을지도 모르겠다. 당신은 생각에 빨려들지 않고서 생각이 마음의 시냇물을 따라 흘러내려가는 것을 관찰할 수 있었을 것이다. 그러나 당신이 생각하는 것을 관찰하는 관찰자는 누구인가? 이 질문에 답할 때, 이러한 자기에 대한 감각을 하나의 사물인 것처럼 생각하려 애쓰지 말라. 그것은 사물이 아니다. 당신은 가령 고요한 초월의 상태나 평화로움의 느낌을 통하여 이러한 자기에 대한 감각을 간접적으로 알게 된다. 어떤 사람에게 이러한 자기 감각은 두려움을 자아낼 수 있는데, 왜냐하면 자신이 마치 허무(nothingness) 속으로 빠져드는 것처럼 느껴질 수 있기 때문이다. 그러나 그것은 진실이다.

이 장을 통해 당신이 더 가까이 접촉하길 바라는 것이 바로 이 관찰하는 자기다. 왜냐하면 그것은 수용하고, 융합에서 벗어나며, 현 순간에 존재하고, 가치를 추구하는 것을 가능하게 해 주는 지점이기 때문이다. 그것은 불변의 사물이기 때문이 아니라 사물이 아니기 때문에, 불변하며 견고하다.

관찰하는 자기가 되기

관찰하는 자기에 접촉하는 것은 경험의 영역이다. 당신이 이렇게 커다란 의식과 현존의 감각에 위치할 수 있도록 가르쳐 줄 수 있는 간단한 공식은 없다. 바로 앞에서 언급하였듯이, 그것에 이르는 길은 간접적인 것임에 틀림이 없다. 이러한 자기 감각은 사물이 아니다(적어도 내부로부터 경험될 수 있는 것이 아니다.). 우리가 할 수 있는 일은 당신을 올바른 방향으로 인도할 수 있는 연습과 비유를 제공하는 것이다. 대다수의 사람들에게는 이 정도로 충분할 것이다. 왜냐하면 이것은 평생 동안 당신과 함께해 온 감각이기 때문이다. 따라서 우리는 무언가를 확립하려 하거나 발견하려 하지 않을 것이다. 마치 당신이 수년간 마음 뒤에서 흥얼거렸던 노래를 기억하려는 것처럼, 이는 오히려 우리가 이미 충분히 잘 알고 있는 어떤 것을 기억하려고 애쓰는 것과 같을 것이다.

체스 비유

사방으로 무한히 펼쳐진 체스판을 상상하라. 이 판 위에 각기 다른 다양한 말들이 놓이기 시작한다. 체스 게임과 마찬가지로, 어떤 말은 검정색이며 어떤 말은 흰색이다. 그것들은 각자 판의 중심부를 향해 모이면서, 판의 서로 다른 공간에 두 개의 팀으로 정렬하기 시작한다.

각각의 말들은 각기 다른 감정, 인지, 기억 또는 감각을 나타낸다고 상상해 보자. 그 말들 중 어떤 것은 행복, 기쁨, 즐거움, 사랑의 기억과 같이 긍정적인 것이다. 그것들은 서로 한편이다. 또한 그 말들 중 어떤 것은 고통, 두려움, 실패감 등을 나타낸다. 당신은 어쩌면 깊은 우울증에 빠져 있거나 불안장애의 진단을 받았을지도 모른다. 이러한 조건들과 연관된 부정적인 생각과 감정이 역시 서로 한편을 이루고 있는데, 이 부정적인 팀은 긍정적인 팀과는 매우 다르게 보이는 게 사실이 아닌지 살펴보라.

이제는 다양한 말들이 서로 전쟁을 벌인다고 상상해 보라. 이 전쟁은 피로 얼룩진 기나긴 전쟁이며, 말들은 잘게 토막 나고 부서져서 당신 주변에 널려 있다. 이 전쟁은 수년간 계속 이어져 왔다. 검은 말들은 이기기 위하여 진을 치고 흰 말들과 싸우고 있고, 흰 말들은 적군에게 함락되지 않으려고 안간힘을 쓰며 필사적으로 반격하고 있다. 그들은 싸워야만 한다. 왜냐하면 '자기 팀'의 입장에서 볼 때 상대 팀은 생명에 위협을 가하고 있기 때문이다.

우리는 '들어가며'에서 유사한 장면으로 이 책을 시작하였다. 그러나 당시에 당신은 그 전쟁터에 있었다. 우리는 이 책이 전쟁터에서 떠나는 법을 배우기 위한 것이지, 전쟁에서 이기는 법을 배우기 위한 것이 아니라고 제안하였다.

> 그러나 그 사람이 모르고 있는 점이 있다면, 언제라도 싸움을 중단하고서 지금 삶을 시작할 수 있다는 사실이다. 전쟁은 여전히 계속될 것이고, 전쟁터는 여전히 그대로일 것이다. 전쟁이 지속되는 한, 그 지형은 예전과 다름없어 보일 것이다. 그러나 전쟁의 결과는 더 이상 크게 중요하지 않다. 전쟁에서 승리한 후에야 진정한 삶을 시작할 수 있다는, 일견 논리적으로 그럴듯해 보이는 순서를 포기할 수 있다.

당신이 처음 이 글을 읽었을 때는, 이것이 단지 하나의 추상적인 생각에 불과할 뿐이라고 느꼈을 것이다. 이제 당신은 당신을 전쟁터로 이끈 것은 단지 하나의 환상이었을지도 모른다는 가능성을 고려할 수 있게 되었다. 당신은 지금까지 이 체스 게임에서 당신 편이 반드시 이겨야 하는 것처럼 행동해 왔다. 그러나 이는 흰 말들은 당신이고 검은 말들은 당신이 아닐 때에만 의미가 있다. 그 견지에서 보면 상대편은 당신의 생존에 직접적인 위협이 되기 때문에, 당신은 반드시 싸워야만 하는 것이다.

'나는 나쁜 사람이다.' 가 100% 진실이라면 '나는 착한 사람이다.' 는 성립될 수 없으며, 그 반대도 마찬가지다. 따라서 전쟁터를 떠나거나 포기하는 것은 하나의 선택 사항이 아니다. 그것은 죽음의 선전포고다. 전쟁은 계속되어야 하고, 당신은 거기서 이겨야만 한다. 왜냐하면 당신은 흰색 여왕 말의 등에 올라타서 그녀가 곧 당신이라고 지명했기 때문이다. 그녀(결국 당신)는 싸움을 멈출 수가 없다.

그러나 그 말들이 당신인가? 이 시나리오에서 당신은 누구인가? 당신이 체스 경기자가 될 수는 없다. 여전히 누군가가 전쟁에서 이기려 하고 다른 편에 대항하여 한편을 방어하려 애쓰고 있다. 이 비유에서 모든 말들과 접촉하는 한 부분이 있다. 만일 당신이 말들이 아니라면(당신은 여전히 당신으로 남아 있고 전쟁의 결과에 크게 연연하지 않을 수 있다면), 그렇다면 당신은 과연 누구인가?

당신이 아닌 존재가 아니라 당신으로 존재하기

만일 당신이 이 체스 게임이 진행 중인 체스판이라면 어떨까? 이에 대해 생각해 보라. 이것이 당신에게 얼마나 적절하게 느껴지는가? 만일 당신이 고통에 의해 정의되지 않고 오히려 그 고통을 담는 의식적인 그릇이라면 어떨까? 이것이 당신에게 어떤 의미를 주는가?

체스판의 관점에서 사태를 보기 시작한다는 것은 곧 관찰하는 자기에 접촉하는 것이다. 체스판의 수준에서 보면, 체스판은 모든 말들이 끝없는 게임을 하는 동안 그 모든 말들을 버텨 준다. 체스판이 '판의 수준'에 머물러 있으면서 할 수 있는 일은 단지 두 가지뿐이다. 첫째, 모든 말들을 버텨 주고, 둘째 판 자체를 옮겨야 할 때 모든 말들을 그 위치 그대로 데리고 가는 것이다. 당신이 어떤 말들의 위치를 옮기려 한다면, 당신은 당신이라는 존재(이 모든 반응들을 자각하고 있는 의식적인 인간, 즉 판의 수준)로부터 당신이 아닌 존재(오로지 특정 감정, 생각 또는 기억과 동일시하고 다른 것들과는 동일시하지 않음)로 이동해야만 한다. 달리 표현하면, 당신은 애초부터 결코 이 전쟁에 있지 않았다. 그것은 모두 하나의 환상이었다.

다음 연습을 통해 당신은 관찰하는 자기에 순간적으로 접촉할 수 있을 것이다. 우리가 '순간적으로'라고 표현한 이유는, 관찰하는 자기는 정의상 바라봄의 대상이 될 수 없기 때문이다. 한편으로 그것은 하나의 사물로서 경험되지 않는 것이다. 다른 한편으로 당신이 그것을 바라볼 수 있다면, 그것을 바라보는 자는 누구인가? 당신은 마치 잔광처럼 단지 그것을 흘끗 볼 수 있을 뿐이다. 그러나 또 다른 수준에서, 이를 표현할 길이 없긴 하지만, 당신은 마치 당신 발밑의 마룻바닥이나 당신이 지금 앉아 있는 의자처럼 구체적이고 확실하게 지금껏 존재해 왔다. 당신이 마음으로부터 증거를 요구하지 않고 관찰하는 자기로부터 나오는 생명력 속에 자리를 잡을 때, 그 싸움은 마침내 물러날 것이다. 당신이 아닌 존재가 아니라 당신이라는 존재에 기초하여 살아갈 때, 그 싸움의 중요성은 줄어들기 시작할 것이다.

E/X/E/R/C/I/S/E

연습: 경험적으로 나는 그것이 아니다

이는 명상 연습이다. 지시문이 간단하여 기억하기 쉬우므로, 책을 다시 보지 않고도 연습을 진행할 수 있을 것이다. 벽과 가까운 책상 앞 의자에 편안히 앉아 보자. 책상 위에는 몇 가지 물건이 있어야 한다. 두 차례 깊이 숨을 쉰 다음, 깊고 고르게 숨을 쉬면서 벽의 한 지점을 바라보라. 최소한 10~15초 정도 그 지점에 눈을 고정하여 응시하라.

얼마 후 어떤 시점이 되면(이에 도달하려고 조급해하지 말라), 당신이 벽을 바라보고 있고, 따라서 경험적 수준에서 당신이 벽이 아님이 경험적으로 분명해질 것이다. 이러한 구분은 직접적인 경험을 통해 가능해지는 것이다. 우리는 당신이 벽이 아니라는 언어적인 믿음에 대해 말하는 것이 아니다. 그것이 우리가 말하려는 요점이라면, 자신이 벽이라고 믿는 사람은 아무도 없기 때문에 굳이 명상 연습을 할 필요는 없을 것이다.

만일 당신의 마음이 이 믿음의 진위에 대하여 재잘거리기 시작한다면("어떤 의미에서 보면 당신은 벽이다. 당신은 결국 모든 경험들의 총체다…… 재잘 재잘 재잘."), 그 생각에 대하여 그저 당신의 마음에게 감사를 표하고, 그 생각을 관찰하는 사람은 당신이 관찰하는 생각이 아님을 알아차리며, 다시 벽을 향해 주의를 돌리라. 당신의 마음이 당신을 몰아치도록 놔두지 말며, 모든 것을 이해하려고 하는 당신의 마음과 은밀하게 공모하지 말라. 이것은 언어적인 연습이 아니다. 경험적인 연습이다.

관찰하는 자기와 관찰되는 사건 간의 경험적인 구분을 자각하게 되면, 그저 이에 주목하고 부드럽게 정리해 두라(그 구분을 믿으려고 애쓰지 말라. 그렇지 않으면 당신의 마음은 이에 대해 재잘대고 논쟁하고 해석하기 시작할 것이다.). 이제 책상 위에 있는 물건에 시선을 돌리라. 그 새로운 물건에 대해 동일한 과정을 반복하라(의식하는 관찰자로서의 당신과 당신이 의식하고 있는 대상 간의 구분이 경험적으로 분명해질 때까지 그 대상을 바라보라.). 책상 위의 모든 물건들에 대해 이 과정을 반복하라(조급해 하지 말라!).

이제는 눈을 감고, 외부 대상에 대해 했던 것과 똑같은 방식으로, 의식 속에 무엇이 떠오르든지(신체 감각, 생각 등) 이에 대해 한 번에 하나씩 주목해 보라. 이를 여러 차례(원하는 만큼) 수행한 후에, 눈을 뜨면서 마치라. 마지막으로 관찰자와 관찰 대상 간의 경험적인 구분이 분명해질 때까지 벽을 바라보라.

현재 순간에 접촉하기

당신이 자신을 이렇게 '판의 수준(board level)'으로 경험하기 시작하면서, 당신이 느끼는 것을 느끼고, 생각하는 것을 생각하며, 기억나는 것을 기억하는 것이 더 가능해질 것이다. 말들은 보다 덜 위협적인 것이 될 것이다. 말들이 판에 무슨 위협이 되는가? 말들이 판의 한 영역 또는 다른 영역에 몰려 있다한들 무엇이 문제가 되는가?

말들을 그저 버텨 주는 것은 오직 '판의 수준'에서만 가능한 일이다. 따라서 지금 이 순간에 진행 중인 것과 접촉하게 됨으로써, 탈융합, 수용, 그리고 당신으로서 존재하는 것이 더 깊어질 수 있다. 이 장과 8장에 나오는 연습들은 당신이 현재 순간에 접촉할 수 있도록 돕기 위해 특별히 개발된 것이다.

전통적으로 이러한 연습들은 '마음챙김' 기법으로 일컬어져 왔으며, 우리는 앞으로 이 용어를 사용할 것이다. 그러나 이 맥락에서 사용되는 '마음챙김(mindfulness)'이라는 단어는 우리가 이 책 전체를 통해 융합에서 벗어나도록 촉구해 온 마음과는 큰 관련이 없음을 분명히 밝힌다. 여기서는 동양의 전통에서 '큰마음(big mind)'이라고 부르는 것을 가리키고 있다. 방금 전에 접촉했던 '관찰하는 자기'는 구별이 없다('아무것도 아닌 것/모든 것')는 의미에서 '큰마음'의 일부다.

마음챙김이란 경험적인 사건이 그 순간에 일어날 때 융합되지 않고, 집착하지 않고, 수용적이고, 판단하지 않으며, 의도적으로 이를 알아차리는 것이다. 그것은 우리가 이미 작업해 온 사건의 모든 측면을 포함한다.

알아차려야 할 것이 매우 많고 실행 방법도 매우 다양하기 때문에, 이 장에서는 상당히 단순하면서도 일차원의 연습들에 초점을 둘 것이다. 그리고 다음 장에서는 복합적인 감각 및 정서 경험을 포함하는 더 복잡한 연습들에 초점을 둘 것이다. 그러나 시작하기에 앞서, 먼저 실행 방법에 대해 몇 가지 제언을 덧붙이고자 한다.

실행 방법

다음은 마음챙김을 연습할 때 활용할 수 있는 몇 가지 팁이다.

- **어떤 생각 속에 빠져 자신을 잃어버린다면, 그저 부드럽게 연습으로 되돌아오라.** 당신이 마음과 몸에서 일어나는 생각과 감각에 대해 마음챙김을 시작할 때, 생각을 그저 관찰하기보다는 그 생각을 따라갈 때가 있음을 알게 될 것이다. 5장에서 마음이라는 기차를 관찰한 기억이 나는가? 그 연습을 해 본 사람이라면 어느 시점에선가 한 차량에서 관찰이 멈춰 버리고 만 경험이 있을 것이다. 아마도 당신 또한 그러한 경험을 하였을 것이다. 이는 매우 자연스러운 경험이다. 이 연습을 수행하다가 자신이 어떤 생각에 빠져들어서 그것이 가는대로 따라가고 있음을 발견하게 되면, 그저 일어난 일을 관찰하고는 부드럽게 관찰자의 위치로 되돌아오라. 그런 다음 연습을 계속하라.

- **판단에 융합되는 것에서 벗어나라.** 당신이 마음챙김을 연습하면서 곧바로 주목하게 될 것 중 하나는 당신의 마음이 판단을

하기 시작할 것이라는 사실이다. 당신이 자신의 생각에 사로잡히게 될 때, 당신은 스스로에게 다음과 같이 말할 수도 있다. '제기랄. 또 실패군. 이 몹쓸 연습조차 제대로 해낼 수가 없네.' 또는 당신이 특별히 잘 알아차리고 있다고 느낄 때, '와, 내가 진짜로 마음챙김을 잘하고 있네. 나는 마음챙김도 잘한다!'라고 생각할 수도 있다. 또는 당신은 아마도 이 연습이 시간 낭비라고 생각할지도 모른다. '할 일이 무지 많은데, 내가 왜 이 쓸데없는 일에 시간을 낭비하고 있지?' 이러한 생각들은 당신의 마음이 내릴 수 있는 수백만 가지의 판단 중에서 단지 몇 가지 예에 불과하다.

이러한 진술들은 당신에게 어떤 중요한 정보를 제공해 준다. 즉, 이들은 당신이 지금 막 말 기계에 갇혀 버렸음을 알려 준다. 판단의 형식이나 그것의 진위가 중요한 것은 아니다. 중요한 것은 당신이 판단에 걸려들었다는 것이다.

당신이 자신의 판단에 얽혀들었음을 발견할 때, 당신의 마음이 판단을 만들어 내고 있음을 부드럽게 알아차리고, 당신의 마음이 당신을 대신하여 해 준 모든 수고에 감사를 표하라. 그런 후에 이전처럼 연습을 계속하라.

■ **감정을 수용하라.** 당신은 이 연습을 하면서 당신이 지금껏 내내 투쟁해 온 어떤 부정적인 감정에 맞닥뜨리게 될 것이다. 사실상 이 연습들 중에서 어떤 것은 당신이 이러한 감정과 접촉하도록 고안된 것이다. 예를 들어, 당신이 우울이나 불안으로 괴로움을 겪고 있다면, 이 연습이 때로 힘들게 느껴

질 수 있다.

또는 당신이 공황장애를 지니고 있어서, 당신의 신체 감각을 추적하는 데 이미 많은 시간과 에너지를 소모했을지도 모른다. 당신은 어쩌면 특히 맥박 속도에 대해 걱정하고 있을지 모른다. 공황으로 고생하는 어떤 사람들은 아무런 일이 일어나지 않을 때에도 종종 심장발작이 일어난다고 확신하기도 한다. 당신은 이 연습을 하는 동안에 이러한 두려움에 사로잡힐 수도 있다.

어쩌면 당신은 우울하여 부정적인 반추의 순환에서 벗어나려고 투쟁할지도 모른다. 부정적인 감정이나 생각에 접하게 될 때, 그 안에서 옴짝달싹 못할 수도 있다. 당신은 부정적인 생각과 감정이 그 순간에 일어나고 있는 유일한 일인 것처럼 믿기 시작할 것이다.

이 연습의 목적은 현재는 끝없이 변화하는 사건이며 순간순간 일어나는 지속적인 과정임을 깨달을 수 있도록 돕기 위한 것이다. 당신이 심장발작에 대한 공포의 감정과 투쟁하기 시작할 때, 또는 부정적인 반추에 빠져들기 시작할 때, 이는 당신이 또 다시 전쟁터로 들어가고 있음을 알리는 확실한 징표다. 다시 한 번 당신이 지금 여기에 한 의식적인 관찰자로서 존재하고 있다는 것을 부드럽게 알아차리고, 이러한 감정과 생각에 대하여 감정과 생각으로서 개방할 수 있도록 노력하라. 이들과 논쟁하려 하지 말고, 이들을 쫓아내려 애쓰지 말라.

■ **마음챙김은 주의전환 기법이 아니다.** 마음챙김 연습은 마음의

부정적인 내용으로부터 주의를 전환하는 것을 의미하지 않는다. 사실상 마음챙김과 주의전환은 서로 정반대다. 당신이 '더 이상 고통을 느끼지 않도록 충분히 마음챙김을 할 수 있다.' 라고 생각하는 것은 당신의 말 기계가 속삭이는 또 하나의 이야기일 뿐이다. 이 기법을 이런 식으로 활용하는 것은 단지 또 하나의 회피 수단일 뿐이며, 당신은 결국 회피하고자 하는 고통으로 다시 되돌아오게 될 것이다. 마음챙김을 통해서 불안이나 스트레스, 우울로부터 도피하려 애쓰지 말라. 부정적인 감정이 올라오면, 그저 이를 알아차리고 계속해서 연습을 진행하라.

■ **실행하라.** 마음챙김은 아마도 당신이 일상적으로 취하는 자세가 아닐 것이다. 이 기술을 개발하기 위해서는 많은 연습이 필요하다. 당신이 마음챙김 연습의 기본적인 토대를 이해해 감에 따라, 이를 실생활에서 자연스럽게 활용할 수 있게 될 것이다. 마음챙김은 당신이 매일 매순간 실천할 수 있는 연습이며, ACT는 당신이 그렇게 할 수 있는 수단을 제공할 것이다.

시작하기

이제 당신이 마음챙김을 수행하면서 주의해야 할 함정에 대해 어느 정도 알고 있으므로, 몇 가지 연습을 시작해 보도록 하자. 다음에 소개하는 연습은 '마음챙김 101' 로 생각할 수 있을 것이다. 이 기법들은 당신의 생각이나 감정에 집착하지 않은 채로 마음과 몸에서 일어나는 것을 관찰하는 것이 어떤 것인지에 대한 감을 느끼게 해 줄 것이다.

E/X/E/R/C/I/S/E

연습: 생각을 시간상으로 추적하기

알아차려야 할 일들은 매우 많으며 이 연습은 익히기가 쉽지 않기 때문에, 먼저 작은 것부터 시작하는 것이 좋겠다. 우리는 당신이 단일 차원, 즉 시간을 따라서 자신의 생각을 추적하는 것부터 출발하기 바란다.

어떤 생각이나 감정, 신체 감각이 일어나면, 이들은 당신 인생의 어떤 특정 시기와 연관되는 경향이 있다. 어떤 것은 과거에, 어떤 것은 현재에, 또 어떤 것은 미래에 놓여 있다. 심지어 현실에 전혀 기초를 두지 않는 환상조차도 일반적으로 특정 시간 틀과 연관되어 있다.

이를 좀 더 분명하게 알아보기 위하여, 다음 5분 동안 자신의 생각이 시간상 어디에 위치하는지를 추적하기 바란다. 당신 자신이 중심이 되도록 잠시 시간을 가지라. 몇 차례 깊은 복식 호흡을 하라. 이완이 되면, 당신의 마음이 자기 뜻대로 방황하도록 놓아두고 무엇이 나타나는지 지켜보라. 원한다면 6장에서 배운 '흐르는 시냇물 위에 나뭇잎 띄우기' 연습을 활용해도 좋다.

이 연습을 하는 동안, 손가락을 다음에 제시한 시간선상에 올려놓으라. 생각과 감정이 일어날 때마다, 그 생각이나 감정에 상응하는 시간선상의 한 지점으로 손가락을 옮기라. 시간선상에는 먼 과거, 가까운 과거, 현재, 가까운 미래, 먼 미래 등 다섯 가지의 시점이 있다. 생각이 일어날 때, 이에 해당하는 한 시점을 선택하면 된다. 그러나 이것이 연속선임에 주의하여, 더 적절한 중간 시점이 존재한다면 자유롭게 그 지점으로 손가락을 옮겨도 좋다. 떠오르는 생각에 대해 판단하지 말고, 일어나는 일에 대해 정확하려고 노력하라. 그저 그것을 지켜보면서 그 생각이나 감정, 신체 감각이 시간선상에서 어디에 놓이는지 주목하라.

자, 이제 5분 동안, 당신의 마음이 흘러가도록 놓아두고 당신의 생각을 시간상으로 추적하라.

시간선

먼 과거　　가까운 과거　　현재　　가까운 미래　　먼 미래

당신의 생각에 대해 무엇을 알아차렸는가? 당신의 생각이 특정한 시기에 계속 머물렀는가? 아니면 이 시간에서 저 시간으로 모든 시기를 따라 움직였는가? 자신의 경험을 다음에 기록하라.

아마도 당신의 생각은 시간선상을 따라 이리저리 움직였을 것이다. 만일 생각이 한 시점으로 계속하여 되돌아왔더라도 괜찮다. 요점은 그 생각과 그것이 일어난 시점을 알아차리는 것이다. 이 정보를 바탕으로 어떤 판단을 내릴 필요는 없다.

당신의 생각이 시간상으로 어디에 놓이는지를 알아차리도록 배움으로써, 당신은 현재 순간으로 초점을 옮길 수 있다. 약간 다른 의도를 가지고 이 연습을 반복해 보자. 이번에는 현재에 더 머무르기 위한 (부드럽고 융합에서 벗어난) 의도를 가지고 연습해 보자. 당신의 마음이 표류하여 손가락을 좌우로 움직여야 할 때, 그저 현재 순간에 실제로 일어나는 일에 주목하라. 만일 당신이 표류하고 있다면, 이를 알아차리라. 만일 당신이 미래 또는 과거에 대한 생각을 하고 있다면, 당신이 지금 어떤 생각을 하고 있다는 것을 알아차리라. 자, 어떤가! 당신이 이 일을 할 때, 당신은 현재로 돌아와 있으며 당신의 손가락은 정중앙을 향해 움직일 수 있을 것이다.

만일 당신이 너무 의도적이라면("앞으로 5분 동안 내 손가락이 '현재' 라는 지점에 있어야만 해."), 실제로 언어적인 미래나 과거("나는 그렇게 하지 못했어!")로 들어가게 될 것이라는 점을 주목하라. 그런 일이 일어나면, 당신이 지금 어떤 생각을 하고 있는지 알아차리고, 그 생각의 내용과의 융합에서 벗어나도록 하라.

연습을 통하여 당신은 많은 시간을 현재에 머물 수 있게 되고, 당신의 마음이 모든 방법들을 동원하여 당신을 현재에서 빼내기 위해 애쓰는 가운데 당신의 손가락은 그 마음의 방법들을 알도록 훈련시키는 일종의 바이오피드백 계기로서 공헌할 것이다. 이 연습은 언제 어디서나 시행할 수 있다. 예를 들어, 손가락을 한쪽 허벅지 위에 올려놓고 생각이 과거로 가면 손가락을 왼쪽으로, 미래로 가면 오른쪽으로 옮길 수 있다. 걷거나 앉거나 서 있는 중에도 이를 쉽게 할 수 있다. 이는 작은 형태지만, 재미있고 유용한 연습이 될 것이다.

신체 감각 바라보기

이제 다음 몇 분 동안에는 신체 감각들이 나타나서 사라지는 것을 추적해 보기 바란다. 당신은 구조적으로 접근하여 경험의 특정 차원에 주의를 기울일 수 있는데, 이는 후에 자연적인 전체 사건의 분명한 흐름을 바라보는 데 도움이 될 것이다.

다음에 인체 그림이 나와 있다. 그림의 왼쪽에는 인체에서 흔히 나타날 수 있는 다양한 감각을 기술한 단어 목록이 제시되어 있다. 이 연습을 위하여, 다시 한 번 잠시 당신 자신이 중심이 되도록 하라. 그런 후에 당신 몸에서 나타나는 다양한 감각들에 주목하기 시작하라. 고된 일로 등이 쑤시는 감각이 나타날 수도 있고,

신경성으로 위가 따끔거리는 감각이 나타날 수도 있다. 그저 당신의 몸에서 무엇이 느껴지는지 주목하라.

느낌이 일어날 때마다, 왼손 검지를 사용하여 그림 왼편의 목록 중에서 자신의 느낌을 가장 정확히 기술하는 단어를 짚도록 하라. 오른손 검지로는 오른편의 인체 그림에서 감각이 느껴지는 부위를 가리키도록 하라. 예를 들어, 어깨가 단단하게 느껴진다면, 왼손 검지로 '단단한' 을 가리키고 오른손 검지로는 그림의 어깨 부

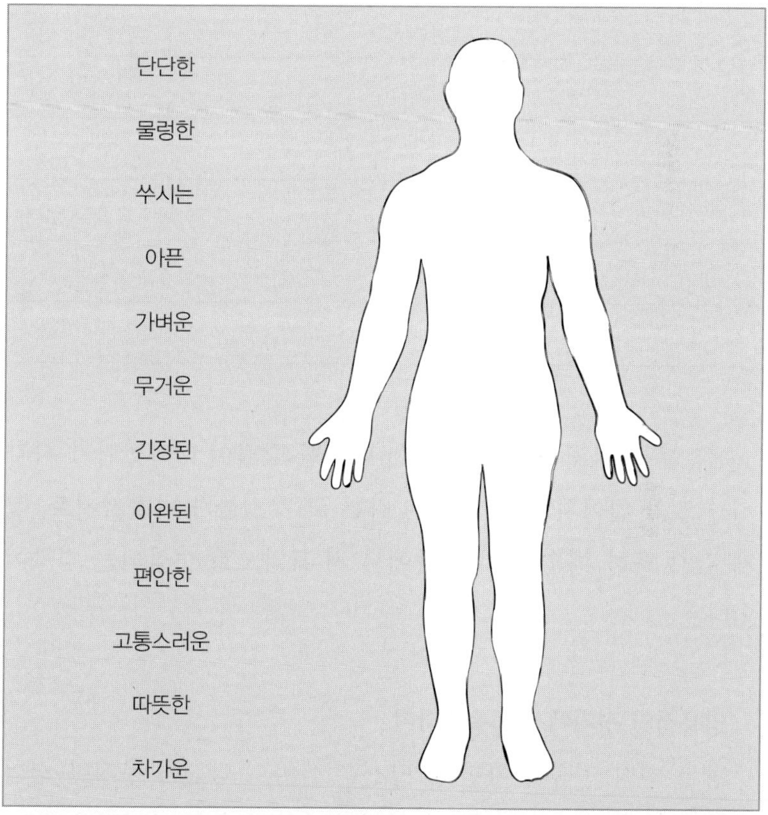

[그림 7-1] 당신의 몸

위를 짚으면 된다. 이제 5분 동안 신체 감각들이 나타나고 사라지는 것에 주목하라.

이 연습이 처음에는 어색할 것이다(처음에는 특히 단어를 찾는 것 때문에). 하지만 반복할수록 보다 더 유연해질 것이며, 손가락으로 가리키면서 동시에 관찰하는 것에 초점을 맞출 수 있을 것이다.

연습을 마쳤으면, 잠시 시간을 내어 당신이 경험한 것을 기록하라.

당신은 아마도 연습을 하면서 다양한 감각이 나타났다가 사라지는 것을 알아차렸을 것이다. 다른 모든 것들과 마찬가지로, 신체 감각 또한 매순간 이 모양에서 저 모양으로 변화되는 경향이 있다.

암묵적인 평가에서 탈융합하기

방금 전의 연습을 하면서, 당신은 아마도 당신이 추적한 경험 내에 평가가 내재되어 있음을 알아차렸을 것이다. 감정이나 생각,

신체 감각이 나타날 때 당신의 마음은 자동적으로 이들을 평가한다. 예를 들어, 당신이 편안한 신체 감각을 느꼈다면 '좋다'고 생각했을 것이다. 만일 시간 연습에서 당신이 먼 미래로 표류했다면, '나쁘다'고 생각했을 것이다. 마음챙김의 전반적인 핵심이 현재에 머무르는 것이라면, 이러한 평가에서 탈융합되는 것 또한 중요한 핵심이 될 것이다.

당신은 방금 전에 자신이 언제 현재에서 벗어나 표류하는지를 탐지하는 연습을 수행하였다. 이제는 당신이 언제 평가 속으로 표류하는지를 탐지하는 연습을 하고자 한다. 평가적인 생각이 명백할 때 이 연습은 비교적 쉬울 것이다. 그러나 평가적인 생각이 암묵적이라면 쉽지만은 않을 것이다. 평가적인 생각이 다른 경험들과 결합되어 나타나면 이를 놓치기가 더 쉽다. 다음에 실시할 연습의 목적은 당신이 암묵적인 평가를 탐지함으로써 이를 놓아 버리고 이와의 융합에서 벗어날 수 있도록 배우기 위한 것이다.

심리학자들은 평가가 비교적 제한된 차원에서만 이루어짐을 입증하였다. '좋은-나쁜' 및 '강한-약한'은 평가가 이루어지는 두 가지 대표적인 차원이다. 다음에 나오는 사각형을 들여다보라. 가로와 세로를 따라 두 개의 용어가 있는지 확인하라. 이는 당신이 평가를 내렸을 때 그 평가의 특성이 '좋은-나쁜' 및 '강한-약한'의 측면에서 어디에 해당하는지를 파악하기 위한 격자다. 먼저 조용히 자리에 앉아서, 현재 순간에 존재하는 것을 알아차리도록 하라. 당신의 경험에 주목할 때, 이를 비판단적으로 주목하고 있는지 살펴보라. 만일 당신이 암묵적으로 평가를 하고 있음을 발견한다면, 그 평가의 특성을 알아차리고 해당 부위로 손가락을 옮기면서 그 평가에 대한 집착을 내려놓을 수 있는지 살펴보라.

예를 들어, 당신이 '나는 불안해.' 라는 생각을 한다고 가정해 보자. 당신은 그 감정을 비판단적으로 알아차릴 수 있다. 그렇다면 좋다. 관찰을 계속하면 된다. 그러나 당신이 생각의 뒤편에서 그 감정은 나쁘고 강하다는 생각을 받아들였다는 것을 알아차릴 수 있다. 만일 당신이 그러한 암묵적인 평가를 감지했다면, 손가락을 사각형의 오른쪽 윗부분에 올려놓으라. 그런 후에 이 판단을 내려놓을 수 있는지 살펴보라. 만일 당신이 평가와의 융합에서 벗어난다면, 손가락을 사각형의 아래쪽 중간 부분(약함 그리고 좋지도 나쁘지도 않음)으로 움직인 다음, 사각형에서 손가락을 완전히 떼면 된다.

이제 다음 몇 분 동안 자신의 경험을 단순히 지켜보면서, 암묵적인 판단이 나타날 때 이를 탐지하고, 일어나고 있는 일을 기술하는 한 가지 방법으로서 사각형의 한 부분에 손가락을 올려놓으라. 이 과정을 통해 얻는 피드백을 활용하여 판단과의 융합을 내려놓으라. 자연스럽게 일어나는 평가를 믿지 않은 채 더 오랜 시간을 보낼 수 있는지 살펴보라.

잠시 시간을 내어 자신의 경험을 기록하라.

이 연습을 하는 동안 무슨 일이 일어났는가? 당신의 마음이 이 생각에서 저 생각으로 움직일 때 당신의 평가도 이리저리 움직인다는 것을 알아차렸는가? 평소라면 놓치기 쉬운 암묵적인 평가를 놓치지 않고 알아차릴 수 있었는가? 이 판단을 내려놓을 수 있었는가?

다음 단계로 나아가기

이 장을 통하여 당신은 현재의 경험 속에서 탈융합적이고 비판단적인 순간을 관찰하는 연습을 시작하였다. 다음 장에서는 보다 더 공식적인 마음챙김 연습을 실행하게 될 것이다. 이 장에서 당신은 단일한 사건을 추적하는 방법에 대한 기초적인 감각을 익혔으므로, 이제 시간이 흐름에 따라 많은 다양한 생각, 감정, 감각이 오고 갈 때 이들을 자각하는 방법을 배우게 될 것이다.

chapter 08 마음챙김

마음챙김은 어렵다. 힘들어서가 아니라 파악하는 것이 쉽지 않기 때문이다. 우리는 계속해서 언어적인 예측과 평가에 걸려든다. 더욱이 삶은 복잡하기만 하다. 마음을 챙겨 알아차려야 할 대상은 너무나도 많은데, 사건들이 더 복잡해짐에 따라 길을 잃고 헤매기가 쉽다. 당신은 7장에서 했던 것처럼 단지 경험의 한 측면에만 초점 맞추는 것을 연습할 수 있다. 그러나 궁극적으로 그것은 실제 경험의 폭과 풍부함을 심하게 제한하는 것이다.

당신이 이 책에 나오는 연습들을 하고 나서 이에 대해 잊어버린다면, 마음챙김 연습을 통해 많은 유익을 얻기는 어려울 것이다. 당신은 삶의 많은 순간들에 대해서 더 온전하게, 방어 없이, 충만하게, 비판단적으로, 탈융합적으로 그리고 수용적으로 주의를 기울여 보려고 노력할 필요가 있다. 공식적인 연습을 통해 그 기술을 습득하는 데 도움을 받을 수 있겠지만, 더 중요한 것은 매일매일의 삶에서 이 기술을 적용하는 비공식적인 연습이다.

이 장에서는 많은 다양한 유형의 경험에 주의를 기울여 보는 것을 연습함으로써, 마음챙김을 통해 깊이 있게 경험하는 방법을 개발하는 데 도움을 주고자 한다. 또한 마음챙김 연습을 매일의 삶에서 일상화하기 위한 몇 가지 구체적인 아이디어를 제공하고자 한다.

매일의 연습

다음에 나오는 일련의 마음챙김 기법들을 소개하기 전에, 마음챙김 연습은 언제 하는가에 대해 말해 두는 것이 좋겠다. 결론적으로 그 대답은 '항상'이다. 이렇게 하는 데서의 문제는 아마도 당신이 마음챙김을 연습하는 데 익숙하지 않다는 것이다. 마음챙김 기술이 확고히 자리 잡지 않으면, 그 기술을 매일의 순간에 적용한다는 것이 쉽지 않을 것이다.

이러한 문제를 해결하기 위해서는 매일 마음챙김을 연습하기 위해 특정 시간을 비워 두는 것이 좋다. 일단 그것이 제2의 천성이 되고 나면, 그것이 여전히 필요한지 재고할 수 있다. 매일 마음챙김을 연습한다는 것이 질리는 일처럼 들릴 수도 있지만 그것은 곧 해 볼 만한 일이 될 것이며 얼마 후에는 많은 사람들이 진정으로 좋아하게 될 것이다. 그러나 당신이 그것을 좋아하든 싫어하든 이러한 선호 자체도 그저 당신의 마음이 만들어 내는 내용에 불과하며, 전체적인 요점은 당신의 말 기계로부터 삶에 대한 통제를 되찾아 오는 것이다. 그렇다면 매일 연습하기로 결정하고는 이를 그대로 실천하는 것이 훨씬 더 효과적이다. 마음챙김 연습을 일상화할 수 있는 몇 가지 방법들을 소개한다.

■ **시간을 따로 떼어 두기**　처음에는 마음챙김 기술을 연습하기 위해서 매일 또는 매주 일정한 시간을 정하여 따로 떼어 두는 것이 유익할 것이다. 이 장의 뒷부분에 정좌 명상이 소개되어 있는데, 그 특정 연습과 관련한 구체적인 예가 제시되어 있다. 그러나 당신이 어떤 마음챙김 연습을 선택하든지 간에 똑같은 기본 원리를 적용할 수 있을 것이다.

당신은 먼저 마음챙김 연습을 일주일에 몇 차례 실행하면 되는지 알고 싶을 것이다. 우리는 어떤 형태의 마음챙김이든지 매일 실행할 것을 권한다. 당신의 일정상 매일 실행하는 것이 도저히 불가능하다면, 일주일에 몇 번을 할 수 있는지 정하라.

또한 연습에 시간제한을 두는 것이 좋다. 한번에 15~30분 정도가 출발점으로서 적당하다. 일단 그 연습에 익숙해지면, 원하는 대로 다시 시간을 조정할 수 있을 것이다.

■ **이완과 주의분산**　사람들은 종종 마음챙김 연습을 이완을 위한 시간으로 활용하려는 유혹을 받는다. 이는 잘못이다. 이완된다면 좋다. 하지만 긴장된다 해도 역시 괜찮다. 이완하는 것이 핵심은 아니다. 핵심은 당신에게 일어나는 것을 무엇이든지 회피나 융합 없이 알아차리는 것이다. 당신의 언어적 레퍼토리가 다른 형태의 경험을 지배하기 시작할 때 활용할 수 있는 기술을 습득하고 강화하는 것이 중요하다.

처음에는 다른 일에 방해받지 않고 실행할 수 있는 장소를 찾는 것이 좋다. 그러나 이는 당신의 마음이 당신에게 선사하는 산만함을 없애라는 의미는 아니다. 만일 산만하여 주의가 분산된다면, 이는 단지 알아차릴 또 하나의 사실일 뿐이다. 이를 바라보고 주목하고는, 연습을 계속하라.

■ **연습하기에는 기분이 너무 나쁨** 기분이 너무 나빠서 연습을 하면 안 되는 경우는 없다. 다음에 나오는 어떤 연습들에서는 실제로 해 볼 때 부정적인 내용이 올라오기도 할 것이다. 그러나 이는 단지 당신이 알아차려야 할 또 다른 경험일 뿐이다. 이것은 문제가 아니라 기회다. 당신은 아마도 부정적인 경험들을 겪고 있기 때문에 이 책을 구입했을 것이다. 따라서 그러한 경험들이 나타날 때 무엇을 해야 할지 배울 필요가 있을 것이다. 연습 중에 피부의 가려움을 느끼든 불안이나 우울을 느끼든, 원리상 그에 적용하는 기술은 서로 다르지 않다.

이는 불가능한 상황에 직면해서도 버티고 지속하라는 의미는 아니다. 만일 허리에서 통증이 느껴진다면, 이에 주의를 기울이라. 자각 없이 버티고 인내하는 것은 또 다른 덫일 뿐이다. 시간이 지나면서, 당신은 통증을 연습으로부터 도망가는 구실로 이용하고 있음을 알게 될 수도 있다. 당신이 통증을 어떻게 이용하고 있는지 알게 되면, 통증과 더불어 새로운 일을 하는 방법 또한 배울 수 있다.

궁극적으로 마음챙김 연습은 실시간에 순간순간 알아차리는 것으로 이해되어야 한다. 이는 황홀경이나 자기최면 상태처럼 당신이 '들어가야 하는' 어떤 특수한 상태가 아니다. 이제 이러한 지침들을 가지고 그 기법들을 실행에 옮겨 보자.

연 습

마음챙김 연습은 융합에서 벗어나서 수용적인 방식으로 순간 순간 자신의 경험과 접촉하는 것에 관한 것이다. 7장에서 논한 기법들에서, 우리는 당신에게 경험의 특정 영역(예, 생각의 시점, 신체 감각, 임목적 평가)을 알아차리도록 요청하였다. 이 장에서는 다른 것들을 알아차리도록 요청할 것이다.

종종 많은 것들이 한 번에 나타날 수 있다. 이를 다룰 수 있는 다양한 방법이 있다. 때로 다양한 감각들 사이를 왔다갔다 할 수 있다. 때로는 한 번에 많은 다양한 것들을 자각하려 할 수도 있다. 실제로 어떤 연습은 한 번에 한 가지 이상을 알아차리도록 요청할 것이다.

마음챙김이 쉽게 파악되기 어려운 이유 중 하나는, 한편으로 그것이 목적적이어서 평가를 유발하는 반면, 다른 한편으로 그것의 전체적인 목적이 평가와의 융합에서 벗어나는 법을 배우는 것이라는 데 있다. 마음챙김에는 옳고 그른 방법이 없다고 생각하라. 단지 그 순간에 의식적으로 관찰하는 자기가 되라. 어떤 평가가 떠오르면 그 평가를 관찰하되, 이를 믿거나 혹은 믿지 않거나 하지 말라. 만일 당신이 자신의 진전에 대해 언어적 판단을 한다면, 이는 당신의 마음이 생성한 언어적 이야기와 융합되는 또 다른 예가 될 것이다. 당신이 마음챙김에 능숙하다거나 능숙하지 않다고 판단하는 생각을 받아들인다면, 이 또한 말 기계가 다시금 통제력을 행사한 예가 된다.

연습을 하면서 자신에게 일어나는 감각, 생각 및 감정을 더 잘 알아차리도록 허용하라. 부드러우면서도 비판단적이 되라(자신의 판단에 대해서조차도!). 이것은 테스트가 아니다. 그저 삶이다. 이제 연습으로 들어가자.

E/X/E/R/C/I/S/E

연습: 당신이 있는 곳에 존재하기

다음의 지시문을 몇 차례 읽은 다음, 눈을 감고 주어진 지시에 따르도록 하라. 연습하는 동안 가까운 사람에게 지시문을 읽어 달라고 하는 것도 좋고, 지시문을 카세트테이프에 녹음해서 연습할 때 틀어 놓는 것도 좋다. 이 연습을 하는 동안 산만해지더라도 두려워하지 말라. 그저 현재의 순간으로 다시 돌아와서 지시문을 따라 연습을 계속하라(일단 연습의 기본 원리들을 다 기억한다면 지시문 없이 할 수도 있다.).

편안한 곳을 찾으라. 의자에 앉아서 할 수도 있고, 바닥이나 침대에 누워서 해도 좋다. 눈을 감고서 몇 차례 깊이 호흡하라. 몸을 이완하라. 잠에 빠져들지는 않도록 하되, 몸을 편안히 쉬도록 하라.

이제 천천히 손가락 끝을 자각해 보라. 손가락을 느껴 보라. 손가락 끝을 서로 비벼 보라. 어떻게 느껴지는가? 손가락 끝에 있는 작은 지문을 느낄 수 있는가? 시간을 두고 이를 느껴 보라. 그것이 무엇처럼 느껴지는가? 일을 많이 해서 거칠게 느껴지는가, 아니면 부드럽고 매끈한가? 손가락 끝을 서로 문지르면 어떻게 느껴지는가? 그 느낌을 알아차리라.

이번에는 손가락을 원래 있던 곳에 내려놓으라. 손가락이 무엇에 닿았나? 침대 위 담요에 닿아 있는가, 아니면 의자 팔걸이에 닿아 있는가? 그것이 무엇처럼 느껴지는가? 그것이 부드러운가, 딱딱한가? 아니면 다른 뚜렷한 특징이 있는가? 담요가 복슬복슬한 털로 되어 있는가? 팔걸이는 어떤 문양이 있는가, 아니면 매끈한가? 일정 시간 동안 이들이 손가락 끝에서 느껴지는 느낌에 완전히 몰입하라.

이번에는 손과 팔에 주의를 기울이라. 무엇이 느껴지는가? 늘어지고 무거울 수 있다. 여전히 긴장되어 있을 수도 있다. 어떠하든 괜찮다. 판단할 필요는 없다. 그저 팔과 손의 느낌을 관찰하라. 어떤 통증이 느껴지는가? 이에 주목하되 집착하지는 말라. 간단히 통증에 주목하고 연습을 계속 진행하라.

이제 발가락으로 주의를 옮기라. 발가락을 조금씩 움직여 보라. 발가락이 신발 안에 있는가, 아니면 양말 안에 있는가? 움직임이 자유로운가? 발가락을 앞뒤로 움직여 바닥을 짓눌러 보라. 어떻게 느껴지는가? 그저 그 느낌으로 그것이 어떻다고 말할 수 있겠는가? 발에 주의를 기울이면서 그저 그 감각을 알아차리라.

머리는 어떻게 놓여 있는가? 만일 당신이 앉아 있다면, 척추와 나란히 놓여 있는가 아니면 가슴 쪽으로 수그리고 있는가? 머리의 위치를 변화시키려고 하지 말고, 그냥 지금 어떻게 놓여 있는지 그대로 알아차리라. 머리를 어떻게 해야 한다는 올바른 정답이 있는 것은 아니다. 그저 지금 있는 그대로 놔두라. 이제 머리의 감각을 느껴 보라. 두통이 있는가? 머리가 산뜻한가?

얼굴은 어떠한가? 얼굴이 어떻게 느껴지는가? 당신의 얼굴에서 탐색할 수 있는 갖가지 감각이 있다. 이마를 느껴 보라. 부드럽고 평평한가, 아니면 스트레스로 주름져 있는가? 다시 한 번 말하지만, 이를 바꾸려고 하지 말고 그저 알아차리라. 이제 코로 주의를 옮기라. 자유롭게 숨을 쉴 수 있는가, 아니면 코가 막혀 있는가? 몇 차례 코로 숨을 들이쉬고 내쉬어 보라. 어떻게 느껴지는가? 폐로 흘러들어오는 공기가 차가운가, 아니면 따뜻한가? 잠시 그 느낌에 주의를 기울이라. 이번에는 입을 주목하라. 입이 어떤 상태로 있는가? 오므려 있는가? 열려 있는가, 닫혀 있는가? 입안은 어떠한가? 촉촉한가, 아니면 말라 있는가? 침이 고여 있는 것을 느낄 수 있는가? 얼굴 전체에서 느껴지는 감각을 탐색하라. 피부에서 기름기가 느껴질 수도 있다. 피부가 건조할지도 모른다. 아무런 느낌이 느껴지지 않을 수도 있다. 그저 이를 알아차리고 연습을 계속 진행하라.

이번에는 가슴과 배로 주의를 돌리라. 한 손은 가슴에, 한 손은 배에 올려놓으라. 자신이 숨 쉬는 것을 느낄 수 있는가? 무엇처럼 느껴지는가? 호흡이 빠른가, 아니면 느린가? 숨이 가슴으로 들어가는가, 아니면 배로 들어가는가? 코로 숨을 들이쉬고 입으로 내쉬어 보라. 어떻게 느껴지는가? 이제 반대로 해 보라. 어떻게 느껴지는가? 일정 시간 숨을 쉰 다음 손을 원래 있던 곳으로 갖다 놓으라.

이제 몸 전체를 느껴 보라. 당신은 어디에 앉아 있는가? 혹은 어디에 누워 있는가? 당신의 등이 의자나 침대에 닿아 있는 것을 느낄 수 있는가? 몸이 놓여 있는 방식을 알아차리라. 움직일 필요는 없다. 그저 관찰하라.

이번에는 당신이 있는 방에 대해 생각하라. 당신은 방 어디에 있는가? 문이 어디 있는지 알 수 있는가? 천정은 어떤가? 이 큰 공간 속에서 당신의 몸을 느낄 수 있는가?

준비가 되면, 눈을 뜨고 방을 둘러보라. 원하면 이리저리 움직여도 좋다. 이런저런 가구들이 어디에 있는지 주목하라. 가구들이 무엇처럼 보이는가? 원하는 시간만큼 가구들의 이모저모를 살펴보라. 판단하지 말고 그저 알아차리라는 것을 기억하라.

준비가 되면 언제든지 이 연습을 마치고, 당신의 하루의 일과를 수행하라.

'당신이 있는 곳에 존재하기' 연습을 마쳤으면, 잠시 다음의 빈칸에 당신의 경험을 기록하라.

E/X/E/R/C/I/S/E

연습: 침묵하며 걷기

많은 문화에서 다양한 형태의 걷기 명상이 개발되었다. 이 연습은 그중에서 몇 가지를 변형한 것이다.

십분 동안(또는 그 이상) 침묵하며 걸으라. 마당을 돌며 걸어도 좋고, 집 주변을 걸어도 좋고, 또는 동네를 걸어도 좋다. 걷는 동안 내내 침묵을 유지하여, 당신의 마음이 만들어 내는 내용들을 '들을' 수 있도록 하라.

환경 내의 특정 대상, 마음속 생각 또는 몸의 느낌에 주의가 이끌리면, 이를 말로 세 번 외치라. 짧은 말을 반복하는 이유는 그 사건에 대한 생각과의 융합에서 벗어나도록 돕기 위함이다. 예를 들어, 동네를 걷다가 차가 지나가는 것을 본다면, "차, 차, 차."라고 크게 말하라. 걷는 동안 스트레스를 느끼기 시작한다면, '스트레스'를 세 번 외치면 된다. 이를 실행하면서 무슨 일이 일어나는지 알아차리라.

어떤 것에 반복적으로 주의가 이끌리면 이를 알아차리라. 예를 들어, 걷는 동안 계속해서 어떤 생각이나 감정으로 되돌아온다는 것을 알아차리면, 당신은 이를 부드럽게 정리해 두고 싶을 것이다. 당신은 이 장 또는 앞선 장들에서 제시된 다른 기술을 사용하여 이 문제에 초점을 맞추고 싶어 할 수도 있다.

E/X/E/R/C/I/S/E

연습: 범주 명명하기

이 연습에서 당신이 할 일은 심리적 내용이 나타날 때 그것의 범주에 주목하는 것이다. 이 연습은 독자적으로 실시될 수도 있고, 이 책에 나오는 다른 연습과 결합하여 실시될 수도 있으며, 일상생활 속에서 수행될 수도 있다. 생각이나 감정, 신체 감각이 일어날 때, 그것이 어떤 범주에 해당하는지 주의 깊게 알아차리라. 만일 당신이 그 범주를 큰 소리로 말할 수 있는 장소에 있다면, 그렇게 해도 좋다. 특정 생각이나 감정의 내용을 말하지 말라. 이 연습의 요점은 단지 그 내용이 속하는 범주에 초점을 맞추는 것이다.

선택을 위한 다양한 범주들의 목록이 다음에 제시되어 있다. 사실 더 많은 범주들이 있지만, 이 연습의 목적을 위해서는 다음에 나오는 범주들로 제한하라.

- 감정
- 생각
- 신체 감각('감각'이라고만 말하라.)
- 평가
- 무언가를 하려는 충동('충동'이라고만 말하라.)
- 기억

이 연습을 할 때, 내용에 대해 명칭을 붙이고는 "○○이 있다."라는 말로 마치라. 예를 들어, 심장이 매우 빨리 뛰는 것을 느끼기 시작한다면, "감각이 있다."라고 말하면 된다. 빠른 심장박동에 대해 공황 발작이 일어날 것 같은 두려움을 느낀다면, "감정이 있다."라고 말할 수 있다. 만일 두려움이 너무 커서 응급실에 달려가고 싶은 충동을 느낀다면, "충동이 있다."라고 말하면 된다.

이 연습을 앉아서도 할 수 있지만, 장시간 운전을 하면서, 밤에 침대에 누워서, 또는 길을 걸으면서도 할 수 있다. 일단 연습을 시작하면, 적어도 몇 분 동안은 지속할 수 있도록 하고, 할 수 있다면 더 해 보려고 노력하라. 오랫동안 자신이 침묵하였음을 깨달았다면, 당신이 어떤 생각이나 감정에 걸려들지는 않았는지 살펴보라. 그런 후에 연습으로 다시 돌아오라.

어떤 심리적인 내용을 범주로 명명해 봄으로써, 당신은 그 내용을 탈융합된 방식으로 다루는 법을 배울 수 있게 될 것이다. 예를 들어, 만일 당신이 나중에 해야 할 일이 생각날 경우, '생각이 있다.' 라는 명칭과 함께 머물러 있음으로써 실제로 일어나고 있는 일과 더불어 현재에 머무를 수 있게 될 것이다. 물론 그 생각이 미래에 관한 것일 수 있으나, 그것은 순수한 내용일 뿐이다. 사실상 그 생각은 지금 일어나는 것이며, 이를 알아차리는 것은 강력하고 효과적인 습관이 될 것이다. 이 습관을 잘 계발하면, 훨씬 더 힘든 내용(예, 공황 발작이 나타날 것 같다는 생각)이 나타날 때 큰 도움이 될 것이다.

E/X/E/R/C/I/S/E

연습: 건포도 먹기

건포도는 재미있게 생긴 조그만 과일이다. 우리는 건포도를 먹을 때 별 생각 없이 입안에 한 움큼을 털어 넣는 경향이 있다. 그러나 당신이 주의 깊게 대한다면, 건포도를 먹는 경험이 얼마나 더 깊을 수 있는지 발견하고 놀랄 것이다.

먼저 건포도 하나를 집어서 평소대로 먹어 보라. 즉, 입안에 휙 집어넣으라. 이번에는 다른 건포도 하나를 집으라. 이를 탁자에 내려놓고 요모조모를 살펴보라. 그 표면의 주름을 살펴보라. 그 주름이 만들어 내는 다양한 모양을 바라보라. 두 번째 건포도를 집어서 첫 번째 것 옆에 놓으라. 그리고 그 둘이 서로 얼마나 다른지 주목하라. 어떤 건포도도 서로 같지 않다.

두 건포도의 크기가 같은가? 그들이 방에서, 세상에서, 우주에서 차지하는 공간에 대해 생각해 보라. 건포도와 우주의 상대적인 크기를 비교해 보라.

이번에는 건포도 하나를 집어서 두 손가락으로 비벼 보라. 표면 결을 느껴 보라. 건포도를 앞뒤로 굴릴 때 손가락에 남는 끈적거림을 느껴 보라.

건포도를 입안에 넣으라. 건포도를 혀 위로 아래로 이리저리 굴려 보라. 잇몸과 뺨 사이의 틈새에 숨겨 보라. 적어도 30초 동안은 씹지 말라. 이제 준비가 되면 건포도를 씹으라. 어떤 맛이 나는지 느껴 보라. 씹을 때 치아에서 느껴지는 느낌에 주목하라. 삼킬 때 목구멍으로 미끄러져 내려가는 느낌을 느껴 보라.

이제는 두 번째 건포도를 집으라. 이번에는 매우 천천히 먹어 보라. 입안에서 건포도가 잘게 으깨질 때까지, 될 수 있는 대로 여러 번 씹으라. 이런 식으로 먹을 때 방금 전과 비교하여 그 맛이 다른가? 어떻게 다른가? 입안에서 건포도가 잘게 으깨질 때 무엇처럼 느껴지는가? 그것을 삼킬 때 어떻게 느껴지는가? 방금 전의 건포도와 비교하면 어떻게 다른가? 평소처럼 입안에 털어 넣고 쩝쩝거리며 먹을 때와 비교하면 무엇이 다른가? 다음의 여백에 이 질문들에 대한 답을 기록하라.

____

____

____

____

____

E/X/E/R/C/I/S/E

연습: 차 마시기

이번에는 한 잔의 차를 가지고 비슷한 연습을 해 볼 것이다.

1. 주전자에 물을 끓이라.
2. 티백이나 찻잎이 담긴 여과기를 잔에 넣으라.
3. 티백이나 여과기 위에 끓는 물을 부어서 잔을 채우라.
4. 물이 찻잎에 스며들도록 하라.

차가 우러나면서 물의 색깔이 변하는 것을 지켜보라. 차에 처음 물을 부었을 때, 물이 (차의 종류에 따라) 밝은 갈색, 녹색 또는 붉은색으로 변할 것이다. 이내 색이 더 진해질 것이다. 몇 분 동안 우려낸 다음, 잔에서 차를 건져 내라. 차의 색깔을 자세히 들여다보라. 색깔에 관해서 전에는 주목하지 못한 어떤 것이 있는가? 당신이 관찰한 것을 다음에 기록하라.

____

____

____

이번에는 손으로 찻잔을 만져 보라. 전에도 찻잔을 이처럼 느껴 본 적이 있는가? 어떻게 느껴지는가? 아주 뜨거운가 아니면 약간 미지근한가? 온도를 느껴 보라.

찻잔을 입술에 가져가라. 얼굴에 닿는 김을 느껴 보라. 찻잔에 입김을 불어서 찻잔에서 올라오는 김을 느껴 보라. 차의 향을 맡아 보라. 은은한 냄새를 한 모금 마셔 보라. 맛 감각의 90%는 코가 조절한다. 차의 냄새를 맡지 않으면, 차 맛을 느낄 수 없다.

이제 차를 한 모금 마셔 보라. 입술이 델 정도인가? 너무 뜨거운가, 아니면 알맞게 따뜻한가? 맛은 어떤가? 판단하지 않고 당신의 경험을 알아차리라. 이제 당신의 경험을 다음에 기술하라.

____

____

____

당신이 차를 좋아하지 않는다 해도, 그것이 문제가 되지는 않는다. 그저 연습을 시도해 보라. 차의 맛을 보면서 당신이 얼마나 차를 좋아하지 않는지 알아차리라. 그리고 그 경험을 적어 보라. 기쁨의 순간에만 현재에 대한 자각을 연습해야 하는 것은 아니다. 이는 인생의 절반을 없애는 것이 될 것이다. 당신은 삶에서 불쾌한 경험을 하게 될 것이라는 것을 안다. 따라서 이를 충분히 경험하면서 그러한 경험이 지닌 가치를 취하는 편이 더 나을 것이다.

마음챙김 먹기

앞에서 한 연습들은 실제로 마음챙김 먹기라고 불리는 더 포괄적인 수행의 작은 부분집합이다. 마음챙김을 수행하는 종파가 다양한 만큼이나 마음챙김 먹기를 연습하는 방식도 매우 다양하다. 어떤 방식은 천천히 먹기를 요구하고, 어떤 방식은 음식을 50번씩 씹게 하며, 어떤 곳에서는 끼니 수를 제한해서 먹게 하고, 또 어떤 곳에서는 먹는 동안 배고픔 반응을 시험해 보도록 요청한다.

많은 서구 문화, 특히 미국에서는 우리가 먹는 음식에 많은 주의를 기울이지 않는다. 모든 음식이 대단히 크고 햄버거도 킹사이즈인 세상에서, 우리는 음식을 생존의 필수 요소 그 이상으로 생각하지 않는 경향이 있다. 심지어 우리는 음식을 공기처럼 이미 주어진 것으로 믿는 경향이 있다. 우리는 음식을 당연한 것으로 여긴다.

마음챙김 먹기의 요점은 먹는 활동 자체에 있지 않다. 이는 마음챙김을 연습하는 한 가지 수단이다. 그냥 마구 먹는 것이 아니라 먹는 행동을 알아차리는 것은 자신을 현재 순간으로 데려오는 탁월한 방법이다. 먹으면서 자신을 관찰하는 것은 자신을 개념화된 자기로부터 분리하는 훌륭한 연습 방식이다. 당신이 먹는 것을 좋아하는지 여부는 중요하지 않다. 중요한 것은 현재의 순간과 연결되는 것이다.

마음챙김 먹기를 위하여, 당신은 앞에서와 동일한 기법들을 사용하여 동일한 태도로 연습할 수 있다. 다음 식사 때 당신 자신을 위해 별도의 시간을 내어 다음을 연습해 보라.

E/X/E/R/C/I/S/E

연습: 마음챙김 먹기

천천히 식사를 시작하라. 모든 행동을 하는 데 시간을 충분히 들이라. 또한 자신의 경험을 알아차리라. 포크를 들거나 고기를 자를 때, 그것이 무엇처럼 느껴지는지 주목하라. 입에 한 가지 음식을 넣고 씹으면서 그 음식의 맛과 질감을 느껴 보라. 그 맛이 좋은가, 아니면 역겨운가? 그것을 판단하는 데 매달리지 말라. 그저 그것을 알아차리라.

식사를 하는 동안 어떤 생각이나 감정이 떠오르는 것을 발견하였는가? 그렇다면 그것 또한 그저 알아차리라. 이를 위해 이 책에서 사용한 다른 기법들을 활용할 수도 있다.

친구나 배우자와 함께 식사하고 있는가? 아니면 혼자서

먹고 있는가? 함께 식사하는 사람과 교류하면서 자신의 마음을 지켜보는 것은 흥미로운 일이 될 것이다. 또한 혼자서 식사하면서 떠오르는 생각과 감정에 집중하는 것도 흥미로울 것이다.

우리는 모두 생존을 위해 식사 시간을 가져야 하기 때문에, 마음챙김 먹기는 현재 순간에 접촉하고 머무는 것을 연습하면서 자신의 시간을 최선으로 활용하는 매우 훌륭한 방법이다.

E/X/E/R/C/I/S/E

연습: 클래식 음악 듣기

이 연습은 복합적인 자극들 중에서 특정한 측면에 초점을 기울이거나, 동시에 여러 자극에 주의를 집중하거나, 또는 당신의 모든 경험이 하나의 노래 선율 속에 휩싸이도록 허용할 수 있는 방법에 대한 통찰력을 제공하는 흥미로운 연습이다. 이런 면에서 클래식 음악은 흥미로운 비유가 될 것이다. 더욱이 클래식 음악을 듣는 것은 그 자체로 좋은 마음챙김 연습이 될 수 있다.

클래식 음악을 한 곡 선택하라. 당신이 좋아하는 교향곡, 협주곡 또는 현악 사중주곡을 선택하라. 많은 다양한 악기들이 함께 연주되는 곡이면, 그 곡이 어떤 곡이든지 괜찮다. 피아노 독주나 바이올린 소나타는 이 연습에 적합하지 않다(당신이 클래식을 '좋아하지' 않더라도, 이 연습을 시도해 보라. 다른 형태의 음악을 가지고도 이 연습을 할 수는 있지만, 다른 장르보다는 클래식 음악을 들을 때 소리의 차이에 주의를 기울이기가 더 쉬운 듯하다. 물론 당신은 연주회장에서 이 연습을 할 수도 있다.).

평소처럼 음악을 들으면서 연습을 시작하라. 그 음악에 어느 정도 익숙해진 다음에는, 어느 특정한 악기 소리에 주의를 기울여 보라. 만일 그것이 교향곡이라면, 먼저 현악기 소리에 주의를 기울일 수 있다. 현악기 소리에 유념하라. 첼로와 바이올린 소리를 구분할 수 있는가? 베이스는 어떤가? 다른 현악기들과 더블 베이스 소리를 구분할 수 있는가?

이번에는 오케스트라의 다른 악기들에 주의를 돌려 보라. 호른 소리를 들을 수 있는가? 타악기는 어떤가? 목관 악기는 어떤가? 각각의 소리를 들으면서 그 악기의 이름을 말해 보라. 만일 당신이 클래식 음악에 특별히 친숙하지 않다면, 그저 서로 다른 다양한 유형의 소리들에 주목해 보라.

당신이 다양한 악기들 사이로 주의를 이리저리 이동할 때, 무슨 일이 일어나는지 주목하라. 당신은 지금 한 악기의 소리에만 주의를 기울이고 있는가? 만일 그렇다면, 다른 파트들의 소리는 어디에 가 있는가? 다양한 소리들 사이로 주의를 이리저리 옮기면서 이를 실험해 보라.

이번에는 두 악기의 소리를 동시에 들으려고 해 보라. 예를 들어, 첼로와 호른 소리를 함께 따라갈 수 있을 것이다. 음악에 '휩싸이지' 않도록 하라. 소리들을 주의 깊게 알아차리고 각 악기의 이름을 말해 보라. 당신은 다른 악기들의 소리를 따라가 봄으로써 이 실험을 더 해 볼 수 있을 것이다.

아니면 당신의 마음이 소리들 사이를 이리저리 배회하는 방식을 지켜볼 수도 있을 것이다. 어느 지점에서 한 소리만을 자각하는가? 어느 지점에서 동시에 여러 소리들을 자각하는가? 당신이 원한다면, 이를 여러 가지 방법으로 해 볼 수 있을 것이다.

한 악기의 소리를 듣는 것과 여러 악기들의 소리를 듣는 실험을 마쳤으면, 이제 곡 전체에 초점을 두어 보자. 동시에 모든 악기들의 소리를 알아차려 보라. 당신은 다른 소리들보다는 어떤 특정 악기의 소리에 더 주의를 기울이고 있는가? 곡을 전체적으로 들을 때 다양한 모든 악기의 소리를 들을 수 있는가? 모든 악기 소리를 함께 들을 때 무슨 일이 일어나는가? 더 큰 소리로 변하는가? 언제 한 악기 소리가 곡 전체 속에 묻혀 버리는지 파악해 보라. 당신이 소리와 상호작용하는 방식을 주의 깊게 지켜보라.

만일 당신이 음악 애호가라면, 이 연습은 특히 뜻깊은 경험이 될 수 있다. 왜냐하면 우리가 음악을 듣는 방식은 우리가 마음이라고 부르는 말 기계에 귀 기울이는 방식과 매우 흡사하기 때문이다. 열정적인 크레센도가 진행되는 동안에 우리의 관찰하는 자기는 종종 음악 속으로 빨려 들어간다. 마찬가지로 우리는 언어적인 여행에 휩쓸린다. 그러나 음악을 들으면서 마음챙김의 자세를 유지할 수 있다면, 상당히 많은 방법으로 우리의 경험을 풍부하게 할 수 있다. 우리가 다양한 악기들이 내는 각각의 소리를 인식할 수 있다면, 또한 그러면서도 열정적인 소절에 휩쓸리는 것을 스스로 선택할 수 있다면, 이 얼마나 기쁜 일인가!

당신은 교향곡을 감상하듯이 우울이나 불안을 바라보는 법을 배울 수 있다. 다양한 악기들의 소리를 알아차리는 것과 같은 방식으로 감정, 생각, 충동 그리고 감각을 주의 깊게 알아차리려고 해 보라. 지금 다양한 선율과 화음이 만들어지고 있는 것을 식별할 수 있는가? 당신의 경험이 만드는 음악을 주의 깊게 알아차리는 것은 황홀한 경험이 될 것이다.

E/X/E/R/C/I/S/E

연습: 글을 읽으면서 발에 주목하기

당신의 발에 초점을 두라. 발이 지금 있는 그곳에서 어떻게 느껴지는지 알아차리라. 이제 다음에 나오는 글을 읽으면서, 발에 대한 마음챙김을 유지하도록 노력하라.

메리에게는 양 한 마리가 있었네.
그 털은 눈과 같이 희었네.
메리가 어디를 가든지
양은 그녀를 따라다녔네.
어느 날 양은 메리를 따라 학교에 갔네.
이는 교칙에 어긋난 것이었네.
학교에서 양을 보자

아이들은 웃으며 놀렸네.

당신은 이 동요를 읽으면서 발에 대한 마음챙김을 유지할 수 있었는가? 당신의 주의는 동요와 발 사이를 왔다갔다 하였는가? 기억날 때만 가끔씩 발을 알아차렸는가? 혹은 동요를 읽는 동안 발을 주의 깊게 알아차릴 수 있었는가? 이 질문에 대한 대답을 다음에 기록하라.

____

____

____

이 연습은 여러 가지 면에서 매우 흥미롭다. 먼저, 이 연습은 우리의 주의를 반으로 나누어 동요를 읽으면서 동시에 자신의 발을 알아차릴 것을 요구한다. 이 연습은 또한 우리가 때로 우리 자신의 이야기에 빨려 들어서 다른 일들이 일어나고 있다는 것을 잊어버리는 것과 매우 흡사하다.

당신이 자신의 우울이나 불안, 열등감의 이야기 속으로 빠져들어 갈 때, 당신은 종종 그 순간에 자신에게 다른 많은 일들이 일어나고 있다는 사실을 잊어버릴 수 있다. 그 이야기가 그 순간에 당신이 주목하는 유일한 것일지도 모른다. 당신의 심리적 고통의 이야기가 만들어지고 있는 바로 그 시간에, 당신은 또한 자신의 손, 발, 실내 온도 또는 자신과 주변 환경에서 일어나는 수많은 다른 요인들에 주의를 기울일 수도 있었을 것이다. 그러나 이 연습의 목적은 당신이 처한 고통을 잊어버리거나 무시하기 위한 수단으로 발에 주목하는 것이 아님을 기억하라. 오히려 당신은 자신이 원하는 대로, 의도적이면서도 유연하게 그 순간에 주의를 기울이는 것을 연습하기 위해서 자신의 발에 초점을 둘 수 있다.

당신은 신문을 읽으면서, 또는 이 책을 읽으면서도 이와 같은 연습을 할 수 있다. 당신이 주의를 기울일 어떤 구체적인 대상을 고른 다음, 읽는 데 주의를 기울이면서 동시에 그 대상에도 초점을 둘 수 있는지 살펴보라.

명 상

모든 주요 종교나 철학적 전통에서는 관찰하는 자기의 개념을 탐구해 왔다. 사람이 스스로 더 많이 알아차릴 수 있도록 훈련하는 것을 돕기 위해 많은 수행들이 개발되어 왔다. 이들 중에서 가장 오래된 수행의 하나가 바로 마음챙김 명상이다.

서구 문화에서 명상은 명예롭지 않은 오해를 받고 있다. 서구 사람은 명상을 두 가지 시각 중 하나로 바라보는 듯하다. 하나의 시각은, 명상을 어떤 불가사의한 형이상학적인 수행으로서 정상인이 일상에서 실천하기에는 너무 난해하고 비밀스러운 것으로 보는 것이다. 또 하나의 시각은, 명상을 조용히 자리에 앉아 평화로운 감정이 부드러운 바다물결처럼 온몸을 감싸도록 함으로써 깨달음에 이르게 되는 수행으로 이해하는 듯하다. 우리 모두를 위해 또 다른 시각이 필요하다!

명상에 대한 이러한 인식들은 어느 것도 유익하지 않다. 선불교에는 서양의 많은 수행자들이 '단지 앉아 있기(just sitting)'라고 지칭하는, 좌선이라 불리는 명상의 형태가 있다. 즉, 그저 앉아 있는 것이다. 평화의 물결이 당신을 감싸기만을 기다리지도 않고 신비한 요소도 없이, 앉아 있는 것이다.

그러나 '단지(just)'라는 말을 문자 그대로 받아들여서는 안 된다. 당신이 단지 앉아 있을 때에도 많은 일들이 일어난다. 예를 들어, 호흡을 멈출 수 없다. 배고픈 것을 멈출 수 없다. 그리고 지금쯤이면 당신이 멈출 수 없는 다른 한 가지를 추측할 수 있을 것이다. 그렇다. 당신은 실로 생각하는 것을 멈출 수 없다. 이것이야말로 많은 사람들이 명상에 대해 갖는 가장 큰 오해의 하나다. 사람들은 명상을 어떤 평화로운 곳에 살면서 생각하기와 느끼기를 멈추게 되는 방법쯤으로 생각하는 듯하다. 명상은 전혀 그런 것이 아니다. 명상을 수행하는 동안에도 고통의 감정이나 생각, 신체감각이 많이 나타날 수 있다. 그러나 당신은 그것들이 오고 가는 것을 그저 지켜보는 것을 배울 수 있다.

오랫동안 조용히 앉아서 당신의 마음과 몸이 만들어 내는 것을 그저 지켜보는 것은 수용, 탈융합 그리고 현존하기를 연습하는 훌륭한 방법이다. 이 장에 나오는 다른 활동들과 결합하여 활용한다면, '단지 앉아 있기'는 당신이 자신의 마음챙김 연습을 개발해 가는 데 특히 큰 도움이 될 것이다.

명상에 대해 읽기만 하지 말고 직접 경험해 보는 것이 어떻겠는가? 다음의 연습은 당신이 스스로 명상 훈련을 시작할 수 있도록 돕기 위한 것이다.

E/X/E/R/C/I/S/E

연습: 단지 앉아 있기

전 세계에 걸쳐 많은 다양한 형태의 명상이 수행되고 있다. 그중 일부는 특정한 것에 초점을 두거나 지시에 따라 인도되는 형태의 명상인데, 이러한 명상에서 당신은 특정한 사물이나 생각, 단어에 의식의 초점을 기울이거나, 일련의 처방된 지시에 따라 스스로 '여행' 을 안내하게 된다. 앉아 있기 명상은 한 자리에 조용히 앉아서 몸을 거의 움직이지 않은 채, 수용적이고 현재적이며 탈융합된 방식으로 자신에게 나타나는 것을 지켜보는 수행이다. 거기에는 종교적인 요소가 없으며, 그러한 일련의 기대들을 지닐 필요도 없다. 목표는 관찰하는 자기와 접촉하는 것이며, 또한 단순히 보이는 대로 보는 것이다.

- **일정**　이 연습을 위하여, 먼저 당신의 일정상 스스로 작정한 연습시간을 지속적으로 유지할 수 있는 시간대를 찾을 것을 권한다. 얼마나 자주 할 것인지는 당신이 결정할 몫이다. 중요한 것은 지속적으로 하는 것이다. 우리는 일주일에 세 번, 한 번에 15분씩 연습하는 정도로 시작할 것을 제안한다. 그러나 그것이 너무 무리라고 느껴지거나 그럴 만한 시간이 없다면, 일주일에 한 번으로 출발할 수도 있다. 일정 시간을 따로 떼어 놓고, 작정한 그 시간에 연습을 수행하라. 방해받을 일은 늘 발생하고, 하고 싶지 않은 날도 언제나 있기 마련이다.

이러한 방해와 감정을 그저 있는 그대로 바라보면서, 당신이 연습하기로 작정한 그 시간에 연습을 수행하라. 만일 당신이 하고 싶은 때나 편리한 때만 연습한다면, 연습 시간이 점차 사라지게 될 것이다.

■ 장소　크게 방해받지 않을 만한 장소를 찾는 것 또한 중요하다. 중요한 것은 주의 분산의 여지를 완전히 제거하라는 것이 아니라, 일정 시간 동안 조용히 앉아 있을 수 있는 시간과 장소를 찾으라는 것이다. 아침밥을 달라고 아이들이 5분마다 들어온다면, 이는 당신에게 도움이 되지 않을 것이다. 한편으로, 산만해질 만한 요소를 다 없앨 수도 없을 것이다. 우리는 소음과 활동으로 넘쳐나는 세상 속에 살고 있다. 마음챙김을 유지하는 데서의 한 가지 도전은 이 활동에 너무 경직되게 매이지 않는 것이다. 당신이 실제로 연습에 지나치게 매일 때 그러한 자신을 지켜보는 것 또한 연습의 일부다.

■ 시간　한 번에 한 시간 동안 앉아 있으려 애쓰는 것으로 연습을 시작하지 말라. 당신이 그렇게 할 수 있을 것이라고 기대하는 것은 비현실적이다. 짧은 시간으로 시작하여 시간을 점차 조금씩 늘려 가는 것이 더 현실적이다. 만일 15분조차도 앉아 있기에 너무 길다면, 10분으로 시작하여 서서히 시간을 늘려 가면 된다. 목표로 하는 시간에 이를 때까지 매주 2~3분씩 연습 시간을 늘려

가도 좋다. 한 번에 씹을 수 있는 양 이상의 음식을 입에 넣을 필요는 없다. 한편 당신이 자기 자신을 잘 알고 연습 시간을 더 빨리 늘리는 게 효과적이라고 생각한다면, 그렇게 해도 좋다.

당신은 자신에게 가장 효과적인 것에 근거하여 궁극적인 목표를 설정할 수 있을 것이다. 하루에 30분 이상 명상을 하는 서양인은 별로 없는 듯하다. 30분이 긴 시간처럼 보일는지도 모르겠다. 그러나 일단 당신이 명상 연습을 시작하면, 자신이 그 이상을 원한다는 것을 발견할 수도 있을 것이다. 명상 수행은 당신의 삶에 극적인 영향을 미칠 수 있다. 그저 정기적으로 명상을 수행하면서 자신에게 어떤 것이 가장 효과적인지 살펴보라.

당신은 시계를 보지 않고, 알람을 맞춰 놓거나 시간을 가늠할 수 있는 다른 수단을 사용할 수 있다. 당신은 시계를 보는 것이 연습에 매우 방해가 된다는 것을 알게 될 것이다. 뿐만 아니라 자주 시계를 보는 것은 움직임의 손쉬운 구실을 제공하기도 한다. 일단 연습을 시작하면, 시간이 얼마나 경과했는가에 대해서 당신의 몸이 자연적인 감각을 제공해 줄 것이다. 당신은 궁극적으로 그 것에 의존할 수 있다. 그때까지는 알람을 맞춰 두도록 하라.

■ 자세　1960년대 미국에 거주한 유명한 선사 순류 스즈키(Shunryu Suzuki) 스님은 종종 “자세가 곧 수행이다.”

라고 말하였다. 우리가 논의하는 유형의 앉기 연습은, 전통적으로 바닥에 방석을 놓고 그 위에 가부좌 자세로 앉아서 실시한다. 가부좌 자세를 할 때에는 두 다리를 꼬고 앉는다. 먼저 두 손으로 오른쪽 발을 들어서 왼쪽 허벅지, 즉 엉덩이와 왼쪽 사타구니 사이에 있는 넓적다리 위에 놓는다. 다음에는 왼쪽 발을 들어서 엉덩이와 오른쪽 사타구니 사이에 있는 오른쪽 허벅지에 놓는다. 척추는 똑바로 세워야 하며, 정수리가 하늘을 향한 채 턱은 약간 아래를 향하도록 한다. 또한 팔은 손과 함께 느슨한 원을 이루고, 두 손은 또한 자체적으로 느슨한 원을 이루는데, 한 손이 다른 손 위에 가볍게 얹혀 있되 두 엄지손가락이 서로 가볍게 닿도록 한다. 이런 자세로 앉으면 당신의 몸 중에서 세 부분(두 무릎과 엉덩이)이 바닥과 닿게 된다.

이는 다소 발전한 요가 자세다. 초보자가 이 자세를 잡기는 매우 어려우며, 이 자세를 오래 유지하기는 더욱 더 어렵다. 이 어색한 자세를 유지하려면 상당한 정도의 유연성이 요구된다. 사실상 요가가 만들어진 중요한 이유 중 하나는, 이 이상한 자세로 앉아 있을 수 있도록 몸을 서서히 조건화시키기 위함이었다.

당신이 아직 가부좌를 해 본 적이 없거나 몸이 유연하지 않다면, 우리는 당신이 가부좌 자세를 시도할 것을 권하지 않는다. 우리가 이 자세를 기술하는 이유는, 당신이 앉아 있기 명상을 수행할 때 유지해야 하는 자세

몇 가지를 예시하기 위함이다.

당신은 먼저 바닥에 앉을지 의자에 앉을지를 선택하고 싶을 것이다. 우리는 가능하면 바닥에 앉기를 권한다. 우선 이 자세를 유지하는 것은 흥미로운 경험이 될 것이다. 더 중요하게는, 그 자세의 특성상 안정되고 곧은 자세(앉아 있기의 가장 중요한 두 요소)를 유지하는 것이 더 쉬울 것이다. 우리는 의자에 앉는 것이 너무 익숙해서, 의자에 앉으면 몸이 축 늘어지거나 이완되는 경향이 있다. 앉아 있기 명상 동안에는 곧은 자세를 유지하는 것이 가장 중요하다. 의자에서는 그렇게 되지 않는 경향이 있다. 그러나 만일 (특히 하체 부위에) 어떤 손상이 있거나 바닥에 앉을 때 고통이 너무 심하다면, 의자에 앉는 것이 합리적인 대안이 될 것이다.

가부좌 자세에는 세 가지 중요한 원칙이 포함되어 있다. 첫째, 척추를 곧게 세워야 한다. 될 수 있는 대로 똑바로 앉아 있어야 한다. 둘째, 세 지점(두 무릎과 엉덩이)이 바닥에 닿도록 노력해야 한다. 이렇게 함으로써 당신은 더 충분히 그 자리에 안착할 수 있을 것이다. 만일 당신이 의자에 앉아서 한다면, 바닥에 굳건히 닿아 있는 두 발과 의자 위의 엉덩이가 그 세 지점이 될 것이다. 세 번째는 손과 팔의 위치다. 만일 당신이 손과 팔을 양옆으로 늘어뜨린다면, 척추의 자세에서 타협이 이루어져야 할 것이다. 따라서 손과 팔을 어떻게 하는지에 대해서는 앞의 설명을 따라야 한다. 만일 당신이 그렇게 할 수 없거나 그렇게 하는 것이 편안하지 않다면, 그 대안으로 두 손을 무릎 위에 놓아라.

만일 바닥에 앉기를 택한다면, 정좌 명상을 위한 목적으로 만든 전통적인 방석을 구입하면 좋을 것이다. 이는 아시아 상품을 파는 가게에 가면 구입할 수 있다. 이를 구할 수 없다면, 바닥에 간단히 일반 방석을 놓고 앉아도 좋다. 매우 효과적이지는 않아도, 웬만큼 쓸 만하다. 엉덩이가 바닥에서 조금 높이 떨어져 있으면, 두 무릎이 자연스럽게 바닥에 닿을 수 있을 것이다.

만일 의자에 앉기를 택한다면, 척추를 똑바로 세우는 것을 잊지 말라. 의자 등받이에 등을 기대지 말고, 의자에서 약간 앞쪽으로 나와 앉으라. 등받이에 의지하지 말고 곧은 자세를 유지하라. 무릎은 90°를 유지하고, 두 발은 어깨너비 정도로 벌리되 바닥을 굳게 디뎌야 하며, 발가락은 정면을 향하도록 하라. 앞에서 기술한 모든 다른 요소들이 이 자세에도 그대로 적용된다.

이 자세에서 강조할 마지막 요점은 정지해 있으라는 것이다. 당신이 앉아 있는 동안 전혀 움직이지 않도록 노력하라. 만일 자신이 움직이는 것을 발견하면, 다시 현재로 되돌아와서 고요히 앉아 있으라. 단지 앉아 있음은 될 수 있는 대로 움직이지 않음을 의미한다. 당신은 자신이 얼마나 정지해 있을 수 있는지를 알고 놀랄 것이다.

■ 실행 이 연습에서 요구하는 것은 앉아 있는 것이다. 다

른 '목표'는 없다. 그러나 연습을 하면서 몇 가지 명심할 것이 있다. 6장에서 시냇물을 따라 흘러가는 나뭇잎 위에 당신의 생각을 올려놓고 이를 지켜보는 연습을 한 기억이 나는가? 정좌 명상의 많은 부분은 이 기술을 연습하기 위한 것이다. 당신은 어떤 특정한 것에 초점을 둘 필요는 없으며, 그렇게 하려고 애써도 안 된다. 그저 당신의 마음이 원하는 대로 무엇이든 만들어 내는 것을 허용하고, 그것이 하는 일을 지켜보라. 생각이 왔다가 사라지도록 놓아두라. 그것이 지나가는 것을 그저 지켜보라.

당신은 불가피하게 어떤 생각에 사로잡힐 때가 있을 것이다. 백일몽이 시작될 수도 있고, 어떤 심리적 고통에 사로잡힐 수도 있을 것이다. 아침에 무엇을 먹었는지를 생각할 수도 있고, 아이들이 몇 시에 귀가하는지, 밤에 무슨 영화를 볼지를 생각할 수도 있으며, 오랫동안 보지 못한 옛 여자 친구 생각이 떠오를 수도 있다. 당신도 잘 알다시피, 마음은 생각을 만들어 내는 데 아주 능숙하다. 조용히 앉아 있다 보면, 당신의 마음이 자신의 자연스러운 재능을 이미 상당히 증폭시켜 왔음을 알게 될 것이다. 당신의 마음속에서는 수많은 생각들이 떠오를 것이며, 당신은 때때로 이에 사로잡힐 것이다.

이러한 일이 일어나면, 그저 무엇이 일어났는지 알아차리고 관찰하는 자기와 현재의 순간으로 되돌아오라. 당신이 어떤 생각에 빠져 있었음을 알아차리고, 지금 여기로 되돌아오라. 당신은 지난 두 장을 통해 이미 이 기술을 연습했기 때문에, 이제는 어떻게 하는지에 대해 어느 정도 알고 있을 것이다.

당신은 아마도 이전 장들에서 배운 일부 탈융합 기술들을 적용하고 싶을지도 모르겠다. 정좌 명상 동안 사용할 수 있는 효과적인 기술 중 하나는 생각에 이름을 붙이는 것이다. 마음의 눈앞으로 어떤 생각이 지나가는 것을 지켜보면서, 다음과 같이 말할 수 있을 것이다. "나는 지금 아침식사 때 계란을 먹었다는 생각을 하고 있다."

당신은 또한 앞에서 기술한 '범주 명명하기' 연습을 활용할 수도 있다(예, "나는 지금 슬픈 감정을 느끼고 있다."). 이는 정좌 명상 동안 특히 효과적일 수 있다. 왜냐하면 이는 간단하면서도, 생각, 감정 및 신체 감각이 오고 갈 때 그것을 알아차리도록 해 주기 때문이다.

■ **호흡을 따르기**　정좌 명상을 하면서 추가할 수 있는 또 다른 연습은 '자신의 호흡을 따라가는 것' 이다. 당신의 몸에서 숨이 들어오고 나가는 것을 그저 지켜보라. 이는 자연스럽게 일어난다. 숨이 들어오는 것을 느끼고, 숨이 나가는 것을 느끼라. 호흡이 방해받지 않고 자연스럽게 일어나도록 하라. 원한다면 숨을 쉴 때마다 하나에서 열까지 셀 수도 있다. 열까지 세면, 다시 하나로 되돌아가라. 그저 자신의 호흡을 계속하여 지켜보라.

앉아 있는 동안 온갖 종류의 내용들이 나타날 것이다.

분노, 우울, 불안, 열등감 등 모든 것들이 표면에 떠오를 것이다. 그것들이 나타났다 사라지는 것을 그저 지켜보라. 그것들이 나타나면, 마치 한 어린아이가 당신에게 인사를 했을 때 그 존재를 알아주면서 그 아이의 머리를 쓰다듬어 주는 것처럼, 그들을 친절하게 대하라.

■ **신체 통증** 특히 꽤 오랫동안 앉아 있을 때 자주 나타날 수 있는 문제는 신체 통증이다. 명상 중에 나타나는 통증은 우리의 주의를 분산시킬 수 있다. 신체 통증은 놀라운 현상이다. 당신의 마음이 그것에 얼마나 많은 주의를 기울이는지 알면 놀랄 것이다.

우리가 4장에서 만성 통증과 이를 기꺼이 경험하려는 태도에 관하여 인용한 연구들을 기억할 수 있는가? 신체적 통증에서 벗어나려고 애쓰는 것은 정서적 고통을 회피하려고 애쓰는 것과 마찬가지로 경험의 회피가 될 수 있다. 실제로 이 책에서 논의한 방법들은 신체 통증으로 고생하는 사람에게 유익하다는 것이 입증되었다(부록 참조). 당신이 '더 이상은 통증을 견딜 수 없다.'라고 느낄 때, 일어나서 이리저리 움직이기보다는 통증과 더불어 앉아 있어 보기를 권한다. 당신이 연습을 지속하면, 당신이 생각하는 것보다 더 오래 앉아 있을 수 있음을 발견할 것이다.

당신은 아마도 신체 통증 때문에 움직이고 싶은 유혹을 가장 크게 느낄 것이다. 초보자의 경우에 이는 거의 보편적인 것 같다. 모든 사람들이 처음에는 앉아 있는 고통을 경험한다. 경험이 아주 많은 명상 교사조차도 이러한 경험을 한다. 할 수 있는 한 오랫동안 통증과 함께 앉아 있으라. 당신이 도저히 더 이상은 그 자세를 유지할 수 없다고 느낄 때, 자세를 살짝 조정하는 정도로만 몸을 가볍게 움직인 다음에 다시 앉는 자세를 유지하라. 만일 당신이 포기하여 통증이 가져다주는 경험을 회피한다면, 전혀 앉아 있을 수 없도록 자신을 조건화하게 될 것이다. 만일 경험의 회피가 이러한 선택을 지배하도록 허용한다면, 당신은 예전과 같은 덫 속에 빠지게 될 것이다.

물론 당신 자신을 잘 보살필 필요가 있으며, 당신에게 실제적인 손상이 있다면 그것에 주의를 기울여야 한다. 자신을 부드럽게 대하라. 스스로에게 앞을 향해 나아가도록 부드러운 압력을 가하면서, 연습을 계속하라.

삶 속에서의 마음챙김

이 책의 모든 자료들은 서로 연결된다. 이 장에서 배운 많은 기법들은 ACT 프로그램의 다른 요소들을 실천할 때도 유용하게 적용될 수 있을 것이다. 당신은 이 책의 다음 장들을 진행해 나갈 때

마음챙김을 필요로 하게 될 것이다. 뿐만 아니라, 당신은 마음챙김을 가지고 이 책의 앞 장으로 되돌아갈 수도 있을 것이다. 만일 당신이 인지적 탈융합에 대해 좀 더 작업할 필요를 느낀다면, 이러한 마음챙김 전략을 가지고 이전 장들을 다시 검토해 보라.

또한 사실상 여기에 제시된 많은 기법들은 서로 결합하여 활용될 수 있다. 실험하라. 당신에게 효과적인 것을 찾으라. 다양한 마음챙김 연습들을 자유롭게 동시에 활용하고, 적절해 보이는 것은 그 기법들을 결합하라. 마음챙김을 어떻게 해야 하는지에 대한 고정불변의 규칙은 없다. 당신 자신에게 의미가 통하는 것을 하라.

항상 존재하는 '옳은' 방식은 없다. 진실이라고 자처하는 것들은 우리를 또 다시 덫으로 이끌 뿐이다. 마음챙김은 다른 어느 것보다 더 '올바른' 삶의 방식은 아니다. 이 연습은 우리의 심리적인 유연성을 증가시키기 위한 것이다. 즉, 어떤 주어진 상황에서 반응할 수 있는 레퍼토리를 확장하기 위한 것이다. 심리적 유연성의 증진이 괴로움을 겪는 사람에게 매우 유익하다는 것이 많은 연구들을 통해 입증되었다(부록 참조).

신체 운동에 관한 자료를 읽는 것만으로 근육이 길러질 수 없듯이, 이 장에 나오는 기법들을 읽는 것만으로는 효과가 없을 것이다. 이 기법들은 연습하고 또 반복하여 연습할 때만이 그 가치를 발휘할 것이다. 만일 당신이 이해를 목적으로 이 장을 읽었다면, 좋다. 이해했다면, 이제는 실천하라. 당신이 이제 의도적으로 고통을 향해 나아가려고 할 때, 이 기술들을 필요로 하게 될 것이다.

chapter **09**

기꺼이 경험하기는 무엇이며 무엇이 아닌가

4장에서 우리는 수용과 기꺼이 경험하기를 "자신을 있는 그대로 받아들일 것인가?"라는 질문에 대한 대답이라고 대략적으로 정의하였다. 수용하고 기꺼이 경험한다는 것은 그 순간에 사적인 경험의 세계에 대해 예라고 대답하는 것이다. UN 사무총장을 지낸 다그 함마르셸드(Dag Hammarskjöld)의 말을 인용해 보자. 그는 삶과 경험이 제공하는 것에 대해 '예'라고 대답하는 것이 지니는 힘을 표현하고 있다.

> 누가 또는 무엇이 질문을 던졌는지 나는 모른다. 언제 질문을 던졌는지도 나는 모른다. 심지어 대답한 것조차 기억나지 않는다. 그러나 어느 순간에 나는 누군가 또는 어떤 것에게 예라고 대답하였고, 그 시간부터 존재가 의미 있고 삶이 목표를 갖게 되었다고 확신한다.
>
> –다그 함마르셸드

기꺼이 경험하기의 개념을 구체적으로 다루고 있는 9장과 10장에서, 우리는 예라고 말하는 것이 무엇을 의미하는지 정의할 것이며, 그렇게 하는 것을 연습할 것이다. 그러나 먼저, 지금이 이 일을 할 적절한 때인지 결정할 필요가 있다. 이 일을 하려면, 수용해야 할 것이 무엇인지에 대해 분명히 할 필요가 있다. 당신이 삶에서 진정 원하는 것을 향해 나아가기 위해 무엇을 수용할 필요가 있는지를 알고 있다면, 지금이 바로 그때다. 만일 확신하지 못한다면 11, 12장으로 넘어가고, 11, 12장을 다 마친 다음에 9, 10장으로 돌아오라.

무엇을 수용할 필요가 있는가

의도적으로 경험을 변화시키는 것이 요구되는 상황에서조차도, 어떤 면에서 경험을 수용하는 것이 필요하다. 만일 당신이 우연히 뜨거운 난로에 손을 댄다면, 당신은 즉시 손을 뗄 것이다. 당신이 재빠르게 그렇게 한다면, 피부의 손상은 피할 수 있을 것이며 통증은 수초 내로 사라질 것이다. 그러나 당신이 그렇게 할 수 있으려면, 먼저 당신이 상처를 입고 있다는 것을 알 필요가 있다.

기꺼이 느끼지 않으려는 만성적인 경향의 부작용 중에서 가장 슬픈 것은 우리가 무엇을 피하고 있는지를 인식하는 능력이 떨어지기 시작한다는 것이다. 7장에서 언급한 것처럼, '감정표현 불능증(alexithymia, 문자상으로는 '감정에 대한 단어가 없음'이라는 뜻)'은 기꺼이 느끼지 않으려는 경향의 명백한 예다. 만일 자신이 느끼는 것을 만성적으로 회피한다면, 결국에는 자신이 무엇을 느끼고 있는지 전혀 알지 못하게 된다. 이는 두 가지 이유 때문에 슬픈 일이다.

첫째, 그 한 가지 결과로서 삶에서 실수하기가 훨씬 더 쉬워진다. 예를 들어, 당신의 감정은 새로운 파트너가 안 좋게 헤어진 이전의 파트너들과 매우 비슷하다는 것을 알려 주고 있는데도, 당신은 이러한 감정의 신호를 놓침으로써 또 다른 좋지 않은 관계를 시작할 수 있다. 또는 당신에게 경고를 보내는 불편한 감정들을 인식하지 못함으로써, 과도하게 스트레스를 주거나 건강을 해치는 직업을 유지할 수 있다. 마치 통증을 느끼는 감각을 상실한 사람처럼, 경험을 회피하는 사람은 뜨거운 난로 위에 심리적인 손을 올려놓고는 손이 타들어가도록 그냥 놔둘 수 있다.

둘째, 경험을 회피하는 사람은 실제로 사건에 대해 긍정적으로든 부정적으로든 더 강렬하게 반응하는 경향이 있는 것으로 나타났다(Sloan, 2004). 이들은 남들보다 더 예리하게 느껴질 수 있는 고통으로부터 거리를 유지하기 위하여, 남들보다 더 예리하게 느껴질 수 있는 기쁨에서도 멀리 떨어져 지내려고 한다.

탈융합이 당신의 생각이 변화될 것임을 의미하지 않는 것처럼, 수용은 당신의 감정이 변화될 것임을 의미하지 않는다. 그러나 역설적이게도, 변화가 조금이라도 가능하다면, 우리가 수용과 탈융합의 자세를 지닐 때 변화의 가능성이 더 커지는 듯하다. 예를 들어, 당신이 건강하지 않은 관계에 빠져드는 것을 피할 때, 마치 난로에서 손을 빼냄으로써 통증과 손상을 피하는 것처럼 당신은 매우 실제적인 방식으로 고통과 손상을 피한 것이다. 그러나 이를 위해서는 먼저 당신이 그 고통을 느껴야만 하며, 그렇지 않으면 당신은 손을 빼내지 못했을 것이다.

뜨거운 난로와는 다른 종류의 고통이 있다. 이는 건강한 행동에 반드시 수반되는 형태의 고통이거나, 혹은 현재의 상황에 기초하지 않고 본질적으로 역사적이며 조건화된 형태의 고통이다. 격렬한 운동 후에는 근육이 아플 것이다. 열심히 공부하면 피곤할 것이다. 과거의 상실을 회상하면 슬플 것이다. 관계에 자신을 개방하면 취약함을 느낄 것이다. 세상에 관심을 가지면 다른 사람이 상처받고 있음을 알 것이다. 대부분의 심리적인 고통은 이러한 유형인 듯하다.

불안은 대개 실제적인 위험에 토대를 두지 않는다. 우울은 대개 객관적인 현재 상황에 근거하지 않는다. 현재의 상황에 직접적으로 근거하지 않고 본질적으로 역사적이며 조건화된 감정은 이와 같다. 이러한 감정들의 일부는 행동에 대한 좋은 안내자가 되지 못한다. 예를 들어, 학대를 겪은 사람은 현재의 파트너가 민감하고 친절한 사람임에도 불구하고 친밀감을 두려워할지 모른다.

이러한 상황에서는, 두 번째 이유에서 수용과 기꺼이 경험하기가 요구된다. 즉, 그것이 없다면 건강한 행동은 불가능하다. 쇼핑몰에서 몇 차례 공황 발작을 겪고는 더 이상 쇼핑몰에 가지 않으려는 공황장애 환자를 생각해 보자. 불안은 부분적으로 조건화된 반응이다. 이 사람에게 쇼핑과 행동의 자유가 중요한 것이라면, 그는 쇼핑몰에 다시 들어가야 한다. 이는 조건화가 마술처럼 제거될 것임을 의미하지 않는다. 그가 쇼핑몰에 다시 들어갈 때 무엇에 직면하게 될 것이라고 짐작하는가? 아마도 불안일 것이다. 만일 그가 불안을 수용할 수 없다면, 그는 극복할 수 없는 장애물을 지닌 셈이 된다.

이전에도 논의했듯이, 불안은 역설적이게도 이를 직접적으로 제거하려고 애쓸 경우에만 더 악화된다. 만일 어떤 사람이 원하는 삶을 다시 시작하기 전에 불안이 사라지기만을 기다린다면, 그는 아주 오랜 시간을 기다려야 할 듯하다.

이 책에서 말하는 '수용'이나 '기꺼이 경험하기'는 쉽게 바꿀 수 있는 상황이나 사건, 행동을 수용하라는 것이 아니다. 당신이 지금 누군가에게 학대를 당하고 있다면, 요구되는 것은 '학대의 수용'이 아니다. 이때 요구되는 것은 당신이 고통 중에 있음을 수용하는 것, 이에 따라 상기된 힘든 기억을 수용하는 것, 그리고 학대를 멈추기 위해 필요한 단계를 밟는 데서 오는 두려움을 수용하는 것이다.

만일 당신에게 중독 문제가 있다면, 요청되는 것은 물질 남용의 수용이 아닐 것이다. 이때 요청되는 것은 약물 사용의 충동을 수용하는 것, 당신이 선호하는 대처 전략(즉, 약물 사용)을 포기하는 데서 오는 상실감을 수용하는 것, 그리고 감정 조절을 위해 약물에 의존하던 것을 중단할 때 나타나는 정서적 고통을 수용하는 것이다.

당신이 지금 앞으로 나아가기 위해 무엇을 수용해야 하는지 안다면, 이 장과 다음 장을 계속 읽으면 된다. 이제 다음의 질문들을 읽고 무엇이 떠오르는지 살펴보라. 질문에 대해 대답할 것이 생각나지 않으면, 다음 질문으로 넘어가면 된다.

E/X/E/R/C/I/S/E

연습: 무엇을 수용할 필요가 있는가

가장 많이 피하는 기억과 심상

이러한 기억과 심상을 피함으로써 치르는 대가

가장 많이 피하는 신체 감각

이러한 신체 감각을 피함으로써 치르는 대가

가장 많이 피하는 감정

이러한 감정을 피함으로써 치르는 대가

가장 많이 피하는 생각

이런 생각을 피함으로써 치르는 대가

가장 많이 피하는 행동 성향이나 충동

이러한 행동 성향이나 충동을 피함으로써 치르는 대가

우리는 다섯 가지의 회피 영역(기억과 심상, 신체 감각, 감정, 생각, 행동 성향과 충동)을 열거하고, 각 영역에서의 회피의 대가에 대해 질문하였다. 만일 당신이 두 개 이상의 회피 영역이 있고 이 영역에서 분명한 대가를 치르고 있다면, 당신은 이 장을 계속 진행할 준비가 된 것이다. 만일 그렇지 않다면, 11장과 12장을 읽은 다음에 9장으로 돌아오도록 하라.

기꺼이 경험하기의 목표

기꺼이 경험하기의 목표는 유연성이다. 판단하지 않고 경험(생각, 느낌, 감정, 신체 감각 등)을 쫓아내지 않으면서 지금 여기에 온전히 현존할 수 있을 때, 당신은 행동에 필요한 단계를 취할 수 있는 자유를 더 많이 갖게 된다. 만일 감정, 느낌, 생각, 기억 등을 통제하려고 하는 대신에 이를 기꺼이 경험하려 한다면, 통제 의례는 그 토대가 흔들리고 당신은 이러한 의례의 불가피한 부산물로부터 자유로워진다. 이러한 부산물은 상당히 예측 가능하다. 첫째, 당신은 자신의 내면과의 전쟁에서 패배한다. 당신이 이러한 내면의 내용을 지니길 거부하면, 이를 지니게 된다. 둘째, 당신은 자신의 행동을 유연하고 효율적인 방식으로 통제하는 능력을 잃게 된다.

▲ 기꺼이 경험하기는 무엇이 아닌가

기꺼이 경험하기는 쉽지 않다. 노력이 많이 들기 때문은 아니다. 기꺼이 경험하기는 '노력이 든다'는 점에서가 아니라 '다루기 까다롭다'는 점에서 어렵다. 그것은 인간은 배울 수 있지만 마음은 배울 수 없는 행동이기에 다루기가 쉽지 않다. 마음은 기꺼이 경험하기를 제대로 이해할 수 없다. 왜냐하면 기꺼이 경험하기는 비판단적이고 현재에 존재하는 것인 반면, 마음이 작동하는 방식은 시간적 관계와 평가에 기초하기 때문이다(2장에서, 판자에서 나사못을 제거하는 방법을 생각해 내려고 우리가 마음을 어떻게 이용하였는지 기억하는가?). 이러한 이유 때문에, 기꺼이 경험하기 작업을 시작하기 전에 먼저 그것이 무엇이 아닌지를 명확히 하는 것이 도움될 것이다. 그것이 무엇이 아닌지를 알면, 마음이 당신에게 "기꺼이 경험하기는 이런 것이다."라고 실제와 다르게 말할 때 그 말을 에누리해서 받아들일 수 있을 것이다.

기꺼이 경험하기는 원함이 아니다

ACT에서는 초기에 환자에게 어떤 특정 사적 경험(예, 어떤 부정적 감정)을 기꺼이 경험하겠는지 질문한다. 이때 가장 흔한 대답은 "아니요, 그러길 원치 않아요."다. 이 대답에는 새겨 볼 만한 점이 담겨 있다. 기꺼이 경험하기란 원함(wanting)의 문제가 아니다.

'필요(wants)'란 우리가 없어서 아쉬워하는 것을 말한다〔영어에서 본래 'want'라는 단어는 '없어서 아쉬워함'을 의미하며, 'He starved for want of food(그는 음식이 없어서 굶주렸다.).'에서처럼 지금도 여전히 때로는 그런 식으로 사용된다.〕. 당신이 얼마 전에 적은 항목들을 살펴본다면(회피한 기억, 심상, 신체 감각, 감정, 생각), 당신은 그것들이 "없어서 아쉽다."라고 말하지 않을 것이다. 만일 기꺼이 경험하기가 원함을 뜻한다면, 고통을 기꺼이 경험할 사람은 아무도 없을 것이다. 공황장애가 있는 사람이 "여러분, 저는 공황 발작을 원해요. 그것이 없어서 아쉬워요!"라고 말하면서 아침에 이부자리에서 뛰쳐나오지는 않을 것이다.

기꺼이 경험하기는 손님을 맞이하는 것에 비유할 수 있다. 당신이 잔치를 벌이려고 모든 친척을 당신 집에 초대하였다고 가정해 보자. 당신이 좋아하는 삼촌 톰, 둘째 사촌 잭, 사랑하는 사촌 리사를 포함하여, 모든 친척이 다 오기로 하였다. 수십 명의 친척들이 집에 도착하고, 당신을 포함하여 모두가 즐거운 시간을 보내고 있다. 모두가 즐겁게 어울리고 있는 모습을 둘러보며, 당신은 기쁨에 들떠 있기까지 하다. 그때 어떤 차가 집 앞에 선다. 그 차에서 내리는 사람을 보며, 당신의 가슴은 덜컹 내려앉는다. 성미가 까다롭고 변덕스러운, 연로하신 고모 엠마다. 그녀는 좀처럼 씻지 않는다. 그녀는 누구에게도 친절한 말을 하지 않지만, 특히 당신에게는 더 심하다. 그녀는 당신이 준비한 음식을 게걸스럽게 먹을 테지만, 아마도 고맙다는 말은 한마디도 하지 않을 것이다. 그러나 당신은 이미 "누구든 환영한다!"라고 하면서 모든 친척들을 잔치에 초대하지 않았던가?

질문은 이것이다. 비록 당신이 엠마 고모가 잔치에 오는 것을 원하지 않았다 해도, 그녀를 환영하는 것이 진정 가능한가? 우리 대부분은 이러한 상황에 처해 본 적이 있고, 우리는 그 대답을 알고 있다. 환영한다는 것은 원하는 것과 같지 않다. 그녀가 집에 오는 것을 허용하고 그녀의 존재를 인정하며 그녀에게 그동안 어떻게 지냈는지 안부를 묻고 그녀가 잔치에 함께 어울리는 것을 허용함으로써, 당신은 가장 기본적인 수준에서 엠마 고모를 환영할 수 있다. 당신은 가족들을 사랑하기 때문에 그렇게 하며, 엠마 고모도 가족이다. '이 잔치에 엠마 고모가 없다면 얼마나 아쉽고 서운할까?'와 같은 감정을 지녀야만 그녀를 환영할 수 있는 것은 아니다. 그녀가 잔치에 오는 것을 원하는가 원하지 않는가가 중요한 논점은 아니다. 중요한 것은 그녀가 오는 것을 기꺼이 받아들이는가다.

만일 당신이 '절대 안 돼! 그녀가 한 발도 들여놓게 해서는 안 돼!' 라고 결심한다고 가정해 보자. 당신은 그녀의 면전에서 문을 쾅 닫는다. 그녀가 문을 두드릴 때 당신은 문고리를 걸어 잠그고는 "가세요!"라고 고함친다. 그러면 이제 몇 가지 일이 일어날 수 있을 것이다. 첫째, 잔치는 더 이상 진행되지 않는다. 당신은 이제 더 이상 잔치 분위기를 즐기지 못한다. 당신은 오로지 엠마 고모를 쫓아내는 데만 주력한다. 둘째, 다른 손님들이 이 모든 소동에 영향을 받기 시작한다. 그들은 동요하고, 당신의 행동 방식에 대해 따지며, 집을 아주 떠나거나 다른 방으로 물러난다. 그들이 거실을 떠나기 시작하면서 엠마 고모는 점점 더 관심의 초점이 된다. 셋째, 당신은 더 이상 움직일 수 없다. 문 앞을 떠나지 못한다. 적어도 당신에게만큼은, 잔치는 이제 끝이다.

당신이 엠마 고모를 쫓아내려고 애쓰는 대신에, 당신이 원하는 것에 대한 집착을 내려놓기로 결심한다고 가정해 보자. 당신은 모든 손님들을 환영하기로 한 애초의 결심을 유지한다. 당신은 그녀를 음식이 있는 곳으로 안내한다. 또한 맛있는 애피타이저를 제공한다. 당신은 여전히 그녀와 함께하는 것을 원하지 않지만, 당신과 다른 모든 손님들은 이제 잔치를 즐길 수 있다. 당신은 어울릴 수 있다. 당신은 이곳저곳을 자유롭게 다닐 수 있다. 그녀 또한 마찬가지다.

기꺼이 경험하기는 정확히 이와 같다. 이러한 생각을 간결하게 묘사하고 있는 글을 하나 인용해 보자.

> 기쁨, 우울, 초라함, 어떤 순간적인 자각은 갑작스러운 방문객처럼 우리를 찾아온다. 이 모든 것들을 환대로 맞이하라!
>
> – 잘랄 앗 딘 알 루미(Coleman Barks 번역, 1997)

물론 이 비유는 당신이 좋아하지 않는 감정이나 기억, 생각에 관한 것이다. 당신의 집 문 앞에는 수많은 엠마 고모들이 있다. 잔치가 시작되기 전에 그들이 물러나기를 기다린다면, 잔치는 시작되지 않을 것이다. 중요한 것은 당신이 자신의 경험에 대해 어떤 태도를 취하는가다.

기꺼이 경험하기는 조건적이 아니다

기꺼이 경험하기를 제한하는 효과적인 방법과 비효과적인 방법이 있다. 먼저 비효과적인 방법에 대해 명확히 해 보자. 기꺼이 경험하기를 배우는 것은 무언가에서 뛰어내리기를 배우는 것과 같다. 뛰어내리기는 다음의 속성을 지닌다. 당신은 당신의 몸을 공간에 던지고, 몸을 아래로 끌어내리는 중력에 맡긴다. 당신은 종이 위에서 뛰어내릴 수 있고, 두꺼운 책, 의자, 지붕 또는 비행기에서 뛰어내릴 수도 있다. 상황이 다를 뿐, 행동은 똑같다. 그러므로 당신이 종이 위에서 뛰어내릴 때도 뛰어내리는 법을 배우고 있는 것이며, 책, 의자, 지붕 또는 비행기에서 뛰어내리기 위해서도 같은 행동이 필요할 것이다.

"뛰어내리기를 배우고 싶어. 하지만 너무 무서워서 한 발씩 걸어 내릴래. 나는 그런 식으로 매순간을 조절할 수 있을 거야."라고 말한다고 가정해 보자. 이치에 닿는 말인 듯 보이지만, 실은 그렇지가 않다. 왜냐하면 그러한 방식은 몇몇 상황을 제외하고는 일반화될 수 없기 때문이다. 당신은 종이, 책, 심지어 의자 위에서는 한 발씩 걸어 내려올 수 있지만, 지붕이나 비행기에서는 걸어 내려올 수 없다. 따라서 당신이 종이 한 장 위에서 걸어 내려올 때, 당신은 뛰어내리는 법을 배우고 있는 것이 아니며, 필요할 때마다 늘 적용할 수 있는 어떤 것을 배우고 있는 것이 아니다. 그것은 같은 것이 아니다.

우리가 내담자들과 이 개념을 논의하다 보면, 그들은 대부분 자신의 삶에서 그와 같은 요소들을 생각해 낼 수 있었다. 한 암벽 등반가는 이렇게 말했다. "내가 암벽을 오를 때 몸을 이동하는 것과 같네요. 만일 내가 어중간하게 이동하면 암벽에서 떨어져서 밧줄에 매달려 있게 될 것입니다. 이동하려면 확실히 이동해야 합니다." 한 피겨스케이트 선수는 간단한 점프라도 대충하면 실수를 해서 넘어지게 된다고 하였다. 그녀는 간단한 점프든 어려운 점프든 같은 방식으로 해야 한다고 하였다. 온전히 주의를 기울인 온전한 점프 말이다.

이제 당신 자신의 삶에 대해 생각해 보자. '열의 없는 적당한 땜질'이 통하지 않았던 때가 있었는가? 예를 한두 가지 적어 보라.

____

____

____

____

이제 기꺼이 경험하기가 당신이 방금 적은 것과 같은 것일 수도 있을 가능성에 대해 생각해 보자.

이는 기꺼이 경험하기가 제한될 수 없음을 뜻하는 것이 아니다. 당신은 상황과 시간을 선택함으로써 그것을 제한할 수 있다. 당신은 불안한 채로 기꺼이 편의점에 들어가지만 쇼핑몰에는 들어가지 않겠다고 선택할 수 있다. 고통스러운 과거에 대해 오빠에게 기꺼이 말하지만, 어머니에게는 말하지 않겠다고 선택할 수 있다. 쇼핑몰에 20분이 아니라 10분 동안 기꺼이 들어가겠다고 선택할 수 있다.

이것은 적절한 조건을 설정하고 기꺼이 경험하는 것과 기꺼이 경험하려 하지 않는 것 간의 차이를 인식하는 방법이다. 고통스러운 사적 경험의 정도나 질에 따라서 기꺼이 경험하기를 제한하는 것은 안전하지 않다. '고통이 심하지 않으면 기꺼이 경험하겠다.'라는 것은 안전하지 않다. 왜냐하면 이는 근본적으로 '기꺼이 경험하지 않겠다.'를 의미하기 때문이다. 앞으로 나아가기 전에 얼마만큼의 고통을 허용할 것인가를 판단하는 것은 뛰어내리기보다는 한 발씩 걸어 내리기에 더 가깝다. 그러나 '앞으로 5분 동안 기꺼이 경험하겠다.'라는 것은 안전하다. 당신은 어떤 한계를 설정하지만, 그 한계는 경험의 정도나 질에 대한 것이 아니라 지속 시간과 상황에 대한 것이다.

기꺼이 경험하기는 '시도하기(노력하기)'가 아니다

내담자들에게 기꺼이 하겠는지를 질문하면, 흔히 나오는 대답은 '시도해 보겠다(I will try).'는 것이다. 이는 분명 어중간한 자발성의 표시다.

영어의 'try(시도하다)'라는 단어는 본래 '가려내다 또는 골라내다'를 뜻하는 단어에서 유래한다. 법적인 시도(legal trial)를 'trial(재판)'이라고 부르는 이유가 여기에 있다. 'try(시도하다)'와 'trial(재판)'은 어원이 같다. '시도하기(trying)'가 지니는 문제점은 시도를 통해 가려낸다는 것이 조건적인 판단과 평가의 문제라는 것이다. 그러나 기꺼이 한다는 것은 조건적인 판단 및 평가와는 정반대다. 기꺼이 한다는 것은 미지의 세계 속에 적극적으로 뛰어드는 것이다. '시도하기'는 '저울질하기' 혹은 '그런지 아닌지 알아보기'의 성질을 지닌다. 이는 수동성과 판단의 의미를 짙게 포함하는 것이다.

'try(노력하다)'에 함축된 다른 의미로 '큰 노력을 들이다'가 있다. 이러한 정의 또한 기꺼이 경험하기에는 적용되지 않는다. 왜냐하면 기꺼이 경험하기는, 적절히 이해하면, 노력과는 전혀 관련이 없기 때문이다. 당신은 큰 바위를 움직여 보려고 노력할 수 있지만, 그 결과를 보장할 수는 없다. 기꺼이 경험하기는 그렇지 않다. 기꺼이 경험하기는 지금 여기서의 당신의 실제 경험에 대해 그저 예라고 대답하는 것이다. 그것은 노력의 문제이거나, 노력이 어떤 결과를 낳을지 시험해 보는 문제가 아니다. 그것은 단순한 예 혹은 아니요다. 만일 기꺼이 경험하기를 감정에 적용한다면, 이는 당신이 느끼지 않은 것을 느끼는 것이 아니라 당신이 이미 느끼는 것을 느끼는 것이다. 만일 어떤 노력이 들어간다면, 이는 기꺼이 경험하기가 아니다.

이를 분명하게 이해하기 위하여, 잠시 오른손을 왼팔에 대 보라. 어떻게 느껴지는지 알아차리라.

이번에는 오른손을 왼팔에 댄 다음, 절대로 아무것도 느끼지 말라.

이 두 가지 선택 중에서 어느 쪽이 더 노력을 요구했는가? 이미 느끼는 것을 느끼기 위하여 '노력'해야 했는가? 아니면 그저 자동적으로 느껴졌는가?

기꺼이 경험하기는 믿음의 문제가 아니다

내담자들에게 기꺼이 하겠는지 질문했을 때, 가끔씩 듣는 대답은 '할 수 없을 것 같다.'는 것이다. 당신은 이미 탈융합에 대해 이해했으므로, 어떤 덫이 놓여 있음을 알 수 있을 것이다. 기꺼이 경험하기는 믿음의 문제가 아니다. 이를 좀 더 설명해 보자.

오른손으로 왼팔을 만지는 상황으로 돌아가 보자. 다음 말을 큰 소리로 반복해 보라. "나는 왼팔을 만질 수 없다. 아무것도 느낄 수 없다." 이 문장을 반복하여 말해 보라. 이제 여전히 할 수 없다고 외치면서, 오른손을 들어 왼팔에 대고는 어떻게 느껴지는지 느껴 보라.

짐작건대, 당신이 말하는 것과 관계없이 당신은 왼팔의 느낌을 느꼈을 것이다. 당신이 이미 느끼는 것을 느끼는 것은 믿음의 문제가 아니다. 당신이 그것을 할 수 없다고 생각해도 좋고, 할 수 있다고 생각해도 좋다. 어떤 순간에도 질문은 똑같다. "당신이 느낌을 느낄 때 그 느낌을 기꺼이 느끼겠는가?" 이는 예 혹은 아니요 둘 중 하나를 요구하는 질문이다. 오직 두 가지 방식으로만 답할 수 있다. 예 혹은 아니요.

기꺼이 경험하기는 당신이 하고 싶어 하는 어떤 것이 아니다. 할 수 있기를 바라는 어떤 것도 아니다. 나중에 한번 시도해 볼 어떤 것도 아니다. 기꺼이 경험하기는 그 순간에 예 혹은 아니요로 대답하는 것이다.

기꺼이 경험하기는 자기기만이어서는 안 된다

내담자들은 때로 기꺼이 경험하기의 물음에 대하여 속으로는 그렇지 않으면서, 겉으로는 자신마저 기만하며 예라고 대답한다. 이들이 속으로는 내키지 않는다는 확실한 징표가 있다. 예라고 말한 후에 '만일'이라는 조건을 다는데, '만일' 뒤에 오는 조건이 임의로 조절할 수 있는 게 아닌 경우다. 그러한 자기기만의 노력은 실패하게 되어 있다.

이러한 상황은 제멋대로 성질을 부리는 아이의 경우와 같다. 당신 집에는 숙제를 다 마칠 때까지는 컴퓨터 게임을 할 수 없다는 규칙이 있다고 가정해 보자. 아이는 울고불고 소리를 지르며 당신에게 나쁜 엄마 혹은 나쁜 아빠라고 한다. 이제 당신이 혼자서 속으로 '이 녀석이 심한 욕만 하지 않는다면, 아무리 떼를 써도 들어주지 않을 거야.' 라고 생각한다고 가정해 보자. 당신의 마음이 펼쳐놓은 책과 같아서, 당신이 속으로 하는 생각을 아이가 다 들을 수 있다고 가정해 보자. 어떻게 될 것 같은가? 당신은 아이에게서 심한 욕을 듣게 될 것이다. 이제 혼자서 속으로 '떼쓰는 것이 5분 이상 지속되지만 않는다면, 아무리 떼를 써도 들어주지 말아야지.' 라고 생각한다고 가정해 보자. 아이가 당신의 마음을 읽을 수 있다면, 어떻게 될 것 같은가? 아이는 5분 이상 떼를 쓰고 말 것이다.

당신의 마음에는 회피와 기만을 위한 공간이 많기 때문에, 생각, 감정, 감각 등과 거래를 하는 것은 효과적이지 않다. 이는 떼쓰기 상황과 똑같다. 불안을 기꺼이 경험하되 이처럼 안전하지 않은 상황에서는 예외로 한다고 가정해 보자. 당신은 '예' 라고 대답하지 않고 '만일 ~라면, 예' 라고 대답하는데, 그 '만일'은 당신이 통제할 수 있는 어떤 것이 아니다. 당신의 대답이 "만일 불안이 100점 척도상에서 60점을 넘지만 않는다면, 불안을 기꺼이 경험하겠다."라는 것이라고 가정해 보자. 당신의 불안은 어떻게 되겠는가? 60점을 넘기고야 말 것이다!

조작으로서의 기꺼이 경험하기는 기꺼이 경험하기가 아니다

이는 마음이 결코 도달할 수 없는 개념이다. 마음에 따르면, 고통의 내용은 괴로움의 원천이다. 왜냐하면 그 고통이 나쁘기 때문이다. 따라서 당신은 그 (나쁜) 고통의 양으로 괴로움을 측정할 수 있다. 불안과 싸우는 사람에게 '좋은 날'은 불안이 더 적은 날이다. 우울과 싸우는 사람에게 '좋은 날'은 우울이 더 적은 날이다.

기꺼이 경험하기는 그러한 측정을 버리는 것이다. 괴로움은 더 이상 고통의 내용과 동의어가 아니다. 이제 괴로움은 싸움에서 이기려고 삶을 미루는 것과 동의어다.

기꺼이 경험하겠는가의 질문에 진실로 예라고 대답할 때, 이 모든 게임은 전혀 새로운 게임이 된다. 그리고 "얼마나 불안한가?" 또는 "얼마나 우울한가?"와 같은 예전의 측정치들은 더 이상 아무런 의미가 없다. 이는 마치 경기마다 패배를 거듭한 한 축구선수가 갑자기 축구장 한가운데 벌떡 주저앉아 여전히 축구복을 입은 채로 축구를 하는 대신에 그림을 그리는 것과 같다. "몇 대 몇이야?" 또는 "우리가 이기고 있니?"와 같은 질문들은 더 이상 아무런 의미가 없을 것이다.

실제적인 의미에서, 기꺼이 경험하기는 당신의 의제가 고통의 내용에서 삶의 내용으로 바뀌는 것을 의미한다. 그렇다면 자기 조작의 방편으로서의 기꺼이 경험하기는 기꺼이 경험하기가 전혀 아니다. 마음은 이를 결코 배울 수 없으나, 다행히도 사람은 배울 수 있다.

수년간 공황장애와 투쟁하다가 ACT를 통해 삶이 변화된 어느 내담자는 이를 다음과 같이 표현하였다.

나는 예전처럼 투쟁에 갇히게 되는 상황에 처할 때, 이제는 거의 투쟁을 선택하지 않는다. 예전에 나는 늘 투쟁하였고, 이제는 투쟁이 효과가 없음을 안다. 투쟁하거나 도망치곤 했던 상황에 처하면, 나는 여전히 투쟁의 유혹을 느낀다. 하지만 나는 그저 더 영적인 수준으로 돌아가서, 그것을 있는 그대로 보면서 그것과 더불어 살아간다.

의제 자체가 실제로 바뀌었다. 예전의 의제는 불안에 대한 것이었다. 이제 새로운 의제는 투쟁에 대한 것이며, 심지어는 투쟁과의 투쟁에 대한 것이다. 나는 이를 단지 공포증에 대한 한 가지 치료 접근으로만 보지 않는다. 나는 이를 하나의 철학이나 삶의 방식 이상으로 본다. 그것은 마치 내가 색채를 부여받게 된 것과 같다. 나는 인생 내내 검정과 흰색만을 보고 있었고, 이제는 무지개색을 본다. 내가 품을 수 없다고 생각했고, 기꺼이 품으려고 하지 않았던 무수한 감정들……. 나는 이제 그 감정들로부터 즐거움을 누릴 수 있게 되었다.

슬픔이 그러했고, 당황스러움이 그러했고, 불안이 그러했다. 그리고 불안은 지금도 여전히 내가 가장 초점을 두게 되는 감정이다. 왜냐하면 그것은 때로 삶을 위협하는 특성을 지니기 때문이다. 나는 이제 피할 수 없는 죽음에 자주 접촉한다. 찌르는 듯한 가슴 통증과 숨이 가빠지는 것을 느낄 때, 주의가 온통 거기에 사로잡히는 것을 안다. 그러나 어떤 의미에서 이제 나는 이 모든 것들을 즐긴다. 슬픔도 마찬가지다. 나에게 슬픔은 늘 끔찍한 것이었다. 슬픔이 너무 압도적이어서 그 자체가 삶을 위협하는 것처럼 느껴졌다. 슬픔이 너무 커서 이를 온전히 느끼려고 하면 어떤 일이 일어날지 도무지 알 수가 없었다. 슬픔 가운데 머물러 있다는 것은 상상조차 할 수 없었다.

이제는 완전히 새로운 빛이다. 형형색색의 다양한 세계를 접한다. 같은 사물이 불과 몇 달 전에 보았던 것과는 사뭇 다르게 보인다. 경이로움이 결코 멈추지 않는다. 그래서 나는 지금도 여전히 성장하고 있는 것처럼 느껴진다. 내 인생은 광장공포증에 대한 것이 아니다. 그것은 삶, 사람들, 나 자신 그리고 이해에 대한 것이다.

기꺼이 경험하기는 무엇이며 무엇이 아닌가

기꺼이 경험하기는 다음과 같은 것이다.

- 가냘픈 꽃을 손에 쥐듯이 고통을 쥐는 것
- 우는 아이를 끌어안듯이 고통을 끌어안는 것
- 중병에 걸린 사람과 함께 앉아 있듯이 고통과 함께 앉아 있는 것
- 훌륭한 그림을 바라보듯이 고통을 바라보는 것
- 흐느껴 우는 아이를 데리고 걷듯이 고통과 함께 걸어가는 것
- 친구의 말을 경청함으로써 그를 예우하듯이 고통을 예우하는 것
- 깊은 숨을 들이쉬듯이 고통을 들이쉬는 것

- 집으로 돌아가려고 무기를 내려놓는 병사처럼 고통과의 싸움을 내려놓는 것
- 깨끗한 물 한 잔을 마시듯이 고통을 마시는 것
- 지갑에 사진을 넣어 가지고 다니듯이 고통을 지니고 다니는 것

기꺼이 경험하기는 다음과 같은 것이 아니다.

- 고통에 저항하는 것
- 고통을 무시하는 것
- 고통을 망각하는 것
- 고통이 말하는 대로 행하는 것
- 고통이 말하는 대로 행하지 않는 것
- 고통을 믿는 것
- 고통을 믿지 않는 것

기꺼이 경험하기는 마음이 이해할 수 있는 어떤 것이 아니기 때문에, 말은 큰 영향을 미치지 못하는 듯하다. 우리는 다음 장들에서 비유와 연습을 통해 기꺼이 경험하기에 조금씩 다가갈 것이다.

[그림 9-1]에 나오는 머리가 당신 것이라고 해 보자. 이 머리 안에 당신이 투쟁해 온 한 가지 힘든 감정, 기억, 생각, 감각이나 충동을 적어 보라. 이제 당신이 적은 것을 살펴보라. 그것이 또 다른 투쟁의 대상으로서 다른 힘든 감정, 생각이나 경험을 유발하는가? 만일 그렇다면, 그것 또한 처음의 고통과 함께 여행하는 '동반자' 이므로 머리 안에 적어 보라. 모든 것을 적어 넣을 때까지

이 일을 계속하라. 이 용지 하나만으로는 당신이 적고 싶은 모든 것을 적기에 부족하다면, '빈 머리' 그림을 원하는 만큼 여러 장 복사해도 좋다. 이제 당신의 머릿속에서 표류하는 모든 고통과 속삭임을 적었으면, 이를 복사하라.

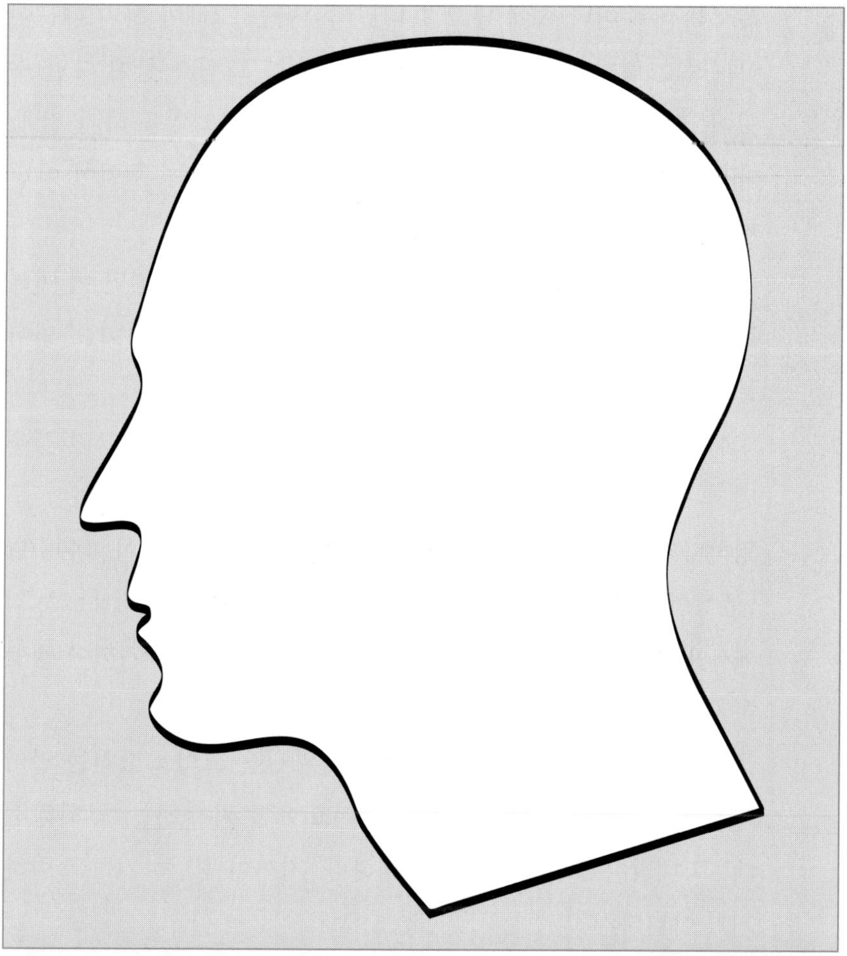

[그림 9-1] **머릿속의 고통**

이 장을 시작하면서도 언급했듯이, 우리가 머릿속을 이러한 문제들로 가득 채운 채로 투쟁하고 있음을 인정하는 자체가 일종의 기꺼이 경험하기다. 기꺼이 경험하기는 "나를 있는 그대로 받아들일 것인가?"라는 질문에 "예."라고 대답하는 것이다. 비유적으로 표현하면, 기꺼이 경험하기는 모든 고통이 담긴 머리 그림을 복사해서 주머니 속에 넣고 다니면서, "나는 그래야 하기 때문이 아니라 그렇게 하기로 선택했기 때문에 이 그림과 함께 다닐 수 있어."라고 말하는 것과 같다. 그러나 실제로 그 일을 하기 전에, 다음 질문들에 대답해 보면서 '기꺼이 경험하기는 무엇이 아닌지'가 더 명확해지는지 살펴보라.

문제들로 가득한 머리 그림을 주머니에 넣고 다니려면 이 머리를 가지고 싶어 해야 하는가? 바라건대, 그 대답은 '아니요'임이 분명하다. 기꺼이 경험하기는 원함이 아니다.

이 머리 그림을 주머니에 넣으려면 당신이 그 안에 그린 것을 먼저 변화시켜야하는가? 바라건대, 그 대답은 '아니요'임이 분명하다. 시간과 상황을 제한하기로 선택하는 경우(예, 이 그림을 단 1분 동안만 또는 일주일 내내 주머니에 넣고 다닐 수 있고, 직장 또는 집에서만 가지고 다니기로 선택할 수 있다)를 제외하고는, 기꺼이 경험하기는 조건적이 아니다.

이 그림을 주머니에 넣고 다니는 것은 많은 노력을 요하는 일이어서, 이 일을 할 수 있는지 알아보려고 애를 써야 하는가? 바라건대, 그 대답은 '아니요'임이 분명하다. 기꺼이 경험하기는 노력하기가 아니다.

이 그림을 주머니에 넣으려면 이 그림 안의 내용을 믿어야 하는가? 바라건대, 그 대답은 '아니요' 임이 분명하다. 기꺼이 경험하기는 믿음의 문제가 아니다.

이 그림을 주머니에 넣는 척하는 것은 실제 주머니에 넣는 것과 같은가? 바라건대, 그 대답은 '아니요'임이 분명하다. 기꺼이 경험하기는 자기기만이 아니다.

당신이 머리 안에 적는 일을 다 마치고 나면, [그림 9-2]와 같은 것이 될 것이다. 이 머리는 매우 복잡해 보인다. 그러나 그것이 당신의 적이 되어야만 하는가?

삶의 방향이 실제로 바뀌는 것에 대한 하나의 물리적인 비유로서, 당신의 머리 그림을 주머니에 기꺼이 넣고 다니겠는가? 우리는 당신이 그것을 하루에 한 시간 혹은 그 이상 주머니에 넣고 다닐 것을 제안한다. 그러나 아직은 그 시간이 너무 길게 느껴진다면, 당신이 시간을 구체적으로 정하여 실천하면 된다.

당신이 '만일 ~라면, 예.' 라고 대답하지만 그 '만일'이 당신이 통제할 수 있는 어떤 것이 아니라면, 다시 시도해 보라. 당신이 '아니요' 라고 대답한다면, 그 대답이 무엇을 위한 것인지, 그리고 그것이 실로 당신의 최고 관심사인지 깊이 생각해 보라. 대답이 분명하고도 흔쾌한 '예'라면, 이제 주머니에 넣으라.

앞에서 기꺼이 경험하기가 무엇과 같은지를 기술한 목록을 다시 한 번 훑어보고, 이 종이를 그런 식으로 가지고 다닐 수 있겠는지 살펴보라. 가지고 다니기로 선택한 시간 동안에는, 주기적으로 주머니를 두드림으로써 당신이 무엇을 가지고 다니는지 상기하라. 이 물리적인 비유를 통해서, 당신이 종이에 적은 모든 것들을 지니고 다니면서도 여전히 삶에서 필요한 일들을 하는 것이 가능하겠는지 살펴보라. 종이 위에 적힌 복잡한 문제들이 생기 있고 힘찬 삶과 당신 사이에 실제로 놓여 있는 것인지, 혹은 당신이 부드럽게, 사랑스럽게, 그리고 기꺼이 지닐 수 있는 것인지 스스로 질문해 보라.

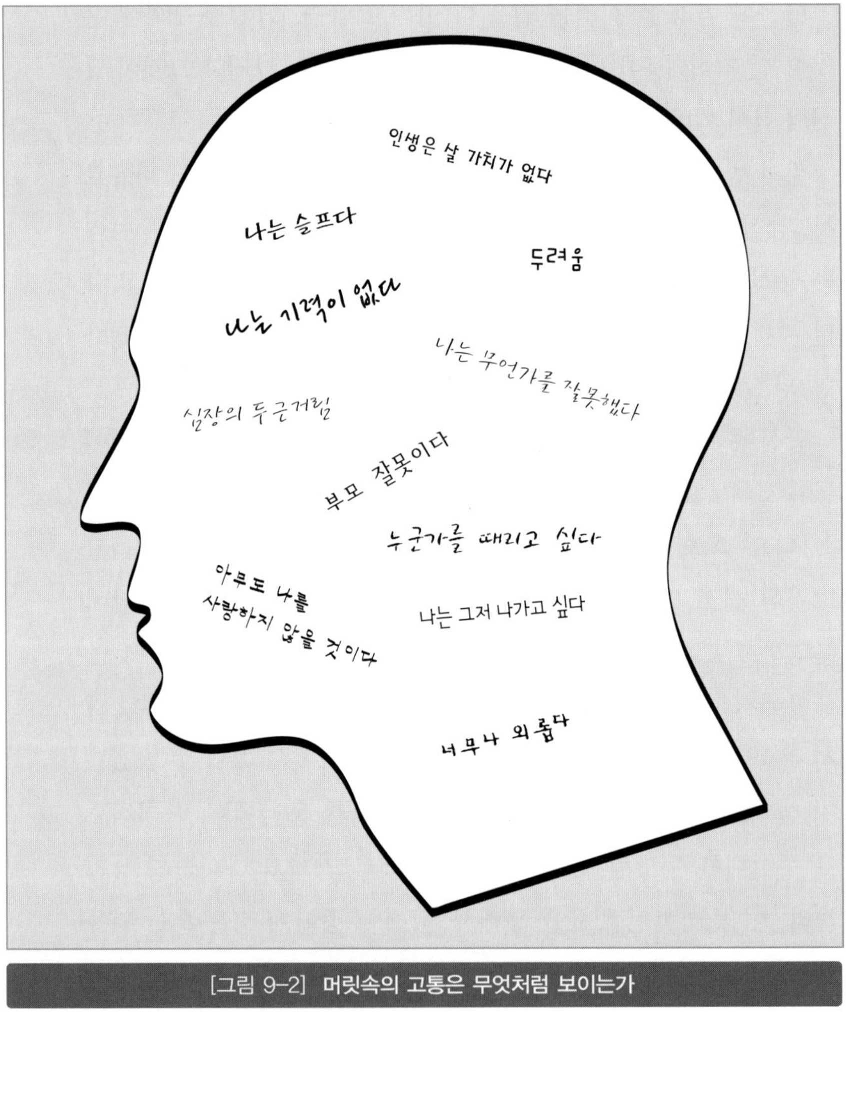

[그림 9-2] 머릿속의 고통은 무엇처럼 보이는가

chapter 10

기꺼이 경험하기: 뛰어내리는 법 배우기

인생은 지금 당신에게 한 가지 질문을 던지고 있다. 이 질문은 한때 희미한 웅얼거림이었고, 이해할 수 없는 말이었으며, 잘 알아들을 수 없는 소리였다. 당신이 여태껏 이 질문에 대해 '예' 라고 답하지 않은 것은 그리 놀랄 만한 일이 아니다. 그러나 불행히도, 이 질문에 대답하지 못했거나 아니면 '아니요' 라고 대답했더라도 그 결과는 마찬가지이며, 당신이 질문을 받았든 받지 못했든 그 결과는 거의 같다.

이 책의 한 가지 목적은 당신이 이 질문을 또렷이 들을 수 있도록 도와주려는 것이다. 또 다른 목적이 있다면, 그것은 인생이라는 질문자에게 늘 똑같은 부정적인 대답을 되돌려주거나 무응답의 침묵을 지속하는 것이 과연 당신에게 최선의 이익을 가져다줄 수 있는가를 계산해 보도록 하려는 것이다. 만일 부정적인 대답이나 무응답을 지속하는 것이 최선의 이익을 가져다주는 것이 아니라면, 이 책은 당신이 인생에게 '예' 라고 대답할 수 있도록 도와주고자 한다.

이 질문은 형태는 복잡해 보일지 모르지만, 그 본질은 단순하다. 우리는 이를 '인생의 질문' 이라고 부른다. 다음에 제시한 이 질문은 여러 부분으로 이루어져 있는데, 이제 이를 하나의 단일한 질문으로 붙잡을 수 있을 때까지 여러 번 읽어 보기 바란다.

- 한쪽에 의식하고 알아차리는 인간 존재로서의 당신이 있고, 다른 한쪽에 당신이 의식하고 있고 싸우고 있는 모든 사적 경험이 있으며, 둘 사이에 서로 구별이 있는 지점에서 출발하여
- 당신은 이 모든 사적 경험들을
- 온전히 그리고 방어 없이
- 마음이 그렇다고 말하는 대로가 아니라, 있는 그대로 직접적으로 경험하는 대로
- 그리고 당신이 진실로 가치를 두는 방향을 향하여 발걸음을 내딛으면서
- 지금 이 순간, 그리고 바로 이 상황에서
- 기꺼이 느끼고 생각하고 기억하겠는가?
- '예' 인가, '아니요' 인가?

이제 뛰어내릴 시간이다. 바로 지금이 지금까지 배운 기술들을 사용하여 점프할 시간이다. 인생의 질문에 '예' 라고 대답하는 것은, 그 영역이 아무리 좁은 것일지라도 무엇이든 다 점프다. 이는 미지의 세계로 뛰어드는 것이다. 이는 당신이 진정으로 영위하고 싶어 하는 삶을 살기 위해서 당신 자신의 역사를 없애거나 관리하는 것이 더 이상 필요치 않는 세계로 뛰어내리는 것이다. 이는 자

기 수용과 개방성의 세계요, 내용은 불투명하지만 목적은 명확한 세계다. 이는 투쟁을 내려놓고 포기하며, 옳은 것보다는 살아 있다는 것에 더 관심을 기울이며 사는 심리적 유연성의 세계다.

당신이 반드시 '예'라고 답할 필요는 없다. 인생은 어떤 대답이든 다 수용할 것이다. 그러나 침묵이나 부정적인 대답에는 치러야 할 대가가 있다. 실로 당신은 이미 그 대가를 경험해 왔다. 당신은 충분히 괴로움을 겪어 왔는가? 그랬는가?

우리는 당신을 두려움에 떨게 만들고 싶지는 않다. 당신은 엠파이어스테이트 빌딩에서 점프를 시작할 필요는 없다. 당신은 종이 한 장 위에서 뛰어내릴 수 있다. 아니면 얇은 책 위에서 뛰어내려도 좋다. 그러나 당신이 진정 뛰어내리려 한다면, 뛰어내려야 한다. 사실상 당신은 이 책의 앞 장 끝에서 이미 출발선을 떠났다.

기꺼이 경험하기 척도

다음의 연습에서, 우리는 당신이 회피하려고 하는 생각, 기억, 감정이나 감각이 무엇인지를 확인하도록 요청할 것이다. 회피 때문에 대가를 치러야 했던 것들(예, 불안, 분노, 죄책감, 우울, 혼란 등) 말이다. 당신이 9장에 나온 작업을 하면서 기록했던 이슈나 문제를 사용해도 좋고, 1장의 고통 목록이나 지금까지 해 온 다른 다양한 연습에서 기록했던 것을 사용해도 좋다. 이들 중 어떤 것이든 좋은 출발 지점이 될 수 있으며, 다른 더 적절한 것이 있으면 자유로이 바꿔도 좋다.

당신의 마음속에 어떤 생각이나 기억, 감정, 감각이 떠오른다면, 이를 다음에 기록하라(우리는 이를 '표적' 이라 부를 것이다.).

____

____

____

이제 3장과 4장에서 언급한 두 개의 라디오 다이얼을 상상해 보라. 하나는 쉽게 찾을 수 있는 것이고, 다른 하나는 잘 보이지 않는 것이다. 쉽게 찾을 수 있는 다이얼은 '불편감 다이얼'이라고 부른다. 이는 불쾌한 감각이나 감정(예, 분노, 불안, 죄책감, 우울 등), 혹은 불쾌한 생각이나 기억과 같은 문제들을 포함한다. 이 다이얼은 0~10의 범위에서 움직인다. 이 다이얼은 비록 당신이 원하는 값으로 설정할 수 있는 일상적인 다이얼처럼 보이지만, 실은 자기 마음대로 움직이는 다이얼이다. 당신이 다이얼을 원하는 값으로 돌리려고 할 때, 당신의 뜻과 관계없이 다이얼은 재빨리 원래의 값으로 되돌아간다.

자, 이제 당신의 표적 항목과 관련하여 불편감 다이얼의 눈금을 다음에 기입하라.

____

우리가 생각하기로는, 당신이 이 책을 읽는 데 시간을 들이는 한 가지 이유는 당신의 불편감 다이얼의 볼륨이 너무 높게 설정되어 있기 때문일 것이다. 이 말은 반드시 수치가 높다는 것을 의미하는 것은 아니다. 때로 2 혹은 3의 볼륨 수치도 '너무 높다' 고 생각될 수 있다.

3장에서 두 개의 다이얼이 있다고 배운 것을 기억하는가? 뒤에 있는 다이얼은 눈에 잘 띄지 않는 것이다. 우리는 이를 '기꺼이 경험하기 다이얼'이라고 부른다. 이 또한 0~10의 범위에서 움직인다. 당신이 만일 자신의 경험을 있는 그대로 경험하는 것에 최대한 개방하여 이 경험을 조작하려 하지도 않고 회피하거나 도피하거나 바꾸려고도 하지 않는다면, 당신은 이 다이얼의 눈금을 10으로 설정한 것이 된다. 이것이 바로 우리가 추구하고자 하는 설정이다. 그러나 당신이 만일 자신의 경험을 있는 그대로 경험하는 것에 최대한 폐쇄적이라면, 이 다이얼의 눈금은 0이 된다.

자, 이제 당신이 처음 이 책을 집어 들었을 때 당신이 있던 지점을 되돌아보면서, 당신의 표적 항목에 대해서 당신이 설정한 기꺼이 경험하기 다이얼의 눈금은 얼마인지를 다음에 기입하라.

불편감 다이얼이 높은 값을 가리키고 기꺼이 경험하기 다이얼은 낮은 값으로 설정된다면, 이야말로 끔찍한 조합이다. 기꺼이 경험하기 다이얼을 낮게 설정하는 것은 마치 역회전 방지 톱니바퀴를 설치한 것과 같다. 일단 역회전 방지 톱니바퀴의 끝과 맞물리면, 다른 톱니바퀴는 오로지 한 방향으로만 움직일 수 있게 된다. 만일 기꺼이 경험하기 다이얼이 낮게 설정되면, 당신이 지금 이 순간 경험하는 분노나 불안, 우울, 죄책감(불편감 다이얼)은 더 이상 낮아질 수 있는 길이 없다. 예를 들어, 당신이 진실로 불안을 느끼고 싶어 하지 않는데도 불구하고 불안이 엄습한다면, 이 불안은 또다시 불안해해야 할 어떤 것이 된다. 당신은 불안이 불안을 낳는 자기 증폭의 순환 고리를 지니게 된다.

그러나 만일 당신이 기꺼이 경험하기 다이얼의 눈금을 10으로 설정한다면, 톱니바퀴의 역회전 제동장치는 풀리게 된다. 그렇다고 해서 불편감 다이얼의 수치가 내려가는 것은 아니다. 그것은 내려갈 수도 있고, 그렇지 않을 수도 있다. 또한 당신이 만일 불편감 다이얼을 낮추기 위한 목적으로 기꺼이 경험하기 다이얼을 일부러 높게 설정한다면, 그것은 마치 안에 용수철이 달린 손잡이처럼 작동할 것이다. 당신의 기꺼이 경험하기 다이얼은 용수철처럼 자동적으로 원래의 낮은 값으로 되돌아갈 것이다. 여기서는 자기기만이나 은밀한 거래, 혹은 숨겨진 의도가 통하지 않는다. 당신이 기꺼이 경험하기 다이얼을 높게 설정한다는 것은, 최소한 이 영역 혹은 이 경우에서만큼은 불편감 다이얼이 당신에게 인생의 행복의 척도라고 제시하는 가치를 포기하겠다는 것을 의미한다.

당신이 기꺼이 경험하기 다이얼을 높게 설정한다고 해서 불편감 다이얼을 통제할 수 있는 게 아니라면, 도대체 왜 기꺼이 경험하기 다이얼을 높게 설정해야 한다는 것인가? 당신의 고통이 당신에게 말해 주는 한 가지 대답은, 이 다이얼을 높게 설정하지 않는 것은 곧 삶이 무감각하게 시들어 버리는 고통과 연결된다는 것이다. 이러한 삶의 방식은 당신에게 삶을 가져다주지 못한다. 그렇다면 대답은 단순하다. 왜 기꺼이 경험하기 다이얼을 높게 설정하지 않는가? 대안이 통하지 않는데도, 이를 높게 설정하지 않을 이유가 어디 있단 말인가?

아마도 더 직접적인 대답이 있는데, 이는 아직은 잘 이해하기 어려울 수도 있다. 당신이 11, 12, 13장의 작업에 착수하기 전까지는 온전히 이해하기가 쉽지 않을 것이다. 당신이 기꺼이 경험하기 다이얼을 높게 설정하는 이유는 힘 있고 생명력 있고 가치 있는 삶을 살기 위함이다.

당신이 기꺼이 경험하기 다이얼을 높게 설정해야 하는 마지막 이유는, 불편감 다이얼과는 달리 이 다이얼이야말로 당신의 책임 아래 있기 때문이다. 당신의 경험에 비추어 볼 때 당신은 불편감 다이얼을 통제할 수 있는가? 아마도 아닐 것이다. 만일 통제할 수 있다면, 이 다이얼이 늘 낮은 값을 유지했어야 하지 않겠는가? 이 다이얼은 당신이 움직일 수 있는 것처럼 보인다. 그래서 당신은 손으로 다이얼을 돌린다. 그러나 마치 다이얼에 용수철이 달린 것처럼 눈금은 원래의 위치로 되돌아온다. 이 다이얼은 당신이 설정할 수 있는 것이기보다는 수동적인 계량기처럼 작동한다.

그러나 기꺼이 경험하기 다이얼을 누가 통제할 수 있는가에 주목해 보자. 당신이 할 수 있다는 것이 명백하지 않은가? 사실상 이를 통제할 수 있는 사람은 유일하게 당신뿐이다. 인생은 불편감 다이얼을 위아래로 휘돌릴 수 있다. 사랑하는 사람이 죽으면 이 다이얼은 윙 소리를 내며 위로 움직인다. 당신이 치명적인 병에 걸리면, 윙! 배우자가 의심스럽게 느껴지면, 또다시 윙! 그러나 어떤 불행한 사건이 닥친다 해도, 기꺼이 경험하기 다이얼을 돌릴 수 있는 사람은 오직 당신뿐이다. 그렇다면 당신은 어느 다이얼을 붙잡고 돌리겠는가? 당신이 조절할 수 없는 다이얼, 아니면 조절할 수 있는 다이얼?

뛰어내리기

이제 뛰어내릴 시간이다. 당신이 앞에서 기록한 표적 항목을 다시 보면서, 다음과 같은 질문을 스스로에게 던져 보기 바란다. "표적 항목에 대해서 기꺼이 경험하기 다이얼을 높게 재설정하는 것과 나 사이를 무엇이 가로막고 있는가?" 당신이 이에 대해 잠시 동안 생각해 보았다면, 당신이 원하는 값으로 다이얼을 설정할 수 있는 선택의 자유를 빼앗아 갈 수 있는 것은 아무것도 없다는 생각이 떠오를지도 모른다. 만일 그렇다면, 지금이야말로 당신이 경험을 향하여 처음으로 자발적인 도약을 실행할 기회다.

당신은 시간이나 상황을 제한함으로써 안전하게 도약의 한계를 설정할 수 있다. 예를 들어, 당신은 다음에 제시한 작업지에서 불안을 기꺼이 경험하려는 자발성 점수를 10점으로 기록할 수 있다. 그러나 뒤에 시간 제한을 덧붙일 수 있다. 가령 "오늘 오후 7번가에 있는 상점에서 쇼핑을 하면서 5분 동안 머물겠다." 이 말이 의미하는 것은, 당신이 쇼핑을 하는 동안 경험할 수 있는 모든 불안을 온전히 느끼도록 허용할 것이지만(상점을 떠나지도 않고 자신으로부터 경험을 분리하거나 차단하지도 않는 등), 이를 5분 동안만 허용하기로 다짐하며 실행에 옮기는 것이다. 지금 당신이 감당할 수 있는 선을 넘어서면서까지 자발성의 도약을 실행할 필요는 없다. 당신을 향해 속도측정기를 겨누는 사람은 아무도 없다. 속도는 중요한 문제가 아니다. 단번에 높은 빌딩에서 뛰어내리는 것보다는 뛰어내림 자체를 배우는 것이 더 중요하다. 그러나 만일 큰 도약이 필요한 상황이라고 느껴지면, 그렇게 하라. 그에 대해 확신할 수 없다면, 작은 도약에서 출발하라. 그러나 작은 도약으로 출발한다는 것은 시간이나 맥락을 제한한다는 의미이지, 기꺼이 경험하기 다이얼을 낮게 설정한다는 것을 뜻하는 것이 아님을 명심해야 한다. 만일 당신이 이 다이얼의 눈금을 10으로 설정하지 않는다면, 심지어 1초 동안의 도약조차도 실행할 가치가 없는 것이다.

나는 내 가까운 동료의 환자와 짧은 기간 동안 치료를 한 적이 있다. 첫 면담은 내 동료의 자문 요청으로 이루어졌다. 그 여자 환자는 매우 끔찍한 외로움을 느끼고 있었으며, 그녀는 만일 자신이 그 외로움을 느끼도록 기꺼이 허용한다면 견딜 수 없는 괴로움에 자신이 산산이 부서져 버릴 것이라고 믿고 있었다. 그녀는 직업이 없었고, 결혼은 깨졌으며, 적절한 교육을 받지 못해서 미천한 일자리 외에는 잡을 수가 없었고, 친구들은 그녀 곁을 떠났으며, 실업 수당에 의지해서 간신히 연명할 수밖에 없었고, 마침내 자살을 시도하였지만 그마저 실패로 돌아갔다. 그녀의 삶은 텅 비고 아무런 의미도 없는 듯 보였다. 치료 시간에, 내 동료와 나는 그녀가 외로움을 느끼도록 스스로에게 허용할 수 있겠는지를 물어보았고, 그녀는 계속해서 결코 그럴 수 없다고 완강하게 버티었다. 마침내 그녀는 단지 1초 동안만, 기꺼이 그리고 온전히 외로움을 느껴 보는 데 동의하였다. 그녀는 1초 동안 마음의 문을 열고 방어 없이 외로움을 느꼈다. 그것은 출발이었다.

수개월의 ACT 작업 후에, 그녀는 치료를 종결하였다. 이후 10여 년이 흘렀다. 우리는 그녀를 까마득히 잊고 지냈다. 그런데 몇 주전에 그녀로부터 전화가 걸려 왔다. 10여 년이 지난 지금, 그녀는 학위를 받았고, 직장을 구했으며, 친구들과 남자친구가 있고, 목적을 지니고 있었다. 그녀에게는 삶이 있었다. 그녀는 이곳에 이르기까지, 한순간에 한 가지씩 지옥 같은 골짜기를 통과하였다. 그리고 이 여행은 출발지점이 있었다. 이 여행은 단 1초 동안 의도적으로 방어 없이 기꺼이 외로움을 느껴 보려 했던 바로 그곳에서 시작되었다.

E/X/E/R/C/I/S/E

연습: 기꺼이 경험하기 척도 작업지

다음 빈칸을 채우라.

표적 항목에 대하여, 나는 기꺼이 경험하기 다이얼을 ________(으)로 설정한다(10으로 적었는지 보라. 만일 아니라면 다시 생각하라. 이 다이얼은 다이얼이 아니라 스위치처럼 기능한다. 따라서 10이 아닌 어떤 값이라도 작동하지 않을 것이다. 10으로 기록할 수 있겠는지 다시 한 번 보라.).

나의 제한은 다음과 같다(기꺼이 경험하기를 오직 시간과 상황으로만 제한하라. 다른 사적 경험의 있고 없음, 강하고 약함에 따라 제한해서는 안 된다.).

____

____

당신의 기술 사용하기 및 새로운 기술 배우기

당신이 방금 한 것과 같은 선택을 하였을 때, 즉시 다양한 문제들이 나타날 수 있다. 이때 당신의 기술을 사용하라. 당신의 마음이 아우성치기 시작한다면, 당신의 생각을 그저 생각으로 주목하라. 그 생각과 논쟁하지 말라. 예를 들면, 당신의 마음은 미래가 끔찍할 것이라고 속삭일 수도 있고, 자발적인 도약이 위험하지 않다는 보장을 요구할지도 모른다.

문자적인 논쟁으로 마음을 달래려는 그 어떤 시도도 결국은 당신의 옛 습관을 강화하는 것이며, 당신은 더욱더 헝클어질 따름이다. 그러한 생각이 나게 한 것에 대해 당신의 마음에 감사를 표하고, 당신 자신에 대해 무언의 믿음을 지니게 된 바로 그 행위에 의해 위안을 느끼라. 당신의 몸이 시끄럽게 소리치거나 어떻게든 주의를 빼앗으려 하거든, 바로 그곳에서 당신이 느끼는 것을 그저 느껴 보라. 당신 스스로에게 오래 참고, 자비롭고, 친절하라.

이제 당신이 '예' 라는 대답에 이르렀으므로, 그것이 아무리 작은 것이든 간에(앞의 사례에서 여자 환자가 단지 1초 동안 실행에 옮겼음을 기억하라), 당신은 이 상황에 그리고 이와 비슷한 다른 상황들에 당신의 기술을 적용하는 연습을 할 필요가 있다. 이 장의 나머지 부분에서는 '기꺼이 경험하기' 기술을 쌓아 가기 위한 몇 가지 연습들이 제시될 것이다. 이 연습들은 당신이 고통스러운 사적 내용에 접할 때 한 번에 한 계단씩 새로운 기술을 실천해 볼 수 있는 단계적인 노출이 될 것이다.

앞에서 언급했던 것처럼, 당신이 표적을 선택하였을 때 처음부터 매우 고통스러운 상황으로 스스로를 내몰아야 할 이유는 없다. 제시되는 새로운 단계마다 하나씩 실행에 옮기되, 당신 자신에 대해 자비로운 마음을 지니라. 다음 연습을 통해서 당신은 앞에서 '예' 라고 대답한 표적 항목에 대해 '기꺼이 경험하기' 를 실천하게 될 것인데, 당신이 자신의 선택을 기꺼이 실행에 옮길 때 선택의 결과에 대해서도 더 잘 받아들일 수 있게 될 것이다.

E/X/E/R/C/I/S/E

연습: 경험을 물체화하기

우리가 외부 대상을 볼 때, 우리는 이를 자기와 관련지어 받아들이지는 않는다. 당신이 길을 걸어가면서 더러운 쓰레기 더미를 본다고 상상해 보자. 당신은 이를 자신이 더러운 사람임을 나타내는 징후로 받아들이지 않을 것이다. 그러나 만일 당신이 쓰레기 더미 대신에 자기혐오감을 느낀다면, 당신은 이 감정과 융합되어 이를 당신 자신이 끔찍한 사람이라는 표시로 받아들일지도 모른다. 그러나 이제 당신이 알다시피, 이러한 감정은 쓰레기 더미와 마찬가지로 당신을 규정하지 않는다. 다음의 연습을 통해서, 당신은 이러한 구분을 이용하여 고통스러운 경험과 함께 더 기꺼이 머물 수 있는 법을 배우게 될 것이다.

먼저 당신이 기꺼이 경험하기 척도 작업지에 기록한 표적 항목을 들여다보라. 표적 사건과 부딪히면서 나타나는 느낌에 접촉해 보라.

이제 이 느낌을 가져다가 당신과 1.5미터 앞에 떨어진 곳에 내려놓는다고 상상해 보라. 나중에 이 느낌을 다시 제자리로 가져올 것이다. 그러니까 이 느낌이 바깥으로 떨어져 나가는 것에 저항하거든, 곧 다시 제자리로 되돌아올 것이라고 말해 주라. 자, 이 느낌이 당신 앞에 있는 바닥에 놓여 있는지 보라.

눈을 감고 상상하는 것이 더 도움될 것이다. 이 느낌이 그곳에 놓여 있다면, 다음에 나오는 질문을 읽을 수 있도록 잠시 눈을 뜨라. 그리고는 다시 눈을 감고, 그 질문에 대한 반응으로 마음속에 떠오르는 것에 주목하여, 이 느낌이 마음속에 떠오른 그 속성인 것처럼 가정하라. 이 연습이 다소 어색하게 느껴질 수도 있겠지만, 이 때문에 연습을 중단하지는 말라.

E/X/E/R/C/I/S/E

연습: 표적에 형태 부여하기

이 느낌(표적)에 모양이 있다면, 그것은 어떤 모양인가? (눈을 감고 대답이 나타날 때까지 기다리라. 이 느낌을 실제로 그려 보려고 노력하라.)

이 느낌에 크기가 있다면, 그것은 얼마나 큰가? (눈을 감고

대답이 나타날 때까지 기다리라. 이 느낌을 실제로 그려 보려고 노력하라.)

이 느낌에 색깔이 있다면, 그것은 어떤 색깔인가? (눈을 감고 대답이 나타날 때까지 기다리라. 이 느낌을 실제로 그려 보려고 노력하라.)

이 느낌에 힘이 있다면, 그 힘은 얼마나 센가? (눈을 감고 대답이 나타날 때까지 기다리라. 이 느낌을 실제로 그려 보려고 노력하라.)

이 느낌에 무게가 있다면, 그것은 얼마나 무거운가? (눈을 감고 대답이 나타날 때까지 기다리라. 이 느낌을 실제로 그려 보려고 노력하라.)

이 느낌에 속도가 있다면, 그것은 얼마나 빨리 지나가는가? (눈을 감고 대답이 나타날 때까지 기다리라. 이 느낌을 실제로 그려 보려고 노력하라.)

이 느낌에 표면 결이 있다면, 그것은 어떻게 느껴지는가? (눈을 감고 대답이 나타날 때까지 기다리라. 이 느낌을 실제로 그려 보려고 노력하라.)

___

이 느낌에 내면의 결이 있다면, 그것은 속에서 어떻게 느껴지는가? (눈을 감고 대답이 나타날 때까지 기다리라. 이 느낌을 실제로 그려 보려고 노력하라.)

___

이 느낌에 물을 담을 수 있다면, 그것은 얼마만큼의 물을 담을 수 있는가? (눈을 감고 대답이 나타날 때까지 기다리라. 이 느낌을 실제로 그려 보려고 노력하라.)

___

이제 마지막으로 눈을 감고, 대상을 전체로 그려 보라. 바로 이 모양, 크기, 색깔, 힘, 무게, 속도, 표면 결, 내면의 결, 그리고 부피로 이루어진 물체와의 싸움을 내려놓을 수 있는지 보라. 이것을 온전히 방어 없이 기꺼이 경험하려고 노력하라. 잠시 동안 이것에 대해 명상하라.

이제 당신이 경험한 그대로 이 느낌을 기꺼이 경험하려 할 때 이를 방해하는 어떤 성가신 부정적 반응이 있는지 살펴보라. 이러한 부정적 반응은 그 느낌(표적)을 싫어하는 것일 수도 있고, 그 느낌을 판단하거나 두려워하거나 단지 그 느낌이 사라지기를 바라는 것일 수도 있다. 눈을 감고, 이와 같은 반응이 덜커덕덜커덕 소리를 내고 있는지 살펴보라.

만일 이와 같은 반응이 없다면 연습을 여기서 마치면 된다. 그러나 만일 있다면, 원래의 표적 대상은 오른쪽 옆으로 옮겨 놓고, 그 표적에 대한 새로운 성가신 반응을 가져다가 그것을 당신의 1.5미터 앞에 내려놓는다고 상상하라. 자, 이 새로운 반응이 당신 앞에 있는 바닥에 놓여 있는지 보라. 예를 들어, 당신이 첫 번째 느낌을 미워한다면 '미움'을 바닥에 내려놓으면 된다. 우리는 이 두 번째 느낌을 '새로운 표적'이라고 부를 것이다.

이 새로운 느낌(표적)에 모양이 있다면, 그것은 어떤 모양인가? (눈을 감고 대답이 나타날 때까지 기다리라. 이 느낌을 실제로 그려 보려고 노력하라.)

이 새로운 느낌에 크기가 있다면, 그것은 얼마나 큰가? (눈을 감고 대답이 나타날 때까지 기다리라. 이 느낌을 실제로 그려 보려고 노력하라.)

이 새로운 느낌에 색깔이 있다면, 그것은 어떤 색깔인가? (눈을 감고 대답이 나타날 때까지 기다리라. 이 느낌을 실제로 그려 보려고 노력하라.)

이 새로운 느낌에 힘이 있다면, 그 힘은 얼마나 센가? (눈을 감고 대답이 나타날 때까지 기다리라. 이 느낌을 실제로 그려 보려고 노력하라.)

이 새로운 느낌에 무게가 있다면, 그것은 얼마나 무거운가? (눈을 감고 대답이 나타날 때까지 기다리라. 이 느낌을 실제로 그려 보려고 노력하라.)

이 새로운 느낌에 속도가 있다면, 그것은 얼마나 빨리 지나가는가? (눈을 감고 대답이 나타날 때까지 기다리라. 이 느낌을 실제로 그려 보려고 노력하라.)

이 새로운 느낌에 표면 결이 있다면, 그것은 어떻게 느껴지는가? (눈을 감고 대답이 기다리라. 이 느낌을 실제로 그려 보려고 노력하라.)

이 새로운 느낌에 내면의 결이 있다면, 그것은 속에서 어떻게 느껴지는가? (눈을 감고 대답이 나타날 때까지 기다리라.

이 느낌을 실제로 그려 보려고 노력하라.)

이 새로운 느낌에 물을 담을 수 있다면, 그것은 얼마만큼의 물을 담을 수 있는가? (눈을 감고 대답이 나타날 때까지 기다리라. 이 느낌을 실제로 그려 보려고 노력하라.)

이제 마지막으로 눈을 감고, 새로운 표적 대상을 전체로 그려 보라. 바로 이 모양, 크기, 색깔, 힘, 무게, 속도, 표면결, 내면의 결 그리고 부피로 이루어진 이 새로운 대상과의 싸움을 내려놓을 수 있는지 보라. 이것을 온전히 방어 없이 기꺼이 경험하려고 노력하라. 잠시 동안 이것에 대해 명상하라.

이 대상들을 원위치로 되돌리기 전에, 눈을 감고 (오른쪽 옆으로 옮겨 놓은) 첫 번째 표적 대상을 슬쩍 들여다보고, 모양이나 크기, 색깔 등에서 변화가 있는지 살펴보라. 변화가 있을 수도 있고 없을 수도 있다. 단지 슬쩍 들여다보라. 어떤 변화가 있는가? 만일 그렇다면, 그 변화를 다음에 기록하라.

이제 바닥에서 새로운 표적을 집어 들고 당신 안으로 다시

가져오라. 첫 번째 표적에 대해서도 그렇게 하라. 우리가 싸워 온 것들을 향해 더 기꺼이 문을 열 수 있음에 주목하고, 또한 이들에게 우리를 지배할 수 있는 힘을 부여하는 것은 이들에 대한 우리의 반응임을 깨달으라. 눈을 감고, 마치 당신 집으로 손님을 맞이하듯이, 두 표적 대상을 당신 안으로 기꺼이 맞아들이라.

우리가 회피해 온 고통스러운 사건들을 물체화할 때, 우리는 이들을 더 잘 끌어안을 수 있게 된다. 아마도 많은 사람들이 두 번째 표적이 첫 번째 표적만큼이나, 혹은 그 이상으로 어렵다는 것을 깨달았을 것이다. 또 어떤 사람들은 두 번째 표적과의 싸움을 내려놓을 때, 슬쩍 들여다본 첫 번째 표적이 더 작아지고 더 밝아지고 더 가벼워졌음을 알아챘을 것이다. 만일 그렇다면, 우리는 여기서 정말로 중요한 사실을 발견하게 된다. 그것은 우리가 회피해 온 사적 경험의 힘은 경험 자체가 지니고 있는 특성보다는 그 경험을 기꺼이 맞이하지 않으려는 태도로부터 나온다는 것이다.

문제 분해하기

문제를 직면하는 것은 마치 깡통과 끈 그리고 철사로 이루어진 10미터 장신 괴물을 맞닥뜨리는 것과 같다. 이 무시무시하게 위압적인 형체의 괴물과 맞부딪치는 것은 매우 어려운 일이다. 그러나 우리가 이 괴물을 각각의 깡통과 끈, 철사로 분해하여 각 조각을 한 번에 하나씩 부딪친다면, 더 손쉬운 일이 될 것이다.

다음의 연습에서, 우리는 당신이 표적 항목의 여러 차원들을 통과해 가면서 각각의 분리된 요소들을 기꺼이 끌어안는 것이 가능한지를 살펴볼 것이다. 감정이라는 괴물과의 줄다리기 비유를 기억한다면, 우리는 각각의 영역에서 한 번에 하나씩 '줄을 놓아 버리게' 될 것이다.

당신은 책을 보면서, 또는 눈을 감은 채로 이 연습을 실행할 수 있다. 만일 후자의 방법으로 한다면, 당신은 먼저 지시문을 읽으면서 이를 녹음하고(이때 지시문을 따라 실천하는 데 필요한 만큼의 충분한 휴지 시간을 두어야 한다), 눈을 감은 채로 녹음테이프를 따라 연습을 실행하면 된다. 아니면 친구에게 큰 소리로 지시문을 읽어 달라고 부탁해도 좋다. 이때에도 필요한 시간만큼 충분히 멈춰 달라고 요청해야 한다. 지시문을 진행하고 멈추는 것에 대해 서로 사전에 약속을 정하는 것도 좋은 방법인데, 가령 친구가 지시문을 읽은 후 멈추었다가 당신이 손가락을 들면 다시 진행하는 식으로 미리 약속하면 된다.

만일 당신이 책을 보면서 이 연습을 실행한다면, 천천히 진행하라. 조금씩 읽고, 지시문이 요구하는 것을 철저히 실행하며, 다시 다음 부분을 읽는 식으로 진행하면 된다. 이 연습을 적절히 실행하려면 한 시간 혹은 그 이상이 소요될 것이다. 따라서 충분한 시간과 조용한 장소를 확보하지 않는다면 연습을 시작하지 않는 것이 좋다.

E/X/E/R/C/I/S/E

연습: 깡통 괴물 관찰하기

이번에도 이 장에서 탐색해 온 표적 항목을 가지고 계속해서 작업하게 될 것이다. 그러나 당신이 원한다면, 나중에 다른 표적들에 대해서도 연습을 지속할 수 있다.

당신이 어디에 앉든 편한 자세를 취하라. 먼저 호흡에 주목하여, 코로 들이마시고 입으로 내쉬면서 몇 차례 깊은 숨을 쉬라. 당신이 앉아 있는 자리와 맞닿은 신체의 부분을 주목할 수 있는지 확인하라. 방안에서, 혹은 바깥에서 나는 소리에 주목하라. 연습을 진행하기 전에 중심이 잡힐 때까지 적어도 1분 이상을 기다리라. 이를 위하여 앞 장에서 제시한 마음챙김 연습을 수행해도 좋다.

이제 지난 여름 일어났던 일을 회상함으로써 연습을 시작하자. 마음속에 떠오르는 어떤 일이라도 좋다. 그때 무슨 일이 일어났는지 기억해 보라. 당신이 그때 어디에 있었고 무슨 일이 일어나고 있었는지 회상하라. 당신이 지난 여름 보고 듣고 냄새 맡았던 것처럼, 지금 보고 듣고 냄새 맡을 수 있는지 살펴보라. 외부의 관찰자가 바깥에서 그 장면을 바라보는 것처럼 그 장면을 회상하지 말라. 그곳에 있던 '당신' 이라는 사람의 몸 안에서, 당신의 눈 뒤에서 바라보는 것처럼 그 장면을 기억하라. 눈을 감고, 잠시 이 장면을 상상하라.

이제 당신이 거기에 있었던 그 장면을 바라보라. 지금 당신의 눈 뒤에 어떤 사람이 있는 것처럼, 그때에도 당신의 눈 뒤에 어떤 사람이 있었다. 그리고 지난 여름 이후에 많은 일들이 일어났지만, 당신이 지금 인식하는 것을 인식하는 당신의 부분과 그때 당신이 인식하였던 것을 인식했던 당신의 부분 간에 본질적인 연속성이 있음을 주목하라. 8장에서 이미 언급한 것처럼, 우리는 그 사람을 '관찰하는 자기' 라고 부른다. 이제 이 연습의 나머지 부분을 당신의 '관찰하는 자기' 의 관점에서 수행할 수 있는지 살펴보라. 일단 당신이 이 관찰자의 자리에 앉게 되면, 이제 기억의 장면들이 흘러가게 해도 좋다.

신체 감각

먼저 표적에 접촉하라. 이를 위해 잠시 머물라. 표적과 연결된 느낌을 차분하게 인식하라.

이제 당신의 몸에 주의를 기울여 몸이 무엇을 하고 있는지 관찰하라. 그저 그 느낌과의 접촉에 머물면서 당신의 몸을 관찰하라. 어떤 신체 감각들이 나타나는지 주목하라. 여러 감각들이 일어나거든, 그중 하나만을 선택하여 초점을 맞추라. 만일 당신이 책을 보면서 이 연습을 하고 있다면, 당신이 주목한 신체 감각을 다음에 기록하라.

____

이제 이 신체 감각에 집중하라. 만일 다른 사적 사건들(생각, 감정, 기억, 다른 신체 감각)이 끼어들거든, 당신이 나중에 그들에게도 초점을 두게 될 것이라고 알려 주고, 이 신체 감각으로 다시 주의를 돌리라. 감각이 어디서 시작해서 어디서 끝나는지 주목하라. 감각이 정확히 몸의 어느 부분에서 나타나는지 인식하라. 당신이 이 감각의 모양을 조각으로 만들 수 있다면, 과연 어떤 모양일지 상상해 보라.

이제 당신이 이 감각에 대하여 완전히 '밧줄을 놓을' 수 있겠는지 보라. 이 감각이 당신의 적이어야 하는가? 이 감각을 있는 그대로 받아들이는 것이 가능한가? 당신이 여전히 이 감각에 대하여 저항하는 무엇인가가 있다면, 이 감각과 100% 동일한 상상의 조각을 만들어서 이를 그 감각이 있던 곳에 가져다 놓으라. 그러면 그 감각이 존재하였던 어느 곳에서든지 당신은 자신이 새로이 만든 동일한 감각을 만날 수 있게 될 것이다. 이 둘은 동일하지만, 이 중 하나는 당신이 만든 것이다. 이제 당신이 이 새로운 감각으로부터 도망가지 않고, 이를 있는 그대로 허용할 수 있겠는지 보라. 자, 어떠한가? 당신은 앞으로도 늘 이렇게 하겠다고 약속할 필요는 없으며, 단지 이 순간에 이렇게 할 수 있는지 보라.

이제 다시 돌아가서 당신의 표적에 접촉하고, 다시 한 번 당신의 몸에 주의를 기울여 몸이 무엇을 하고 있는지 관찰하라. 표적과 연결되어 튀어 오르는 어떤 다른 신체 감각이 있는지 보라. 만일 있다면, 이는 당신이 다시 초점을 기울이게 될 새로운 감각이다. 만일 당신이 책을 보면서 이 연습을 하고 있다면, 이 새로운 감각을 다음에 기록하라.

____

이제 이 신체 감각에 주의를 기울이라. 이 감각이 어디서 시작하여 어디서 끝나는지 주목하라. 감각이 정확히 몸의 어느 부분에서 나타나는지 인식하라. 그리고 당신이 이 감각과의 싸움을 포기할 수 있는지 다시 한 번 살펴보라. 이 감각을 지녀도 '괜찮은가?' 당신이 이를 좋아하기 때문에 '괜찮은' 것이 아니라, 당신이 단지 이를 인정할 수 있고 있는 그대로 허용할 수 있다는 의미에서 '괜찮은가?' 잠시 머물러, 당신이 몸에 이 느낌을 지닌 것에 대해서 조금 더 열려 있다고 느낄 때까지 이 느낌과 함께 앉아 있으라.

만일 당신이 이 감각에 대해 스스로에게 무엇인가 말하고 있음을 발견한다면, 그것은 생각이다. 우리는 아직 생각을 다루고 있지 않다. 그저 감각에 대한 느낌으로 되돌아와서, 이 감각과 당신의 관계를 다시 조정할 수 있겠는지 보라. 당신은 이 감각을 기꺼이 느끼려 하는가?

이제 그 감각을 옆으로 치워 두고, 원래의 표적에 다시 접촉하라. 잠시 머물면서, 다른 신체 감각이 있는지 살펴보라. 각각의 다른 구체적인 신체 감각들에 대해 앞에서 기술한 과정을 여러 번 반복할 수 있다. 당신은 또한 몸 전체를 훑으면서 다소 쑤시는 느낌이나 기타 신체 반응들에 주목할 수 있다. 각각에 대해 많은 시간을 들일 필요는 없다. 하나의 감각이 나타날 때마다, 이를 주목하고 인정하라. 이는 마치 길을 걸어가다가 아는 사람을 한두 사람 마주칠 때마다 그들에게 가볍게 손을 흔들어 주는 것과 같다. 논쟁하거나 동의하거나 저항하거나 방어하지 않으면서, 그저 그들을 환영하고 그들을 인정하면 된다. 나타나는 신체 감각들을 한 번에 하나씩 다음에 기록하라.

______________ ______________ ______________

______________ ______________ ______________

______________ ______________ ______________

모든 신체 감각에 대해 연습을 마쳤으면, 이제 감정으로 넘어갈 준비가 되었다.

감 정

다시 한 번 표적에 접촉하라. 이를 위해 잠시 머물라. 차분하게 이 느낌을 자각하라.

이번에는 표적과 연결된 감정을 관찰하라. 감정이 무엇을 하는지 그저 지켜보라. 그 느낌과의 접촉에 머물러 무엇이 나타나는지 바라보라. 여러 감정이 나타나거든 그중 하나를 선택하여 초점을 맞추라. 만일 당신이 책을 보면서 이 연습을 하고 있다면, 이 감정을 다음에 기록하라.

____

이 하나의 감정에 초점을 두고, 당신이 이 감정으로부터 도망가지 않고 이에 가까이 다가가려고 선택할 수 있는지 보라. 당신이 지금 이 순간에 이 감정을 느끼는 것이 괜찮은지 보라. 여기서의 목표는 이 감정을 좋아하거나 싫어하는 것이 아니다. 우리는 이 감정을 평가하지 않는다. 목표는 불필요한 방어 없이 이 감정을 있는 그대로 느끼는 것이다. 이 연습이 생각이나 행동 성향과 같은 다른 영역으로 확산되지 않도록 하라. 우리는 나중에 이들에 대해서 다루게 될 것이다.

당신이 지금 이 순간에 이 감정을 그대로 간직하기에 불편한 어떤 것이 있는가? 이 감정을 없애 버려야 할 만큼 위험하거나 해롭거나 적대적이거나 나쁜 무엇이 있는가? 당신이 이 감정에 대해서 마음의 문을 많이 개방했다 해도, 조금 더 개방할 수 있겠는지 보라. 당신이 이 감정으로부터 도망가지 않고 이에 가까이 다가가려고 선택할 수 있는지 다시 한 번 보라. 당신이 지금 이 순간에 이 감정과 함께 머물 수 있는지 보라. 잠시 머물러, 당신이 이 감정에 대해서 조금 더 열려 있다고 느낄 때까지 이 감정과 함께 앉아 있으라.

이제 이 감정을 옆으로 치워 두고, 원래의 표적에 다시 접촉하라. 잠시 머물면서, 다른 구체적인 감정이 있는지 살펴보라. 각각의 다른 구체적인 감정에 대해서 앞에서 기술한 과정을 여러 번 반복할 수 있지만, 최소한 한 번은 더 이 과정을 반복할 수 있겠는지 살펴보라. 다른 감정을 느낀다면, 그것이 무엇인지 다음에 기록하라.

____

이제 앞에서 제시한 동일한 단계를 반복하라. 당신이 이 감정과의 싸움을 내려놓을 수 있겠는지 살펴보라.

다른 감정들이 있음을 감지한다면, 이들을 주목하고 인정하라. 감정이 하나씩 나타날 때마다, 그저 이를 환영하고 인정하라. 나타나는 감정들의 이름을 한 번에 하나씩 다음에 기록하라. 당신이 초점을 기울이고 있는 감정에 대해 '밧줄을 놓을' 수 있다(즉, 그 감정과의 싸움을 중단할 수 있다)고 느낄 때까지는 다음 항목으로 넘어가지 말라.

____________ ____________ ____________

____________ ____________ ____________

____________ ____________ ____________

표적과 연결된 모든 감정에 대해 연습을 마쳤으면, 이제 행동 성향으로 넘어갈 준비가 되었다.

행동 성향

당신의 눈 뒤에 있는 사람, 당신의 전 인생 동안 존재해 온 자각하는 사람, 즉 관찰자인 당신과 접촉할 수 있는지 살펴보라. 우리가 내용 안으로 몰입해 들어감에 따라 이 관찰하는 자기는 희미해졌을지도 모른다. 그러나 이 연습을 효과적으로 수행하기 위해서는 경험의 더 초월적인 측면으로서의 이 관찰자와 접촉을 유지해야 한다. 바로 이 관점(시각)에서 다시 한 번 표적에 접촉하라.

이제 행동으로 몰아치는 힘, 행동을 향한 충동을 느낄 수 있는지 살펴보라. 당신은 이를 느낄 때 무엇을 하고 싶은가? 실제로 그 행동을 하지는 말고, 행동으로 이끌어 가려는 힘을 그저 주목하라. 이 충동은 거의 근육이 막 움직이기 시작하려는 것과 같은 상태다. 이는 신체 감각과 다소 비슷하지만, 오히려 행동 연쇄의 시작에 더 가깝다. 한 가지 행동 충동을 느낀다면, 이를 다음에 기입하라.

____

이번에는 그 행동을 실제로 하거나 억압하려고 하지 말고, 당신이 지금 있는 그 자리에 머물러 이처럼 행동하려는 힘을 느끼는 것이 어떻게 느껴지는지를 느껴 보라. 이는 마치 강 위에 설치된 다리 난간에 서서 뒤로 움찔 물러서려는 힘 혹은 뛰어내리려는 충동을 느끼는 것과 같다. 실제로 뒤로 물러서거나 뛰어내리는 대신에, 그저 그 힘을 느껴 보라. 이제 스스로에게 질문하라. "이 힘에는 내가 겪어 낼 수 없는 무엇인가가 있는가? 그것은 나를 파괴시키고 말지도 모르는 근본적으로 나쁜 어떤 것인가? 내가 반드시 쫓아내야만 할 어떤 것인가?"

앞에서처럼, 다른 반응들(신체 감각, 감정, 생각 등)이 스며들려고 하거든, 나중에 그들에게도 찾아가게 될 것이라고 말하라.

잠시 머물러서, 당신이 그 행동 성향에 따라 행동하지 않고 그 힘을 몰아내려고도 하지 않은 채, 그 힘에 대해 더 개방할 수 있다고 느낄 때까지 그 힘과 함께 앉아 있으라.

이제 그 행동 성향을 옆으로 밀어 놓으라. 다시 한 번, 당신의 눈 뒤에 있는 사람, 관찰자인 당신에 접촉하라. 이 시각에서, 당신이 자신의 표적을 의식의 한가운데로 가져올 수 있겠는지 살펴보라. 다른 행동 성향들이 나타나는지 조용히 관찰하라. 당신이 이들을 관찰할 때, 언제나 당신이었던 당신의 부분, 관찰자인 당신에 늘 머물라. 바로 그 시각에서 바라보라. 당신이 지금 다른 행동 성향을 느낀다면, 이를 다음에 기록하라.

____

이제 앞에서 제시한 동일한 단계들을 반복하라. 나타나는 다른 모든 행동 성향들에 대해서 이 과정을 반복하라. 다음에 한 번에 하나씩 행동 성향들을 기록하라. 각 행동 성향에 접촉할 때, 당신이 행동으로 이끌어 가려는 이러한 힘에 응종하거나 회피하지 않고 이 힘을 더 기꺼이 느끼려고 하는가에 열쇠가 쥐어져 있다. 이러한 일이 일어날 때까지 이 힘과 함께 머무르려 하라. 목표는 이 힘을 있는 그대로(이 힘이 말하는 대로가 아니라) 더 기꺼이 느끼려는 것이다. 나타나는 각각의 충동을 다음에 기입하라.

________________ ________________ ________________

________________ ________________ ________________

________________ ________________ ________________

모든 행동 성향에 대해 연습을 마쳤으면, 이제 생각으로 넘어갈 준비가 되었다.

생 각

생각은 매우 교묘하다. 따라서 당신의 눈 뒤에 있는 사람, 관찰자로서의 당신과 부드럽게 접촉하기 위해서는 어느 정도 시간을 들여야 한다. 당신은 당신 자신의 이 부분을 볼 수 없다. 왜냐하면 당신은 '지금 여기에 있는 나(I-here-now)'로서의 이 부분으로부터 보기 때문이다. 따라서 당신 자신의 한 부분인 이 '큰 마음(big mind)'에 접촉하여, 이 시각에서 다음의 영역을 바라보라.

당신이 지금까지 투쟁해 온 표적과 접촉하여, 이곳에서 어떤 생각들이 나타나는지 지켜보라. 당신이 마치 한 마리의 물고기를 잡듯이, 이들 중에서 단지 하나의 생각을 붙잡을 수 있는지 보라. 당신이 릴낚시로 끌어올리듯 하나의 생각을 감아올릴 수 있는지 살펴보고, 이를 다음에 기록하라. 당신은 지금까지 이 기술을 상당히 자주 연습해 왔기 때문에, 어떻게 하는지 잘 알고 있을 것이다.

____

____

____

____

이제 당신이 이 생각을 부정하거나 줄이거나 이와 논쟁하려 하지 않고, 그저 이 생각을 생각할 수 있는지 살펴보라.

이 생각을 추방하려 하지 않는 것이 중요한데, 왜냐하면 그렇게 하려면 당신의 주의와 동의가 요구되기 때문이다. 당신이 아기의 옹알거림에 귀를 기울이듯이, 이 생각에 진실로 귀를 기울이고 최대한의 주의를 기울일 수 있는지 보라. 주의 깊게, 그러나 찬성도 반대도 없이! 당신은 이 생각을 믿고 있지 않으며, 믿지 않고 있지도 않다. 당신은 이 생각을 단지 하나의 생각으로 바라보고 있다('우유, 우유, 우유'를 기억하는가?).

당신이 표적에 접촉하게 될 때, 실은 당신의 마음이 이를 생각하고 있는 것임에 주목하라. 이 생각이 단지 생각이라면 괜찮겠는가?

당신이 이 생각을 하나의 선택으로 생각할 수 있는지 살펴보라. 이는 당신이 이 생각을 믿는다는 것을 의미하지 않는다. 또한 당신이 이 생각을 믿지 않는다는 것을 의미하지도 않는다. 이는 당신의 마음이 이 생각을 의도적으로 하나의 생각으로 생각하도록 허용한다는 것을 뜻한다. 이 생각이 단지 하나의 생각에 불과하다면, 이 생각에 당신이 소유할 수 없는 근본적으로 사악하거나 적대적이거나 해로운 무엇인가가 있는지 스스로에게 질문해 보라.

이제 당신이 그 생각을 더 기꺼이 하나의 생각으로 생각할 수 있다고 느낀다면, 그 생각을 옆으로 밀어 놓고 당신의 표적에 다시 접촉하라. 이를 위해 잠시 차분히 머물라. 급하게 덤벼들지 말라. 당신이 이제 표적을 경험하고 있다면, 다시 '생각을 낚시해' 보라. 표적과 연결된 다른 생각을 붙잡았다면, 이를 다음에 기록하라.

그리고 이 생각에 대해 당신의 마음에게 감사를 표하라. "근사하고 멋진 생각이야." 당신이 이 생각을 전에도 보았는지 살펴보라. 건방진 태도로 혹은 당신의 마음에게 선심을 쓰듯이 감사를 표하지는 말라. 이 생각이 더함도 없고 뺌도 없이 자신이 하는 대로 하도록 허용하라. 이렇게 할 때, 당신이 이제 막 들으려고 하는 단어들의 연쇄가 나타나게 될 것이고, 당신은 이 생각들과의 싸움을 공손히 사절하게 될 것이다. 당신은 이 생각들을 이해심을 가지고 그저 듣게 될 것이다.

다른 신체 감각이나 감정, 생각이 스며들려고 하거든, 나중에 그들에게도 찾아가게 될 것이라고 알려 주라.

당신이 이 생각을 부정하거나 줄이거나 이와 논쟁하거나 이것이 말하는 대로 하려 하지 않고 그저 이 생각을 생각할 수 있다고 느낄 때까지, 이 생각과 함께 머물라. 그런 다음 이 생각을 옆으로 밀어 놓으라. 이제 다시 당신의 눈 뒤에 있는 사람, 관찰자인 당신과 접촉하라. 이 시각을 유지한 채, 표적에 접촉하여 이를 당신의 의식 한가운데로 가져오라. 표적과 연결된 다른 생각들을 조용히 관찰하라. 나타나는 생각들이 있으면 다음에 기록하고, 각각의 생각에 대해서 이러한 과정을 반복하거나, 그 생각을 탈융합된 방식으로 그저 인정하라.

이 영역을 다 마쳤으면, 이제 당신의 기억으로 넘어가자.

기 억

다시금 당신의 눈 뒤에 있는 사람, 즉 당신의 관찰하는 자기와 접촉할 수 있는지 보라. 그 시각에서 당신의 표적을 마주 대하라.

이 연습의 마지막 부분을 위해서, 당신 인생의 모든 기억들과 태어나면서부터 지금 이 순간에 이르기까지의 모든 사건들이 스냅사진들로 가지런히 사진첩에 보관되어 있다고 상상하라. 마치 색인카드들이 서랍 속에 정리되어 있는 것처럼 말이다. 당신의 표적에 접촉한 채, 사진첩을 열어 기억의 스냅사진들을 부드럽게 훌훌 넘기기 시작하라. 현재로부터 시작하여, 당신의 과거 속으로 더 깊이 사진첩을 넘기라. 당신의 시선이 어느 한 사진에 머문다면, 넘기기를 멈추고 그 사진의 기억을 들여다보라. 어떤 기억이 떠올랐는지 다음에 기록하라.

____

____

____

____

이제 당신의 관찰하는 자기, '당신' 이라고 불리는 사람의 눈 뒤에서 다음을 주목하라.

- 거기에 누가 있었는가?
- 당신은 무엇을 느끼고 있었는가?
- 당신은 무엇을 생각하고 있었는가?
- 당신은 무엇을 하고 있었는가?
- 당신은 무엇을 하고 싶었는가?

이제 당신의 기억과 관련된 투쟁을 내려놓을 수 있겠는지 보라. 이는 사진과 연관된 고통일 수도 있고, 사진과 연관된 행복 때문에 떠나보내고 싶지 않은 마음일 수도 있다. 그 기억에 대한 당신의 반응이 무엇이든지 간에, 당신이 그 기억과의 투쟁을 부드럽게 흘려보내고 그러한 반응을 위한 여유 공간을 만들 수 있겠는지 보라. 당신이 그 기억을 있는 그대로 기꺼이 지닐 수 있겠는지 보라. 당신이 그 기억을 좋아할 필요는 없다. 다만 기꺼이 지닐 수 있으면 된다.

그 기억 속에 그 당시에는 충분히 처리하지 못했던 무엇이 있다면, 기억의 작업이 불완전하다는 느낌이 남아 있을 것이다. 예를 들어, 그 기억에서 당신은 분노를 느꼈음직한데도 분노가 감추어져 있을 수 있다. 만일 그렇다면, 기억의 그 부분으로 되돌아가서 당시에는 무엇을 해야 할지 알 수 없었던 그 작업을 완성하라. 당시 느꼈던 것을 느끼고, 생각했던 것을 생각하라. 만일 당신의 일부분이 "그곳에 가지 마라."라고 말하고 있음을 감지한다면, 그곳에 갈 수 있겠는지 살펴보라.

당신이 그 기억을 철저히 살펴보았고 그 기억에 열려 있다는 느낌이 든다면, 그 기억의 사진을 사진첩 속에 다시 넣으라.

이제 관찰자인 당신의 시각에서, 당신이 이 연습을 시작할 때 선택한 표적에 다시 접촉하라. 표적과의 접촉을 유지한 채로, 다시 한 번 사진첩을 열어 기억의 스냅사진들을 부드럽게 넘기기 시작하라. 이번에는 더 뒤로 넘겨 보라. 어디까지 넘길지는 당신의 뜻에 달려 있다. 만일 당신이 어떤 하나의 기억에서 잠시 멈춘다면, 그것이 별로 관련이 없어 보일지라도, 사진첩 넘기기를 중단하고 그 사진을 뽑아 들어 살펴보라. 어떤 기억인지 다음에 기록하라.

____

____

____

____

____

이제 그 기억과 함께, 앞에서 했던 모든 단계들을 반복하라.

- 거기에 누가 있었는가?
- 당신은 무엇을 느끼고 있었는가?
- 당신은 무엇을 생각하고 있었는가?
- 당신은 무엇을 하고 있었는가?
- 당신은 무엇을 하고 싶었는가?

그 기억과 연관된 투쟁이 있다면 이를 내려놓을 수 있겠는지 보라. 충분한 시간을 가지라. 어떤 저항이나 고통이 있다면, 부드럽게 다가가서 그 저항을 바라보라. 그 고통을 바라보라. 당신 자신이 기꺼이 그 기억을 정확히 있는 그대로 지닐 수 있겠는지 보라.

다시 한 번, 그 기억 속에 당시에는 충분히 처리하지 못했던 무언가가 있다면, 기억의 작업이 불완전하다는 느낌이 남아 있을 것이다. 다시 한 번, 기억의 그 부분으로 들어가서 당시에는 알지 못했던 작업을 완결할 수 있겠는지 보라. 당신이 느꼈던 것을 느끼고, 생각했던 것을 생각하라.

자, 이제 그 기억을 옆으로 밀어 놓으라. 당신이 아직 어린 시절의 기억으로 돌아가지 않았다면, 마지막으로 어린 시절의 기억에 대해서 이 전 과정을 반복하라. 그 기억을 다음에 기록하라.

____

____

____

____

이제 그 기억에 대해 다시 생각하라. 더 많은 것을 끄집어내라. 기억 속에 있는 무엇이든지 다 끄집어내라. 이를 위해 몇 분의 시간을 들이라.

이 일을 다 마쳤거든 이제 사진첩을 접으라. 당신의 호흡을 바라보라. 서너 차례 깊이 호흡하면서, 숨이 코끝으로 들어오고 입을 통해 나가는 것에 주목하라. 당신이 온전하고 완전한 한 인간이라는 사실과 접속할 수 있는지 보라. 이 '깡통 괴물' 은 당신 안에 있다. 따라서 이 괴물이 당신보다 더 크다는 것은 착각이다. 스스로에게 물어보라. 나는 내가 살아온 역사와 함께 기꺼이 나로 존재할 수 있는가? 나는 이 모든 반응들을 그대로 간직한 채 힘찬 삶을 향해 기꺼이 앞으로 나아가겠는가?

신체 감각, 감정, 생각, 행동 성향 그리고 기억 간의 다양한 연결에 대해서 주목한 것이 있는가? 어떤 연결성에 주목하였다면, 이를 다음에 기록하라.

____

____

____

____

기억에 대해서는 어떠한가? 이 기억들과 당신이 오늘 투쟁하고 있는 주제 사이에는 어떤 연관성이 있는가? 당신이 주목한 연관성이 있다면, 이를 다음에 기록하라.

____

____

____

____

이러한 일을 하면서 빠질 수 있는 한 가지 위험은, 우리가 때로 우리 자신의 역사 속에서 고통의 근원을 보면서 이러한 역사만 없었더라면 더 잘 살 수 있었을 것이라고 추론하는 것이다. 이는 언어가 만들어 낸 착각이다. 당신의 과거가 오늘날 당신의 모습으로 이끈 것은 사실이다. 또한 당신의 과거가 당신의 '불편감 다이얼' 을 설정하는 근원이 된 것도 사실이다. 그러나 이러한 생각과 감정이 오늘 어떻게 기능하느냐 하는 것은 많은 부분 당신이 그 생각 및 감정과 더불어 무엇을 하느냐에 달려 있다. 논점은 다음과 같다. 역사와의 투쟁을 포기하고 지금 더 효율적으로 행동하기 위해서 당신은 무엇을 할 수 있는가?

깡통 괴물의 조각들이 당신의 삶에서 파괴적인 역할을 담당하지 못하게 하면서 당신이 이 조각들을 있는 그대로 기꺼이 받아들이려고 할 때, 당신 앞을 가로막고 서 있는 장애물이 무엇인가? 잠시 이 질문에 대해 생각해 보고, 다음에 당신의 답을 기록하라.

____

____

____

____

'아무것도 없다.' 또는 '단지 나 자신뿐이다.' 라는 대답 이외에 다른 어떤 답을 적었다면, 그 답을 다시 들여다보라.

어떤 내용을 적었는지 살펴보라. 이제 당신과 당신이 그 내용을 기꺼이 탈융합된 방식으로 받아들이는 것 사이에는 무엇이 가로막고 있는가? 누가 '기꺼이 경험하기 다이얼'을 설정할 수 있는가? 당신인가, 아니면 당신의 역사인가?

E/X/E/R/C/I/S/E

연습: 실시간에서의 수용

마지막으로 수행한 두 가지 연습은 당신의 상상 속에 있는 불행한 내용에 노출되도록 구성된 것이다. 당신은 표적 항목을 회상하였고, 이를 통해 괴로운 신체 감각, 감정, 생각, 기억 등을 불러일으켰으며, 우리는 이들을 하나씩 따로 떼어 다루었다.

그러나 만일 당신이 실제 상황에서 당신이 싸우고 있는 내용에 직면한다면 어떻게 할 것인가? 당신이 실생활에서 고통을 일으키는 상황에 맞닥뜨린다면 어떻게 할 것인가? 예를 들어, 당신이 광장공포증 환자이고 오랫동안 집 밖을 나가 본 적이 없다고 할 때, 당신이 현관문을 나서려는 순간 매우 부담스러운 깡통 괴물과 마주치게 될 것이다. 당신은 이러한 상황을 어떻게 처리해야 할 것인가?

우선 간단히 대답하면, 당신은 모든 힘든 경험들을 처리하기 위해 지금까지 배운 것과 동일한 방식으로 이 경험을 처리하면 된다. 먼저 당신 자신을 관찰자의 자리에 위치시키고, 그 경험에 자신을 개방한 후, 관찰자인 당신이 탈융합적이고 수용적인 알아차림의 태도로 그 경험을 바라보라. 그러나 우리는 방금 전에 기술한 것보다 더 구체적인 방식으로 힘든 경험들을 다룰 수 있는 방법을 제시하고자 한다.

우리가 하고자 하는 것은, 당신이 지금까지 회피해 온 부정적인 내용을 불러일으킬 만한 일련의 경험 목록을 만들고, 당신이 실제로 세상 속으로 들어가서 실시간으로 그 경험들을 경험하기 위한 점진적인 노출 프로그램을 개발하려는 것이다.

이를 위해서, 먼저 다음의 작업지를 작성하는 것부터 출발해 보자. 왼쪽 칸에는 힘든 경험을 불러일으킬 만한 실제 물리적 상황을 기록하라. 10개의 빈칸을 다 채울 수 있도록, 힘든 시나리오 열 가지를 찾아내려 노력하라. 다양한 상황들을 선택하라. 일부는 큰 고통을 불러일으키는 상황들로, 일부는 크지 않은 불편을 야기하는 상황들로 구성하라. 크고 압도적인 것처럼 느껴지는 시나리오에 대해서는 이를 여러 부분으로 나눌 수도 있을 것이다.

예를 들어, 당신이 현재 강박증을 겪고 있는데 오물이나 세균이 청결 강박행동을 일으킨다면, 당신이 밖에 나가 진흙 속을 뒹굴기란 쉽지 않을 것이다. 이 압도적인 상황을 잘게 쪼갤 필요가 있다. 이 경우에 당신의 표적이 드러날 수 있게 하는 한 가지 시나리오는 흰 옷에 약간의 오물을 묻힌 채 하루 종일 그 옷을 입고 다니는 것이다. 그다음에 당신은 좀 더 더럽혀진 옷을 입고 싶을 수도 있을 것이다.

일단 목록을 작성하고 나면, 당신의 열 가지 시나리오에 대해서 순위를 매기라. 당신이 표적에 가장 적게 접촉할 것이라고 생각되는 시나리오를 1로 하고, 가장 많이 접촉할 것이라고 생각되는 시나리오를 10으로 매기라. 1~10의 순위는 점진적인 노출의 순서를 제공할 것이다.

시나리오	순 위

작업지 작성을 마쳤으면, 첫 번째 시나리오를 선택하여 그 상황에 노출하기 위한 시간과 장소를 결정하라. '기꺼이 경험하기 척도 작업지' 연습에서 했던 것과 마찬가지로, 당신은 노출 시간의 양을 제한할 수 있다. 그러나 경험을 위한 기꺼운 자발성만큼은 제한해서는 안 된다. 이러한 유형의 회피를 허용해서는 안 된다. 이에 전념할 수 있다고 확신할 수 없을 때에는, 더 작은 단계를 만들거나 시간과 상황의 제한을 통해 이 단계를 축소하라.

언제, 어디서, 얼만큼의 시간 동안 첫 번째 상황에 기꺼이 노출할 것인지를 다음에 기록하라.

____

____

____

____

____

____

실제로 노출을 하고 있을 때, 당신은 지금까지 배운 기술들을 사용하게 될 것이다. 우리는 먼저 이 기술들을 자세히 기술할 것이다. 그런 다음에 당신이 목록을 지니고 다니면서 실제 상황에서 취할 행동을 떠올릴 수 있도록, 이 기술들을 요약하여 목록으로 제시할 것이다.

당신의 몸이 무엇을 하는지 주목해야 한다. 당신의 몸 어디에서 감각과 감정을 느끼는지 주목하라. 그 느낌의 성질은 어떠한지, 그 느낌이 어디서 시작해서 어디서 끝나는지 주목하라. 당신의 몸 전체를 훑으면서, 당신이 감각이나 감정을 느끼고 있는 다른 부위가 있는지 살펴보라. 다른 느낌을 찾았다면, 그 느낌에 심리적으로 다가가서 방어나 조작 없이 그 느낌을 느낄 수 있도록 허용하라. 당신의 목적은 단지 현존하는 것이며, 기꺼이 자진하는 것임을 다시 한 번 확인하라. 다른 목적은 없다. 이는 나쁜 느낌을 축소하거나 추방하기 위한 비밀의 계략이 아니다. 또한 이를 통해 당신의 느낌이 우연히 변한다 해도, 당신에게 달리 속삭이는 어떤 생각에도 속지 말라.

노출하고 있는 동안에 당신 주변을 둘러보라. 당신 주위의 세상에서 다른 어떤 일이 벌어지고 있는지 관찰하라. 사람들이 있다면 그들을 주목하라. 빌딩이나 나무나 꽃이 있다면, 그것을 주목하라. 당신이 투쟁하고 있는 것을 감소시키기 위해서 이 일을 하지는 말라. 초점은 당신의 경험을 증가시키는 데 있다. 당신의 느낌 이외에도, 당신 주변에서는 또 다른 삶이 진행되고 있다.

어떤 생각이 나타나는지 주목하라. 구름이 흘러가는 것을 바라보듯 그 생각을 바라보라. 생각이 오거나 가도록 하기 위한 어떤 것도 하지 말라. 그 생각과 논쟁하지 말라. 그 생각을 믿지도 말고, 그에 따르지도 말라. 라디오에서 흘러나오는 배경음악을 듣듯이, 그저 그 생각에 주목하라. 당신의 마음에게 그 모든 산물을 만들어 준 것에 대해 감사를 표하라.

과거나 현재로 이끌림에 주목하라. 그러나 당신이 과거와 현재에 대한 생각과 함께 현존하면서 현재에 머물 수 있겠는지 살펴보라. 시계를 자주 들여다보는 자신을 발견하거든, 시간에 대한 애착을 내려놓으라.

행위로 이끄는 힘에 주목하라. 떠나거나 회피하거나 분리하려는 힘을 느끼거든, 그저 그 힘을 기꺼이, 그리고 온전히 느끼라.

약간의 재미를 즐기라. 그 상황에서 새로운 무언가를 시도해 보라. 어떤 것이든 좋다. 농담을 해 보라. 콧노래를 불러 보라. 무언가를 먹어 보라. 제자리에서 가볍게 뛰어 보라. 마음속에서 어떤 게임을 해 보라. 예를 들어, 주변에 사람들이 있거든 최악의 헤어스타일을 한 사람은 누구일까 살펴보라. 이 상황에서 가장 흥미를 끄는 것이 무엇일까 살펴보라. 그러나 주의할 것이 있다. 이것은 주의 분산과 다르다. 당신이 지금 싸우고 있는 것에 더하여, 수많은 다른 것을 할 수 있는 기회가 있다는 것을 깨닫는 것이 중요하다. 당신이 표적과 접촉하고 있는 동안, 당신이 할 수 있는 일의 범위를 확장하라.

당신이 정말로 대담해졌다고 느낀다면, '할 수 없다.'거나 '해서는 안 된다.'라고 마음이 속삭이는 것을 오히려 더 시도하라(그러나 당신이 기꺼이 자발적일 때만 그렇게 하라.). 너무 불안해서 바보처럼 보일 것이라고 당신의 마음이 속삭인다면, 한번 바보 같은 짓을 해 보라. 모자를 뒤집어 써 보라. 아니면 안경을 거꾸로 써 보라. 지나가는 사람에게 지금이 몇 월인지 물어보라. 당신이 기절해서 길바닥에 쓰러질지 모른다고 마음이 속삭이거든, 일부러 길바닥에 누워서 그렇게 누워 있는 것이 어떻게 느껴지는지 살펴보라.

당신이 변치 않는 관찰자로서 그곳에 존재하고 있는지 주목하라. 그 감각을 사용하여 당신의 경험과 함께 현존하라(이를 분리나 회피의 수단으로 이용하지는 말라.).

무엇보다도 당신의 마음이 지금까지 회피를 통해 당신을 '보호' 하고자 했던 사소하고도 미묘한 모든 방식들을 주의 깊게 살펴보라. 모든 형태의 회피를 내려놓으라. 이 모든 것의 목적은 오직 한 가지, 즉 기꺼이 현재에 머물기를 연습하는 것뿐이다. 속임수는 없다. 이것은 당신의 내적인 과정을 조절하기 위한 비밀스러운 수단이 아니다.

준비가 되었는가? 그렇다면 밖으로 나가서 그 일을 실천하라. 당신이 배운 모든 기술들을 가지고, 당신이 실시간에 경험하는 것을 방어 없이 온전히 경험하라. 한계를 미리 설정하라.

당신의 기억을 돕기 위해서, 당신이 사용할 수 있는 기술들의 목록이 다음에 제시되어 있다. 당신이 생각과 감정을 수용하거나 이들로부터 탈융합하는 데, 혹은 관찰하는 자기와 접촉하는 데 도움을 주었던 연습이나 기술이 있다면, 어떤 것이든 이 목록에 추가해도 좋다. 당신에게 실제 효과적이었던 것을 추가하라. 예를 들어, 당신이 만일 광장공포증을 겪고 있고 첫 번째 단계로서 거리를 걷기로 결정하였다면, 불안이 나타났을 때 스스로에게 다음과 같이 질문할 수 있을 것이다. "이 느낌에 크기가 있다면 얼마나 큰가? 이 느낌에 모양이 있다면 그 모양은 어떤가?"

강물 위로 떠가는 나뭇잎과 함께 당신의 생각과 감정이 떠내려가는 것을 바라보고 싶다면, 그 연습을 추가하라. 당신의 생각과 감정을 세 칸의 마음 열차에 싣고 싶다면, 그렇게 하라. 도움이 될 것이라고 직관적으로 판단되는 것이 있다면, 그것을 사용할 수 있을 것이다. 그런데 무엇에 도움이 된다는 것인가? 당신의 표적을 조절하는 데 도움이 된다는 것은 분명 아니다. 그러한 목표는 단지 우리가 여기서 하고자 하는 작업을 해칠 뿐이다. 여기서 말하는 '도움'이란, 당신에게 힘들었던 것 혹은 당신이 피해 온 것을 수용하고 탈융합하며 그와의 접촉에 기꺼이 머무는 데 도움이 된다는 것을 뜻한다.

다음의 목록을 지니고 다니면서, 실제로 노출을 수행하는 동안 이를 훑어보라. 당신의 몸과 그 감각에 주목하라. 그것을 위한 공간을 만들라.

- 주변을 둘러보라. 주변 환경을 음미하라.
- 회피하지 말라.
- 생각을 주목하라. 그러나 그저 생각이 오고 가게 하라. 그 생각에 따르지 말라.
- 과거와 현재로 끌리는 힘에 주목하라. 당신은 지금 여기에 있음을 알아차리라.
- 싸우지 말라.
- 행위로 이끄는 힘과 회피하려는 힘을 주목하라. 그 힘을

주목하는 것 외에는 그 힘에 대해서 아무것도 하지 말라.

- 새로운 무언가를 하라. 장난스러운 것이어도 좋다.
- 당신이 이 모든 것들을 알아차리고 있음을 알아차리라.
- 그 외에 당신이 하고 싶은 것이 있다면 다음에 적으라.

___

___

___

- 당신의 전념을 고수하라. 현존하라. 회피는 허용되지 않는다.

당신이 그 경험에 자신을 개방해서 당신에게 주어진 것을 수용할 수 있다고 느낄 때까지 첫 번째 시나리오에 대한 노출을 반복할 수 있다. 하지만 고통이 사라질 때까지 지속하라는 의미는 아니다. 당신이 지닌 모든 생각, 감정, 충동, 신체 감각, 기억 등을 위한 더 많은 공간을 만들 수 있을 때까지 반복하라는 뜻이다. 이 모든 것들을 당신의 집으로 초대하고 환영하라. 이들을 깊이 들이마시라.

당신이 첫 단계를 성취했다면(이를 위해 여러 번의 노출이 필요할 수 있다), 두 번째 시나리오로 가서 같은 일을 반복하라. 당신을 넘어서는 듯 보이는 수준에 봉착한다면, 목록을 잠시 옆으로 치우고 앞 장들에 나오는 연습을 더 수행한 후에 다시 돌아오라.

당신은 이 목록을 사용하여 이 과정을 무한히 반복하여 연습할 수 있을 것이다. 그러나 어느 시점에 가면, 이와 같이 시나리오를 작성하여 연습하는 것이 더 이상 필요치 않을 수도 있다. 당신이 수용의 기술을 어느 정도 연습하고 나면, 당신은 이 기술을 매일의 삶 속에 통합할 수 있게 될 것이다. 삶 또한 당신에게 많은 도약의 기회를 제공할 것이다. 우리가 인생의 질문에 대해서 '예' 라고 대답하기 시작할 때, 인생이 우리에게 바른 도전의 기회를 제공한다는 것은 실로 놀랍다. 우리가 기꺼이 받아들이고자 한다면, 인생은 우리가 바라는 것보다 그리고 우리가 할 수 있는 것보다 늘 더 많은 기회를 더 빨리 제공한다.

뛰어내리고 나서

당신이 여기까지 왔다면, 당신은 정말로 훌륭한 일을 한 것이다. 당신은 자발성을 향한 첫 발걸음을 내디뎠고, 당신의 고통을 달리 이해하는 방식 속으로 처음으로 뛰어들었다. 당신이 지금까지 이룬 성공을 당신의 마음이 가로채지 못하도록 하라. 그 성공을 절대적인 어떤 것에 돌리라. 어느 누구도 당신의 때를 정하지 못한다. 이 경주에는 결승선이 없다. 어쨌든 지금은 단지 앞으로 나아가는 것만으로 충분하다.

다음 장들에서 당신은 지금까지 배운 모든 탈융합, 마음챙김 및 수용의 연습을 가지고 가치 있고 생기 있는 삶을 추구하는 맥락에서 이들을 어떻게 사용할 수 있는지에 대해 배우게 될 것이다.

chapter 11
가치란 무엇인가

당신이 '나의 인생'이라는 이름의 버스를 운전하고 있다고 상상해 보라. 다른 어느 버스들처럼 이 버스에도 승객이 올라탄다. 당신의 승객은 당신의 기억, 신체 감각, 조건화된 감정, 프로그램된 생각, 역사적으로 생성된 충동 등일 것이다. 승객 중에는 당신이 좋아하는 사람도 있다. 당신이 버스 앞쪽 당신의 옆 좌석에 앉았으면 하고 바라는 상냥한 부인처럼. 그러나 당신이 싫어하는 사람도 버스에 올라탄다. 당신이 제발 다른 버스로 갈아타기를 바라는 험상궂은 폭력배처럼.

당신이 처음 이 책을 읽기 시작했을 무렵, 당신의 시선의 초점은 승객을 향해 있지 않았는가? 이 상황은 심리적인 고통과의 투쟁의 본질을 잘 보여 준다. 당신은 아마도 어떤 승객을 버스에서 내리게 하거나 그들의 외모를 바꾸거나 그들을 당신의 눈에 띄지 않는 곳으로 밀어 넣느라 많은 시간을 소모했을 것이다. 당신이 심한 불안이나 처리하기 힘든 충동, 가슴 아픈 슬픔의 감정으로 괴로워했다면, 당신은 아마도 운전을 멈추고 그 원치 않는 승객을 강제로 쫓아내려고 안간힘을 썼을 것이다.

하지만 이 일을 위해 당신이 가장 먼저 해야만 하는 것이 무엇인가 생각해 보라. 당신은 먼저 부득이 운전을 멈춰야 한다. 당신은 승객과 싸우는 동안 당신의 인생을 보류해야만 한다. 그리고 무엇보다도, 달갑지 않은 당신의 승객은 버스에서 내리지 않을 것이다. 이들은 각자 자기 마음대로 할 것이다. 더구나 시간은 오로지 한 방향으로만 흐를 뿐, 양방향으로 흐르지 않는다. 고통스러운 기억은 일단 한 번 버스에 올라타면 내리려 하지 않는다.

승객이 버스에서 쉽게 내리지 않으리라는 것을 깨닫는 순간, 우리는 다음 수단으로 그들의 외모를 바꾸려 한다. 우리는 어떤 부정적인 생각을 하게 되면, 여기서 한 단어를 비틀고 저기서 미묘한 어감을 바꾸어서 그 생각을 말끔한 모습으로 변모시키려 한다. 그러나 우리는 여전히 역사적인 존재다. 우리가 승객의 모습을 바꾸려고 노력할 때, 우리는 단지 그의 원래의 모습에 새로운 모습을 추가할 뿐이다. 이는 마치 폭력배에게 억지로 정장을 입혀서 그의 모습이 덜 무섭게 보이려고 발버둥치는 것과 같다. 적어도 기억 속에서만큼은 폭력배는 여전히 원래의 모습대로 험상궂은 모습으로 남아 있다. 지금은 그가 잠시 점잖은 정장을 걸치고 있다 해도, 옷을 벗으면 그는 여전히 폭력배임을 당신은 잘 알고 있다.

다른 모든 가능성들이 좌절되고 나면, 전형적으로 우리는 승객과 협상을 시작한다. 우리는 가장 위협적인 승객에게 운전석에서 잘 보이지 않는 뒷좌석에 앉아 고개를 처박고 있어 달라고 부탁한다. 적어도 우리가 그를 자주 보지는 못하리라는 희망을 가지고 말이다. 우리는 어쩌면 그가 완전히 사라진 것처럼 스스로를 속일 수도 있다. 우리는 그 무시무시한 승객이 여전히 버스 안에 있다는 사실을 인식하는 것을 피하기 위한 방법을 만들어 낸다. 우리는 피하고, 약물을 사용하며, 부정한다.

당신은 당신 자신에게서 나오는 불안, 우울 혹은 낮은 자존감을 감추기 위한 다양한 방법을 시도해 왔을지 모른다. 이러한 생각이나 감정이 뒷좌석에 꼭꼭 숨어 있도록 당부해 왔을지 모른다. 그러나 이러한 마지막 책략 때문에 치러야 할 대가는 매우 크다. 즉, 당신은 그 대가로 당신의 자유를 넘겨주어야 한다. 원치 않는 승객을 시야에서 사라지게 하기 위해서, 당신은 슬픈 협상안을 제시해야 한다. 즉, 그가 뒷좌석에 숨어 있는 대신에, 당신은 그가 가고자 하는 곳으로 버스를 운전해야 한다.

예를 들어, 당신의 대인 불안을 버스의 뒷좌석으로 처박기 위하여, 당신은 평가적이거나 위협적이라고 느껴지는 사람을 피할지도 모른다. 다른 사람과 부득이 함께 있어야 하는 기회가 생기면, 마지못해 방어적으로 사교적인 척할 수도 있다. 당신은 오로지 위협적인 승객인 대인 불안이 고개를 쳐들지 못하도록 안간힘을 쓸 뿐이다.

이 마지막 책략이 어느 정도 통한다 해도, 그 대가는 더할 나위 없이 심하다. 승객이 가라고 하는 곳으로 갈 때, 당신은 '나의 인생'이라는 버스에 대한 통제력을 상실하게 된다. 이 책의 제목을 통해서 우리는 당신에게 일종의 약속을 제공하였다. 즉, 당신의 마음에서 빠져나와 당신의 삶 속으로 들어가는 것이 가능하다는 약속이다. 당신은 이 일을 지금 당장 할 수 있다. 이 일을 위해 당신의 마음이 먼저 변화될 필요는 없다.

우리가 이 약속에 도달하기까지 어느 정도 시간이 걸렸다. 우리는 먼 길을 여행해 왔다. 우리는 승객을 몰아내거나 그들의 외모를 바꾸거나 그들이 눈에 띄지 않도록 그들과 협상을 하는 것에 대한 대안을 만드는 데 초점을 두었다. 믿음과 믿지 않음 대신에, 당신은 탈융합과 마음챙김을 배웠다. 미래에 대한 두려운 예상이나 과거에 대한 서글픈 회상 대신에, 당신은 현재의 순간에 현존하는 것을 배웠다. 당신의 마음이 말하는 대로 당신 자신을 받아들이지 않고, 당신은 언어적 범주를 넘어선 자기, 초월적인 '무아(no-thing)'의 자기가 항상 존재함을 배웠다.

만일 당신이 이 모든 것들을 실천해 왔다면, 당신은 버스에서 당신의 승객과 함께 편안히 거하는 법(그들과 구별되면서도 그들을 기꺼이 실어 나르는 법)에 대해서 이미 많은 것을 배운 것이다. 당신은 승객과 비밀 거래를 하지 않음으로써 버스의 통제권을 그들에게 넘기지 않는 법을 배웠다. 따라서 이 장과 이어지는 12, 13장에서, 당신은 이제 마지막 핵심 주제로 이동할 준비가 되었다.

버스의 운전석에 앉아 보면, 전방 위쪽에 이 버스가 어디로 가고 있는지를 알려 주는 작은 표지판이 달려 있음을 알게 될 것이다. 버스에 탄 승객은 그 목적지를 향해 가게 될 것이다. 버스가 어디를 향해 가는지는 승객의 순간순간의 변덕에 달려 있지 않다. 목적지를 정하고 그곳을 향해 운전해 가는 것은 운전자에게 달린 몫이다. 이제, 당신이 '나의 인생'이라는 이 버스가 어디로 향했으면 좋겠는지를 살펴보아야 할 시간이다. 당신은 버스 앞쪽 작은 표지판에 정확히 무엇이라고 쓰겠는가? 당신의 길은 무엇인가?

가치: 선택한 삶의 방향

먼저 한마디 경고부터 해야겠다. 당신은 지금 이 책에서 가장 어려운 작업을 시작하고 있다. 당신의 마음은 지금 귀를 쫑긋 세우고 눈에 불을 켠 채로, 우리가 함께하려는 모든 것에서 자신의 목소리를 주장하고 싶어 할 것이다. 가치는 순수하게 언어적인 사건이 아니다. 그러나 (최소한 부분적으로는) 언어적으로 반드시 알 수 있는 것이다. 그렇기 때문에 가치와 파괴적인 언어적 과정은 단지 백지 한 장의 차이밖에 나지 않을 만큼 구분이 쉽지 않다. 당신의 언어 기관, 즉 당신의 마음은 당신이 이제 막 하려는 중요한 작업이 그것이 실제 의미하지 않는 것을 의미한다고 주장할는지도 모른다.

예를 들어, 당신이 이 작업에 대한 반응으로 무거움을 느낀다면 (혹은 무력함을 느끼거나 무의미하다고 느끼기 시작한다면), 이 작업을 잠시 멈추라. 이는 당신의 마음이 이 일을 대신 담당하고 있다는 확실한 증거다. 만일 당신이 11~13장의 과정을 진행하면서 이러한 느낌에 부딪힌다면, 뒤로 한발 물러나서 지금까지 이 책에서 배운 모든 책략들을 사용하여 이 장을 다시 시작하라. 마음의 갈고리에서 빠져 나와 탈융합될 수 있는지 살펴보라. 가치는 우리에게 활력을 주고 힘을 북돋우며 생기를 주는 것이다. 가치는 당신을 뒤에서 후려 패는 채찍이 아니며, 실패를 가늠하기 위한 비교의 잣대가 아니다.

인생이라는 버스의 앞쪽에 있는 표지판에는 '가치'가 쓰여 있다. 가치는 당신이 선택한 삶의 방향이다. 그러나 이러한 단순한 정의를 좀 더 자세히 풀어쓰기 위해서, '방향'이 무엇이고 '선택'이 무엇인지를 이해할 필요가 있다.

방 향

가치는 단순히 언어로 표현할 수 있는 것 이상이기 때문에, 가치가 무엇인지를 이해하기 위해서 버스의 비유로 돌아가는 것이 더 도움될 것이다. 당신의 버스가 골짜기의 자갈길을 통과하고 있다고 상상해 보라. 멀리 산과 고개와 나무와 바위가 당신을 둘러싸고 있다. 가까이에는 키 작은 관목과 수풀과 자갈과 개울이 있다. 그리고 당신의 버스에는 나침반이 있다.

당신은 가고자 하는 방향을 선택하고는 "나는 동쪽으로 가겠어."라고 말한다. 당신은 나침반을 보면서 동쪽을 향해 버스를 운전한다. 당신은 길의 전방을 주시한다. 그러나 길은 완벽히 동쪽을 향해 있지 않다. 그래도 당신은 갈림길이 나타날 때까지 그 길을 따라 버스를 운전한다. 갈림길이 나타나면 다시 나침반을 꺼내 들고는 좀 더 동쪽으로 난 길을 선택하여 앞으로 나아간다.

이때 당신이 실제로 언제 동쪽에 도달하겠는가? 당신이 마침내 동쪽에 도착했다는 것을 어떻게 알 수 있겠는가? '동쪽'이라고 부르는 방향은 언제 끝이 나는가? 당신은 갈 수 있는 한 최대한 멀리 동쪽으로 가 본 적이 있는가?

당신이 특정 장소에 도달하려는 것이 아니라 단지 어떤 방향을 향해 가는 것이라면, 앞의 질문들에 대한 대답은 '결코 도달할 수 없다.' 라는 것이다. 방향은 어떤 물건을 소유하거나 어떤 지점에 도달할 수 있는 그 무엇이 아니다.

이와 마찬가지로, 가치는 일련의 순간들이 함께 어우러져 하나의 의미 있는 길을 이루는 의도적인 속성을 지닌다. 가치는 순간 순간이 무엇을 향해 있는가와 관련되며, 물건처럼 소유할 수 있는 것이 아니다. 왜냐하면 가치는 계속하여 펼쳐지는 행위의 속성을 지닌 것이지 특정한 사물의 속성을 지닌 것이 아니기 때문이다. 달리 표현하면, 가치는 동사이며 부사이지, 명사나 형용사가 아니다. 가치는 당신이 '하는' 무엇이지, '가진' 무엇이 아니다. 가치가 당신이 하는 무엇이라면, 가치의 종착점은 존재하지 않는다. 결코 어느 한 지점에서 끝나는 것이 아니다.

예를 들어, 사랑이 많은 사람이 되는 것이 당신의 가치 중 하나라고 해 보자. 당신이 어느 누군가를 수개월간 사랑했다고 해서, 당신이 자신의 가치를 다 이루었다고 말할 수 없다. 집을 짓는 것에는 완결이 있고 학위를 받는 것에도 끝이 있지만, 사랑하는 사람이 되는 것에는 마침표가 없다. 사랑함에 있어서는 항상 더 사랑할 일이 남아 있다. 사랑은 방향이지, 사물이 아니다.

우리는 가치에 대해 더 탐색하면서 이 비유로 다시 돌아오게 될 것이다. 그러나 우리의 정의를 마무리 짓기 위해서, 우리는 이제 '선택' 에 대해서도 정의해야 한다.

선 택

이성에 근거한 판단(reasoned judgment)과 선택(choice)은 같은

것이 아니다. 당신이 판단을 내릴 때, 당신은 다양한 대안들에 마음의 평가적 능력을 적용하여, 당신이 원하는 것에 따라 그 대안들 중에서 하나를 고른다. 예를 들어, 당신은 햄버거가 생선보다 더 맛있고 가격도 더 저렴함에도 불구하고 지방이 많은 햄버거보다는 생선을 먹기로 결정한다. 왜냐하면 생선의 기름이 심장에 더 좋다는 증거가 많이 있고 당신은 더 오래 살고 싶기 때문이다. 이것은 판단이다. 당신은 음식의 맛, 가격 그리고 건강과 같은 여러 요소들을 고려하였다. 당신은 이 잣대들을 가지고 여러 장단점을 가늠하였다. '생선은 햄버거에 비해 맛은 떨어지지만 그래도 먹을 만하다(만일 생선의 맛이 역겨울 정도라면, 당신의 결정은 달라졌을지도 모른다.).' '생선은 좀 더 비싸지만 그 정도의 비용은 감당할 만하다(만일 생선이 훨씬 더 비싸다면, 당신은 햄버거를 먹었을지도 모른다.).' '당신은 건강을 유지하고 싶다.' 당신은 생선이 건강에 더 좋다고 생각한다. 따라서 당신은 생선을 먹기로 결정한 것이다.

대개의 경우 판단은 잘 작동한다. 논리적 판단을 통해 여러 대안 중에서 하나를 고르는 능력은 매우 놀랄 만한 도구임에 틀림없다. 이 능력이야말로 인간을 만물의 영장으로 만든 이유다. 그러나 어떤 영역에서 판단은 그다지 잘 작동하지 않으며, 어떤 다른 영역에서는 전혀 작동하지 않는다.

판단이 전혀 작동하지 않는 한 가지 영역은 가치의 영역이다. 판단은 반드시 여러 대안적인 계획들에 대해서 평가의 잣대를 적용하는 것을 포함한다. 예를 들어, 앞에서 언급한 판단에서 잣대의 하나는 심장의 건강이었다. 줄자로 물건들을 재듯이, 우리는 '건강한 심장'이라는 줄자로 생선과 햄버거를 재서 비교하려 한다. 이는 어떤 평가적인 상황에서도 마찬가지다. 당신이 일단 어떤 잣대를 뽑아 들고 나면, 최선의 대안을 고르는 것은 단지 지적인 판단에 불과한 일이 된다.

그러나 잣대 그 자체에 대해서는 어떠한가? 그 잣대는 어떻게 선정되었는가? 잣대를 선정하는 것 또한 그 자체로 판단이라면, 이는 여전히 또 다른 잣대가 있다는 것을 뜻한다. 이러한 일은 하나의 목적이 다른 목적을 위한 수단으로 사용될 때 발생한다. 예를 들어, 당신이 '심장의 건강'을 하나의 척도로 사용하는 것은 그 자체로 목적이 아니라, 당신이 더 오래 살고 더 충만한 삶을 영위하고 싶기 때문일 수 있다. 그러나 이 새로운 척도는 어떻게 선정되었는가? '건강하고 충만한 삶을 영위하기'로 한 것은 판단인가? 물론 이 또한 판단일 수 있다. 만일 이것이 판단이라면, '건강하고 충만한 삶을 영위하는 것'에 적용된 또 다른 잣대가 존재할 것이다. 왜냐하면 판단이란 정의상 두 개 혹은 그 이상의 대안에 평가적인 잣대를 적용하는 것이기 때문이다.

여기서 무슨 일이 일어나고 있는지 주목해 보자. 이러한 일은 계속 진행될 수 있다. 그러나 종국에는 어느 잣대를 선정할지에 대해서 판단이 아무 것도 알려 주지 못하는 지점에 이를 수 있다. 판단은 잘 작동하지만, 어떤 평가 척도를 선정한 이후에만 잘 작동한다.

그러나 가치는 우리에게 멈추는 지점을 제공해 준다. 가치는 판단이 아니다. 가치는 선택이다. 선택은 대안들 중에 하나를 결정하는 것인데, 그 결정이 이성이 존재하는 가운데(당신의 마음은 평소처럼 어느 하나를 추천할 수 있다) 이루어질 수는 있지만, 이성 때문에 이루어지는 것은 아니다. 선택은 이성으로 설명되는 것이 아니며, 이성에 의해 정당성을 부여받는 것도 아니다. 선택은 평가적인 언어적 잣대와 연결된 것이 아니다. 달리 표현하면, 선택은 탈융합된 방식으로 이루어지는 결정이다. 선택은 언어적으로 이루어지는 판단과 다르다.

당신은 평가(evaluation)라는 단어 속에 가치(value)라는 단어가 포함되어 있다는 것을 알고 있었는가? 평가는 가치를 적용하고 가치에 근거하여 판단을 내리는 것과 관련이 있다. 만일 가치가 판단이라면, 우리가 가치를 평가해야만 한다는 것을 의미할 텐데, 과연 우리의 가치를 어떤 가치에 근거하여 평가해야 된다는 말인가?

대개 우리는 이에 대해 깊이 생각하지 않는데, 여기에는 그럴 만한 이유가 있다. 마음은 선택을 좋아하지 않는다. 마음은 평가적 잣대를 적용하는 법을 아주 잘 알고 있다. 사실상 마음은 그 일을 하도록 진화되었다. 그러나 마음은 이 모든 의사결정을 의미있게 만드는 궁극적 방향을 결정하지 못한다.

비언어적 동물에게는 다양한 대안들 중에서 어떤 것을 고르든지 간에 모든 결정이 선택인데, 왜냐하면 비언어적 동물은 문자적인 판단을 위한 언어적 도구를 지니고 있지 않기 때문이다. 실험실에서 이에 대해 연구하는 과학자들은 선택의 이유를 생성하고 검증한다. 그러나 동물은 과학자들이 문자적인 의미에서 도달한 이유에 따라 행동한 것이 아니다. 동물은 단지 선택한 것일 뿐이다. 마찬가지로, 만일 우리가 올림푸스 산꼭대기에 앉아 우리 자신의 삶의 모든 부분들을 알고 이 모든 영향력들을 어떻게 해석할 수 있는지를 안다면, 우리는 우리가 왜 삶의 특정 시점에서 그러한 선택을 했는지의 이유를 알 수 있을지도 모르겠다. 그러나 우리는 지금 올림푸스 산 위에 앉아 있지 않다. 우리는 단지 선택할 뿐이다.

비록 우리의 마음은 우리가 하는 모든 일에 대해서 끊임없이 재잘대지만, 우리는 지구상의 다른 모든 생명체들이 쉽게 해내는 것을 해낼 수 있도록 배울 수 있다. 선택이 없다면 가치 설정은 불가능하기 때문에, 이를 배우는 것은 필수적이다.

선택하기

선택은 어떻게 하는 것인지를 연습하기 위해서, 간단한 것부터 시작해 보자. 다음에 두 개의 알파벳이 있다. 이 중 하나를 선택하라.

A　　　　　　Z

이제 교묘한 부분을 이야기해 보자. 다음의 질문을 받을 때 당신의 마음이 어떤 일을 하는지 살펴보라. "당신이 방금 선택한 문자를 선택한 이유는 무엇인가?"

아마도 당신의 마음은 어떤 '이유'를 생성할 것이다. 그러나 당신이 배운 모든 탈융합 기술을 이 순간에 적용해 보라. 그 생각에 주목한 채 다른 문자를 선택하는 것이 가능하겠는가? 2장에서 수행했던 연습(어떤 언어적 규칙을 읽으면서 다른 것을 실행하는 연습)을 기억하는가? 자, 다시 한 번 선택해 보라.

이번에는 우리가 당신에게 많은 이유를 제시할 것이다. 다음에 두 개의 문자가 있다. 다음 문장들을 읽고 하나의 문자를 선택하라(판단에 따라 고르지 말라. 모든 이유들을 그저 탈융합된 태도로, 수용적이고 깨어 있고 열린 방식으로 주목하면서 아무런 이유 없이 그리고 모든 이유들과 함께 하나를 고르라.).

당신이 알아야 할 모든 이유들은 다음과 같다. 다음을 읽어 보자. "왼쪽에 있는 것을 골라라. 아니 오른쪽에 있는 것을 골라라. 아니 왼쪽에 있는 것을 골라라. 아니 오른쪽에 있는 것을 골라라. 아니 왼쪽에 있는 것을 골라라. 아니 오른쪽에 있는 것을 골라라. 아니 왼쪽에 있는 것을 골라라. 아니 오른쪽에 있는 것을 골라라. 아니 왼쪽에 있는 것을 골라라. 아니 오른쪽에 있는 것을 골라라."

자, 이제 하나의 알파벳을 선택하라.

A Z

잘 선택할 수 있었는가? 모든 속삭임과 재잘거림에 관계없이—방어 없이, 알몸으로 바람을 맞으며, 속삭임에 따르지 않고, 재잘거림에 반항하지 않으면서—그저 하나의 문자를 선택할 수 있을 때까지 이 과정을 반복하라.

만일 당신이 마음속에 '오른쪽에 있는 것을 골라라.' 혹은 '왼쪽에 있는 것을 골라라.'와 같은 단순한 명령을 간직한 채 이 시험을 통과할 수 있다면, 더 중요한 선택 상황에서 당신의 마음이 제공하는 이유들을 간직한 채 같은 방식의 선택을 하지 못할 이유가 무엇이겠는가? 당신이 탈융합 기술을 적용할 수 있다면, '중요한' 상황이든 '하찮은' 상황이든 마찬가지 상황이다.

이제 두 문자 중 하나를 고르는 '이유들'을 만들어 내라. 물론 이러한 선택은 사소한 것이어서, 선택의 이유들을 만들어 낼 까닭은 없을지도 모른다. 그러나 연습을 위해 당신의 '말 기계'로 어떤 이유들을 만들어 보라〔예를 들면, "내 이름이 A로 시작하니 A가 더 좋다." 혹은 "Z하면 조로(Zorro)가 생각나는데 내가 어렸을 때 디즈니 만화영화를 좋아했던 기억이 난다." 혹은 "나는 오른손잡이기 때문에 왼쪽보다는 오른쪽이 좋다." 등〕. 당신이 둘 중에서 하나를 고르는 이유들을 다음에 기록하라.

A를 고른 이유들	Z를 고른 이유들
________________	________________
________________	________________
________________	________________
________________	________________
________________	________________
________________	________________
________________	________________

이제 이 우스꽝스러운 선택을 다시 해 보자. 당신이 생성해 낸 이유들의 목록을 읽고 이들에 대해 다시 생각하라. 이들이 모두 생각이라는 것에 주목하라. 이 이유들에 순응하지도 말고 저항하지도 말라. 그저 이들을 주목하라. 자, 이제 다시 두 문자 중에서 하나를 골라 보라.

A　　　　　Z

당신의 마음이 속삭이는 말에 관계없이 당신이 어느 한 문자를 선택할 수 있음이 분명해질 때까지 이 과정을 반복하라. 이것은, 해서는 안 된다는 엄마의 말을 듣자마자 콧구멍 속에 땅콩을 집어넣는 아이처럼 당신의 마음에 반항하라는 뜻이 아니다. 당신의 마음에 반항한다는 것은 당신의 마음이 여전히 통제권을 쥐고 있음을 반영한다. 단지 겉으로 드러난 형태만이 바뀌었을 뿐이다. 반항도 순응도 독립이 아니다. 진정한 선택은 이 모든 마음의 사건들에 주목하고('and') 이 모든 이유들과 함께('with') 그러나 그것들 때문에도 아니고 그것들에 반대해서도 아니면서 그저 한 가지를 고르는 것이다.

마음은 이러한 연습을 싫어한다. 마음은 이러한 연습을 이해하지도 못한다. 왜냐하면 마음은 모든 대안들에 대한 언어적 이유를 만들어 내고 적용하는 것이기 때문이다. 그러나 '인간'은 이것을 할 수 있다. 그것이 바로 인간이 언어적 존재 그 이상인 이유다.

우리는 의미 없는 문자의 선택이라는 작은 연습을 수행하였다. 그러나 가치는 의미가 없지 않다. 따라서 마음의 속삭임은 더 시끄러울 것이고, 마음이 제시하는 이유는 더 강력할 것이다. 그러나 선택의 행위는 동일할 것이다. 우리는 우리가 하고 싶은 것을 할 수 있다. 누가 우리를 멈출 수 있겠는가?

가치는 무엇이며 무엇이 아닌가

다음 두 장에서 당신은 당신의 가치를 자세히 탐색하게 될 것이며, 당신이 원하는 가치에 대해서 어떻게 더 선명해질 수 있는지를 배우게 될 것이다. 이 장에서 우리는 가치는 무엇이며 무엇이 아닌지에 대해서 단순히 기술하려고 한다. 다분히 언어적일 수밖에 없는 이러한 작업은 시도할 만한 가치가 있는데, 왜냐하면 가치를 선택하는 과정은 마음이 이해하기 어려운 것이기 때문이다. 가치는 단어를 넘어서는 것이다. 그러나 마음은 자신도 가치를 세울 수 있다고 주장하고 싶어 한다. 만일 우리가 세심하게 주의하지 않으면, 가치는 우리의 말 기계(마음)가 알고 있는 통상적인 평가적, 인과적 관계에 맞도록 왜곡되고 변질될 수 있다.

▲ 가치는 목표가 아니다

목표는 당신이 가치 있는 길을 걸으면서 도달할 수 있는 지점이다. 목표는 구체적으로 달성 가능한 사건, 상황 혹은 대상이다. 목표는 끝이 있고, 완수할 수 있으며, 소유할 수 있다. 목표는 방향과 같은 것이 아니다. 만일 방향을 목표와 같은 것으로 혼동한다면, 일단 목표를 달성하고 나면 더 이상의 진행은 멈춰야 한다.

이러한 일은 실제로 자주 벌어지는데, 이것이 바로 학위를 취득하거나 결혼을 하거나 승진하고 난 다음에 우울증이 뒤따르는 한 가지 이유다. 만일 학위 취득 자체가 목표이자 끝이라면, 졸업을 하고 나면 곧바로 삶의 방향을 상실하게 되는 것은 당연하다. 학위 취득 그 자체를 목표로 삼아, 혹은 다른 목표(예를 들어, 자신이 멋있는 사람이라고 느끼는 것)에 도달하기 위한 수단으로 삼아 학위를 취득한 사람은 자신이 마침내 이루어 낸 성취에 우롱당한 느낌을 갖게 될지도 모른다.

목표와 가치의 구분을 명확히 이해하면, 목표는 우리에게 힘을 주는 경이로운 것이 된다. 일단 방향이 정해졌을 때, 궤도를 유지하는 수단으로서 목표에 초점을 맞추는 것은 큰 도움이 된다. 만일 당신이 산과 언덕, 나무, 바위로 둘러싸인 깊은 골짜기에 오직 나침반 하나만을 가지고 서 있다고 상상해 보자. 이 때 당신이 가고자 하는 방향에 위치한 현저한 지형물 하나를 정하여 이를 향해 나아간다면 많은 도움이 될 것이다.

이와 유사하게, 다른 사람을 돕는 것에 가치를 두는 사람은 남을 돕는 데 더 유리한 지위를 얻기 위해 학위를 취득하려 할지 모른다. 그가 학위를 얻고 나면, 남을 돕는 가치와 관련한 흥미진진한 일들이 그를 기다리고 있을 것이다.

당신이 목표를 이러한 방식으로 이용할 때, 한편으로는 볼 수 있고 도달할 수 있을 만큼 충분히 가까우면서도 다른 한편으로는 충분히 멀리 떨어져 있는 목표를 정하는 것이 유용하다. 산 너머 보이지 않는 곳에 있는 목표는 당신이 가고자 하는 방향을 유지하는 데 도움이 되지 않는다. 반대로 발 앞 10cm에 있는 목표 또한 당신이 인생의 목적지를 향해 가는 데 별 도움을 주지 못한다. 많은 경우 구체적인 단기 목표를 설정하는 것은 유용하다. 그러나 특정 방향을 향해 진행해 감에 따라 중기 목표를 설정하는 것 또한 의미 있는 일이다.

가치는 느낌이 아니다

선택은 전인적으로 이루어지는 것이라는 의미에서 볼 때, 아마도 우리의 모든 경험들은 가치 선택에 어떤 정보를 제공한다. 때로 가치 선택에 수반되어 일어나는 느낌이 존재한다. 시간이 흘러가면서, 당신은 자신이 가치에 따라 살고 있음을 알려 주는 느낌이 존재한다는 것을 배우게 될 것이다. 예를 들어, 많은 사람들은 자신의 행위가 스스로 선택한 가치와 일치할 때 생동감을 느낀다. 그러나 이는 가치와 느낌이 동일하다는 것을 의미하지는 않는다. 더욱이 가치는 단기적으로 좋게 느껴지는 것을 수행하는 것이 아니다.

약물에 중독된 사람은 약물을 복용할 때 좋은 느낌에 이른다. 그러나 약물에 취한 상태가 가치를 둔 결과는 아니다. 어느 한 사람이 다른 사람과 친밀해지는 것에 가치를 두고 있다고 가정해 보자. 그가 가치의 방향으로 한 걸음을 내딛을 때, 그는 두려움과 취약함을 느낄지 모른다. 그는 이러한 느낌을 싫어하기 때문에, 약물이나 술을 다시 복용한다. 만일 이 사람이 약물 사용을 중단하고 가치의 방향으로 걸어가기 시작한다면, 그는 좋은 느낌을 느끼지 못할 수도 있다. 그는 오히려 두려움과 취약함을 느끼게 될 것이다. 따라서 가치의 방향으로 걸어간다는 것은 좋은 느낌을 느끼는 것(feeling good)이 아니라, 좋은 삶을 사는 것(living good)이다.

느낌이 곧 가치라고 생각하는 것, 또는 느낌 자체에 가치를 두는 것에는 또 다른 문제점이 있다. 우리는 이 문제를 12, 13장에서 탐색할 것이다. 느낌은 당신이 지닐 수 있는 그 무엇이다. 가치는 정의상 당신이 소유할 수 있는 그 무엇이 아니다. 더욱이 느낌은 당신이 통제할 수 있는 것이 아니다. 반면에 방향 선택은 당신이 통제할 수 있는 것이다. 이러한 이유로 해서, "나는 좋은 느낌을 갖는 것에 가치를 둔다."와 같은 말은 가치에 대한 오해에서 비롯된 것이다.

고통과 가치

고통은 좋은 느낌과 가치의 관계와는 다른 방식으로, 그리고 덜 분명한 방식으로 가치와 관련되어 있다. 어느 사회 공포증 환자가 파티에 참석하는 생각을 하자마자 온몸이 떨리는 경우를 생각해 보자. 왜 떨릴까? 매우 그럴 법한 이유가 있다면, 그가 아마도 다른 사람과의 연결에 가치를 두고 있기 때문일 것이다. 다른 사람과의 연결이 중요하지 않다면, 그는 사회적 상황을 두려워하지 않을 것이다. 우리가 이 책에서 수용을 강조하는 한 가지 이유는, 고통이 가치를 향한 길을 안내하기 때문이다. 그 역 또한 진실인데, 가치는 우리에게 고통을 준다. 당신이 상처를 받지 않고 어떤 가치를 추구할 수는 없다. 당신의 가치는 실로 당신의 가장 가까운 곳에 있다.

한 내담자가 치료실에 찾아와 다음과 같이 말한 적이 있다. "나는 가족이나 친밀한 관계, 또는 자녀에게 아무런 가치를 두지 않아요. 나는 인생이 나를 위해 존재한다고 생각하지 않아요." 2주일 후에 그는 다시 치료실에 와서 "나는 나 스스로마저도 속이는 사람이에요."라며 흐느끼기 시작하였다. 그는 다음과 같은 사건을 보고하였다. 그는 혼자서 버거킹에 앉아 햄버거를 먹고 있었다. 그때 단란해 보이는 한 가족(엄마, 아빠, 두 어린아이들)이 들어와 옆 테이블에 앉았다. 그는 햄버거 너머로 그 가족을 바라보며 울기 시작하였다. 그 순간 그는 자신이 그 무엇보다도 자신의 가족과 아이들을 바라고 있음을 깨달았다. 그의 부모는 그를 학대하였다. 그가 당한 배신의 역사로 인해, 그는 자신의 강렬한 열망을 부정해 왔다. 왜냐하면 자신의 욕구를 인정할 때, 그는 고통과 취약함을 느껴야 했기 때문이다. 자신의 욕구를 인정한 이후로, 그는 한편으로 두려움과 취약함을 다루기 위한 수용 기술을 사용하고, 다른 한편으로 자신의 가치를 자신이 원하는 삶의 방향을 안내하는 나침반으로 사용하여 자신의 길을 걸어가기 시작하였고, 마침내 자신의 가족을 이룰 수 있게 되었다.

가치는 결과가 아니다

가치에 따라 사는 것이 종종 경이로운 결과를 가져오기도 하지만, 그렇다고 가치가 구체적인 세상에서 '당신이 원하는 것을 얻기 위한' 비열한 방식은 아니다. 가치는 방향일 뿐 결과는 아니다.

이는 중력이 물에 작용하는 방식에 비유될 수 있을 것이다. 중력은 위가 아니라 아래의 방향으로 향하도록 조건을 지정한다. 중력은 방향이지 결과가 아니다. 물은 아래로 흐를 수 있는 길이 있다면, 그 방향으로 흐를 것이다. 그러나 더 이상 흐를 수 있는 길이 없다면, 물은 흐르지 않을 것이다. 겉에서 보기에는 일시적으로 방향을 잃은 듯 보이지만, 흐름의 방향은 늘 존재하며 기회만 주어진다면 다시 방향이 드러날 것이다.

가치는 중력과 같다. 당신은 아버지와 애정 어린 관계를 맺는 데 가치를 두고 있지만, 당신의 아버지는 당신과 일체의 관계를 맺고 싶어 하지 않는다고 가정해 보자. 당신의 편지는 무시되고 당신의 전화와 방문은 거절당한다. 그릇에 담겨 더 이상 흐르지 않는 물처럼, 가치의 결과가 가시적으로 드러나지 않을지도 모른다. 그러나 그릇에 담긴 물에 여전히 중력이 작용하는 것처럼, 가치는 늘 존재하면서 자신을 드러낼 수 있는 더 좋은 기회를 기다린다. 어느 날 아버지가 전화를 걸어 당신을 만나고 싶다는 말씀을 건넬 때, 그 가치는 보다 분명하게 가시화될 것이다.

가치의 길은 늘 일직선이 아니다

만일 당신이 깊은 계곡에서 미로와 같은 자갈길을 따라 동쪽을 향해 버스를 운전하고 있다고 상상해 보자. 순간순간 방향을 분별하는 것은 쉽지 않은 일이다. 분명 동쪽을 향한 여정임에도 불구하고, 버스는 때로 북쪽을 향하기도 하고, 남쪽이나 심지어는 서쪽을 향하기도 한다.

가치를 향한 길은 일직선의 도로가 아니다. 원하는 방향으로 가다 보면 때로 장애물이 그 길을 가로막기 때문이다. 화목한 가정을 이루는 데 가치를 두고 있는 한 남자가, 자신의 가치에도 불구하고 이혼의 과정을 겪을 수도 있다. 이러한 상황에서 사랑스러운 남편과 아버지가 되려는 그의 의도는, 가령 자녀들에게 부정적인 영향을 미치지 않도록 아내와의 대립을 최소화하고 재산 분할 과정에서 아내를 공정하게 대하는 등, 제한된 방식으로밖에는 드러나지 않을 수 있다. 하얀 눈밭에 나 있는 발자국이 비록 똑바르지는 않아도 멀리 보면 동쪽을 향해 있는 것처럼, 내면의 가치는 오랜 세월이 흘러서야 분명하게 그 길을 드러낼 것이다.

우리 모두는 인간이기 때문에, 길은 똑바르지 않다. 우리는 동쪽으로 가려고 하지만 우리의 주의는 방황하며 우리는 자신도 모르게 북쪽으로 향해 있음을 발견하게 된다. 약물 중독에서 회복된 사람이 절제와 봉사에 가치를 두고 살아감에도 불구하고 또다시 재발하기도 한다. 그 사람의 마음은 다음과 같이 외칠 것이다. "보란 말이야. 너는 동쪽으로 갈 수 없어. 너는 거짓말쟁이야. 실패자라고. 너는 믿을 수 없는 놈이야." 이 말은 "너는 지금 북쪽을 향하고 있잖아? 너의 가치가 동쪽을 향해 있다고? 절대 아니야." 라는 의미다. 이러한 경우에 그가 할 수 있는 일이 있다면, 자신의 마음에게 감사를 표하고 재발에 따른 슬픔과 고통을 느끼면서 다시 방향을 전환하여 동쪽을 향해 나아가는 것이다.

가치는 미래에 존재하는 것이 아니다

계곡의 예로 다시 돌아가 보자. 당신이 동쪽을 향해 가기로 선택한 바로 그 순간부터 당신이 취한 모든 행동은 그 결정의 일부분임을 명심하라. 당신은 나침반을 본다. 그것은 동쪽으로 가기 위한 한 부분이다. 당신이 어느 방향을 향하고 있는지 살펴본다면, 그것도 동쪽으로 가는 일부분이다. 당신이 북쪽으로 방향을 선회하였음을 알아차린다면, 그것 또한 동쪽으로 가는 일부분이다. 당신이 다시 동쪽을 향해 가려고 오른쪽으로 방향을 전환하기 시작한다면, 이러한 방향 전환은 동쪽으로 가는 한 부분이다. 당신이 한 단계를 취하고 다시 또 다른 단계를 취한다면, 이것 또한 동쪽으로 가는 일부분이다. 이 모든 행동들은 동쪽으로 가는 것에 관련한 것이다.

당신이 다음과 같은 질문을 받았다고 가정해 보자. "이 모든 순간들 중에서 어느 것이 동쪽으로 가는 것의 일부분인가?" 이 질문에 대해 유일하게 현명한 대답은 "모든 순간들—어느 한 순간도 다른 순간들보다 중요하지 않다."일 것이다. 이 대답은 다음과 같은 점을 시사한다. 당신이 가치를 선택하는 바로 그 순간, 당신은 가치의 길을 걷고 있는 것이다. 또 다른 시사점은 다음과 같다. 당신은 가치에 따른 삶의 유익을 지금 누리고 있는 것이다. 가치는 언뜻 보면 미래에 '대한' 것처럼 보이지만, 실은 현재에 대한 것이다.

다른 말로 표현해 보자. "결과는 과정이 결과가 되는 과정이다." 당신의 가치는 그 자체로 당신이 기다리고 있는 '결과'이며, 그러한 가치는 지금의 삶의 과정에 힘을 주기 때문에 당신은 그 '결과'를 지금 누리고 있다. 가치의 방향을 향한 모든 발걸음은 그 과정의 일부분이다. 당신이 일단 가치를 선택하면, 그 방향으로 향하는 모든 과정들은 가치가 담긴 것이다. 방향이 있다는 것은 여행에 일관성을 부여하며, 여행을 가치 있는 것으로 만든다. 가치는 삶에 활력을 준다. 가치에 따른 삶은 끝이 없는 길을 따라가는 여행과 같다. 이 여행은 종착점이 없다. 이 여행은 결과에 대한 것이 아니다. 당신이 걸어가는 과정에 대한 것이다.

당신이 사랑이 많은 사람이 되는 것에 가치를 두고 있다고 가정해 보자. 이는 결코 끝나지 않는 여행이다. 당신이 아무리 많은 사랑의 행위를 한다 해도, 더 사랑할 일이 아직 남아 있다. 이 여정의 유익은 미래에나 맛볼 수 있는 것이 아니다. 당신은 지금 사랑의 관계를 누리고 있다. 당신은 이제 다 이루었기 때문에 기쁨을 만끽하지는 않는다. 가치는 종착점이 없는 방향이다.

가치와 실패

가치는 책임을 수반한다. 책임감(responsibility)이란 당신이 반응을 선택할 수 있는 능력(response-ability)을 항상 지니고 있음을 인정하는 것이다. 당신이 언제나 할 수 있는 반응이 있다면, 그것은 가치를 선택하는 반응일 것이다. 당신이 (그릇에 담긴 물처럼) 특정 상황에서 가치를 드러내기 위해 할 수 있는 일이 전혀 없을 때조차도 가치의 선택은 가능하다. 그러나 많은 경우에 우리가 할 수 있는 일은 존재하며, 우리가 가치를 지니고 있다면 언제 우리가 선택한 방향대로 살지 못했는지를 분별할 수 있다. 길을 비추는 전조등처럼, 우리의 가치는 우리가 길을 잘못 들어섰을 때에도 우리를 바른 길로 돌려준다. 실패의 고통을 통해서 우리는 새롭게 다시 출발할 수 있다.

어느 누구도 언제나 자신의 가치에 따라 살아갈 수는 없다. 그러나 가치에 따라 살지 못하는 것이 곧 실패자가 되는 것은 아니다. 만일 우리가 가치를 가지고 자신을 괴롭히는 데 사용한다면,

단지 때로 방황한다는 이유만으로 자신은 '가치대로 살지 못하는 실패자'라는 생각을 믿고 있는 꼴이다. 당신이 실패했다는 생각이 들 때, 스스로에게 다음과 같이 질문해 보라. 그 생각은 무엇에 도움이 되는가? 그 생각은 어떤 가치와 일치하는가? 과연 옳은가? 결코 실패해서는 안 되는가? 결코 취약함을 드러내서는 안 되는가? 그 생각은 당신이 인생을 통해 그렇게 되기를 원하는 것과 일치하는가? 이에 대한 대답이 '아니요'라면, 자신이 실패자라는 마음의 속삭임에 대해서도 책임감을 가지라. 고통을 느끼고, 이를 통해 배우라. 그러고 나서 계속 나아가라.

만일 당신이 자신의 한계에 대해서 죄책감이나 수치심을 느낀다면, 탈융합과 마음챙김의 기술을 사용하여 그 순간에 재잘대는 속삭임을 인정하라. 수용의 기술을 사용하여 그 순간에 느껴지는 고통을 인정하라. 그리고 선택의 능력을 사용하여 당신이 선택한 방향과 다시 연결함으로써, 상황이 허락하는 대로 당신이 가고자 하는 방향으로 다시 나아가기 시작하라.

가치는 언제나 완벽하다

가치에 대한 기쁜 사실 중 하나는, 궁극적인 가치는 그 가치를 지닌 개인에게는 늘 완벽하다는 것이다. '완벽하다'는 것은 '좋은 것으로 평가된다'는 것을 의미하지 않는다. '완벽하다(perfect)'의 어원은 철저히 이루어짐(thoroughly made)에서 유래한다〔라틴어 '*per*'는 철저히(thoroughly)를 의미하고, '*fect*'는 이루어짐(made)을 의미한다.〕. 만일 당신이 자신의 가치를 깨진 것 혹은 부족한 것으로 본다면, 당신은 그러한 것을 볼 수 있는 어떤 다른 가치를 지니고 있음에 틀림없다.

한 직장 여성이 '일에 너무 많은 가치를 두고 있기 때문에' 빈번히 집을 비워야 하는 것을 안타까워한다고 상상해 보자. 이 상황이 의미하는 것은 분명하다. 그녀는 일뿐만 아니라 가족과 함께 지내는 것에도 가치를 두고 있는 것이다. 그녀에게 필요한 것은 이 서로 다른 두 가지 가치들 간에 균형을 이루고 이 둘을 통합하는 길을 찾는 것이다. 그녀의 가치는 완벽하다. 다만 조정이 필요한 것은 그녀의 행동이다.

이는 당신이 기꺼이 가치를 추구하고자 하는 순간 당신은 이미 승리한 것임을 의미한다. 기쁨은 여행 그 자체에서 오는 것이지 결과에서 오는 것이 아니며 당신의 가치는 당신이 아는 한에서는 완벽하기 때문에(가치가 바뀌지 않는다는 의미가 아니라 가치는 평가될 수 없다는 의미에서), 놓칠 것은 아무것도 없다. 가치를 따르는 것은 순간순간 매일매일의 삶의 문제이며, 자신에게 충실한 행위로서 자신의 가치에 진실하게 머무는 것이다.

마음의 게임 법칙은 긍정적인 결과를 얻을 때 비로소 '승리'를 선언한다는 것이다. 그러나 마음은 늘 더 많은 것을 요구한다. 당신이 승리한 순간에도 당신의 마음은 다음의 승리에 대해 걱정하라고 말한다. 최근의 신문 기사에 난 어느 세계적인 운동선수의 이야기가 이 점을 잘 보여 주고 있다. 그녀는 그 종목에서 세계 최고였다. 그녀는 두 번의 세계대회에서 연속으로 챔피언에 올랐다. 그러나 두 번째 챔피언에 올랐을 때, 그녀는 자신의 일차적인 감정은 기쁨도 아니고 만족도 아닌 두려움이라고 말하였다.

무엇이 두려운가? 그녀는 다음 해에 승리하지 못할 것을 두려워하였다.

마음은 그와 같다. 마음은 결코 변하지 않을 것이다. 마음은 평가적이고, 예언적이며, 비교하고, 다음을 걱정한다. 그러나 가치는 그와 다르다. 당신이 일단 가치를 선택하면, 당신은 사실상 이를 선택하고 있는 것이다. 당신은 이미 승리하였다. 이후에 당신은 가치에 따라 당신의 길을 좇아갈 수 있고, 그 길에서의 진보를 측정할 수 있다.

가치 선택하기

여태껏 당신이 어디로 가고 있는지가 중요하지 않았다면, 당신의 내적 투쟁이 당신을 어디로 이끌어 가는지 또한 중요하지 않았을 것이다. 그러나 당신이 지금 이 책을 읽고 있다는 사실 하나만으로도, 이제 당신이 어디로 가고 있는지가 당신에게 매우 중요함을 알 수 있다. 당신의 인생에서 가장 큰 고통은 불안, 우울, 충동, 기억, 외상, 분노, 슬픔이 아니다. 오히려 당신의 인생을 철저히, 그리고 전심으로 살지 않는 것이 문제다. 당신이 앞에서 논의된 그 전쟁을 치르고 있는 동안, 당신의 인생은 보류되었다. 시계의 째깍거리는 초침 소리는 당신을 비웃었다. 또 한 번의 초침소리가 온전한 삶을 살지 못한 채 지나가는 일초를 알리는 소리로 들렸다.

당신이 문제들을 지니고 있다는 것은 핵심 문제가 아니다. 이루어져야 할 선택을 보류해 왔다는 것이 문제다. 삶에 생동감 있게 참여하기 위해서 먼저 당신의 고통을 제거할 필요는 없다. 오히려 그 반대가 요구된다. 당신이 진정으로 그렇게 되기를 원하는 인생을 살아가는 데서 오는 기쁨과 고통에 문을 열 것이 요구된다.

이제 당신의 거울 앞에 있는 사람에게 다음의 질문을 해 보라. 당신은 자신의 인생이 어떻게 되기를 바라는가? 진심으로 그렇게 원하는가?

chapter **12**

당신의 가치 선택하기

당신에게 무엇이 중요한지를 정의하고 그 방향을 향해 나아가기로 적극적으로 선택하는 것이야말로 궁극적으로 이 책에서 하려는 모든 것이다. 물론 당신이 지금까지 탐구해 온 탈융합, 알아차림 그리고 수용의 연습은 그 자체로서 유용하지만, 만일 그것이 의미 있는 삶을 살아가는 데 활용되지 않는다면 이러한 지식은 빈 껍데기에 불과할 것이다.

앞선 11장에서 당신은 '가치'가 무엇을 의미하는지를 이해했을 것이다. 당신의 가치를 선택하고 그 길을 추구할 때, 당신은 힘든 역경 속에서도 풍요롭고 의미 있는 삶을 살 수 있다. 이 장에서는 바로 이 주제를 다루려고 한다.

당신이 섬기는 주인

가치 있는 삶을 산다는 것은 가치 있게 여기는 것을 위해 행동하는 것이다. 밥 딜런(Bob Dylan)이 말한 것처럼, "당신은 누군가를 섬기게 되어 있다." 우리가 던지고자 하는 질문은 이것이다. 당신은 누구를/무엇을 섬길 것인가? 당신은 이 책을 통해, 그리고 자신의 경험과 최근에 겪은 심리적 딜레마를 통해, 고통 감소를 위한 삶이 결코 바람직한 삶이 아님을 알게 되었을 것이다. 당신 안에 있는 광장공포증은 외출은 좋은 선택이 아니라고 외친다. 그러나 당신 안에 있는 다른 모든 것들은 외출이 삶에 활력을 준다는 것을 안다. 이때 당신이 광장공포증의 외침에 따른다면, 당신이 원하는 길로 갈 수 없을 것이다.

이러한 점을 이해한다는 것은 어떤 면에서 두려운 일이 될 수 있다. 만일 당신이 마음의 속삭임에 따라 결정을 내리는 것은 하나의 선택 사항이 아니라고 결정한다면, 당신은 무엇에 기초해서 행동할 수 있을 것인가? 당신이 무엇을 선택하든지 실제로 이루어질 수 있다면, 당신이 무엇을 하기를 원하는지를 어떻게 알 수 있을까? 끝없는 선택의 망망한 바다에서 당신의 나침반은 무엇이어야 하는가?

바로 지금 이 순간, 우리는 당신이 의미 있고 활기찬 삶을 선택하는 데 필요한 모든 수단을 가지고 있다고 믿는다. 당신에게는 그러한 기회가 주어져 있고, 당신의 가치를 위해 살 수 있는 실제적인 능력도 있다. 이는 목표를 달성하는 과정에서 모든 상황이 순조로울 것이라는 의미가 아니다. 결과에 대한 보장을 의미하는 것도 아니다. 또한 당신이 목표 달성에 필요한 모든 기술을 가지고 있다는 의미도 아니다. 이것이 의미하는 것은 다만, 당신은 방향을 선택하는 데 필요한 모든 것을 지니고 있다는 것이다.

'가치(value)'라는 단어는 '값어치 있고 힘 있는(worthy and strong)'을 뜻하는 라틴어에서 유래한다. 그것은 행위의 요소를 함축하고 있다. 그것은 중요하고 강력한 무언가를 실제로 사용하는 것을 내포한다. 가치는 매일의 삶에서 추구하고 싶은 것을 규정하는 데 그치지 않고, 인생을 통해 실현하고 싶은 것을 정의한다. 어떤 의미에서 삶과 죽음의 차이, 또는 적어도 활력 있는 삶과 무기력한 삶의 차이는 가치의 문제에 달려 있다.

E/X/E/R/C/I/S/E

연습: 자신의 장례식에 참석하기

사람이 죽은 다음에 남는 것은 그가 무엇을 위해 살았는가 하는 것이다. 이제는 고인이 된, 당신이 존경하는 인물을 떠올려 보라. 그가 세상을 떠난 지금, 이제는 그가 무엇을 위해 살았는가 하는 것이 가장 중요하지 않은가? 그의 물질적인 소유도, 내면적인 의혹과 방황도 중요하지 않다. 중요한 것은 그의 삶을 통해 나타난 가치다.

당신이 이 땅에서 얼마의 시간을 더 살지는 모른다. "죽을 것을 알면서도 살 것인가?"라는 질문은 다음의 질문들과도 근본적으로 다르지 않다. "상처받을 줄 알면서도 사랑할 것인가?" "때로 이루지 못할 수도 있음을 알면서도 가치를 둔 삶에 전념할 것인가?" "때로 실패할 수도 있음을 알면서도 성공을 향해 나아갈 것인가?" 고통의 가능성과 이러한 경험을 통해 얻게 되는 생명력은 늘 같은 길 위에 있다. 만일 당신이 진정 인생을 통해 무언가를 하고자 한다면, 당신의 삶이 남기고 간 발자취가 어떠하길 바라는지의 관점에서 바라보면 도움이 될 것이다.

이 땅에서의 삶이 유한하다는 언어적인 인식은 회피의 한 가지 토대가 된다. 상상 속에서 인생의 마지막 순간으로 가서 인생을 되돌아보는 것은 언뜻 보면 섬뜩한 일처럼 느껴질지도 모르겠다. 그러나 우리가 요구하는 것은 섬뜩한 상상이 아니라 근거가 있는 상상이다. 만일 당신이 지금부터 숨을 거두는 날까지 당신의 가치에 따라 삶을 선택하여 산다면, 인생의 마지막에 무엇이 뚜렷하게 드러나겠는가? 즉, 당신이 걸어온 삶의 자취에 대하여 무엇이 분명해지겠는가?

이는 미래에 대한 예측이나 추측을 요구하는 질문이 아니다. 당신이 실제 무엇을 행하였는가에 관한 질문도 아니다. 당신과 가까운 사람들이 당신의 삶에 대해 어떻게 여기기를 바라는가에 관한 질문이다. 그러나 이는 사회적 승인과 관련한 질문은 아니다. 오히려, 당신의 가치가 무언가를 향한다면 그것은 당신의 삶에서 명백히 드러날 것이다. 우리의 질문은 단지 이것이다. "만일 당신이 삶을 통해 실현하고자 하는 것을 자유롭게 선택할 수 있다면, 인생의 마지막에 무엇이 분명하게 드러나겠는가?"

이 질문을 혼자서 나지막한 소리로 속삭일 수는 있다. 그러나 이는 하나의 선택이므로, 우리는 당신이 삶을 통해 실현하고 싶은 갈망에 당신 자신을 개방할 것을 요청한다. 만일 당신이 인생에서 무언가를 실현할 수 있다면, 그것이 오로지 당신과 당신 가슴 사이에만 있는 것이라면, 어느 누구도 그것에 대해 비웃거나 그것이 불가능하다고 말할 수 없는 것이라면, 그리고 당신이 자신의 내면 깊숙한 열망에 담대할 수 있다면, 당신은 삶을 통해 무엇을 실현하고 싶은가?

이제 조용히 주의를 집중할 수 있는 시간과 장소를 찾아보라. 산만해질 수 있는 곳은 피하라. 충분한 시간을 두고 다음의 시나리오를 온전히 시각화한 후에, 다음 질문에 답하라.

이 연습이 강력한 정서적 경험이 될 수 있음을 유념하라. 우리의 의도는 이 경험을 통해 '죽음에 직면하게' 하려는 것이 아니다. 오히려 삶에 직면하게 하려는 것이다. 그럼에도 불구하고, 우리가 가치 중심의 삶을 살고자 할 때 그것이 어떤 가치든지 우리 삶이 유한하다는 인식을 동반하므로, 우리는 종종 가치 중심의 삶을 기꺼이 품어 안지 못하게 된다. 이러한 인식을 피하려고 하면, 무언가를 진정으로 충만하게 실현할 수 없으며, 그것을 실현하기 위해 치러야 할 대가가 크지 않다는 것을 깨닫지 못하게 된다. 만일 당신이 감정에 휩싸여서 '끈기 있게 견딜' 수 없다면, 이 책 전반에 걸쳐 배운 기법들을 기억해 내고 그중에서 한두 가지를 실행하라. 그리고 잠재적으로 매우 강력한 어떤 것을 위해 이 연습을 하고 있음을 인식하라.

이제 눈을 감고서 몇 차례 깊이 호흡하라. 마음을 차분히 가라앉힌 후, 당신이 죽었는데 어떤 기적에 의해 당신의 영이 당신 자신의 장례식을 지켜볼 수 있게 되었다고 상상해 보라. 장례식이 어디에서 어떤 모습으로 벌어지고 있는지 상상해 보라. 잠시 시간을 가지고 장례식의 생생한 장면을 시각화해 보라.

당신의 가족이나 친구 중 한 명이 일어서서, 당신이 무엇을 위해 살았는지, 무엇에 관심을 갖고 마음을 썼는지, 어떤 길을 걸었는지에 대해 추모사를 낭독하고 있다고 상상해 보라. 당신은 아마도 그 추모사를 두 가지 방법으로 쓸 것이다.

당신이 요즘 겪고 있는 투쟁이 지속적으로 삶을 지배하거나 점점 더 심해지고 있다면, 혹시 가족이나 친구가 추모사 중에 이에 대해 말할까 봐 두려워하는 부분이 있을 수 있다. 먼저 이를 다음에 적으라. 진정으로 실현하고 싶은 것에서 뒤로 한발 물러나서, 그 대신에 회피, 정신적 혼란, 감정 통제 그리고 자기정당화의 길을 걷고 있다고 가정해 보자. 자, 추모사를 낭독하고 있는 가족이나 친구를 그려 보라. 그(혹은 그녀)가 뭐라고 말하고 있는가? 한 마디 한 마디를 다음에 적어 보라.

이번에는 당신이 이 순간에 그 사람의 머릿속을 다 들여다 볼 수 있다고 가정해 보자. 그 사람은 자신의 생각에 대해 아무런 검열을 하지 않고 있으며 연극을 하고 있지도 않다. 자, 당신이 그의 생각을 다 볼 수 있다면, 공식적으로는 말하지 않았을 어떤 다른 말을 하겠는가? 이에 대해 한 마디 한 마디를 다음에 적어 보라.

앞에 적은 추모사는 당신이 두려워하는 것에 대한 내용이었고, 아마도 당신이 지금까지 걸어온 과거의 경로에 대한 기술이었을 것이다. 당신이 적은 내용이 싫다면, 그 고통을 다음의 과정으로 돌려 보자.

당신에 대한 추모사가 꼭 이와 같을 필요는 없다. 이제부터는 당신이 가장 가치를 부여하는 것과 연결된 삶을 살게 될 것이라고 상상해 보자. 당신의 모든 목표들이 마법처럼 다 이루어져야 한다는 의미는 아니다. 삶의 방향이 뚜렷하고 분명하다는 의미다.

이제 누가 장례식에 참석해 있을지 상상해 보라. 당신의 배우자, 자녀들, 그리고 가까운 친구들은 틀림없이 거기에 있을 것이다. 아마도 직장 동료, 동창 또는 교회 사람들 또한 거기에 있을 것이다. 당신이 좋아하는 어느 누구도 장례식에 올 수 있다. 제한은 없다. 장례식에 와 주었으면 하고 바라지만 연락이 닿지 않는 옛 친구들이 있다면, 걱정하지 말라. 이 상상의 장례식에는 누구든지 참석할 수 있다. 당신의 삶에서 중요한 사람들이 있다면, 그들 모두를 이 장소에 데려다 놓아도 된다. 그들의 얼굴을 바라보라. 당신의 장례식을 지켜보는 그들을 바라보라.

이제 어느 한 사람이(당신이 이 사람을 지정해도 좋다) 당신에 대한 추모사를 낭독하는 장면을 상상해 보라. 이 추모사를 듣는 모든 사람들은 당신이 내면 깊숙한 가치에 얼마나 충실한 삶을 살았는지 잘 안다. 당신이 자신의 삶에서 가장 뚜렷이 드러나기를 바라는 것이 무엇인지 생각해 보라. 이 연습은 시험이 아니다. 당신은 이것에 따라서 판단되지 않을 것이며, 어느 누구도 당신이 지금 생각하고 있는 것을 알 필요가 없다.

이에 대한 생각이 분명해지기까지 잠시 시간을 가져 보라. 당신이 어떤 삶을 살았는지에 대해서 당신이 듣고 싶어 하는 추모사를 다음에 적어 보라. 담대하라! 이것은 예언이 아니다. 자화자찬도 아니다. 이 지상에서의 삶에서 당신이 가장 이루고 싶은 의미와 가장 드러내고 싶은 목적을 담아 표현하라. 당신에 대한 추모사를 준비하는 가족이나 친구를 그려 보라. 그(혹은 그녀)는 무어라고 말할까? 한 마디 한 마디를 다음에 적어 보라.

____

____

____

당신에게는 이 연습이 어떻게 느껴졌는가? 자신의 장례식을 지켜보는 생소함 이외에, 이 연습을 통해 무엇이 떠올랐는가?

당신이 적은 글을 다시 읽어 보라. 불완전하거나 목적에서 빗나간 부분이 있다면 다시 기록해도 좋다. 당신의 장례식이니까.

당신은 자신이 쓴 글 속에서 이미 자신 안에 있던 무언가를 보았을 것이다. 당신은 자신의 삶을 통해 실현되기를 원하는 것이 무엇인지 알 수 있는가?

당신이 생을 마친 후 남들의 머릿속에 기억되기를 바라는 모습은 당신이 지금 무엇에 가치를 부여하는가에 대한 좋은 아이디어를 제공한다. 우리는 당신의 장례식에서 누가 어떤 말을 할지 알지 못한다. 그러나 우리가 단지 아는 것은 오늘의 당신 행동이 앞으로의 당신 인생에 심대한 차이를 만들어낼 수 있다는 것이다. 사랑하는 사람들이 당신에 대하여 기억하는 것은 당신의 생각, 감정, 신체 감각이 아니다. 그들은 매일의 삶에서 당신이 취한 선택과 행동을 기억할 것이다. 그것을 오늘 시작할 수 있지 않겠는가? 그것을 지금 시작할 수 있지 않겠는가?

당신에게 가장 소중한 것을 찾아내기 위해 삶을 돌아보는 방법을 한 번 더 사용해 보자. 이 모든 것들을 잘 가다듬어서 단축형 버전으로 만들어 보자.

사람이 죽으면 흔히 묘비에 비문을 새긴다. "여기에 수지가 잠들다. 그녀는 온 마음을 다해 가족을 사랑하였다." 다음에 있는 묘비가 당신 것이라면, 어떤 비문이 새겨지기를 바라는가? 당신의 인생이 어떻게 묘사되기를 바라는가? 다시 말하지만, 이는 기술이 아니고 예언도 아니다. 단지 희망이고, 갈망이며, 소원의 표현이다. 당신과 거울 안에 있는 사람 사이의 일일 뿐이다. 당신은 삶을 통해 무엇을 실현하고 싶은가?

잠시 동안 이에 대해 생각해 보고, 당신의 내면 깊숙한 가치를 짧은 비문으로 가다듬어 다음의 묘비에 적어 보라.

[그림 12-1] 당신의 비문

한 단계 더 나아가기: 열 가지 가치 영역

방금 마친 간단한 연습을 통해서, 가치를 찾기 위한 대략적인 실마리를 얻었을 것이다. 그 연습이 당신 안에 있는 무언가를 움직여서, 당신이 진정 실현하고 싶은 것에 대해 더 분명하고 담대해질 수 있게 되기를 바란다. 당신은 살아 있다. 죽거나 시들지 않았다. 당신은 어떻게 살기를 원하는가?

이 질문을 더 구조적으로 제시해 보자. 당신에게 중요할 수 있는 다음 열 가지 영역에 대해 생각해 보라.

1. 부부/커플/친밀한 관계
2. 자녀 양육
3. 가족 관계(부부 및 자녀 이외의 가족 관계)
4. 우정/사회적 관계
5. 직업/경력
6. 교육/훈련/개인적 성장 및 발달
7. 레크리에이션/여가
8. 영성
9. 시민권
10. 건강/신체적 안녕

다음에는 각 영역들에 대한 간략한 기술과 더불어, 각 영역에서 당신의 가치를 적는 칸이 나온다. 이 작업을 하는 동안 가치는 특정한 목표가 아니라 삶의 전반적인 방향임을 명심하기 바란다. 구체적인 목표에 대해서는 나중에 다룰 것이다. 만일 특정 대상처럼 획득할 수 있는 물질적인 어떤 것을 기록하고 있다면, 기록을 중단하고 우리가 요청하는 것이 무엇인지 다시 생각하라. 우리의 요청은 결코 완전하게 성취하거나 완성할 수는 없지만 늘 명백하게 드러날 수 있는 방향을 기록하라는 것이다.

이 책에서 지금까지 가치에 대해 배운 것을 다음의 연습에 적용하라. 당신이 기록한 추모사와 비문을 기억하고, 거기에 나오는 요소들이 어느 영역들에 적용될 수 있는지 살펴보라.

이 연습을 하다 보면, 당신에게 어떤 영역들은 중요하지만 어떤 영역들은 그렇지 않음을 발견하게 될 것이다. 일부 영역들은 당신이 요즈음 거의 실천하지 않는 영역일 수도 있다. 이는 충분히 예상할 수 있는 일이다. 우리가 삶의 모든 영역들에 똑같은 정도로 가치를 둘 필요는 없는 듯하다. 얼마 후에는 당신 스스로 이 가치들에 순위를 매기게 될 것이다. 지금 이 연습에서는 일단 각 영역에서 당신이 지니고 있는 가치를 찾아보려고 노력하라. 실제로 생각나는 것이 전혀 없는 영역이 있다면, 그 영역은 넘어가도 좋다.

영역들 간에 명확한 경계를 긋기가 어려울 수 있다. 예를 들어, 어떤 사람은 친밀한 관계와 가족 관계를 구분하는 게 쉽지 않을 수 있고, 어떤 사람은 여가와 사회적 관계의 경계를 긋는 게 어려울 수도 있다. 각 영역에 대한 기술을 읽고, 될 수 있는 대로 경계를 명확히 유지해 보려고 노력하라. 하나 이상의 영역에서 동일한 가치를 반복하여 기술해도 무방하지만, 너무 지나치게 반복하지는 않기를 권한다.

이 연습은 시험이 아니다. 당신이 원치 않는다면, 이 기록을 다른 사람에게 보여 줄 필요는 없다. 그러므로 스스로에게 정직하라. 당신이 진정 가치를 두고 있는 것을 탐색하는 기회로 삼으라. 친구나 가족, 사회의 기대에 기초하여 당신의 가치를 생각하지 말라. 옳고 그른 답은 없다.

부부/커플/친밀한 관계

대부분의 사람들에게 친밀한 관계는 매우 중요하다. 이는 당신에게 '중요한 타인', 즉 배우자, 연인 또는 파트너와의 관계다. 지금은 친밀한 관계가 없다면, 그러한 관계에서 당신이 추구하고 싶은 것에 따라 이 질문에 답하면 된다.

친밀한 관계의 맥락에서 당신은 어떤 사람이고 싶은가? 당신이 취하고 싶은 특별한 행동을 생각한 후에, 그러한 행동의 기저에 있는 동기를 파내는 것도 좋은 방법이다. 기저에 있는 동기는 무엇인가? 그러한 동기는 당신의 가치를 어떻게 반영하는가? (결혼하기 등과 같은) 목표를 적지는 말라. 이를 위해서는 나중에 기회가 주어질 것이다.

▲ 자녀 양육

당신에게는 어머니 또는 아버지가 된다는 것이 무엇을 의미하는지 생각해 보라. 당신은 이 역할을 통해 무엇을 실현하고 싶은가? 자녀가 없더라도, 이 질문에 답할 수 있다. 다른 사람이 이 역할을 하도록 돕고자 한다면, 당신은 무엇을 하기 원하는가?

▲ 가족 관계(부부 및 자녀 이외의 가족 관계)

이 영역은 남편이나 아내, 또는 자녀를 제외한 다른 가족들과의 관계에 관한 것이다. 아들이나 딸, 조카, 손자, 며느리나 사위, 고모(이모)나 삼촌(외삼촌), 할머니나 할아버지가 된다는 것은 무엇을 의미하는지 생각해 보라. 이러한 가족 관계에서 무엇을 실현하고 싶은가? 대가족에 대해서 생각해도 좋고, 핵가족에 대해서만 생각해도 좋다. 이 영역에서 당신의 삶을 통해 어떤 가치들이 실현되기를 원하는가?

우정/사회적 관계

우정은 대부분의 사람들이 중요하게 여기는 또 다른 인간관계 영역이다. 당신은 어떤 친구가 되고 싶은가? 아주 가까운 친구들을 떠올려 보고, 이들과의 관계에서 무엇을 실현하고 싶은지 생각해 보라.

직업/경력

직업과 경력은 삶에서 상당히 많은 부분을 차지하는 영역이므로 매우 중요하다. 직업의 귀천에 관계없이, 일의 가치에 대한 질문은 적절하다. 당신은 어떤 직업인이 되기를 원하는가? 직업을 통해 무엇이 실현되기를 바라는가? 일을 통해서 어떤 영향을 미치고 싶은가?

▲ 교육/훈련/개인적 성장 및 발달

모든 종류의 학습과 개인적인 발달이 이 영역에 포함될 수 있다. 학교 교육이 그중 하나다. 그러나 당신이 배우기 위해 하는 모든 것들이 이 영역에 포함될 수 있다. 이 책을 읽는 것도 한 예가 될 것이다. 당신은 어떤 유형의 학습자가 되고 싶은가? 이 삶의 영역에 어떻게 참여하고 싶은가?

▲ 레크리에이션/여가

레크리에이션, 여가 그리고 이완은 매우 중요하다. 우리는 이 영역에서 활력을 충전한다. 이 영역에서의 활동을 통해 우리는 종종 가족이나 친구와 연결된다. 취미, 스포츠, 놀이, 휴가, 기타 레크리에이션과 관련하여 당신에게 의미 있는 것이 무엇인지 생각해 보라. 이 영역에서 무엇을 실현하고 싶은가?

영 성

제도화된 종교가 분명 영성의 영역에 포함되긴 하지만, 이 영역은 반드시 제도권의 종교만을 의미하지는 않는다. 영성은 자신보다 더 큰 무엇과 연결되며, 삶에서의 초월성 및 경외감과 연결된 느낌을 갖도록 도와주는 모든 것을 포함한다. 또한 당신의 신앙, 영적이고 종교적인 수행, 그리고 이 영역에 있는 다른 이들과의 연대감을 포함한다. 당신은 이 영역에서 무엇을 가장 실현하고 싶은가?

시민권

당신은 지역사회의 일원으로서 사회에 어떻게 기여하기를 바라는가? 당신은 사회적 · 정치적 영역, 자선단체 그리고 지역사회에서 진정 무엇을 실현하고 싶은가?

건강/신체적 안녕

우리는 신체적인 존재다. 다이어트, 운동, 건전한 건강습관 등을 통해 우리의 신체와 건강을 돌보는 것은 또 다른 중요 영역이다. 당신은 이 영역에서 무엇을 실현하고 싶은가?

때로 우리는 내담자들이 본 프로그램의 이 시점에 이르러서조차도 가치가 무엇인지에 대해 혼란스러워하는 것을 발견한다. 사실상 다른 사람이 원하는 방향으로 가치를 선택해 놓고는 그것이 자신의 가치라고 말하는 사람도 종종 있다.

당신의 가치를 검증하기 위하여, 앞의 연습들을 다시 훑어보고 당신이 기록한 가치들 각각에 대해서 다음의 질문을 스스로에게 제기해 보라. "아무도 내 기록을 보지 않는다 해도 나는 여전히 그렇게 할 것인가?" 당신의 기록 중에서 '진실처럼 들리지' 않거나, 당신 가슴에서 나온 것이기보다는 '좋은 사람이 되고자' 하는 것에 비중을 둔 부분이 있다면, 돌아가서 그 기록을 수정하라. 이 목록은 다른 어느 누군가를 위한 것이 아니라, 바로 당신을 위한 것이다.

가치를 평정하고 검증하기

어떤 가치가 다른 가치들보다 더 의미 있다는 것은 그다지 중요하지 않다. 앞의 연습에서 당신이 기록한 모든 가치들은 당신이 보다 더 충만하게 살기 위해 추구하고 싶은 삶의 영역들에 관한 것이다. 그러나 삶의 어느 영역에서 행동을 취하기 시작할지를 알려면, 가치에 대해 순위를 정할 필요가 있다. 13장에서는 행위에의 전념을 다룰 것이다. 그러나 그 전에, 당신이 무엇에 전념하고 싶은지를 먼저 이해할 필요가 있다.

당신이 이제 막 끝마친 작업을 되돌아보자. 각 영역마다 한 가지 핵심 가치(한 영역에 몇 가지 가치가 적혀 있을 경우 가장 중요한 것을 고르면 된다)를 뽑아내고, 다음 빈칸에 그 핵심 가치를 반영하는 문구를 적어 보라. 이제 각 영역마다 두 가지 방식으로 평정하라. 첫째, 이 특정 영역이 지금 당신에게 얼마나 중요한지를 1~10점 척도로 평정하라(중요도 점수). 1점은 전혀 중요하지 않음을, 10점은 매우 중요함을 의미한다. 이 영역이 당신의 실제 행동에서 얼마나 중요한지를 묻는 것이 아니라, 만일 원하는 대로 삶이 실현될 수 있다면 당신은 무엇을 원하는가를 묻는 것이다.

둘째, 당신의 현재 실제 행동에 따라 각 영역을 평정하라. 당신이 현재 얼마나 이 가치에 따라 살고 있는지를 1~10점 척도로 평정하라(실현도 점수). 1점은 행동으로 전혀 나타나지 않음을, 10점은 행동으로 매우 잘 나타나고 있음을 의미한다.

마지막으로, 중요도 점수에서 실현도 점수를 빼면, '생활 편차' 점수가 산출된다.

아마도 맨 오른쪽의 생활 편차 점수가 가장 중요할 것이다. 그 점수가 높을수록, 당신의 진정한 관심과 실제 삶의 모습을 일치시키기 위해 그 영역에서 더 많은 변화가 요구된다. 높은 생활 편차 점수는 괴로움의 지표이자 근원이다. 가치의 중요도와 실제 삶에서의 실현도 사이에 가장 큰 격차를 보이는 점수에 동그라미를 하라.

가치를 평정하기				
영 역	가 치	중요도	실현도	생활 편차
부부/커플/ 친밀한 관계				
자녀 양육				
가족 관계				
우정/사회적 관계				
직업/경력				
교육/훈련/ 개인적 성장				
레크리에이션/ 여가				
영 성				
시민권				
건강/신체적 안녕				

행위에의 전념

당신은 이 장에서 수집한 정보를 이용하여 13장에서 당신의 가치들을 추구할 수 있는 구체적인 수단을 개발하게 될 것이다. 가치에 관한 놀라운 사실은, 당신이 가치에 따라 살 수 있다는 것이다. 당신이 이 장에서 기록한 가치들은 모두 실현 가능하다. 우리가 정서적 고통을 '극복하는 것' 이 하나의 가치라고 논의하지 않았음을 유념하라. 고통의 극복은 가치가 아니다. 우리는 당신이 원하는 삶에 대하여 논의해 왔다. 그 삶은 지금 당장 시작할 수 있다. 당신이 진실로 마음에서 빠져나와 삶 속으로 뛰어든다면, 당신의 삶은 과연 어떻게 될 것인가?

chapter **13**

행동에 전념하기

당신은 자신이 실현하고 싶은 게 무엇인지 알고 있다. 당신은 자신의 취약함을 애써 회피하느라 스스로에게 이를 숨겨 왔을 뿐, 이 책을 펼치기 전에도 이를 알고 있었을 것이다. 우리가 무언가에 관심을 가질 때, 고통의 가능성에 우리 자신을 개방하게 된다. 당신이 진실로 위험을 무릅쓰고 누군가를 사랑한다면, 거부나 배신, 상실에 자신을 개방한다. 당신이 진실로 기아 방지에 관심이 있다면, 굶주린 아이들을 보면서 느끼는 고통에 자신을 개방한다.

'내가 관심을 갖지 않으면 상처도 받지 않을 거야.' 라는 태도는 인간의 마음이 가치를 어떻게 경원시하는지를 잘 보여 준다. 불행하게도 이러한 태도는 관심을 가지는 것보다 훨씬 더 많은 상처를 준다. 그 상처는 누군가에게 관심을 가짐으로써 이따금씩 받는 쓰리고 생생한 상처가 아니라, 스스로에게 진실한 방식으로 삶을 영위하지 못함으로써 지속적으로 느끼는 산송장 같은 활기 없음과 무감각함의 상처다.

앞 장에서 우리는 가치에 대해 어느 정도 상세히 다루었다. 당신이 지금 직면하고 있는 질문은 앞에서 우리가 요청한 질문과 같다. 의식하는 존재로서의 당신과 당신이 싸워 온 사적 경험의 차이를 구분할 수 있다면, 당신은 이제 그 사적 경험들을 있는 그대로 온전히, 그리고 방어 없이 기꺼이 경험하겠는가? 또한 이 순간, 이 상황에서 당신이 선택한 가치의 방향대로 기꺼이 행동하겠는가? 이 질문은 '예' 또는 '아니요'의 답변만을 요구한다. '예'라는 답변은 어떤 과정에의 전념과 실제적인 행동 변화를 포함한다. 이제 얼마 지나지 않아, 아마도 이제 곧바로, 인생은 당신에게 이 질문을 다시 할 것이다. 그리고 또다시. 그리고 또다시. 그때마다 당신은 이에 어떻게 대답할지를 선택하게 될 것이다.

이 질문을 덜 엄밀한 형태로 다시 해 보자. 당신은 마음이 제공하는 어떤 불편감이든 기꺼이 수용하겠는가? 그리고 11, 12장에서 탐색한 가치와 그것이 내포하는 행동 변화에 기꺼이 전념하겠는가?

'예'라고 대답한다고 해서 삶이 갑자기 더 쉬워지는 것은 아니다. 그러나 확실히 보장할 수 있는 것은 삶이 더 생생해진다는 것이다. 대안은 당신이 이미 경험한(그리고 우리가 이 책에서 많이 언급한) 것이다. 당신은 정서적 고통을 조절하려는 헛된 시도 때문에 당신이 원하는 삶을 희생한 대가가 무엇인지 잘 알고 있다. 불편한 생각이나 감정, 행동 성향, 충동, 기억, 신체 감각과 싸우느라 삶이 제한되고 의미와 생명력이 고갈된 느낌이 무엇인지 잘 알고 있다. 생명력을 희생하면서까지 마음속에 갇혀 있는 느낌이 무엇인지 잘 안다.

이 장은 행함에 관한 것이다. 당신의 가치가 지시하는 방향으로 담대하게 전념하는 단계에 관한 것이다. 고통이 있다면, 고통에도 불구하고가 아니라 고통과 함께 이를 실천함에 관한 것이다.

담대하게 나아가기

이제는 당신이 원하는 방향으로 담대하게 나아갈 시간이다. 앞 장에서 당신은 자신의 가치를 탐색하고 발전시켰다. 각각의 가치는 당신의 인생행로를 그릴 수 있는 나침반의 방위다. 다음으로 할 일은 그 방향으로 걷기 시작하는 것이다. 이는 기본적으로 끝없이 반복되는 네 부분으로 이루어진 과정이다. 가치에 접촉하기, 가치의 방향으로 나아가기 위한 목표를 개발하기, 목표를 달성하기 위한 구체적인 행동을 취하기, 그리고 행동의 내적 장애물에 접촉하여 이와 함께 진행하기.

▲ 지도 만들기: 목표 설정하기

12장에서 작성한 마지막 작업지로 되돌아가 보자. 당신은 가치들을 기록하였고, 중요도, 실현도 및 생활 편차 점수를 부여하였다. 이제 당신이 그 가치들 중에서 어느 것을 가지고 작업하고 싶은지를 결정할 시간이다. 결국은 그 가치들 모두에 대해 작업할 것이지만, 지금은 우선 한 가지에서 출발하자. 이는 다른 가치들에 대해서도 모델이 될 것이다.

제일 먼저 생활 편차 점수가 높은 영역의 가치를 선택하여 작업할 수 있다. 아직 장애물에 직면할 준비가 되어 있지 않다고 느낀다면, 생활 편차 점수가 더 낮은 가치를 선택할 수도 있다. 이들은 모두 다 중요하다. 단지 상대적인 중요성의 수준이 다를 뿐, 어느 것에서 시작해도 좋다. 당신이 삶에 충만하게 참여하기를 원한다면, 다른 가치들도 자연히 추구하게 될 것이다. 지금은 우선 시작하고 싶은 한 가지 영역을 선택하라. 그 가치를 다음에 적어 보라.

____

가치가 삶의 여정을 인도할 나침반의 방위라면, 목표는 그 방향으로 이끌어 줄 수 있는 지도다. 앞 장들에서 언급했듯이, 목표는 가치의 방향으로 삶을 움직이는 실제적이고 달성 가능한 사건이라는 점에서 가치와 다르다. 목표는 인생 여행에서의 중요한 이정표이며, 여러 가지 이유에서 중요하다. 목표는 가치를 실현할 수 있는 실제 수단을 제공한다. 목표는 또한 가치 추구의 여정에서 진척의 정도를 측정할 수 있는 규준을 제공한다. 당신은 아마도 자신이 실현하고 싶은 가치가 무엇인지 잘 알고 있을 것이다. 하지만 목표가 없다면, 현실 세계에서 그 가치대로 사는 것이 가능하지 않을 것이다.

시작하기 전에 먼저 강조할 것은, 목표에 부속된 위험성이다. 즉, 목표는 달성 가능한 것이라는 점이다. 우리의 언어적 능력은 매우 결과 지향적인 반면에 가치는 과정 지향적이기 때문에, 목표가 달성 가능하다는 것은 위험을 내포할 수 있다.

당신이 스키를 타러 갔다고 상상해 보자. 당신이 리프트에서 내리면서 함께 리프트를 타고 올라온 사람에게 '스키를 타고 통나무집까지 내려가서 친구들과 점심을 먹을 것' 이라고 말한다. 그 사람은 "문제 없어요."라고 대답하더니, 갑자기 헬리콥터에 손을 흔들기 시작한다. 그가 신호를 보내자, 헬리콥터가 날아와 당신을 낚아채더니 빠른 속력으로 당신을 통나무집에 데려다 놓는다. 당신은 격렬하게 항의하지만, 그 조종사는 고개를 갸우뚱거리며 말한다. "정상에서 통나무집까지 내려가는 것이 목표라고 말하지 않으셨나요?"

단지 통나무집까지 내려가는 것이 유일한 목표라면, 헬리콥터 조종사는 요점을 제대로 파악한 것이다. 만일 그렇다면, 헬리콥터 타기는 스키 타기를 통해 이루고자 하는 것을 정확히 이룬 것이다. 두 경우 모두 정상에서 출발해서 통나무집에서 끝난다. 심지어 헬리콥터는 두드러진 장점이 있다. 헬리콥터를 타면 옷이 젖거나 감기에 걸리지 않으며 피곤하지 않다. 그러나 여기에 한 가지 문제가 있다. 통나무집에 도착한다는 목표는 스키 타기 과정을 구축한다는 의미를 포함한다. 이 과정이 바로 진정한 '목표'다.

11장에서 "결과는 과정이 결과가 되는 그 과정이다."라고 말했을 때 우리가 의미했던 것이 바로 그것이다. 당신은 '위' 보다 '아래' 의 방향을 더 중시해야 하며, 그렇지 않으면 활강 스키를 탈 수가 없다. 당신은 특정한 목표(통나무집)를 정함으로써 언덕 아래로 내려가는 하나의 길에 '참여할' 수 있게 된다. 그러나 진정한 목표는 목표(통나무집)에 도달하는 것이 아니라, 스키를 타는 것이다.

목표 설정의 진정한 목표는 우리의 삶이 가치를 지향함으로써 매순간 가치 있는 삶을 살 수 있도록 하는 것이다. 성공적으로 ACT 치료를 받은 한 환자는 종결 시간에 이를 다음과 같이 표현하였다. "나는 단지 내 인생을 통해 실현하고 싶은 일이기 때문에 이 일을 한다. 그건 실로 어떤 결과에 관한 것이 아니다. 나는 목숨이 다할 때까지 충만하게 살아 있기를 원한다." 목표 설정은 가치 실현 과정을 도와준다. 그러나 조심할 것이 있다! 당신의 마음은 진정한 목표는 목표 그 자체라고 속삭일 것이며(마음이라는 기관은 결국 결과를 평가하도록 진화된 것이다), 거기에 이르려면 (당신의 온전함을 훼손하거나 삶의 다른 가치들을 무시하고서라도) 지름길로 질러가라고 주장할 것이다. 당신이 만일 지름길에 굴복한다면, 본래의 순수한 목적은 훼손되고, 당신의 삶은 오히려 더 망가질 것이다.

목표 설정하기

목표를 개발하기 시작하려면, 단기 목표와 장기 목표를 모두 고려할 필요가 있다. 단기 목표는 지도상에서 가까운 장래에 도달할 수 있는 지점이다. 장기 목표는 좀 더 멀리 있는 지점이다. 단기 목표와 장기 목표가 모두 있어야만, 한 이정표에서 다음 이정표로 효과적으로 이동할 수 있다. 이는 매우 효율적인 여행 방식이다. 물론 이론적으로는, 목적지를 찾을 때까지 이리저리 배회할 수도 있을 것이지만, 이는 효율적이지 않은 방식이다. 목표 지향적인 여행이 훨씬 더 실용적이다.

당신이 앞에서 기록한 가치로 돌아가 보자. 그 가치가 실제적인 방식으로 드러날 수 있도록 당신이 할 수 있는 한 가지 일에 대해 생각해 보라. 마지막 장들에서 우리는 가치와 목표에 대해 여러 가지로 논의하였다. 또한 지침이 될 만한 여러 예들도 제시하였다. 실제적인 결과의 관점에서 생각해야 한다는 것을 잊지 말라. 지나치게 색다른 것을 추구하지는 말라.

공공 서비스에 가치를 두고 있는 50세의 가게 점원이 대통령이 되는 것을 자신의 목표로 정한다면, 그러한 목표는 실현되기 어려울 것이다. 가치의 방향으로 나아가는 실현 가능한 목표를 선택하라. 당신이 공공 서비스에 가치를 둔 그 점원이라면, 공익에 기여할 수 있는 실제적이고도 실현 가능한 수많은 접근 방식들이 있을 것이다. 예를 들어, 지역사회에서 자원봉사자로 일할 수도 있고, 지방의회 입후보자를 위한 선거운동에 참여할 수도 있을 것이다.

담대하게 나아가려는 당신을 낙담시키려고 이런 말을 하는 것은 아니다. 용기 있게 나아가라. 그러나 현실성을 잃지는 말라. 스스로를 너무 안이하게 대하지는 말되, 현실적으로 이룰 수 있는 것을 정하라.

마음속으로 목표를 정했으면, 이를 다음에 기록하라.

____

____

이제 다음 항목들에 대해서 당신의 목표를 점검해 보자.

- 목표가 실제적인가?
- 목표가 달성 가능한가?
- 목표가 당신의 현재 상황에 적합한가?
- 목표가 당신의 삶을 가치의 방향으로 이끄는가?

이 질문들에 모두 예라고 대답할 수 있다면, 당신은 목표를 성공적으로 세운 것이다. 이 질문들에 긍정적으로 대답할 수 없다면, 11, 12장으로 돌아가서 목표가 무엇인지를 더 명확하게 이해하도록 노력하라. 다음 단계는 이것이 장기 목표인지 단기 목표인지를 구분하고, 그 목표에 이르기 위해 부가적인 목표를 세울 필요가 있는지를 파악하는 것이다.

다음으로, 이 목표가 다음의 시간선상에서 어느 시점에 위치하는지를 표시하라. 선의 맨 왼쪽 끝은 삶이 시작되는 오늘이며, 오른쪽 끝은 당신이 죽음을 맞이하게 될 시점이다. 당신의 목표는 이 시간선상에서 어느 지점에 위치하는가?

삶의 시작(오늘)	삶의 끝

오늘의 시점과 그 목표를 달성하게 될 시점 간의 상대적인 거리를 보면, 그것이 장기 목표인지 단기 목표인지 알 수 있을 것이다. 당신의 목표가 장기적인 것이라면, 거기에 이르기 위한 몇몇 부가적인 단기 목표들을 세울 필요가 있다. 그것이 단기 목표라면, 그 목표를 통해 당신이 어디에 이르게 될지, 그리고 그것이 달성된 후에 당신은 어디로 가고 싶은지를 자문할 필요가 있다. 어느 쪽이든 당신이 선택한 가치를 실현하기 위해 필요한 일련의 장기 목표 및 단기 목표들을 만족하게 수립할 때까지 앞에서 기술한 과정을 되풀이할 수 있다. 다음에 나오는 연습은 지금까지 기술한 목표 설정 과정을 돕기 위한 것이다.

E/X/E/R/C/I/S/E

연습: 목표 작업지

가치: ______________________________

이 가치는 다음의 장기 목표를 통해 실현될 것이다.

1. ______________________________

____

____

____

이 장기 목표는 다음의 단기 목표들을 통해 실현될 것이다.

1. ______________________________

____

____

____

2. ______________________________

____

____

____

3. ______________________________

이 가치는 다음의 장기 목표를 통해 실현될 것이다.

2. ______________________________

이 장기 목표는 다음의 단기 목표들을 통해 실현될 것이다.

1. ______________________________

2. ______________________________

3. ______________________________

____

____

____

일련의 적절한 목표들을 수립할 때까지 이 과정을 반복하라(목표들이 포괄적일 필요는 없다. 언제든지 이것들을 더하거나 뺄 수 있다.).

얼마나 많은 목표들을 세워야 하는지에 대한 고정불변의 법칙은 없다. 이는 당신의 인생에 관한 일이다. 먼저 당신이 무엇을 이루고 싶은지를 생각하라. 그리고 당신의 삶에 실제적으로 얼마나 적합한지에 따라서 목표들을 설정하라. 앞의 작업지에 나오는 수는 임의적인 것일 뿐이다. 아마도 하나의 장기 목표를 가지고 출발하는 것이 적절할 것이다. 아니면 한 가지 단기 목표만을 가지고 시작할 수도 있다. 특정한 수의 '올바른' 목표가 존재하는 것이 아니다. 만일 당신이 이러한 생각에 사로잡혀 있다면, 이것은 마음이 다시금 당신에게 속삭이는 소리라는 것을 기억하라. 이 책에서 배운 전략들을 사용하여, 당신이 원하는 삶의 방향으로 나침반을 설정하라.

목표 설정의 적절성은 전적으로 실행 가능성에 달려 있다. 만일 당신 삶의 맥락에 비추어 목표가 실행 가능하지 않다면, 당신은 가치의 길을 따라 먼 곳까지 가지는 못할 것이다. 현실적으로 당신의 삶에 적합한, 달성 가능하고 실현 가능한 결과들을 선택하라. 그렇게 할 때 당신이 매일의 삶을 가치에 따라 살아가는 것이 더 수월해질 것이다. 이러한 과정의 진정한 목적은 가치 추구적인 삶에 초점을 맞출 수 있게 되는 것이다. 각각의 목표는 가치의 경로를 따라 한 걸음씩 더 나아갈 수 있도록 인도하는 징검다리다. 길은 끝나지 않는다. 생명력이 있다는 것은 가치를 추구하기 위한 새로운 길이 항상 열려 있음을 뜻한다. 목표 달성은 종착점에 이른 것이 아니라 새로운 출발점에 선 것이다. 이정표는 중요하지만, 그것에 사로잡혀서는 안 된다. 목표 달성을 자축하면서, 계속해서 전진하라.

▲ 걸음을 내딛으라: 목표 달성을 향한 발걸음으로서의 행동

당신은 원하는 말을 모두 할 수 있다. 그러나 실제로 걸음을 내딛지 않는다면, 삶은 생생하지 않을 것이다. 우리가 이 책에서 탐구해 온 것들은 중요하다. 하지만 당신은 그것들에 관해 무엇을 할 것인가? 당신이 어디로 가고 싶은지 알면서도 그리로 가지 않는다면, 아는 것은 아무런 소용이 없다. ACT는 행동에 대한 것이다. 삶이 달라지려면, 행동이 필요하다.

당신은 목표를 이루기 위하여 어떤 행동들을 취할 것인가? 당신의 가치가 지정하는 방향으로 첫 번째 목표를 향해 나아가기 위해서, 당신은 무엇을 할 필요가 있는가?

앞의 목록 중에서 한 가지 단기 목표를 선택하여 다음에 기록하라.

E/X/E/R/C/I/S/E

연습: 행동을 통하여 목표에 이르기

삶은 하나의 과정이므로, 한 번에 한 단계씩 펼쳐진다. 당신이 자신의 가치와 목표가 무엇인지를 알게 되면, 먼저 어떤 단계를 밟을지 선택할 수 있다. 당신에게는 나침반과 지도가 있다. 이제는 당신의 발걸음에 초점을 맞출 필요가 있다. 마음은 이 일에 매우 능숙하기 때문에, 처음에는 이 일이 쉽게 느껴질 것이다. 적어도 행동의 가능성 여부가 행동에 걸림돌이 될 때까지는 말이다.

다음 작업지에 당신의 단기목표 중 하나를 옮겨 적어 보라. 다음으로 그 목표를 이루기 위해 당신이 취할 수 있는 구체적인 행동들을 기록하라(다섯 개의 빈칸이 있으나 그보다 더 많거나 적을 수 있다.). 당신이 실제로 행할 수 있는 것을 기록하라.

모호한 것을 적지 말고(예, 더 잘 한다), 행동으로 직접 통제할 수 없는 것 또한 적지 말라(예, 더 좋게 느낀다). 구체적인 상황에서의 구체적인 행동을 기록하라. 이는 시작과 끝이 있는 행동이며, 구체적인 형태와 맥락을 지닌 행동이다. 예를 들어, '친구를 사귄다.' 라는 것은 구체적인 행동이 아니다.

'친구에게 전화를 한다.' 는 것이 더 낫지만, 이것도 여전히 모호하다. '창호에게 전화를 건다.' 가 좋다. 이에는 시작과 끝이 있고, 구체화된 형태와 맥락이 있다. 당신이 오늘 할 수 있는 행동을 적어도 한 가지는 포함시키도록 하라.

예를 들어, 당신이 친구들에게 관심을 지니고 있음을 알리겠다는 장기 목표의 일환으로서 옛 친구들을 만나기로 결정했다고 하자. 이를 위한 한 가지 구체적인 행동은, 오랫동안 연락이 끊긴 한 옛 친구('창호')에게 전화를 거는 것이 될 수 있다. 그러나 이를 위해서는 다른 많은 행동들이 필요할 수 있다. 먼저 그와 연락할 방법을 찾아야 한다. 그를 아는 다른 친구들에게 전화를 하거나, 인터넷을 검색해 보거나, 전화번호부를 찾거나, 그의 가족에게 연락해 볼 수 있을 것이다. 이러한 구체적인 행동들은 당신이 옛 친구와 접촉하고자 하는 목표에 한 걸음 더 가까이 가도록 해 줄 것이다. 행동과 그에 따른 하위 행동들을 충분히 기록하라. 이를 충실히 행하면, 목표 달성이 보다 더 가능하고 확실해질 것이다.

단기 목표: ______________________________

행동과 하위 행동들

1. ______________________________

____

____

____

2. ____

____

____

____

3. ____

____

____

____

4. ____

____

____

____

5. ____

____

____

____

이 목록 중에서 지금 당장 (오늘) 무엇을 실행할 수 있겠는가? 가능한 것에 초점을 두라. 그것을 실행할 준비가 되었는가? 좋다. 그것을 실행하라. 바로 지금.

장애물

불행하게도 이 일은 종종 그렇게 간단하지 않다(간단하다면 이런 책은 필요하지 않았을 것이다.). 불행하게도 장애물이 나타날 것이다. 어떤 장애물은 가치의 길로 나아가면서 직면하게 될 실제적인 문제의 형태로 다가올 것이다. 그러나 더 중요한 장애물은 당신이 회피하려고 애써 온 경험이나 융합된 생각의 형태로 나타날 것이다.

이 책의 전반부는 모두 이러한 경험을 다루고자 한 것이었다. 이제 새로운 맥락에서 나타난 장애물을 다룰 때도 전반부에서 배운 것을 활용할 수 있을 것이다.

당신이 오늘 할 수 있다고 기록한 특정 행동 한 가지에 초점을 맞춰 보자. 이를 실행하려면 어떤 심리적인 저항이 있을 것이다. 그 행동을 다음에 기록하라.

당신이 지금 당장 이 일을 하려 한다면, 행동을 미루고 싶게 만드는 어떤 심리적인 장애물이 나타나는지 살펴보라. 힘든 생각, 감정, 신체 감각, 기억이나 충동을 찾아보라. 아직 분명하지 않으면, 눈을 감고 상상으로 그 행동을 수행해 보면서 어떤 장애물이 나타나는지 지켜보라. 회피 때문에 이 과정이 방해받지 않도록 하라! 마음이 방황하는 것을 발견하거나, '젠장, 아무튼 난 이 따위 일에 관심 없어.' 라는 생각이 들거나, 갑자기 배가 고파지거나, 소변이 마렵다면, 의심해 보라! 회피는 다양한 모습으로 찾아온다. 이 과정에 머물러서, 당신이 탐지할 수 있는 장애물들을 다음에 기록하라.

1. ______________________________

____

____

____

2. ______________________________

____

____

____

3. ______________________________

4. ______________________________

____

____

____

5. ______________________________

____

____

____

행동에 대한 잠재적인 장애물들이 있다면, 지금까지 이 책에서 배워 온 전략들을 사용하라. 당신이 '선호하는' 인지적 탈융합, 마음챙김, 수용 전략이 있다면, 그것을 사용하면 된다. 이 책을 앞으로 죽 넘겨 보면, 전략들을 상기하는 데 도움이 될 것이다. 생각이 전혀 나지 않는다면, 이 책의 앞부분으로 되돌아가서 다시 복습하라.

ACT에서는 장애물을 '극복' 하거나, '우회' 하지 않는다. 심지어 장애물을 '통과' 하지도 않는다. 장애물과 '함께 간다.' ACT를 성공적으로 마친 한 환자는 이를 다음과 같이 묘사하였다. "예전에 나는 고통으로부터 도망가곤 하였다. 그러나 이제는 고통을 들이마신다."

E/X/E/R/C/I/S/E

연습: 예상되는 장애물

가치의 길을 따라가면서 마주치게 될 장애물과 그 장애물과의 융합에서 벗어나고 이를 수용하기 위한 전략을 다음 표에 한두 단어로 적어 보라.

장애물	ACT 전략

상상 속에서 장애물을 '들이마시는' 연습을 할 수 있다. 하지만 이를 위한 가장 좋은 방법은 행동의 맥락에서 하는 것이다. 조심하라! 당신의 마음은 당신이 택한 전략이 장애물을 없애 줄 것이라고 속삭일 것이다. 그것은 사실이 아니며, 오래된 낡은 통제 의제일 뿐이다. 이 전략의 목적은 당신의 관심에 따라 행동하지 못하도록 방해해 온 심리적 문제와의 융합에서 벗어나며 그 문제에 대한 공간을 마련하는 것이다.

다른 여행을 위한 여러 지도

지금까지 우리는 하나의 가치가 만들어 내는 길을 어떻게 걸어갈 것인가에 대해 탐색해 왔다. 그러나 우리는 12장에서 10개 영역에서 다양한 가치들을 탐색하였다. 당신은 각 영역에 대해 하나 이상의 가치를 적었을 것이다. 이에 더하여, 당신은 우리가 탐색한 영역의 범주에 잘 들어맞지 않는 가치를 지니고 있을지도 모른다. 만일 당신이 한 가지 것에만 가치를 둔다면, 인생은 아마도 보다 단순할 것이다. 그러나 여러 다양한 것들에 가치를 둘 때만큼 삶이 역동적이고 충만하지는 않을 것이다. 당신의 가치 목록이 다양하다면, 그만큼 당신 앞에 펼쳐질 흥미진진한 여행을 즐기게 될 것이다.

다른 여행에는 다른 지도가 필요하다. 우리는 물리적 차원에서 목적지를 향해 가는 여행을 하는 것이 아니므로, 동시에 여러 가지 다양한 여행을 할 수 있다. 당신은 다양한 영역에서의 다양한 가치들을 동시에 추구할 수 있으며, 또한 추구해야 한다. 만일 우리의 삶에 이러한 다양성이 없다면, 삶은 풍성함을 잃고 말 것이다.

이 장에서 당신이 한 작업을 다음에 제시한 가치 기록지처럼 요약할 수 있다.

가치 기록지

가치: ____

목 표	행 동	장애물	전 략

당신은 이 장에서 가치와 목표에 대해 수집한 정보들을 이 가치 기록지에 요약할 수 있다. 또한 가치의 길을 여행하기 위한 지도를 만드는 하나의 방법으로서, 이 장에서 우리가 제기한 질문들에 따라 이 표를 완성할 수 있다.

가치 기록지를 필요한 만큼 여러 장 복사하여, 12장에서 기록한 가치들 하나하나에 대해 이 표를 작성할 수 있다. 우선 그 가치들 중 한 가지를 가지고 시작하라. 맨 위 빈칸에 가치를 적고, 나머지 전체 과정을 기입하라. 당신은 이런 방식으로 다양한 관심 영역에 걸쳐서, 삶의 여정을 위한 구체적인 계획을 수립할 수 있을 것이다.

때때로 다양한 가치의 길들은 서로 잘 조화를 이루는 듯 보인다. 그러나 그렇지 않은 경우도 있다. 그러한 경우, 지금 그리고 나중에 어떤 가치를 추구할지는 당신이 선택해야 한다. 정답은 없다. 선택은 항상 당신의 몫이다. 우리는 마치 더 쉬운 길이 있는 듯 거짓말을 할 수는 없다.

효과적인 행동 패턴 구축하기

우리가 고생하는 많은 문제들은 본질적으로 자기통제와 관련된 문제다. 회피와 융합은 장기적인 유익을 희생한 대가로 단기적인 이득을 얻는 행동 패턴에 자양분을 공급한다. 그러나 가치의 방향으로 움직이기 시작함에 따라, 당신은 효과적인 행동을 위한 더 큰 패턴을 구축하기 시작한다.

동물 연구를 통해서, 더 큰 행동 패턴은 단기적인 충동적 선택에 더 저항적임이 드러났다(Rachlin, 1955). 우리는 이 기초적인 행동 연구 결과를 활용하여 도움을 얻을 수 있다. 여기에서 우리는 더 광범위한 행동 패턴을 구축하는 방법과 이를 행하는 데 따르는 장애물을 탐색하고자 한다.

▲ 당신이 구축하는 더 광범위한 패턴에 대해 책임감 갖기

인생에는 '중간 휴식' 이 없다. 리허설도 없다. 이는 매순간 당신이 어떤 행동 패턴을 만들어 가고 있음을 의미한다. 매순간 행동 패턴이 구축되고 있음을 인정함으로써, 당신의 관심사에 맞는 더 큰 행동 패턴을 확립해 나가는 것은 유익하다.

예를 들어, 당신이 건강을 더 보살피기 원한다고 가정해 보자. 당신은 체중을 줄이고 좋은 식사습관을 유지하며 운동을 더 많이 하기로 계획한다. 일주일에 두 번 한 시간씩 체육관에 가고, 한 달 동안 간식을 먹지 않으며(당신이 섭취하는 대부분의 설탕이 간식에 들어 있음을 알아차리고 설탕을 먹지 않는 데 익숙해지기 위해서), 하루에 1,800칼로리 이상을 먹지 않기로 결심한다.

첫 일주일은 모든 것이 잘 진행된다. 당신은 스스로 굳게 다짐하였고 이를 고수하였다. 둘째 주가 되면서 당신의 결심은 희미해지기 시작한다. 당신은 이미 간식으로 피자 두 조각을 먹었다. 벌써 목요일인데 아직 체육관에 가지 않았다. 그리고 이틀째 식단에 주의를 기울이지 않아서 얼마나 많은 칼로리를 섭취했는지 단지 '어림짐작' 만 할 수 있을 뿐이다.

당신은 (또 다시) 실패했다는 느낌이 든다. 포기하고 싶은 생각이 든다.

문자적인 언어 내에서는 다음과 같은 내용들이 가득할 것이다. "더 잘할 수 있을까? 나는 유능한가? 실패할 운명인가?"

또 다른 수준에서 보면, 그것은 단지 하나의 행동 패턴이다.

■ 전념함—전념이 깨짐

과거에는 이것이 아마도 당신의 한 가지 패턴이었을 것이며, 이는 전념이 깨진 부분적인 이유였을 것이다. 그러나 다른 패턴들이 그 모습을 드러낼 것이다.

■ 전념함—전념이 깨짐—전념을 중단함

또는

■ 전념함—전념이 깨짐—전념을 중단함—전념이 깨진 것에 대해 안 좋게 느낌

또는 더 나아가

■ 전념함—전념이 깨짐—전념을 중단함—전념이 깨진 것에 대해 안 좋게 느낌—다시 전념하는 것이 두려움—전념을 포기함

이러한 행동 패턴들이 아직 충분히 형성된 것은 아니다. 이 패턴들은 형성될 수도 있고 그렇지 않을 수도 있는데, 그것은 당신의 행동에 달려 있다. 다른 어느 것에도 달려 있지 않다. 패턴을 정당화하는 것도 그 패턴의 또 다른 부분이다. 패턴을 정당화하고 정당화한 것에 대해 안 좋게 느끼는 것 또한 마찬가지다.

자신의 마음에서 한 걸음 뒤로 물러나서 패턴이 형성되는 것을 지켜보라. 지금 어떤 패턴이 형성되고 있다면, 당신의 행동을 통해서 당신이 원하는 방식으로 그 패턴을 형성할 수 있다. 그 패턴이 달라지기를 원한다면, 다른 행동을 해야 한다. 만일 '전념함-전념이 깨짐' 이 지금껏 당신의 패턴이었다면, 전념이 깨졌음을 알 때야말로 황금 같은 기회가 될 수 있다. 이는 다른 패턴, 즉 '전념함-전념이 깨짐-전념을 지속함'을 창조할 수 있는 기회가 된다.

일단 그러한 패턴이 확립되면, 중간 단계(전념이 깨짐)가 차지하는 공간을 점차로 줄여 나감으로써 '전념함-전념을 지속함-전념함-전념을 지속함' 에 근접한 패턴을 만들어갈 수 있다. '전념이 깨짐' 의 단계가 줄어듦에 따라, 당신은 점차 이를 제거할 수 있을 것이다. 당신이 이를 완전히 뿌리 뽑을 수는 없겠지만, 이러한 새로운 패턴은 장기적인 목표를 향해 나아가는 데 큰 도움을 줄 것이다.

행동 패턴을 확립하는 과정은 그 패턴을 알아차리는 것과 당신의 관심사에 맞는 더 광범위한 패턴을 확립하는 것에 대해 책임감을 갖는 것을 포함한다. 당신이 이러한 패턴들을 보면서 죄책감을 느낀다면, 더 광범위한 효율적 행동 패턴을 확립하는 것은 이러한 죄책감에 대해서도 책임감을 갖는다는 것을 뜻한다. 만일 당신 자신을 의심한다면, 동일한 원리가 적용된다. 끝까지 유지하지 못할까 봐 두려워서 전념하는 것을 두려워한다면, 그것도 마찬가지다. 무한한 자신감을 느낀다면, 그것 역시 마찬가지다. 당신이 얼마나 잘하고 있는지 남들에게 떠벌린다면, 역시 마찬가지다.

당신은 행한 대로 받게 된다.

당신의 목적에 맞지 않는 경직된 패턴 해체하기

회피, 융합 및 개념화된 자기와 관련한 가장 큰 문제는 그것들이 너무 큰 패턴을 이루어서 경직되어 있다는 점이다. 문자적 해석, 이유 대기 및 감정 통제의 맥락은 아주 보편적인데, 그 이유는 언어적인 사회(우리를 늘 둘러싼 언어 주도적인 세상)가 지속적으로 이를 지지하기 때문이다. 맥락이 도처에 존재하므로, 행동 또한 그러할 수밖에 없다. 당신의 말 기계는 삶의 매순간을 점거하기 시작한다.

이 책이 처음에 혼란스럽게 느껴진 이유가 바로 그것이다. 우리는 습관적인 언어 패턴을 깨뜨리고 있었던 것이다. 우리는 인간을 함정에 빠뜨리는 언어 게임의 암묵적인 규칙들에 도전하고 있었던 것이다.

새로운 것이 나타나려면 낡은 것을 부수어야 한다. ACT에서는 때때로 이를 '반대 방향 나침반'이라고 부른다. 만일 어떤 습관이 북쪽을 가리킨다면, 남쪽을 향해야 하는 경우일 수 있다. 10장의 실제적인 노출 연습(마음이 '당신은 할 수 없다.'라고 말할 때 의도적으로 이를 더 해 보는 '실시간에서의 수용' 연습)에 나온 이상한 항목이 반대 방향 나침반에 해당하는 항목이었다.

크고 낡고 경직된 패턴이 깨질 때, 이는 필요한 새로운 패턴을 확립할 기회다. 이 패턴들 중 어떤 것은 (일관적인 것이 효과적이라면) 일관적인 패턴으로 확립할 수 있고, 다른 것은 (유연한 것이 효과적이라면) 더 유연한 패턴으로 확립할 수 있다.

패턴 깨뜨리기

패턴 깨뜨리기 게임의 예를 보자. 당신이 파티에 가면 꼭 한두 잔의 술을 마신다는 것을 알게 되었다고 가정해 보자. 물론 당신에게 음주 문제가 있는 것은 아니다. 그러나 당신은 어렴풋이 이러한 사회적 음주가 당신의 큰 패턴의 일부라는 것을 느끼기 시작한다. 즉, 술을 마셔서 편안해지면 다른 사람과 더 쉽게 관계를 맺을 수 있는데, 이는 또한 '내가 좋아하지 않는 감정을 느끼지 않으려 노력하는' 당신 패턴의 일부분이다. 이렇게 큰 패턴은 대가를 지불해야 하는데, 당신도 이를 잘 알고 있다. 아마도 당신이 방금 찾아낸 이 작은 측면에 주의를 기울여 보면, 당신의 더 큰 패턴을 깨뜨릴 수 있는 틈을 발견하게 될 것이다.

다음 번 파티에 갈 때 술을 한 잔도 입에 대지 않아 보는 것은 어떨까? 단지 재미 삼아서. 그저 알아보기 위해서. 관계를 부드럽게 하기 위한 음주를 안 하면 어떻게 되는지 알아보는 것도 흥미롭지 않은가? 그리고 움츠려 있는 대신에, 처음 보는 사람의 눈을 쳐다보면서 대화를 해 보면 어떨까? 뒤로 물러나 있는 대신에, 약간은 개인적인 이야기를 꺼내 보면 어떨까? 이러한 작은 변화들 속에서 당신이 어떤 목발을 짚고 다녔는지, 그리고 그에 따라 어떤 대가를 치렀는지를 깨닫게 될 것이다.

당신이 다른 사람과 함께 있는 자리에서 '좋은 사람으로 보이려' 하고 '올바르게 행동하려' 한다는 것을 알게 되었다고 하자. 표면적으로는, 당신이 그렇게 애씀으로써 치러야 할 대가는 없는 듯 보인다. 그러나 당신은 어렴풋이 인식하기 시작한다. 그것은 작게 느끼지 않으려 애쓰는 더 큰 패턴의 일부이며, 또한 이것은 작게 보이는 것이 두려워서 그렇게 보이지 않으려 애쓰는 더 큰 패턴의 일부다. 그리고 이것은 자신이 실로 작다는 생각을 받아들이는 더 광범위한 패턴의 일부인 것이다. 만일 당신이 이를 알아차렸다면, 일부러 사회적 불편감을 일으키는 어떤 일을 시도해 보라. 사회적으로 불편하다는 것이 어떤 것인지 느껴 보려는 이유 말고는 어떤 다른 이유도 없이.

예를 들어, 검은 옷에 흰 양말을 신고 그에 대해서는 어떤 말도 하지 말라. 화장을 하지 않거나 우스꽝스럽게 화장을 하고 나가라. 일부러 썰렁한 농담을 하고는 아무런 설명을 덧붙이지 말라. 누구나 뻔히 아는 사실을 당신만 모르는 듯 사실과 다르게 이야기하되, 의도적으로 그렇게 하고 있다는 것을 표내지 말라. 친구에게 당신에 대한 황당한 이야기를 꺼내라. 소액의 물건을 사면서 거액의 수표를 내밀라. 이상한 물건(방향제와 같은)을 산 다음 그것을 반품하라.

요점을 알겠는가? 바보가 되거나 우스꽝스러워지라는 것이 아니다. 목표는 당신의 패턴에 직면하는 것이다. 당신이 일단 그 패턴을 깨뜨리고 나면, 새로운 행동이 가능해질 것이다.

예를 들어, 당신이 방향제를 반품할 수 있게 된다면, 낯선 사람에게 다가가서 기아 아동을 돕기 위한 기부금 자선을 요청하는 것(이것이 당신의 가치 및 목표와 연결된 '행동' 목록 중 하나라면)이 좀 더 쉬워질 것이다. 또는 한두 번밖에는 만난 적이 없는 이성에게 전화를 하여 데이트를 신청할 수도 있을 것이다(이것 또한 당신의 가치 및 목표와 연결된 '행동' 목록 중 하나라면).

유익하지 못한 큰 패턴을 깨뜨리는 한 가지 좋은 방법은 새로운 일을 일상적으로 시도해 보는 것이다. 그림 그리기를 해 본 적이 없다면 그림을 그려 보라. 댄스를 배워 보라. 노래방에서 노래를 불러 보라. 동아리에 참여하라. 요리 학원에 등록하라. 고장 난 것을 혼자서 수리하라. 시를 쓰라. 일기를 쓰라. '나는 그저 안 하고 있을 뿐인' 이러한 일들이 사실은 실패를 회피하기 위한 광범위한 패턴의 일부라면, 새로운 일의 시도는 특히 유용할 것이다.

"잘 못하면 난처할 거야."라는 이유 때문에 축배의 말을 하지 않는다면, 이는 표면상으로 별 문제가 아닌 것처럼 보인다. 그러나 어쨌든 당신은 축배의 말을 얼마나 자주 해야 할까? 이를 통해 어떤 광범위한 패턴에 힘을 실어 주고 있는가? 만일 '작은 자의 역할'을 하는 것이 광범위한 패턴이라면, 이러한 사소한 하나하나의 선택으로 그 패턴을 구축해 가는 것이다. 당신은 어떤 개념화된 자기("나는 사회적인 일에 능숙하지 않아." 또는 "나는 너무 불안해.")에 힘을 실어 주고 있을지도 모르는데, 이 개념화된 자기는 당신의 살아가는 능력의 반경을 체계적으로 축소시킨다(개념화된 자기에 대한 논의는 7장을 참조하라.). 만일 그렇다면, 그 패턴을 깨뜨림으로써 그러한 개념화된 자기를 죽여야 한다. 이것이 바로 '날마다 너 자신을 죽이라.'는 ACT의 권고가 의미하는 것이다.

우리는 언어가 지지하는 핵심적인 패턴들 중에서 몇 가지를 확인하였다. 경험의 회피, 인지적 융합, 개념화된 자기에의 집착 등. 일반적으로 이러한 패턴으로 이끄는 사건에 부딪혀서 당신이 이전과는 다른 어떤 행동을 한다면, 심리적 유연성을 키워 가는 데 도움이 된다. 가장 큰 틀에서 보면, 당신이 원하는 광범위한 패턴에 맞추어 자신의 행동을 창조적으로 조절하는 능력, 그것이 바로 ACT의 궁극적인 목표다. 달리 표현하면, 이 책의 궁극적인 목표는 심리적인 해방이다. 지금껏 당신의 삶은 자신이 원하는 것보다는 마음이 제안하는 바대로 이루어져 오지 않았는가?

당신은 10장의 노출 연습으로 되돌아가고 싶을지도 모르겠다. 작업을 미치지 못한 항목들이 있다면, 아마도 지금이 그것을 하기에 좋은 때일 것이다. 작업할 목록이 더 있다면, 지금이 시작할 때일 것이다.

▲ 당신이 그렇게 말했기 때문에

당신의 목적에 맞는 더 광범위한 패턴을 구축해 갈 때, 그리고 그렇지 않은 패턴을 깨뜨려 갈 때, 두 과정 모두에서 핵심은 "당신은 그렇게 하겠다고 말한 것을 실천할 수 있는가?" 하는 것이다. 그 패턴의 힘을 구축하는 것이야말로 가장 중요한 패턴이다. 당신이 그렇게 말했다는 것 말고는 다른 아무런 이유도 없이, 사소한 다짐이라도 늘 지속적으로 유지하려는 것은 좋은 생각이다. 그 이유는 다음과 같다.

당신이 하겠다고 말한 것을 실천할 수 없다면, 당신은 가치와 일치하는 더 큰 행동 패턴을 확립해 갈 수 없다. 그러나 말한 것의 실천을 이 한 영역으로만 국한시킨다면, 취약점이 나타난다. 당신의 마음이 어떤 것이 가치인지 아닌지에 대해 당신을 혼란에 빠뜨리면 어떻게 하겠는가? 이때 그 사이의 간격을 메우는 것이 보다 안전한 듯하다. 만일 당신이 어떤 다짐을 한 다음 이제는 그것이 그렇게 중요하다고 생각하지 않기 때문에 그것을 다시 고려하기 시작할 경우, 당신은 새로운 다짐이 분명해질 때까지는 자신과의 처음 약속을 지킴으로써 그 다짐을 완수할 만큼 충분히 오랫동안 그 패턴을 유지하는 힘을 지닐 필요가 있다.

이러한 간격을 메우는 길은, 당신이 그렇게 말했다는 것 외에는 다른 이유 없이 그 일을 실천하기로 선택하는 것이다. 이것은 인류 역사에서 한때는 일상적인 훈련이었으며, 일종의 도덕적 훈련으로 간주되었다. 이것은 아직도 영적이고 종교적인 제도 내에 존속하고 있지만, 예전보다는 그 수준이 훨씬 약화되었다. 다른 이유 없이 그냥 일찍 일어나고 일찍 잠자리에 들며, 일정 기간 동안 좋아하던 음식을 그냥 자제하고, 그냥 금식하고, 그냥 불편한 옷을 입는 것이 그 예가 될 것이다.

그러한 다짐은 분명해야 하고, 기간 약정이 있어야 한다. 분명함이 필요한 이유는 명백하다. 그러나 다짐은 또한 기간 약정이 있어야 한다. 왜냐하면 기간 약정이 없다면, 그 다짐의 기간이 결국에는 끝난다는 것을 알고서 마음은 지금이 바로 끝내도 될 시간이라고 계속 속삭일 것이기 때문이다.

그러한 다짐이 별로 중요하게 보이지 않는 것이 최상이다(다짐은 또한 이런 식으로 중요성에 대한 판단으로부터 탈융합하는 연습을 제공한다.). 다짐을 지키는 게 유익하다는 것이 삶에서 입증될 때에야 비로소 그 중요성을 알 수 있을 뿐이다. 이것이 그 패턴을 연습하고 구축하는 단 한 가지 방법이다.

당신이 새로운 패턴을 유지할 수 없다면 그 어떤 것도 효과적이지 않을 것이다. 새로운 패턴을 유지하는 것은 때로 매우 어려운 일이다. 이는 중요한 점을 시사한다. 사소한 패턴들조차도 변화시키기가 왜 그렇게 어려운가? 이는 다짐을 지키지 않거나 '꼭 해야만 하는' 경우에만 다짐을 지키는 강력한 과거의 패턴이 있기 때문이다. 이것이 다짐의 실천이 요구되는 가장 중요한 이유다.

아직 역점을 두고 다룰 준비가 되지 않은 것에서 탈융합하기

유익하지 않은 행동 패턴 모두를 한 번에 다 역점을 두어 다룰 수는 없다. 그러나 한 번에 한 단계씩 다루어 가는 것은 나중에 문제가 될 수 있는 새로운 형태의 경직성을 만들어 내는 것과는 엄청난 차이가 있다. 예를 들어, 당신이 불안 문제가 있어서 가끔씩 불안을 완화시키려고 안정제를 복용한다고 하자. 당신이 경험 회피의 패턴을 서서히 침식하고 있는 한, 그리고 안정제의 실제적인 효과에 대해서 개방적으로 생각하고 있는 한, 안정제의 복용은 해롭지 않을 것이다.

그러나 실제적인 효과와는 상관없이 어떤 패턴이 효과적인지 아닌지를 이미 다 결정한 것처럼 예외들과 융합된다면("발륨이 일종의 회피인지 아닌지가 무슨 상관이야? 나는 발륨을 먹어야만 해."),

이는 위험할 수 있다. 발륨을 오랫동안 복용한 후에 발륨이 사실상 더 큰 회피 패턴의 일부임이 분명해진다면 어떻게 될까(반드시 그렇다고 말하는 것이 아니라, 단지 가정해 보는 것이다.)? 이와 같은 융합은 실로 매우 곤란한 장애물을 만들 것이다. 아직 역점을 두고 다룰 준비가 되지 않은 것에 대해서는 무엇이든지, '기다려 보자' 는 유연한 자세를 취하는 게 훨씬 더 낫다.

"엄마를 잃는다면 나는 무너질 거야!" 또는 "학대당한 기억에 직면할 수 없어. 절대 못해!"와 같은 융합된 진술은 유익하지 않으며, 위험하기도 하다. 가치의 방향으로 나아가는 것이 당신이 하고 싶은 대로 하게 됨을 의미하는 것은 아니다. 한 번에 한 단계씩 다루어 가는 것이 유익하다. 당신의 가치를 선택하는 것은 필수적이다. "효과적인 것과 효과적이지 않은 것을 선택할 수 있게 되겠지." 라는 것은 순진한 환상이다. 당신이 어떤 영역에 대해서 아직까지 기꺼이 자발적이지 않더라도 좋다. 그저 그 대가를 지켜보면서 개방적이고 탈융합된 태도를 유지하라.

▲ 함께 나누기

삶에는 함께 나눔으로써 더 실제적이지 않게 되는 것은 없다. 친밀감은 당신의 가치와 취약함을 함께 나누는 것이다. 만일 당신이 옛 패턴을 깨뜨리고 새로운 패턴을 구축하고 있다면, 그 과정을 공유하라. 당신이 자신의 삶에서 회피의 형태를 알아차리고 그것을 놓아 버릴 준비가 되었다면, 이를 다른 사람들에게 알리라. 이는 당신이 숨어 있는 컴컴한 굴속에 빛을 비추는 것과 같다. 어두운 굴속에 숨어 있는 것은 별로 설득력이 없는데, 왜냐하면 적어도 한 사람은 당신이 하고 있는 게임을 알고 있기 때문이다. 만일 당신이 새로운 다짐을 한다면, 그것 또한 공유하라. 함께 나누면 그것이 더 실제적이 될 것이다. 다른 사람이 새로운 일이 일어나게 만들 것이라고 기대하지는 말라. 또한 함께 나눔으로써 당신의 책임에서 비껴가려고 하지도 말라.

당신의 가치에 대해 마음챙김 유지하기

더 큰 패턴을 구축하는 가장 좋은 방법은 그것에 대해 늘 깨어 있는 것이다. 이런 점에서 다음의 기록지가 큰 도움이 될 것이다. 당신은 이 기록지에 16주의 자료를 넣을 수 있는데, 이를 통해 10개의 각 가치 영역에서 당신이 이루어 낸 전반적인 진전의 패턴을 볼 수 있을 것이다〔이 기록지를 개발하였을 뿐 아니라 이 책에서 사용할 수 있도록 허락해 준 데이비드 첸트리(David Chantry)에게 감사한다.〕.

가치 추구의 삶

앞으로 16주 동안 각 주마다, 다음의 각 가치 영역들이 당신에게 얼마나 중요한지, 그리고 각 영역에서 당신의 행동이 얼마나 일관적이었는지를 평가하여 기록하라(중요도의 평가는 크게 변하지 않을 수 있다.). 매주 한 번씩, 중요도 평가는 빨간색 펜으로 오른쪽으로 기운 빗금(/)을 쳐서 표시하고, 일관성 평가는 검정색 펜으로 왼쪽으로 기운 빗금(\)을 쳐서 표시하라.

점수	가족 관계(부부 및 자녀 이외의 관계)															
10																
9																
8																
7																
6																
5																
4																
3																
2																
1																
	1	2	3	4	5	6	7	8	9	10	11	12	13	14	15	16

주

점수	교육/훈련/개인적 성장 및 발달															
10																
9																
8																
7																
6																
5																
4																
3																
2																
1																
	1	2	3	4	5	6	7	8	9	10	11	12	13	14	15	16

주

점수	부부/커플/친밀한 관계															
10																
9																
8																
7																
6																
5																
4																
3																
2																
1																
	1	2	3	4	5	6	7	8	9	10	11	12	13	14	15	16

주

점수	레크리에이션/여가															
10																
9																
8																
7																
6																
5																
4																
3																
2																
1																
	1	2	3	4	5	6	7	8	9	10	11	12	13	14	15	16

주

자녀 양육

점수	1	2	3	4	5	6	7	8	9	10	11	12	13	14	15	16
10																
9																
8																
7																
6																
5																
4																
3																
2																
1																

주

영 성

점수	1	2	3	4	5	6	7	8	9	10	11	12	13	14	15	16
10																
9																
8																
7																
6																
5																
4																
3																
2																
1																

주

우정/사회적 관계

점수	1	2	3	4	5	6	7	8	9	10	11	12	13	14	15	16
10																
9																
8																
7																
6																
5																
4																
3																
2																
1																

주

시민권/지역사회

점수	1	2	3	4	5	6	7	8	9	10	11	12	13	14	15	16
10																
9																
8																
7																
6																
5																
4																
3																
2																
1																

주

직 업

점수	1	2	3	4	5	6	7	8	9	10	11	12	13	14	15	16
10																
9																
8																
7																
6																
5																
4																
3																
2																
1																

주

신체적인 자기관리(다이어트, 운동, 수면)

점수	1	2	3	4	5	6	7	8	9	10	11	12	13	14	15	16
10																
9																
8																
7																
6																
5																
4																
3																
2																
1																

주

죄책감, 용서 그리고 회복

우리는 이 책의 앞부분에서, 사람은 모두 고통이나 한계가 따름에도 불구하고 자신의 '이유'와 '이야기'가 진실이 되도록 하는 데 많은 투자를 한다는 사실을 논의하였다. 이제는 성장의 과정 속에 포함된 또 다른 고통의 근원에 직면해야 할 때다. 즉, 낭비한 시간과 잃어버린 기회에 대한 죄책감이 그것이다.

인간은 창조주의 지침서를 지니고 이 세상에 태어나지 않았다. 우리 대부분은 정상적인 심리과정이 어떻게 덫이 될 수 있는지를 실제 덫에 걸림으로써 힘들게 배워야 한다. ACT 연구들은 이 책에서 기술한 과정들이 변화의 강력한 원천이 될 수 있음을 입증하고 있다. 그러나 실제적인 진전이 이루어지면서, 우리는 이미 우리의 삶에서 일어났고 이제는 매우 파괴적인 패턴의 일부가 된 일들이 지금에 와서 되돌아보면 반드시 그렇게 할 필요가 없었다는 사실에 뒤늦게 직면하게 된다.

아이쿠.

새로운 형태의 방어에 융합되도록 이끄는 힘은 매우 강력하다. 가장 극단적인 형태의 경우에, "나는 다른 어떤 것도 할 수 없었어."라는 이야기를 유지하려는 은밀한 기능을 행사함으로써, 그러한 융합의 힘이 진전을 파괴하고 무효화시킬 수 있다. 이러한 패턴은 대개 개인이 회피, 융합 또는 개념화된 자기를 유지하기 위해 얼마나 많은 피해를 입었는지 깨닫게 될 때 나타난다. 결혼이 무모하게 깨졌을 수 있다. 자녀를 이유 없이 휘둘렀을지도 모른다. 부모를 너무 가혹하게 비난했을 수도 있다. 기회가 영원히 사라졌을지도 모른다. 때로는 사과하는 것조차 가능하지 않을 수도 있다. 사과할 사람이 이미 죽었을 때는 말이다.

아이쿠.

바로 이러한 때가 우리가 지금까지 기술한 과정들이 가장 절실히 요구되는 때다. 당신 자신을 위해 당신이 끌어낼 수 있는 모든 친절과 자비가 필요한 때다. 이러한 고통스러운 감정을 받아들이고 자기비판적인 생각과의 융합에서 벗어나서 당신이 진정으로 가치를 두는 것에 집중하려면, 당신 자신에게 친절해야 한다. 당신이 그렇게 할 때 고통조차도 새로운 길, 즉 자신을 더 존중하고 가치와 더 일관적인 길의 한 부분이 될 것이다. 당신이 결코 받아 본 적이 없는 창조주의 지침서에 나와 있는 내용을 몰랐다는 이유로 당신 자신을 두들겨 패려는 마음의 유혹을 정중히 거절하라. 당신이 새로운 방어적인 합리화에 융합되면서까지 그것에 대해 방어할 필요는 없다. 당신은 그 당시에 당신이 할 수 있는 최선을 다했다. 당신은 이제 와서 더 많이 알 뿐이다.

성장의 과정은 우리가 방금 기술한 그런 종류의 자기 용서뿐 아니라 타인에 대한 용서를 요구한다. 예를 들어, 당신이 어린 시절에 어떤 방식으로든 학대를 받았으며, 그 학대에서 비롯된 감정이 당신의 삶에 파괴적인 영향을 미쳤다고 가정해 보자. 당신이 수용, 탈융합, 마음챙김 그리고 가치 지향적 삶의 기술을 배우고 실천함에 따라 당신은 다음과 같은 것을 깨닫기 시작하게 될 것이다. 첫째, 자신의 삶이 쓰레기라고 믿음으로써 학대자에게 책임을 지우려 애써 왔다. 둘째, 당신이 학대의 역사와 함께 가치의 삶을 향해 나아갈 수 있다.

이는 매우 고통스러울 수 있다. 학대자가 아직 자신의 잘못을 인정하지 않았는데도, 혹은 그가 아직 당신이 상처 입은 것처럼 상처를 입지 않았는데도 당신의 삶이 번창한다면, 이는 마치 학대자에게 '올가미를 벗겨 준' 것처럼 보일 것이다. 어떤 의미에서는 이는 사실일 수도 있다(예를 들어, 당신을 학대한 부모가 당신의 발전을 보면서 '그것 보라고, 내가 그렇게 나쁜 짓을 한 것은 아니지.' 라고 생각할지도 모른다. 아이쿠.).

그러나 그 '올가미'는 먼저 당신에게 씌워졌고, 그다음에 당신의 마음이 그 올가미를 학대자에게 씌운 것이다. 그 사람의 올가미를 벗겨 준다는 것은 당신도 이제 풀려날 수 있다는 것을 의미한다. 이는 당신이 당한 학대가 이제는 옳다고 생각한다는 뜻은 아니다. 이는 당신의 최고 관심사를 위해 계속 전진한다는 것을 의미한다.

용서의 어원은 '전에 지나간 것을 주는 것' 이다. 용서는 당신의 삶에 상처를 준 사건이나 사람에게 주는 선물이 아니라, 당신 자신에게 주는 선물이다.

이러한 과정이 깊어짐에 따라, 당신은 아마도 역전된 상황에 부딪히게 될 것이다. 회피와 융합에 의해 당신이 다른 사람에게 얼마나 파괴적으로 행동했는지를 깨닫게 될 것이다. 당신은 자신만의 의로움에 가득 차 있었을지 모른다. 당신은 냉담했을 수도 있고, 사랑하는 사람 옆에 있어 주지 않았을 수도 있다. 당신의 두려움 때문에 당신의 아이들은 그들이 마땅히 받아야 할 만큼 받지 못했을지도 모른다. 당신의 중독 때문에, 당신의 상사는 입지 않아도 될 피해를 입었을지도 모른다.

용서의 다른 측면은 책임감이다. 당신이 자신에게서 파괴적인 행동 패턴을 발견할 때, 책임을 진다는 것은 어수선한 과거를 깨끗이 정돈하려고 노력하는 것, 그리고 할 수 있는 한 체계적으로 회복을 시도하는 것을 의미한다. 만일 당신이 이 단계를 건너뛰고 지금 가치를 두고 있는 것만을 향해서 나아가려고 한다면, 그것은 허울뿐인 전진에 불과할 것이다.

과연 누구의 인생인가

인생은 어렵다. 또한 인생에는 많은 다른 것들이 있다. 궁극적으로 당신의 인생은 당신이 그렇게 하기로 선택한 것이다. 말 기계가 삶을 지배할 때, 삶은 한 방향으로만 작동한다. 그러나 언어적인 평가의 측면이 다양한 입력 중에 단지 하나의 입력에 불과할 때, 삶은 다르게 작동한다. 선택이 언제나 쉬운 것은 아니다. 그러나 선택의 자유를 발견하는 것은 우리에게 해방을 주는 경험이다. 이 삶은 당신의 삶이다. 말 기계의 삶이 아니다. 물론 그 기계는 그렇지 않다고 말하겠지만.

마치며: 활기찬 삶 선택하기

당신이 자신 안에서 핵심적인 문제에 부딪힐 때, 당신은 다음에 있는 그림에서 보는 것처럼 선택의 기로에 서게 된다. 오른쪽으로 가면 회피와 통제의 옛길이 나온다. 이는 버스에 탄 부정적인 승객들이 가고 싶어 하는 길이다. 이는 논리적이고 이성적이며 언어적이고 이치에 맞는 길이다. 당신의 마음은 위험과 손해, 취약성에 대해 끊임없이 경고하면서 회피가 유일한 해결책이라고 제안할 것이다. 당신은 이 길을 거듭 거듭 반복하여 걷고 또 걸어왔다. 이는 당신 잘못이 아니다. 당신은 합리적인 사람이라면 누구나 하는 일을 했을 뿐이다. 단지 결과적으로 효율적이거나 활력이 넘치거나 힘을 북돋아 주지 않는 길임이 판명되었을 뿐이다.

이는 당신 잘못이 아니다. 그러나 이제는 당신이 알고 있기 때문에, 이는 당신 책임이다. 삶은 당신에게 상처를 줄 수 있고, 또한 줄 것이다. 이들 중 일부는 당신이 선택한 것이 아니다. 당신의 선택과 관계없이 나타난다. 불의의 사고로 신체적인 고통을 겪을 수 있다. 질병으로 무능력에 직면할 수 있다. 가까운 사람의 죽음으로 상실감에 직면할 수도 있다. 그러나 그러한 순간에도 당신에게는 반응할 수 있는 능력(response-ability)이 있다.

당신의 삶에 나타나는 결과는 당신이 참여한 행동에서 비롯된다. 당신 말고는 어느 누구도 회피에 참여할지 혹은 수용에 참여할지를 당신 대신 선택할 수 없다. 융합인가 아니면 탈융합인가, 머릿속에서 살 것인가 아니면 현재에 살 것인가, 프로그래밍된 것을 따를 것인가 아니면 의식의 연속성을 따를 것인가를 선택하는 것은 당신의 몫이다. 무엇보다도 당신 외에는 어느 누구도 당신의 가치를 선택할 수 없다.

중대한 갈림길이 있다. 어느 길로 갈지는 당신이 선택해야 한다. 사람들이 잘 가지 않는 왼쪽 길은 수용과 마음챙김, 탈융합의 길이며, 또한 당신이 진정으로 원하는 가치를 향한 길이다. 그 길에는 위험과 취약함이 따르지만, 무엇인가가 기다리고 있다.

두 가지 길은 우리를 매우 다른 곳으로 인도한다. 한 길로 가면 문제를 만나고 다른 길로 가면 그렇지 않다는 말이 아니다. 한 길은 고통으로 인도하고 다른 길은 그렇지 않다는 말도 아니다. 어느 길로 가도 문제를 만나며, 두 길 모두 우리를 고통으로 인도한다. 그러나 오른쪽 길에서 만나는 문제들이 오래되고 익숙한 것이라면, 왼쪽 길에서 만나는 문제들은 새롭고 훨씬 더 도전적인 것이다. 오른쪽 길의 고통은 무감각하고 숨 막히게 만드는 것이라면, 왼쪽 길의 고통은 씁쓸 달콤하면서도 매우 인간적인 것이다.

당신이 그 갈림길을 내려다보고 있다고 상상해 보자. 위에서 내려다보면, 당신 앞에 놓인 이 선택이 더 광범위한 선택 체계의

[그림 1] 중대한 갈림길

일부임을 알 수 있을 것이다. 당신이 지닌 문제의 한복판에서 이제 막 출발한다고 상상해 보자. 당신은 길을 선택한다. 왼쪽으로 가면 수용과 전념의 궤도에 진입하고, 오른쪽으로 가면 통제와 회피의 궤도에 진입한다. 이 두 가지 궤도가 다음 그림에 제시되어 있다.

가치
내가 선택한 삶의 방향, 내 삶에서 실현하고 싶은 것

전념과 유연성
승객과 함께 다니면서, 내 가치와 일치하는 행동을 선택하기, 그렇게 하는 것이 효과적일 때 가치에 유념하기, 더 유연하게 생각하고 행동하기

성장과 장애물의 접촉
가치의 방향으로 나아갈 때, 특히 전에는 회피하던 새로운 영역으로 나아갈 때 내 삶은 성장하며, 또한 종종 새로운 형태의 장애물을 다시 만나게 됨

수용과 현존하기
저항 없이 온전하게 지금 여기에서의 경험을 끌어안기

마음챙김과 탈융합
나의 사적 경험들을 비판단적으로 관찰하기, '나'와 생각 및 감정을 혼동하지 않고 내 생각을 생각으로, 내 감정을 감정으로 보기

나의 문제

삶의 축소와 상실
내 삶이 움츠러듦, 가치와 접촉하지 못한 채 생기를 잃고 무언가에 더 집착함

안도감과 투쟁
일시적인 안도감, 통제와 회피가 이제 곧 효과를 발휘할 것이라는 착각, 결국 '효과가 없음'을 알고 또 다른 투쟁에 몰입함

말, 말, 말
자신의 문제에 대한 끝없는 예측과 평가, 현재 순간과의 접촉을 상실하고 머릿속에서 살기 시작함

얽혀 들기
생각의 내용을 받아들임, 그 과정에서 나를 잃어버림

통제와 회피
마음이 제안하는 '해결책'에 따라 행동함, 힘든 생각과 감정 및 감각을 회피하거나 통제하려는 책략을 사용함, 승객과 거래를 시도함

[그림 2] 수용 궤도와 회피 궤도

통제와 회피 궤도에서, 삶은 온통 당신의 마음이 말한 것과 관련된다. 당신은 언어적인 예측 및 평가와 얽힌다. 전에도 마음이 하라고 하는 일을 시도해 보았고 그것이 효과적이지 않다는 것을 알았음에도 불구하고, 당신은 또 그 일을 하려고 애쓰기 시작한다. 당신의 '인생 버스'의 주도권은 승객에게 위임되고, 그들은 통제와 회피의 방향으로 운전해 간다. 잠시 동안은 기분이 더 좋게 느껴지기도 한다. 그 길은 최소한 예측 가능하다. 당신은 안도감을 느낀다.

당신은 전에도 이 길을 다녔고, 전에도 언제나 최소한 살아남았다. 그러나 얼마 지나지 않아 당신은 처음 출발한 지점에 다시 서 있음을 발견하게 된다. 당신은 좀 더 약해진다. 삶은 좀 더 축소된다. 인생의 시간은 흘렀지만, 아직도 인생이 시작하지 않은 것처럼 느껴진다. 당신에게는 처리할 문제들이 있지만, 그것들은 늘 똑같이 익숙하고 활력을 빼앗는 문제들이다.

이 궤도는 얼마나 오랫동안 지속될까? 당신이 씨름해 온 문제를 생각해 보라. 그것은 언제 시작되었는가? 다음 5년이 지난 5년처럼 지나가면 어떻게 하지? 그 다음 10년도?

수용과 전념 궤도에서는 그 순서가 사뭇 다르다. 당신은 마음의 속삭임에 주목하지만 그것에 말려들지는 않는다. 버스 운전사인 당신과 당신이 태운 승객 사이에는 차이가 있음을 깨닫는다. 당신은 버스 안에 승객을 위한 자리를 마련한다. 그들을 수용한다. 그들과의 융합에서 벗어난다. 그러나 시선은 길 쪽으로 향하여, 당신이 진정 가치를 두는 길에 접촉한다. 당신은 그 방향으로 운전한다. 당신의 삶은 조금씩 성장하며, 좀 더 활력 있고 유연해진다.

그러나 당신이 성장해 감에 따라 다시금 새로운 문제에 부딪힌다. 그것은 종종 예전의 문제와 같지 않으며, 미묘한 차이를 보인다. 그것은 새롭고, 아마도 훨씬 더 도전적이다. 예를 들어, 만일 당신이 사랑하는 관계의 방향으로 나아간다면, 예전에는 소외의 문제를 겪었을지 모르지만 이제는 취약함의 문제에 부딪히게 된다. 만일 당신이 타인에 기여하는 방향으로 나아간다면, 예전에는 어디에도 속하지 않은 것 같은 두려움에 부딪혔을지 모르지만 이제는 부적절함이나 무능함에 대한 두려움에 부딪히게 된다. 때로 이러한 새로운 문제들은 예전 것들보다 두려움을 더 자아낼지도 모른다. 특히 새로운 문제들이 더 강렬하게 느껴질 때, 당신의 마음은 당신이 끔찍한 실수를 했다고 소리칠 것이며, 당신은 움찔하여 뒤로 물러나게 된다.

그리고 당신은 갈림길이 시작되는 원점에 서게 된다. 선택의 모든 과정은 또다시 반복된다.

당신이 일관적으로 왼쪽 길을 선택한다고 해서, 삶이 더 쉬워지는 것은 아니다. 단지 삶이 더 활기 있게 될 뿐이다. 진전이 이루어지고 있다. 이는 [그림 3]의 왼쪽 그림과 같다. 당신이 인생 버스를 운전하여 지속적으로 수용과 전념 궤도에 진입할 때, 당신은 새로운 방향으로 상승한다. [그림 2]에서 원처럼 보이는 것은 사실상 나선이다. 당신은 여전히 문제들을 안고 있다. 그것들은 정기적으로 발생한다. 그러나 진전은 이루어지고 있다. 당신은 더 생기 있고 유연하며 가치에 기초한 삶을 살고 있다. 오른쪽 길을 선택할 때, 이때에도 당신은 역시 나선 안에 있지만, 이 길은 더 편협하고 덜 유연하며 더 투쟁에 기초한 삶을 향해 하강하는 길인 듯하다.

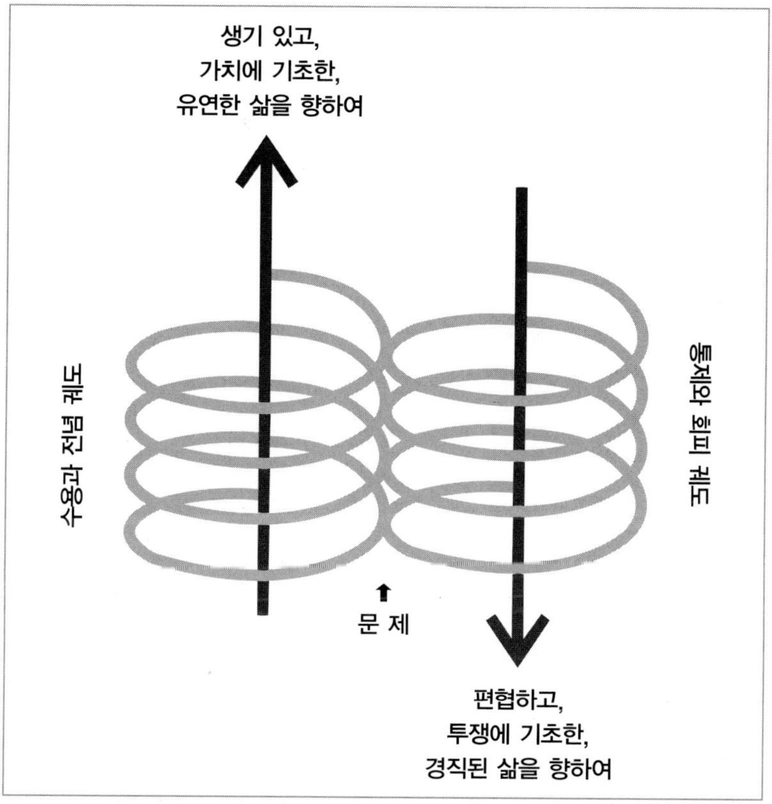

[그림 3] 생명력의 나선과 경직성의 나선

당신이 수용과 전념 궤도를 따른다 하더라도, 문제는 여전히 존재하며 그 빈도나 강도가 같거나 심지어 더 커질 수도 있음에 주목하라. 다른 점이 있다면, 왼쪽 나선에서는 당신이 마음에서 빠져나와 삶에 참여한다는 것이다. 당신은 상처를 받고, '그리고' 살아간다. 오른쪽 나선에서 당신은 괴로움과 벌이는 마음의 전쟁 속으로 가라앉는다.

당신은 자주 오른쪽 길을 선택해 왔다. 충분히 그렇게 해 오지 않았는가? 이제 그 길을 선택한 결과는 지극히 예측 가능하다. 예측 가능한 만큼 그 선택은 신기하게도 '안전' 하지만, 삶을 생기 없고 시들시들하게 만든다. 수용과 전념의 길은 결과를 알 수 없는 길이다. 새로운 만큼 더 두려운 길이지만, 더 생기가 넘치는 길이기도 하다.

> 전념이 이루어지기 전까지는, 언제나 주저함과 물러설 기회와 비효율성이 존재한다. 모든 주도적인 행동과 관련하여 한 가지 근본적인 진실이 있다. 그 진실은 우리가 단호하게 삶에 투신하는 순간 신의 섭리 또한 함께 움직인다는 것이다. 이 진실을 모를 때 수많은 아이디어와 계획은 죽어 버리고 만다. 삶에의 투신이 없으면 결코 일어나지 않았을 온갖 일들이 우리를 돕기 위해서 일어난다. 일련의 사건들의 흐름이 결단으로부터 시작된다. 어느 누구도 꿈꾸지 못한, 뜻하지 않은 사건과 만남, 물질적 도움이 온갖 방식으로 우리의 삶에 나타난다. 당신이 할 수 있고 꿈꿀 수 있는 일이 무엇이든지, 그것을 시작하라! 담대함은 그 안에 천재성, 힘 그리고 마법을 지니고 있다(Murray, 1951, 부분적으로 괴테를 인용함).

인생은 선택이다. 여기서 선택은 고통이 있느냐 없느냐에 대한 것이 아니다. 가치 있고 의미 있는 삶을 살 것이냐 아니냐에 대한 것이다.

당신은 지금껏 충분히 괴로움을 겪어 왔다. 이제 당신의 마음에서 빠져나와 당신의 삶에 참여하라.

(우리가 당신을 응원하고 있다.)

부 록

ACT 기저의 가치 및 자료

ACT는 경험적인 임상심리학의 한 분파인 행동치료에서 유래한다. ACT의 개발자들은 ① 잘 구체화된 기법들에 대한 과학적 평가, ② 이러한 기법들의 개발을 인도하고 그 성과를 설명하기 위한 기초 원리 및 이론의 개발을 매우 중시한다. 이 책은 물론 일반 독자를 위해 집필된 것이지만, 우리는 짧은 부록을 덧붙임으로써 ACT 개발자들이 어떻게 이와 같은 책무를 유지하고 있는가를 보여 주고, 독자와 전문가에게 필요한 자료를 제공하고자 한다.

이론 및 기초 원리

우리는 이 책의 여러 곳에서, ACT는 관계구성틀 이론(Relational Frame Theory: RFT, Hayes, Barnes-Holmes, & Roche, 2001)이라 불리는 인간 언어 및 인지과정의 본질에 대한 포괄적인 기초 연구 프로그램에 기초한다는 것을 언급하였다. 우리는 독자로 하여금 이러한 연구 성과에 부분적으로라도 접근할 수 있도록, 우리가 전달할 수 있는 한 많은 정보를 제공하고자 노력하였다. 이 이론은 매우 기술적이고 광범위하여, 일반 독자를 대상으로 한 책에서는 다루기 쉽지 않은 주제를 담고 있다. RFT 연구 논문은 곧 백 편을 넘어설 것이며, 그 개념과 방법은 복잡한 것을 넘어서 솔직히 난해하기까지 하다. 더욱이 그 연구들은 행동 분석(Behavior Analysis)의 일부로서, 그것의 자연주의적이고 맥락주의적인 철학적 기초는 일반인에게는 매우 낯선 내용이다.

우리는 이 책에서, 이 지식을 개발하는 데 사용한 언어와는 아주 다르게, 보다 더 일상적인 언어를 사용하고자 노력하였다. 예를 들면, 우리는 '임의적으로 적용 가능한 유도된 관계적 반응의 레퍼토리' 라는 용어 대신에 '마음' 혹은 '마음의 과정' 이라는 말을 사용하였다. 왜냐하면 기술적으로 더 정확한 자연주의적 용어를 사용한다면 일반인에게는 아무런 의미가 없으며 사실상 이해가 불가능하기 때문이다. 과학적인 맥락에서라면 우리는 이 책의 용어와는 다르게 표현했을 것이다. 그러나 우리는 '의미는 실용성에 달려 있다' 고 믿기 때문에, 기술적으로 다소 정확하지 않다

해도 의미 전달에 더 효과적인 용어를 사용하고자 하였다.

이 책의 문장 하나하나에 더 기술적인 설명을 덧붙이는 게 가능할 것이다. 우리는 과학적인 동료들이 원한다면 그렇게 번역할 준비가 되어 있다. 또한 그러한 유형의 저작물들이 이미 많이 출판되었다(예, Hayes, Barnes-Holmes, & Roche, 2001). 이 책이 때로 그 과학적인 기초가 튼튼하지 않은 것처럼 보일 수도 있고, 언어 및 인지의 작동 방식에 대한 상식적인 이해에 기초한 것으로 비칠 수도 있을 것이다. 그러나 이 분야를 기꺼이 탐색해 보려는 과학적인 성향을 지닌 사람이라면 그것이 사실이 아님을 알게 될 것이다. RFT에 관한 연구 목록은 RFT 웹사이트(www.relationalframetheory.com; www.contextualpsychology.org)에서 찾아볼 수 있다.

RFT에 기초를 두고 있고 ACT의 기저에 있는 임상 이론(정신병리와 변화 과정의 이론) 또한 과학적인 기반을 지니고 있다. ACT 연구자들은 경험 회피와 인지적 융합의 영향을 광범위하게 연구하였다. 이론의 다른 측면들(다양한 자기 인식의 발달, 현 순간과의 접촉과 가치 및 심리적 유연성의 중요성, 마음챙김 등) 또한 연구의 초점이 되었다. 지금까지의 자료들은 ACT의 이론을 지지하고 있으며, 매개 분석(ACT의 임상적 성과가 이론이 가정하는 과정을 통해 산출되는지를 검증하고자 하는 분석) 또한 지지적인 증거를 보여 주고 있다. 연구가 아직 초기 단계라서, 확고한 결론을 내리기 위해서는 더 많은 자료가 축적되기까지 기다려야 할 것이다. 그러나 현재까지의 자료만을 개관하더라도 이 이론이 과학적인 지지를 얻고 있음은 분명해 보인다. ACT와 관련한 연구 목록은 ACT 웹사이트(www.acceptanceandcommitmenttherapy.com; www.contextualpsychology.org)에서 찾아볼 수 있다.

성 과

ACT의 이론은, 실제적으로 긍정적인 임상적 성과와 연결되지 않는다면, 그 중요성이 감소될 것이다. ACT의 단행본(Hayes, Strosahl, & Wilson, 1999)이 처음 출간된 지 아직 얼마 지나지 않았지만, 그 이후 ACT의 성과 연구는 폭발적으로 증가하였다. 불과 얼마 전에 출판된 ACT의 성과 연구들에 대한 개관 논문(Hayes, Masuda et al., 2004)은 벌써 시대에 뒤진 논문이 되고 말았다.

임상적 연구자들은 ACT와 같은 기술의 영향력을 다양한 방식으로 연구한다. 그러나 가장 중요한 연구는 무선화된 통제 연구와 통제된 시계열 분석이다. 현재 ACT에 대한 이러한 연구들의 수는 이미 20편을 넘어선 상태다.

지금까지의 모든 연구들은 ACT의 긍정적인 영향력을 지지하였으며, 우리가 아는 한도 내에서 변화과정을 살펴본 모든 연구들은 ACT 기저의 이론을 지지하였다. 이러한 연구들 중 일부는 ACT와 '경험적으로 지지된 다른 방법들'을 비교하였다.

지금까지 출간된 거의 모든 비교 연구들에서, ACT는 기존의 효과적인 접근들과 동등하거나 더 우수한 결과를 보였다. 현재까지 불안, 스트레스, 강박 및 강박 스펙트럼 장애, 우울증, 흡연, 물질 남용, 낙인 및 편견, 만성 통증, 새로운 절차를 배우려는 자발성, 새로운 절차를 학습하는 능력, 정신병 대처, 당뇨 관리, 암 대처,

간질 대처 그리고 소진의 영역에 대해 통제된 성과 연구가 수행되었고, 모든 연구에서 지지적인 결과가 나타났다.

이러한 자료들이 매우 방대한 영역에서 수집되었다는 사실은 우리가 이 책을 매우 광범위하게 저술한 한 가지 이유다. ACT 기저의 이론이 맞다면, 우리가 표적으로 삼는 과정들은 모든 인간이 공유하는 것이다. 왜냐하면 그 과정들은 공통적인 언어과정에 기초하기 때문이다. 이것은 우리가 특정 증후군을 대상으로 이 책을 기술하지 않은 경험적인 근거다. 우리는 이러한 주제들이 모든 사람에게 보편적으로 적용되는 것이지, 특정한 한 가지 문제와 투쟁하는 사람에게만 적용되는 것은 아니라고 생각한다.

이 책에 대하여

경험적인 평가를 중시하는 과학자에게는, 이 책의 자료들이 과연 치료관계의 맥락을 떠나서도 실제로 유익한지를 보여 주는 것이 중요할 것이다. 전반적으로 말하면, 이 책의 자료들은 실제로 도움을 주는 것 같다. 이 책의 많은 구체적인 요소들에 대해, 이 책과 매우 유사한 형태로 자료를 제시하여 그 효과를 검증하였다. 예를 들어, 몇몇 연구에서는 (이 책의 자료와 매우 유사한) ACT 자료에서 뽑은 짧은 소절들의 영향력을 평가하였다.

전형적으로 이러한 연구들은 극한 추위, 극한 더위, 가스에 의해 유도된 유사 공황 증상, 전기 충격 등과 같은 다양한 유형의 고통을 견디는 능력에 초점을 맞추었다. 어떤 연구들은 힘든 침투

사고 혹은 임상적 불안으로 야기되는 고통을 다루었다. 일부는 환자를 대상으로 하였고, 또 다른 일부는 정상 집단을 대상으로 하였다.

지금까지 검토된 ACT의 구체 요소들은 탈융합, 수용, 마음챙김 및 가치를 포함한다. 제시된 기법들은 연습, 비유 및 이론적 근거를 포함하며, 그중 많은 기법들은 이 책에서도 소개된 것이다(예, 단어 반복, 물체화, 시냇물 위의 나뭇잎, 모래 늪 비유, 손가락 노리개 비유 등). 따라서 최소한 당신이 이 책에서 접한 일부 자료들은 최소한 일부의 경우에는 치료관계의 맥락을 떠나서도 도움이 될 수 있다고 말한다면, 진실에서 크게 벗어나지 않는 것 같다.

이러한 유형의 연구들의 실례는 Eifert와 Heffner(2003), Gutiérrez 등(2004), Hayes, Strosahl 및 Wilson(1999), Levitt 등(2004), Marcks와 Woods(2005), Masuda 등(2004), Takahashi 등(2002)에서 찾아볼 수 있다(그 외의 연구 목록은 ACT 웹사이트를 참고하시오.). 물론 부분적으로 타당화되었다는 것이 이 책 전체가 지지되었음을 의미하는 것은 아니다. 그러한 결론을 내릴 수 있으려면 이 책 전체에 대해 정확히 같은 형태로 그 영향력을 검토해야 한다. 그러한 분석이 진행 중이지만, 모든 구체적인 문제들에 대해 이 책을 적용하여 타당화한다는 것은 사실상 불가능하다. 따라서 '들어가며'에서 기술한 것처럼, 독자 각자가 자신의 경험을 검토하면서 이 책이 과연 자신에게 도움이 되는지를 확인해야 할 것이다.

ACT 치료

짐작건대, 독자 중 일부는 ACT 치료자를 만나고 싶어 할 것이다. 우리는 실제로 이 책이 자조서적으로 이용되거나 전문적인 심리치료의 보조 수단으로 활용될 수 있도록 기획하였다. ACT에 대해 최소한의 훈련을 받은 치료자는 수천 명에 달하지만, 포괄적인 ACT 치료자 명단은 존재하지 않으며, ACT 공동체는 경직화와 집중화를 우려하여 ACT 치료자를 위한 자격제도를 만들지 않기로 결정하였다. ACT 치료자들이 자발적으로 등록한 짧은 목록이 ACT 웹사이트에 소개되어 있지만, 이와 관련이 없는 지역에서는 다음의 제안을 참고하기 바란다.

미국의 경우, 행동 및 인지치료학회(Association for Behavioral and Cognitive Therapies: ABCT)의 웹사이트(www.abct.org)에서 행동치료자 및 인지행동치료자의 목록을 찾을 수 있을 것이다. 다른 주요 국가들에서도, 유사한 학회의 웹사이트에서 유사한 목록을 구할 수 있을 것이다. 그들은 경험적인 증거를 지향하는 치료자들로서, 만일 당신이 증거에 기초한 치료를 선호한다면 그들로부터 많은 도움을 얻을 수 있을 것이다.

ACT는 그러한 학술사회 내에서 잘 알려진 치료이기 때문에, 그들은 ACT에 대해 어떤 정보를 알고 있을 것이다. 당신이 거주하는 지역에서 한 치료자를 찾아서 그에게 전화하면, ACT 혹은 '제3동향'의 인지행동적 개입에 능숙한 치료자를 소개받을 수 있을 것이다.

ACT 훈련

또한 어떤 전문가들은 이 책을 통해 ACT를 접하고 이 치료법에 대한 훈련을 받고 싶은 생각이 들었을 것이다. 치료자들이 ACT 훈련을 통해 전반적으로 더 효율적인 치료자가 된다는 통제된 증거가 있으므로(Strosahl et al., 1998), 우리는 이해관계를 떠나 이러한 훈련을 적극 추천한다. ABCT와 같은 주요 행동치료학회의 워크숍이나 독자적인 워크숍을 통해 ACT 훈련의 기회에 접할 수 있다(최근에는 Association for Contextual Behavioral Science의 World Conference에서도 많은 ACT/RFT 워크숍이 제공됨. 우리나라에서의 ACT 훈련은 마음사랑인지행동치료센터 웹사이트 www.cbt.or.kr를 참고하기 바람-역자 주). ACT/RFT 공동체는 이 이론과 기법의 개방적인 발전에 전념하고 있으며, 타인의 유익에 우선적인 초점을 두고 이러한 일을 진행하고 있다.

이 책을 전문적인 심리학적 개입의 보조 수단으로 활용하려면

이 책의 장들은 ACT의 일반적인 진행 단계에 맞추어 구성되었다. 그러나 실제 ACT 치료는 환자마다 각기 다른 순서로 진행될 수 있다. 우리는 이 책을 일정한 순서에 따라 한 권의 책으로 구성하였지만, 치료자는 필요에 따라 다른 순서로 치료를 진행할 수 있으며, 책의 순서와 관계없이 환자에게 그 치료 단계에 해당하는 장들을 읽도록 추천할 수 있다. 예를 들어, 당신이 가치 작업으로 치료를 시작한다면, 환자에게 먼저 가치에 해당하는 세 장을 읽도록 추천하면 된다.

참고문헌

Barks, C. (1997). *The Illuminated Rumi.* New York: Broadway.

Barnes-Holmes, Y., Barnes-Holmes, D., & Smeets, P. (2004). Establishing relational responding in accordance with opposite as generalized operant behavior in young children. *International Journal of Psychology and Psychological Therapy, 4,* 531-558.

Barned-Holmes, Y., Hayes, S. C., & Dymond, S. (2001). Self and self-directed rules. In S. C. Hayes, D. Barnes-Holmes, & B. Roche (Eds.). *Relational Frame Theory: A Post-Skinnerian Account of Human Language and Cognition* (119-139). New York: Plenum Press.

Begotka, A. M., Woods, D. W., & Wetterneck, C. T. (2004). The relationship between experiential avoidance and the severity of trichotillomania in a nonreferred sample. *Journal of Behavior Therapy and Experimental Psychiatry, 35,* 17-24.

Bond, F. W., & Bunce, D. (2003). The role of acceptance and job control in mental health, job satisfaction, and work performance. *Journal of Applied Psychology, 88*, 1057-1067.

Brown, R. A., Lejuiz, C. W., Kahler, C. W., Strong, D. R., & Zvolensky, M. J. (Forthcoming). Distress tolerance and early smoking lapse. *Clinical Psychology Review.*

Chiles, J. A., & Strosahl, K. D. (2004). *Clinical Manual for Assessment and Treatment of Suicidal Patients.* Washington, DC: American Psychiatric Association.

Cioffi, D., & Holloway, J. (1993). Delayed costs of suppressed pain. *Journal of Personality and Social Psychology, 64,* 274-282.

Dahl, J., Wilson, K. G., Luciano, C., & Hayes, S. C. (2005). *Acceptance and Commitment Therapy and Chronic Pain.* Reno, NV: Context Press.

Dahl, J., Wilson, K. G., & Nilsson, A. (2004). Acceptance and Commitment Therapy and the treatment of persons at risk for long-term disability resulting from stress and pain symptoms: A preliminary randomized trial. *Behavior Therapy, 35*, 785-802.

Deikman, A. J. (1982). *The Observing Self: Mysticism and Psychotherapy.* Boston: Beacon Press.

Donaldson, E. J., & Bond, F. W. (2004). Psychological acceptance and emotional intelligence in relation to workplace well-being. *British Journal of Guidance and Counselling, 34*, 187-203.

Dugdale, N., & Lowe, C. F. (2000). Testing for symmetry in the conditional discriminations of language trained chimpanzees. *Journal of the Experimental Analysis of Behavior, 73*, 5-22.

Eifert, G. H., & Heffner, M. (2003). The effects of acceptance versus control contexts on avoidance of panic-related symptoms. *Journal of Behavior Therapy and Experimental Psychiatry, 34*, 293-312.

Feldner, M. T., Zvolensky, M. J., Eifert, G. H., & Spira, A. P. (2003). Emotional avoidance: An experimental test of individual differences and response suppression during biological challenge. *Behaviour Research and Therapy, 41*, 403-411.

Gifford, E. V., Kohlenberg, B. S., Hayes, S. C., Antonuccio, D. O., Piasecki, M. M., Rasmussen-Hall, M. L. et al. (2004). Acceptance theory-based treatment for smoking cessation: An initial trial of Acceptance and Commitment Therapy. *Behavior Therapy, 35*, 689-705.

Gregg, J. (2004). Development of an acceptance-based treatment for the self-management of diabetes. Ph. D. diss., University of Nevada, Reno.

Gutiérrez, O., Luciano, M., Rodríguez, M., & Fink, B. C. (2004). Comparison between an acceptance-based and a cognitive-control-based protocol for coping with pain. *Behavior Therapy, 35*, 767-784.

Hayes, S. C. (1987). A contextual approach to therapeutic change. In N. Jacobson (Ed.). *Psychotherapists in Clinical Practice: Cognitive and Behavioral Perspectives* (327-387). New York: Guilford Press.

Hayes, S. C. (2004). Acceptance and Commitment Therapy, Relational Frame Theory, and the third wave of behavior therapy. *Behavior Therapy, 35*, 639-665.

Hayes, S. C., & Barnes-Holmes. D. (2004). Relational operants:

Processes and implications. A response to Palmer's review of "Relational Frame Theory". *Journal of the Experimental Analysis of Behavior, 82,* 213-224.

Hayes, S. C., Barnes-Holmes, D., & Roche, B. (Eds.) (2001). *Relational Frame Theory: A Post-Skinnerian Account of Human Language and Cognition.* New York: Plenum Press.

Hayes, S. C., Bissett, R., Korn, Z., Zettle, R. D., Rosenfarb, I., Cooper, L., et al. (1999). The impact of acceptance versus control rationales on pain tolerance. *The Psychological Record, 49,* 33-47.

Hayes, S. C., Follette, V. M., & Linehan, M., (Eds.) (2004). *Mindfulness and Acceptance: Expanding the Cognitive Behavioral Tradition.* New York: Guilford Press.

Hayes, S. C., Luoma, J., Bond, F., Masuda, A., & Lillis, J. (Forthcoming). Acceptance and Commitment Therapy: Model, processes, and outcomes. *Behaviour Research and Therapy.*

Hayes, S. C., Masuda, A., Bissett, R., Luoma, J., & Guerrero, L. F. (2004). DBT, FAP, and ACT: How empirically oriented are the new behavior therapy technologies? *Behavior Therapy, 35,* 35-54.

Hayes, S, C., Strosahl, K. D., & Wilson, K. G. (1999). *Acceptance and Commitment Therapy: An Experiential Approach to Behavior Change.* New York: Guilford Press.

Hayes, S. C., Strosahl, K. D., Wilson, K. G., Bissett, R. T., Pistorello, J., & Toarmino, D. (2004). Measuring experiential avoidance: A preliminary test of a working model. *The Psychological Record, 54,* 553-578.

Hayes, S. C., Wilson, K. G., Gifford, E. V., Follette, V. M., & Strosahl, K. (1996). Emotional avoidance and behavioral disorders: A functional dimensional approach to diagnosis and treatment. *Journal of Consulting and Clinical Psychology, 64,* 1152-1168.

Karekla, M., Forsyth, J. P., & Kelly, M. M. (2004). Emotional avoidance and panicogenic responding to a biological challenge procedure. *Behavior Therapy, 35,* 725-746.

Kessler, R. C., McGonagle, K. A., Zhao, S., Nelson, C. B., et al. (1994). Lifetime and 12-month prevalence of DSM-III-R psychiatric disorders in the United States: Results from the National Comorbidity Study. *Archives of General Psychiatry, 51,* 8-19.

Kirsch, I., Moore, T. J., Scoboria, A., & Nicholls, S. S. (2002). The emperor's new drugs: An analysis of antidepressant medication data submitted to the U.S. food and Drug Administration. Prevention & Treatment 5(July 15), http://journals.apa.org/prevention/volume5/pre0050023a.html.

Krause, J. (1992). Spinal cord injury and its rehabilitation. *Current Opinion in Neurology and Neurosurgery, 5,* 669-672.

Kreider, R. M., & Fields, J. M. (2001). Number, timing, and duration of marriages and divorces: 1996. *Current Population Reports.* Washington, DC.: U.S. Census Bureau.

Langer, E. (1989). *Mindfulness. Reading.* MA: Addison-Wesley.

Levitt, J. T., Brown, T. A., Orsillo, S. M., & Barlow, D. H. (2004). The effects of acceptance versus suppression of emotion on subjective and psychophysiological response to carbon dioxide challenge in patients with panic disorder. *Behavior Therapy, 35,* 747-766.

Lipkens, G., Hayes, S. C., & Hayes. L. J. (1993). Longitudinal study of derived stimulus relations in an infant. *Journal of Experimental Child Psychology, 56,* 201-239.

Litman, G, K., Stapleton, J., Oppenheim, A. N., Peleg, M., & Jackson, P. (1984). The relationship between coping behaviors, their effectiveness and alcoholism relapse and survival. *British Journal of Addiction, 79,* 283-291.

Marcks, B. A., & Woods, D. W. (2005). A comparison of thought suppression to an acceptance-based technique in the management of personal intrusive thoughts: A controlled evaluation. *Behaviour Research and Therapy, 43,* 433-445.

Marx, B. P., & Sloan, D. M. (Forthcoming a). Peritraumatic dissociation and experiental avoidance as predictors of posttraumatic stress symptomatology. *Behavior Research and Therapy.*

Marx, B. P., & Sloan. D. M. (Forthcoming b). The role of emotion in the psychological functioning of adult survivors of childhood sexual abuse. *Behavior Therapy.*

Masuda, A., Hayes, S. C., Sackett, C. F., & Twohig, M. P. (2004). Cognitive defusion and self-relevant negative thoughts: Examining the impact of a ninety year old technique. *Behaviour Research and Therapy, 42,* 477-485.

McCracken, L. M., Vowles, K. E., & Eccleston, C. (2004). Acceptance of chronic pain: Component analysis and a revised assessment method. *Pain 107,* 159-166.

Melamed, S., Grosswasser, Z., & Stern, M. (1992). Acceptance of disability, work, involvement and subjective rehabilitation status of traumatic brain-injured(TBI) patients. *Brain Injury, 6*, 233-243.

Mennin, D. S., Heimberg, R. G., Turk, C. L., & Fresco, D. M. (2002). Applying an emotion regulation framework to integrative approaches to generalized anxiety disorder. *Clinical Psychology: Science and Practice, 9*, 85-90.

Murray, W. H. (1951). *The Scottish Himalaya Expedition*. London: J. M. Dent & Sons.

New York Times. 1993. June 17, p. 1.

Previti, D., & Amato, P. R. (2004). Is infidelity a cause or a consequence of poor marital quality? *Journal of Social and Personal Relationships, 21*, 217-230.

Purdon, C., & Clark, D. A. (1993). Obsessive intrusive thoughts in nonclinical subjects. Part Ⅰ. Content and relation with depressive, anxious and obsessional symptoms. *Behaviour Research and Therapy, 31*, 712-720.

Riegal, B. (1993). Contributors to cardiac invalidism after acute myocardial infarction. *Coronary Artery Diseases, 4*, 215-220.

Roemer, L., Salters, K., Raffa, S., & Orsillo, S. M. (2005). Fear and avoidance of internal experiences in GAD: Preliminary tests of a conceptual model. *Cognitive Therapy and Research, 29*, 71-88.

Schwartz, M. S., & Schwartz, N. M. (1995). Problems with relaxation and biofeedback: Assisted relaxation and guidelines for management. In Edited by M. S. Schwartz (2nd ed.). *Biofeedback: A Practitioner's Guide*. New York: Guilford Press.

Shoal, G. D., & Giancola, P. R. (2001). Cognition, negative affectivity and substance use in adolescent boys with and without a family history of a substance use disorder. *Journal of Studies on Alcohol, 62,* 675-686.

Sloan, D. M. (2004). Emotion regulation in action: Emotional reactivity in experiential avoidance. *Behaviour Research and Therapy, 42,* 1257-1270.

Streater, S. (2003). Drug found in area fish stirs concern. *Fort Worth Star-Telegram*, October 17.

Strosahl, K. (1994). Entering the new frontier of managed mental health care: Gold mines and land mines. *Cognitive and Behavioral Practice, 1,* 5-23.

Strosahl, K. D., Hayes, S. C., Bergan, J., & Romano, P. (1998). Does field-based training in behavior therapy improve clinical effectiveness? Evidence from the Acceptance and Commitment Therapy training project. *Behavior Therapy, 29*, 35-64.

Takahashi, M., Muto, T., Tada, M., & Sugiyama, M. (2002). Acceptance rationale and increasing pain tolerance: Acceptance-based and FEAR-based practice. *Japanese Journal of Behavior Therapy, 28,* 35-46.

Teasdale, J. D., Moore, R. G., Hayhurst, H., Pope, M., Williams, S., & Segal, Z. V. (2002). Metacognitive awareness and prevention of relapse in depression: Empirical evidence. *Journal of Consulting and Clinical Psychology, 70*, 275-287.

Wegner, D. M. (1994). Ironic processes of mental control. *Psychological Review, 101*, 34-52.

Wegner, D. M., Ansfield, M., & Pilloff, D. (1998). The putt and the pendulum: Ironic effects of the mental control of action. *Psychological Science, 9,* 196-199.

Wenzlaff, R. M., & Wegner. D. M. (2000). Thought suppression. *Annual Review of Psychology, 51,* 59-91.

저자 소개

Steven C. Hayes

리노에 있는 네바다 대학교 심리학과 교수로서, 350편이 넘는 논문과 『수용전념치료(Acceptance and Commitment Therapy)』 『관계구성틀 이론(Relational Frame Theory)』을 포함한 30권 이상의 책을 저술하였다. 또한 인간의 언어 및 인지의 본질을 탐구하였으며, 이러한 연구를 바탕으로 인간의 괴로움을 이해하고 경감시키는 데 적용하고자 하였다. 1992년 과학정보재단으로부터 저술의 인용 영향력에 근거하여 1986년부터 1990년까지 세계에서 가장 영향력 있는 심리학자의 하나로 선정되었다. 행동 및 인지치료학회(ABCT) 회장, 미국 응용 및 예방심리학회(AAAPP) 회장, 미국심리학회(APA) 25분과 회장 등을 역임하였다.

Spencer Smith

캘리포니아 산타로사에 거주하는 작가이자 편집자로서, *The Memory Doctor*의 공동 저자다.

역자 소개

문현미

서울대학교 가정대학을 졸업하고, 동 대학원 교육학과에서 교육상담학을 전공하여 석사학위를 받았으며, 가톨릭대학교 심리학과에서 상담심리학을 전공하여 박사학위를 받았다. 한국심리학회 공인 상담심리사(1급) 자격을 취득하였고, 기독교윤리실천운동 부설 가족상담소 실장을 역임하였다. 현재 마음사랑인지행동치료센터 수석부소장으로 재직하고 있다. ACT와 관련한 주요 논문으로 「인지행동치료의 제3동향」 「심리적 수용촉진 프로그램의 개발과 효과: 수용전념치료 모델을 중심으로」 등이 있다.

민병배

서울대학교 심리학과를 졸업하고, 동 대학원에서 임상심리학을 전공하여 박사학위를 받았다. 서울대학교병원에서 임상심리연수원 과정을 수료하고 임상심리전문가 및 정신보건임상심리사(1급) 자격을 취득하였다. 현재 마음사랑인지행동치료센터 소장으로 재직하고 있다. 주요 저서로는 『강박성 성격장애』 『의존성 성격장애와 회피성 성격장애』 『노년기 정신장애』 『한국판 기질 및 성격검사-성인용, 청소년용, 아동용, 유아용』 등이 있고, 주요 역서로는 『성격장애의 인지치료』 등이 있다.

마음에서 빠져나와 삶 속으로 들어가라
–새로운 수용전념치료–

Get Out of Your Mind & Into Your Life

2010년 1월 15일 1판 1쇄 발행
2026년 1월 20일 1판 19쇄 발행

지은이 • Steven C. Hayes · Spencer Smith
옮긴이 • 문현미 · 민병배
펴낸이 • 김 진 환
펴낸곳 • (주) 학지사
04031 서울특별시 마포구 양화로 15길 20 마인드월드빌딩 5층
대표전화 • 02) 330-5114 팩스 • 02) 324-2345
등록번호 • 제313-2006-000265호
홈페이지 • http://www.hakjisa.co.kr
인스타그램 • https://www.instagram.com/hakjisabook

ISBN 978-89-6330-235-5 93180

정가 18,000원